Frühe Daguerreotypie.
Der vergrößerte Ausschnitt
gilt als die wohl
früheste fotografische
Menschendarstellung.
Die Figur wurde als Kunde eines
Schuhputzers interpretiert.

Redaktion dieses Buches:
Michael Andritzky
Günter Kämpf
Vilma Link

Grafische Konzeption/Layout:
Gisela Grosse, Darmstadt
Mitarbeit: Waltraud Dörr
Repros: Klaus Pohl

Satz:
Formsatz GmbH, Diepholz

Druck und Bindung:
Fuldaer Verlagsanstalt, Fulda

Umschlag- und Plakatentwurf:
Gisela Grosse, Darmstadt
unter Verwendung eines Fotos
von Heike Wahnbaeck

2. Auflage 1991
© Anabas Verlag Günter Kämpf KG
Unterer Hardthof 25, D-6300 Gießen
Alle Rechte vorbehalten
ISBN 3-87038-138-8

Werkbund-Archiv 17
Die Reihe Werkbund-Archiv erscheinnt im Anabas-Verlag, Gießen, in Zusammenarbeit mit dem Werkbund-
Archiv, Museum der Alltagskultur des 20. Jahrhunderts, Stresemannstraße 110, Martin-Gropius-Bau,
1000 Berlin 61

z.b. Schuhe

Vom bloßen Fuß zum Stöckelschuh
Eine Kulturgeschichte der Fußbekleidung

Herausgegeben von
Michael Andritzky
Günter Kämpf
Vilma Link

Ein Projekt von Institut Objekt Kultur

Anabas Verlag

INHALT

Michael Andritzky
Günter Kämpf
Vilma Link
Vorwort _____ 6

1

Patrick Frey
Zu Füßen des Leibes _____ 10

Fundstücke _____ 14

Karin Buselmeier
Dieser Schuh _____ 16

Joseph von Westphalen
Warum ich trotzdem Turnschuh trage   17

Was mir heilig ist _____ 18

Vermutungen über Schuhe _____ 20

Karin Haglund
Die Schuhe an unseren Füßen _____ 21

Schuhgeschichten _____ 24

Ot Hoffmann
Fuß und Schuh
Maß und Maßstab in der Architektur . 26

Claus Korte
Literarische Schuh-Symbole _____ 30

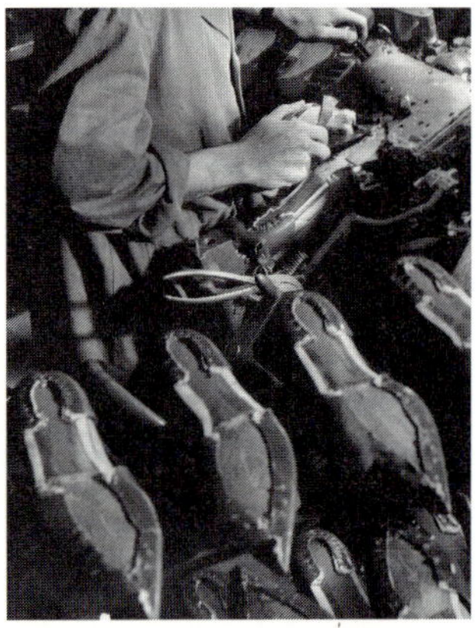

2

Klaus Heyer
Von Homer bis Caligula _____ 42

Tamara Spitzing
Auf Schusters Rappen durch die
Geschichte _____ 47

Günter Gall
Der Absatz im Wechselspiel
der Mode _____ 58

Ot Hoffmann
Mein Eigen-Schuh
Ein Beitrag zur Reform der
Schuhbekleidung _____ 61

Fundstücke zu Gesundheit und
Sport _____ 67

Ulrich Linse
Procrustes ante Portas!
Oder: Wo dem Bürgertum der
Schuh drückt _____ 72

Winfried Mogge
Von Trittlingen und Wandervogel-
sandalen.
Anmerkungen zur deutschen Jugend-
bewegung. Die neue Zeit kam zu
Fuß _____ 81

Josef Walch
Schuhe auf und unter den Bänken:
Schuhe von Schülern _____ 91

Rita Mielke
Urlaub auf Sandalen _____ 92

Barbara Tietze
Der menschliche Gang
Gegenstand ergonomischer
Forschung _____ 94

Barbara Tietze
Die Hausschuh-Peepshow _____ 99

Paul Weber
Behagliche Pantoffeln
Ein Weihnachtsgeschenk für
Johann Wolfgang von Goethe _____ 101

1000 Schuhe en Miniature _____ 102

3

Josef Walch
Von der Schusterstube zur
roboterintegrierten Schuhfabrikation
Bilder eines Handwerks _____ 106

Paul Weber
Die Schusterin um 1750 _____ 116

Der Schuster um 1750 _____ 117

Der Schuhmacher der Barockzeit
und die »galanten Kupferstiche« _____ 118

Angelika Burkhard
Industriegesellschaft Bundesrepublik
Zur hundertjährigen Geschichte
der Schuhindustrie im süd-
westpfälzischen Hauenstein _____ 119

Schuhverkauf _____ 130

Theo Schwarzmüller
Das Land der Schlappenflickerei
Vom Aufstieg und Niedergang der
Schuhregion Pirmasens in
Rheinland-Pfalz _____ 132

Josef Walch
Der Kampf der Giganten.
Anmerkungen zur Geschichte des
Sportschuhs _____ 139

Tanz und Sport _____ 145

80 Jahre Schuhmode _____ 148

4

Dr. Aigremont
Fuß- und Schuh-Symbolik
und -Erotik _____ 172

Der Schuh und die Liebe _____ 175

Rolf Haubl
»Wem der Schuh paßt, der zieht
ihn sich an«. Die Schuh(an)probe
als Sexualsymbol _____ 176

Schuhfetischismus _____ 184

Josef Walch
Schuhe – Amulett und Talisman _____ 188

Paul Weber
Trinken aus dem Schnabelschuh ____ 190

Margret Tränkle
Populäre Spielformen
des Schuhmotivs _____ 191

Der Schuh als Herrschafts- und
Widerstandssymbol _____ 199

Anneliese Durst/Lerke Gravenhorst
Frauenschuhe: Spannungen,
Paradoxien, Entwicklungen in der
Inszenierung von Weiblichkeit _____ 202

Andrea Horakh
Der Pumps fehlt nirgends . . . _____ 208

Die Rolle des Absatzes am Schuh ___ 209

Charlotte Kerner
Lilienfüße oder: Sind wir
Hyperchinesen? _____ 210

5

Taeko Tomioka
Cinderellas Schuhe _____ 214

Der Schuh im Märchen _____ 215

Claus Korte
A propos Magritte _____ 220

Schuhbilder oder
Moderne und Postmoderne _____ 224

Helmut Höge
Der letzte Ritter aus Spandau
Kunst im Öffentlichen Raum _____ 228

Alban Nikolai Herbst
Arndt VI _____ 230

Ferdinand Scholz
Panegyrikus an den Schuh _____ 233

Klaus Spitzer
Utopien als Zeitzeichen
Schülerträume vom Zukunftsschuh ___ 237

Ute Wittich
Polaroids _____ 243

Filmszenen _____ 245

Thomas Rautenberg
Fotoserie _____ 248

Josef Szajna
Installation, Reminiszenzen 1970 ____ 250

Schuhwand Amsterdam _____ 251

Jürgen O. Olbrich
Fotocopy-rock & roll _____ 252

Paulus Böhmer
Collage _____ 253

Walter Zimbrich
Xylomontagen _____ 253

Jochen Gerz
Der malende Mund, Performance ___ 254

Ute Seifert
»Das ist die rechte Braut« _____ 256

Irene Andessner
Der Schuh als künstlerisches Objekt _ 260

Plakat-Kunst 1920–1980 _____ 266

Schuh-Raritäten _____ 270

Bildquellen _____ 271

Der Schuh, so eine philosophische Interpretation, ist das verbindende aber auch das trennende Element zwischen dem Menschen und der Erde, von der er stammt und über die zu erheben er sich bemüht. Der Schuh – das ist auch ein Ding, das Auskunft geben kann über das soziale und kulturelle Selbstverständnis des Menschen in verschiedenen Zeiten und Ländern. Unter einem solchen Blick wird er zur Zivilisationsmetapher: vom Barfußvolk zu einer Gesellschaft, die einen eigenen Stiefel entwickelt, um den Mond zu betreten, ist ein weiter Weg – aber noch heute ist der Schuh für die Mehrheit der Weltbevölkerung ein unbezahlbarer Luxus oder ein Fremdwort.

Robinson auf seiner Insel war über den Abdruck eines nackten Fußes entsetzt. Eine Schuh- oder Stiefelspur im Sande dagegen hätte ihm Hoffnung auf die Rückkehr in die abendländische Zivilisation gemacht.

Der Schuh – das ist heute ein Alltagsgegenstand, über den vor allem wir im reichen ›Westen‹ uns nicht mehr viele Gedanken machen. Die wenigsten von uns wissen, daß Schuhe zu tragen einst ein Vorrecht der Götter und ihrer Lieblinge und Statthalter auf Erden war, oder daß die meisten der noch heute gültigen Schuhformen schon in der klassischen Antike in ihrer Grundform entwickelt waren. Die auf dem Prinzip der Massenproduktion basierende Konsumgesellschaft verstellt uns auch den Blick für einst bedeutsame Details: Art und Aussehen der Schuhe, die Dicke der Sohle, die Farbe des Leders usw. gaben früher sehr präzise an, welchem Stand einer angehörte und was er in der Welt bedeutete. Demgegenüber wollten die ›demonstrativen Barfußgeher‹ oder die nur mit leichtem Schuhwerk Bekleideten – wie die meisten Mönchsorden – damit ausdrücken, daß sie auf irdische Macht und den Kampf um weltliche Würden und Annehmlichkeiten verzichteten, weil ihr Reich nicht von dieser Welt sei.

Das Zeichen des irdischen Eroberers hingegen war und ist der Stiefel. »Seinen Fuß auf etwas setzen« heißt, sich etwas oder jemand untertänig gemacht zu haben, und die Geste der Demut und Unterwerfung – sei sie weltlicher oder geistiger Art – drückt sich u. a. darin aus, jemandes Füße oder Schuhe zu küssen.

Ein interessanter, in diesem Buch und der Ausstellung mehrfach dargestellter Gegenstand ist der Turnschuh. Dieses ehedem wirklich nur zum Zweck sportlicher Betätigung verwendete ›Fußgerät‹ ist – ähnlich den Jeans – heute zum Symbol einer gesellschaftlichen Haltung geworden. Wer Turnschuhe trägt, trägt damit auch eine Gesinnung spazieren, so undeutlich diese auch immer sein mag. Vor einiger Zeit galt der Turnschuh gar als Identifikationssymbol einer ganzen Generation, von der die Älteren argwöhnten, sie wolle sich auf schnellen Sohlen aus der gesellschaftlichen Verantwortung stehlen.

Auch der Stöckelschuh, heiß geliebt und tief verachtet, hat mannigfache interpretatorische Welchselbäder erlebt. Die Frauenbewegung hat ihn als besonders hinterlistiges, der männlichen Lust wie der Unterwerfung gleichermaßen dienendes Objekt verdammt. Aber: Alice Schwarzer, Symbolfigur der Frauenbewegung seit mehr als zehn Jahren, trat kürzlich in Stöckelschuhen bei einer TV-Talkshow auf. Was hat sich – und warum – offenbar geändert? Solchen Fragen wird in diesem Buch nachgegangen.

Die kulturelle Observanz des Schuhmotivs zeigt sich auch in den meist eifernden Reden und Schriften all jener Reformer, die den ›Stand‹ der gesellschaftlichen Verhältnisse und den ›Lauf‹ der geschichtlichen Ereignisse über die Reform der Kleidung und hier insbesondere der Schuhe zu beeinflussen suchten. »Volk auf kranken Füßen. Das Deutsche Volk ist in Not, in einer Fußnot« schreibt 1937 ein Sigfrid Hermann, und 1939 wird »das Barfußgehen als Beitrag zur völkischen Körperulktur«

propagiert. Schon für die Lebensreformer, für Pfarrer Kneipp in Wörishofen und für die Jugendbewegung war das richtige Schuhwerk ein wichtiger Bestandteil des Versuchs, zu einer natürlichen Lebensweise zurückzufinden. Auch in der heutigen ›Alternativkultur‹ gibt es eine ausgeprägte Schuhideologie mit eigenen Produkten, Läden usw.

Der für den Fuß passende Schuh, der Schuh also, der nach dem Fuße und nicht nach dem Kopf gemacht ist, wie der alte Schuhmachermeister Hösch räsonniert, ist heute die Ausnahme – und war es früher auch. Was ›paßt‹ – das ist nämlich mindestens ebenso eine Frage ergonomischer Genauigkeit wie der jeweils modischen Treffsicherheit des Zeitgeschmacks. Wie sonst wäre erklärbar, daß Menschen seit über zweitausend Jahren Schuhe tragen, die zwar nicht dem Fuß, dafür aber der sozialen Konvention angemessen sind? Wie heißt es bei Aschenputtel: »Hau den Zeh ab ... hau ein Stück von der Ferse ab. Wann du Königin bist, brauchst Du nicht mehr zu Fuß zu gehen.« Die verkrüppelten ›Lilienfüße‹ der Chinesinnen sind nur ein besonders extremes Beispiel für die Manipulation des Fußes im Dienste anderer

Funktionen als der, bequem und gesund zu gehen und zu stehen. So liegt es nur nahe, den Fuß und stellvertretend auch den Schuh zum Objekt fetischistischer Neigungen und erotischer Obzessionen zu machen.

Es finden sich leicht weitere Bereiche, in denen der Schuh als Zeichen und Symbol für etwas ganz anderes steht als schiere Funktionalität. Die Geschichte des Films z. B. enthält eine Fülle unterschiedlichster Schuhmetaphern. Am deutlichsten aber wird das in der bildenden Kunst: kein menschliches Accessoir weist so unmittelbar symbolisch auf menschliche Grundgefühle hin wie die – meist leeren – Schuhe. Erinnert sei hier nur an die abgenutzten bäuerlichen Schuhe, wie Van Gogh sie in vielen Variationen gemalt hat, an die Bilder von René Magritte und von Allen Jones. Und hingewiesen sei auf eine Installation, die mit einem Berg von Schuhen an die Vernichtung der Juden in Auschwitz gemahnt.

Der Schuh als soziales Zeichen und künstlerisches Symbol wird hier deshalb so hervorgehoben, weil er die Komplexität und kulturelle Dimension unseres auf den ersten Blick trivialen Themas erhellt. Den-

noch: Im Mittelpunkt von Ausstellung und Buch steht der Schuh als Objekt, als ein Gegenstand des alten Handwerks, aber auch einer modernen Herstellungsweise. An der Entwicklung der Schuhproduktion – vom alten Schuhmachermeister mit seinem ›ganzen Produkt‹ bis zu industrialisierten und roboterisierten Herstellungsverfahren heute – läßt sich exemplarisch ein wichtiger Strang industriekultureller Entwicklung – oder Fehlentwicklung – nachzeichnen.

In der Annäherung an ein scheinbar so simples Alltagsobjekt wie den Schuh auf den zweiten oder dritten Blick Entdeckungen zu machen und ›Spuren lesen‹ zu lernen, um die Geschichte der Kultur auch als die Geschichte eines spannenden Alltags zu verstehen – dies ist das Ziel dieses Buches und der begleitenden Ausstellung. Es ist dies gleichzeitig die Absicht des veranstaltenden ›Instituts Objekt Kultur‹, das sich mit jenen Bereichen der Kultur beschäftigt, die dem Menschen aus seinem Alltag vertraut sind, aber nicht notwendig bewußt und in ihrer historischen Genese bekannt sein müssen. – Hier anzusetzen, indem Vertrautes fremd und Fremdes vertraut gemacht wird, ist das Ziel von Objekt Kultur.

MICHAEL ANDRITZKY
GÜNTER KÄMPF
VILMA LINK

MODELL DER AUSSTELLUNG ›Z. B. SCHUHE‹ (AUSSCHNITT) ENTWURF: MANFRED BLÖSSER

. . . DAS HERZZERREISSENDE DER DINGE,
WER HAT DAS GESAGT,
MANCHMAL WEISS ICH NICHT MEHR
WO ES HERKOMMT . . .
(FRIEDERIKE MAYRÖCKER)

1

Zu Füßen des Leibes

Eine Erinnerung: 1979 wohnte ich an der Nordstraße unmittelbar oberhalb des Südportals des sogenannten Milchbuck-tunnels, der damals noch eine gigantische Baustelle war. Schräg gegenüber befand sich ein wunderschönes Gewerbegebäu-de der Jahrhundertwende, genannt die Weiße Fabrik, eine vielversprechende Symbiose zwischen Handwerk, Kunst-handwerk und Kunst. Einmal gab es dort im obersten Stock bei den Künstlern eine Party mit lauter Musik, kombiniert mit ei-ner Art Ausstellung und der Vorführung von ein paar ziemlich wilden Super-8-Filmen, deren Inhalt mir kaum in Erinne-rung geblieben ist. Dagegen erinnere ich mich sehr genau an ein kleines Atelier, in dem nichts zu sehen war außer einer gro-ßen Nähmaschine, einer Reihe seltsamer Werkzeuge und Apparate sowie einer kleinen Kollektion von knöchelhohen, sehr bequem aussehenden Schuhen, oder eher Pantöffelchen aus weichem Leder und nur wenig härterer Sohle, vorne spitz. Die Zür-cher Schuhmacherin Stefi Talman, die Schöpferin dieses einfachen, zugleich au-ßergewöhnlichen, zwischengeschlechtli-chen Schuhzeugs zwischen Ballett und Schlafzimmer war nicht da. Sie war auch noch abwesend, als eines frühen Morgens die Weiße Fabrik lichterloh brannte.

Dieser Brand war zwar noch nicht ge-rade ein Auslöser kommender Dinge, aber er bekam im nachhinein den Charakter eines Vorzeichens: signalhaft kündigte er an, was später als ›Heißer Sommer‹ oder kühler als ›Zürcher Ereig-nisse‹ in die Geschichte dieser Stadt ein-getragen wurde.

Den Produktionen von Stefi Talman sollte ich erst viel später wieder begegnen, als plötzlich dieser sehr erfolgreiche und bald vielkopierte Schuh oder genauer, diese weiche Bottine mit flachen Ab-sätzen und schrägem Reißverschluß in der Zürcher Szene auftauchte. Als Entwurf war er bereits 1979 entstanden, als Weiter-entwicklung der Pantöffelchen aus der

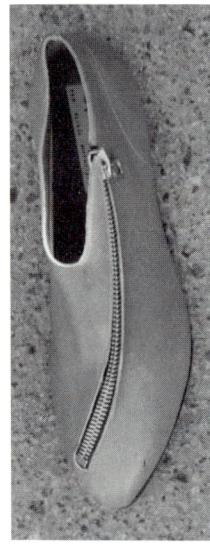

Weissen Fabrik. Und als er 1981 kommer-ziell produziert wur-de, schien er – ver-spätet gewisserma-ßen – einen modi-schen Nerv der Zeit zu treffen. Stefi Tal-mann: »Als dieser Schuh herauskam, war der Punk eigent-lich schon vorbei. Aber gerade wenn du denkst, eine Sache sei vorbei, kommt sie erst rich-tig.«

Zip, so der Name, war ebenso männlich wie weiblich und eignete sich hervorragend für die neueren Tänze; er war ein weicher bequemer Schuh für schnelle Bewegungen – auch auf der Straße – und dennoch so etwas wie die spitz zugeschnittene Antithese des ›sportlichen‹ Turnschuhs. Das schrille Element im schrägen Reißverschluß könn-te man dem Punk zurechnen, vielleicht überhaupt die Verwendung trivialer Ele-mente, die Verwandlung des Häßlichen oder jedenfalls Schmucklosen in Stil, die Formulierung einer neuen, selbstbewuß-ten Eleganz mit einer Formensprache des Noch-nicht-Eleganten. Der Reißverschluß wurde in massiver Form zum Schmuck er-klärt: breit, unverdeckt und metallisch glänzend überquerte er den Schuh, dis-harmonisch und schnell. Dafür gab es Vorläufer, allerdings im Bereich der Klei-dermode. Nicht nur der Punk erlöste die-sen ebenso praktischen wie als häßlich geltenden Verschluß aus seinem diskret versteckten Dasein, kehrte ihn nach au-ßen, demonstrierte ihn provokativ (und machte ihn anschließend zum modisch unverzichtbaren Accessoire). Auch der seit der Renaissance der Jeansmode im-mer wieder auftretende Trend, funktiona-le Kleidung aus den Bereichen Arbeit,

Sport und Krieg in modisches Design zu verwandeln, entwickelte den Reißver-schluß vom Zeichen für die bequeme Anti-Form-Kleidung mit leichtem Protestgehalt zum modischen Signal für den lockeren Freizeitlook. Im Oshkosh-Overall und seinen Epigonen oder etwa in jenen Handwerkerhosen mit 27 Taschen sugge-rierte der Reißverschluß Erinnerungen an kreative, naturnahe und einfache Art vor aller Entfremdung.

Freiheit und/oder Abenteuer versprach ein solcher Verschluß auch dem weibli-chen Körper: Offenherzig über Brust und Bauch durch die Mitte des Leibes verlau-fend, verlor er die kultivierte bis laszive schwüle Erotik des verdeckten Rücken-verschlusses an jenen enganliegenden Kleidern aus den 40er oder 50er Jahren. Bei einem Overall erübrigten sich solch zweideutige Rituale wie das reizvolle ›Hilfst Du mir mal, Liebling?‹ der verfüh-rerisch hilflosen Frau. Der vorderseitige, emanzipierte Reißverschluß war autonom zu bedienen und als Zeichen eindeutiger; entweder verstärkte er den ›geschlechts-losen‹ Unisex-Appeal, oder dann machte er provozierend deutlich, wie leicht und schnell man mit ihm zur Sache kommen könnte.

Bei der Schuhmode war man noch nicht so weit. Als Zip auf den Markt kam, wur-de der Reißverschluß höchstens bei ge-wissen Gebrauchsschuhen eingesetzt (und auch dort nur verdeckt), wie etwa bei jenen halbhohen Winterschuhen aus Imitationsleder, deren unschön-schlichte Gestalt von Zip mit seinen zwei geraden Linien aus flacher Sohle und knöchelho-her Oberkante gleichsam auf die Spitze getrieben wurde.

In der Kombination seiner banalen und exzentrischen Elemente war der Reißver-schlußschuh eine Erfindung. Hatte er auch Zeitgenossen und Vorläufer, so schien er doch das Zeitgefühl exemplarisch sicht-bar zu machen und zugleich ein verände-tes (weibliches) Körperbewußtsein in einen modischen Gegenstand einzubringen.

Die Frage, ob Dinge der Mode den Bereich der angewandten Kunst verlassen und zur Kunst werden können, soll hier nicht so sehr zur Sprache kommen. Interessanter scheint die Frage, was für eine Art von modischen Gegenständen Schuhe eigentlich sind. Stefi Talman ist gelernte Schuhmacherin: »Einen Schuh herzustellen, ist nicht ganz dasselbe wie ein Kleidungsstück. Der Arbeitsaufwand ist größer; ein Schuh ist viel größeren Strapazen ausgesetzt. Er muß dein ganzes Gewicht tragen, erfährt von außen die Reibung von der Straße und von innen den Druck und das Schwitzen des Fußes. Sohle und Oberleder müssen sehr gut aneinander befestigt sein, sonst platzt der Schuh auseinander. Eigentlich haben Schuhe nur im weitesten Sinne mit Kleidung zu tun, unterscheiden sich aber ebenso von anderen Accessoires aus Leder, wie Gürtel oder Taschen. Sie sind eine Sache für sich.«

Schuhe stehen meist auf dem Boden. Schuhgeschäfte können auf Schaufensterpuppen verzichten. Schuhe üben offenbar an- oder ausgezogen eine ganz spezielle Faszination aus, die bei nicht wenigen Menschen zum Fetischismus wird, der aber gleichermaßen von einem abstrakten Formbewußtsein wie von sehr primärer Lust auf einen Gegenstand der Begierde geprägt scheint. Das Material spielt dabei eine wichtige Rolle. Im Schuh berühren sich Mensch- und Tierhaut unmittelbar. Der Schuh ist im zweifachen Sinne so etwas wie ein unverblümt nach Körper duftendes oder riechendes Objekt; innen eine inverse Plastik des Fußes, nimmt er außen diese Form wieder auf, verändert und stilisiert sie jedoch zugleich und schafft sich eine Gestalt, die mehr offenbart, als das, was sie umhüllend verbirgt. Schuhe, so sagt man, sagen vieles über den Menschen, der sie trägt, und es scheint wirklich naheliegend, an der verbindlichen »festen« Gestalt eines Schuhs mehr ablesen zu können als z. B. an einem Paar Hosen oder an irgendeinem anderen einzelnen Kleidungsstück. Schuhe »passen« zwar meistens mehr oder weniger zur übrigen Kleidung, sind also Teil eines Gesamten, und scheinen doch zugleich dieses Ganze zusammenzufassen. Unter ein Gemisch aus Mode, Fantasie und Notwendigkeit setzen sie gewissermaßen einen verbindlichen Schlußstrich.

Offenbar ist es gerade jener Ort am untersten Ende unserer Körper, der dem Schuh als Teil der Kleidung und als sich verselbständigendes Objekt ein gewisses Privileg etwa gegenüber Hüten und Handschuhen verschafft. Kopf und Hände bewegen sich im Luftraum; sie erinnern an die Freiheit im Denken und Handeln; die Füße haben gewissermaßen die Last der Freiheit auf sich genommen. Was diese Füße umhüllt, reflektiert in seiner Beschaffenheit zugleich ein physikalisches Weltgesetz und eine evolutive Grundbedingtheit des Menschen; die Schwerkraft bindet ihn an die Erde oder konkreter an den Boden, den er sich geschaffen hat, und die Evolution bestimmt ihn dazu, diese Last seiner selbst aufrecht zu ertragen.

Der Schuh gibt Auskunft über Stoff und Form zweier sehr gegensätzlicher Körper. Erde und Haut an seiner entscheidenden Kontaktstelle, ist der Schuh, anders als ein Handschuh, gezwungen, eine Synthese zu bilden zwischen hart und weich, biegsam und fest, zwischen aufnehmender Innenwelt und widerstrebendem Äußeren. Wird ein Schuh ausgezogen, verbleibt er in der ihm eigenen Stellung, die etwas Menschlich-Aufrechtes an sich hat. Da steht ein Paar Schuhe, sagt man, und, wenn er zur Seite gefallen ist, da liegt ein Schuh. Wiederum deutlicher und direkter als andere Kleidungsstücke scheint ein verlassenes Paar Schuhe die menschliche Präsenz bei sich zu behalten. Ein Handschuh erinnert unmittelbar an die Hand; der Schuh emanzipiert sich von der Fußgestalt. »Schon als Kind habe ich meine Schuhe nahe zu mir ans Bett gestellt. Schuhe sind für mich wie selbständige Tiere, Wesen, es sind eigenständige Geschöpfe.« (Stefi Talman).

Ein einzelner Schuh ist eine merkwürdige Sache. Obwohl es ihm an nichts zu fehlen scheint, so ist doch ein Hauch von Verlorenheit, von Einsamkeit an ihm. Er ist allein, und zwar nicht so sehr, weil er nicht um den Fuß ist, sondern weil ihm sein wichtigerer Partner fehlt: der andere Schuh. Schuhe sind immer zu zweit, haben fast immer was miteinander und bilden ein Beziehungspärchen. Schon in der Schuhschachtel liegen sie eng aneinandergeschmiegt, Kopf an Bauch sozusagen und nur durch das dünne Seidenpapier getrennt. Später stehen sie zwar oft Seite an Seite und geben sich wohlerzogen, liegen dann aber auch wieder quer und verkehrt übereinander, wie erschöpft nach wildem Tun. Manchmal berühren sie sich fast zufällig Nase an Nase. Im Objekt ›Der Kuß‹ von Meret Oppenheim steigert sich dieser alltägliche Flirt zur leidenschaftlichen Verschmelzung der Schuhspitzen, zur Paarung mit auf-

gelösten Schnürsenkeln. Doch nicht wie ein Stecker die Steckdose sucht der eine Schuh seinen anderen, denn dieser ist ja sein Spiegelbild und so wie er ein Körper und zugleich ein Gefäß, das vielerlei Gestalten in sich trägt, ebenso männlich wie weiblich, ebenso konvex wie konkav. Wenn zwei Schuhe unter sich sind, unterhalten sie so etwas wie eine hermaphroditische Liaison und zwar solange, bis ein Fuß ihre inneren, ›weiblichen‹ Seiten in Besitz nimmt.

Vielleicht ist es so, daß die seltsame, sich verselbständigende Leiblichkeit von Schuhen bereits in den Füßen selbst ihren Ausdruck findet. Außerhalb seiner untergeordneten und unterdrückten Funktion genießt der Fuß eine gewisse Narrenfreiheit, zu der die Hände nur noch in Ausnahmefällen fähig sind. Wenn Hände sich kommunikativ bewegen, dann hat das immer etwas vom Sprechen an sich; die Gestik der Hände begleitet, verdeutlicht das Reden und Erklären, untermalt den Diskurs. Was die Füße tun, wenn sie nicht arbeiten, geschieht fern vom Kopf, fern der selbstbeobachtenden Blicke; ihre Aktivität und Ausdrucksform ist unserem Bewußtsein leicht entfremdet und entzieht sich weitgehend seiner Kontrolle. Füße besitzen die besondere Fähigkeit, ebenso hochdifferenziert wie unmißverständlich über die Befindlichkeit des gesamten Organismus Auskunft zu geben, und dabei gleichsam von Leib zu Leib direkt zu kommunizieren. Die Erklärungen der Füße brauchen keinen Kommentar. Nichts, nicht einmal eine Ohrfeige kann menschliche Verachtung deutlicher ausdrücken als ein Tritt in den Arsch. Hände schütteln und Küsse geben gehören zu den leidenschaftslosen Grußformeln der allgemeinen Kommunikation. Die feineren Berührungen der Füße finden im halbdunklen Abseits des gesellschaftlichen Umgangs statt – unter dem Tisch zum Beispiel. Gegenüber dem Spiel der Hände ist das Spiel der Füße vielleicht etwas unbeholfener,

dafür aber von einer geradezu archaischen Natürlichkeit und Frechheit.

Wenn Hände Füße berühren, so ist der Kontext entweder intim und/oder rituell, ich denke da an Maria Magdalena und Jesus, an alle Formen der Fußwaschungen und -salbungen, die vielleicht auch deshalb so stark ritualisiert sind, weil der Fuß etwas doppelt ›Unreines‹ an sich hat: die nach unten sinkende Ausdünstung des Körpers trifft sich mit dem Schmutz dieser Erde. Auch im profanen Ritual des Schuheputzens findet sich noch etwas von der Magie dieser Begegnung.

Eine nackte Hand ist nicht nackt. Ein nackter Fuß ist etwas besonderes, auch heute noch und nicht nur zu jenen Zeiten, als alles verborgen blieb und schon das Herzeigen des beschuhten Frauenfußes eine erotische Mitteilung ersten Ranges war. Die Füße weisen zum Zentrum des Leibes; sie bilden den Anfang einer Bewegung, an deren Ende der Zielbereich der sexuellen Wünsche liegt. Die Hände, die immerhin zu den Achselhöhlen weisen, sind auch in dieser Hinsicht näher beim Kopf. Verständlich deshalb, daß das Aus- und das Anziehen von Schuhen immer noch zu den höchstbesetzten Handlungen im erotischen Zeichensystem gehört. Da Schuhe für Frauen fast nur von Männern produziert wurden (und werden), spiegelt sich im eleganten Damenschuh nicht so sehr eine weibliche Erotik, sondern viel eher das von Männern erwünschte erotische Weib. Die scheinbar nur modisch bestimmten Schwankungen in der Höhe der Absätze sind in dieser Hinsicht ein höchst einflußreiches Moment, im besonderen auch für die Mentalität der Schuhmacherin Stefi Talman: »Als ich anfing, eigene Schuhe zu machen, gab es keine eleganten Schuhe ohne hohe Absätze. Die alten Ballerinaschuhe aus den fünfziger Jahren waren die einzigen flachen und schönen Schuhe, die es gab. Alle übrigen flachen Schuhe waren häßlich, Nonnen- und Altfrau-

enschuhe, züchtig, hochgeschnürt. Was elegant war, mußte einfach Stöckel haben. Wenn du dich damit rausputztest, dann eigentlich nur, um attraktiv zu sein für einen Freier. Stöckelschuhe beeinflussen die Körperhaltung. Du drückst den Arsch und die Brust raus; mit hohen Absätzen kann man weniger gut gehen und meistens schmerzen sie auch. Wenn du nicht gut laufen kannst, bist du deiner Selbständigkeit beraubt.«

Wenn kleine Männer hohe Absätze tragen, werden sie größer und treten anders auf. Wenn Frauen Pumps tragen, werden ihre Beine verlängert, so sagt man. Extrem hochgezogene Pumps bewirken eine ins Ekstatische neigende Biegung oder Wölbung des Fußes, in dieser Dauerekstase wird sichtbar, was sonst nur verstohlen aufblitzt: die Unter-, die ›Bauchseite‹ des Schuhs. Und darunter liegt quasi die Bauchseite des Fußes, dort wo die Sohle den Boden nur leicht berührt und deshalb zart und kitzlig ist. Das ist die Intimsphäre des Fußes. Von hier aus findet alles seine naheliegende Entsprechung. Der Frauenschuh wird selbst zum Frauenkörper mit hochgerecktem Hintern und zu Boden gebeugtem Torso, und die zwei Seite an Seite stehenden Absätze werden zum lustvoll gestreckten Schenkelpaar. Diese Gestalt-Vorlage ist für den eleganten Damenschuh des 20. Jahrhunderts verbindlich, ja, der Frauenkörper in eindeutiger Stellung ist sozusagen die Matrix des modernen Stöckelschuhs.

Die Geschichte der Füße und ihrer Verkleidungen ist eine Geschichte der Erotik; nicht nur, aber besonders wenn es die Frauen betrifft, so ist sie auch eine Geschichte der Gewalt, der Vergewaltigung am Fuß der Frau. Was die alte chinesische Tradition durch Zurückbinden der Zehenpartie erreichte, nämlich eine Verkürzung des Fußes, findet im Stöckelschuh seine etwas weniger brutale, westliche Spielform. Daß der lustbereit zugespitzte Schenkel eines Bleistiftabsatzes dabei selbst als Waffe gegen eben diese Gewalt eingesetzt werden kann, verdeutlicht nur den Verweis auf die Kampfseite der Sexualität, auf den Krieg der Geschlechter, liegt aber wohl nicht in der Absicht der Schöpfer, sondern in der Tücke des Objekts, wie man so schön sagt.

Die Schuhe mit hohen harten Absätzen haben überhaupt etwas Martialisches an sich. Chruschtschow demonstrierte das einmal deutlich, als er in der UNO-Vollversammlung seinen Schuh in die Hand nahm und zur Bekräftigung seiner Rede auf das Pult haute. Das Pressefoto von Reagan mit seinen auf dem Tisch liegenden Cowboystiefeln steht dieser Demonstration in nichts nach. Hohe Absätze sprechen von der Macht, besonders in Kombination mit hohen Stiefeln, deren Ursprung ja weniger im Gehen als im Reiten liegt. Hohe schwarze Stiefel sind Zeichen der despotischen Herrschaft oder des Gehorsams. Solche Stiefel tragen die Herren der Prärie, die Kavallerieoffiziere, die berittene Polizei und ähnliche Repräsentanten; aber auch die Dominas des sadomasochistischen Theaters der Grausamkeit. Man spricht von Stiefelleckern, Steigbügelhaltern und Stiefelknecht. Wenn Bauernschuhe vom einfachen Gang der Dinge berichten und Infanterieschuhe etwas vom dumpfen Rhythmus des Marschierens in sich tragen, dann ist im eleganten Stiefel, wie auch in der blitzenden Eleganz eines Bleistiftabsatzes etwas von der blankpolierten Salon-, ja auch von der Schlafzimmerseite des Krieges zu finden.

In der sogenannten Reflexzonenlehre wird die Fußsohle zur Landkarte, auf der den Gliedern und Organen des menschlichen Körpers entsprechende druckempfindliche Bereiche zugeordnet sind, wobei diese kartografische Ordnung seltsame Analogien zum Aufbau des Körpers aufweist. Die Reflexzonen von Bauch und Magen liegen im weichen Mittelbereich, Klein- und Großhirn im großen Zeh, und genau auf der Ferse liegt die Zone der

Hoden bzw. des Eierstocks. Die alten chinesischen Gebräuche machen diese interessanten Zusammenhänge noch etwas offenkundiger: Wenn sie den Frauen schon im zarten Kindesalter ein kleines Klumpfüßchen machten, dann eben deshalb, weil sie glaubten, daß so gewisse Energieströme auf die sexuellen Zentren umgeleitet würden. Schönheit muß leiden, aber nicht ohne Grund. Was bei den Chinesinnen extrem und bei uns etwas sanfter leiden mußte und muß, steht fest, jedenfalls gemäß der Reflexzonenlehre: Großhirn und Kleinhirn eben, dann aber auch Augen, Ohren und das Zentrum des Gleichgewichts.

Dies alles heißt noch nicht, daß Leute mit Earthshoes – im Bett oder sonstwo – keine Kriege mehr führen. Wir kennen die versteckte Kriegsführung der Pantoffelhelden. Es heißt auch nicht, daß Stefi Talman so etwas wie Gesundheitsschuhe herstellt, die ja gewöhnlich die Füße auf ihrem Weg zurück zur Natur nebst allem

anderem auch von jeder Erotik befreien. Und – was das Aggressive betrifft – Kampfschuhe können auch schmal, flachsohlig und weich sein; nur erzählen sie dann weniger vom mechanischen Marschieren in Formation als vielmehr vom verstohlenen Anschleichen, vom weichen Untergrund oder auch nur von der schnellen Flucht. »Black people shouldn't wear high heels, because you can't run with them« (»Schwarze sollten keine hohen Absätze tragen, weil man mit ihnen nicht rennen kann.«), sagte Eldrige Cleaver einmal; und er meinte damit vielleicht etwas Ähnliches wie Stefi Talman, wenn sie als Frau von der ›Selbständigkeit‹ der Fortbewegung spricht. In ihren Schuhkreationen vollzog sich von allem Anfang an eine sanfte formale Emanzipation, eine immer eleganter und extravaganter gestaltete Befreiung vom Dogma des ›Frauenkörper-Schuhs‹ wie auch vom Dogma seiner maskulinen Entsprechung, dem har-

ten Schuh sportlich-martialischen Zuschnitts. Auch ihre für Männer entwickelten Modelle weisen flache Absätze auf, eignen sich hervorragend zum Tanzen und können auch von Frauen getragen werden, so etwa die Varianten der niedrigen Bottine-Form mit flacher Sohle und geradem Abschluß. Geschmückt mit seitlicher Schnalle, erinnern sie an Schuhe aus höfischen Zeiten, in denen die Herren noch allgemein so androgyn aussehen durften wie ein Prince von heute.

Stefi Talman hat auf ihre Art die ›vielerlei Gestalten‹ wahrgenommen, die das Schuhobjekt in sich verbirgt, und diese Wahrnehmung ist sogar voll erotischer Fantasie. Damenschuhe verwandeln sich in weibliche Geschöpfe oder Gestalten mit weiblicher Symbolkraft. Stilisiert, mit Hilfe kleiner Details werden Assoziationen wie ›Fisch‹, ›venezianische Gondel‹ oder ›Hühnerkralle‹ wachgerufen. Vorerst nur in Modellen und Entwurfszeichnungen, wird der Frauenfuß sogar mit naturalistischer Extravaganz in Tiergestalten eingehüllt. Der hohe Absatz ist die geschwungene Fischflosse, der Stöckelschuh wird zum Raubtier mit aufgerissenem Rachen und hochgestelltem Schweif, oder zum rückwärtsgehenden Elefanten, der das Gewicht auf seinem gestreckten Rüssel trägt. Aber die Selbständigkeit des Frauenfußes verwirklicht sich nicht nur im sanft fließenden Schwung der venezianischen Gondel, sondern durchaus auch mit aggressiverem Unterton: Die Raubkatze trägt eine Schlangenlederhaut, und ihr hochgerecktes Hinterteil signalisiert alles andere als die erotische Demutstellung; das Tier am Fuß der Frau zeigt seine Zähne und duckt sich vor dem Sprung.

(DIESER BEITRAG ERSCHIEN ZUERST IN: DER ALLTAG SENSATIONSBLATT DES GEWÖHNLICHEN, NR. 4/5 1985)

WISSEN SIE SCHON . . .?

...daß ein Schuhmacher selbstgemachte Schuhe tragen kann, aber daß ein Schweinemetzger niemals selbstgemachte Würste ißt?

KARL VALENTIN

ZEICHNUNGEN: JULES STAUBER

»SO BEGANN ICH DARÜBER NACHZUDENKEN, WELCHEN EINFLUSS DIE KLEIDUNG ALS RÜSTUNG IM VERLAUF DER ZIVILISATIONSGESCHICHTE AUF DIE HALTUNG UND DAMIT AUF DIE ÄUSSERE MORAL GEHABT HAT. DER VIKTORIANISCHE BOURGEOIS WAR STEIF UND PEDANTISCH WEGEN DES STEIFEN STEHKRAGENS, DER KLASSISCHE GENTLEMAN WAR IN SEINER STRENGE DETERMINIERT DURCH ENGANLIEGENDE REDINGOTES UND STIEFELETTEN UND ZYLINDER, DIE KEINE RASCHEN KOPFBEWEGUNGEN ERLAUBTEN. WENN DAS WIEN DER JAHRHUNDERTWENDE AM ÄQUATOR GELEGEN HÄTTE UND SEINE BÜRGER IN BERMUDAS GEGANGEN WÄREN, HÄTTE DANN FREUD DIESELBEN NEUROSENSYMPTOME BESCHREIBEN KÖNNEN? UND DIESELBEN ÖDIPUS-DREIECKE? UND HÄTTE ER SIE IN DERSELBEN WEISE BESCHRIEBEN, WENN ER, DER DOKTOR, EIN SCHOTTE IM KILT GEWESEN WÄRE (UNTER WELCHEM MAN BEKANNTLICH NICHT MAL EINEN SLIP ZU TRAGEN PFLEGT)?

EIN KLEIDUNGSSTÜCK, DAS EINEM DIE HODEN EINZWÄNGT, LÄSST EINEN ANDERS DENKEN. DIE FRAUEN, WENN SIE IHRE REGEL HABEN, DIE KRANKEN, DIE AN HÄMORRHOIDEN, ORCHITIS, URETHRITIS, PROSTATITIS UND DERGLEICHEN LEIDEN, KENNEN DEN EINFLUSS, DEN KOMPRESSIONEN ODER INTERFERENZEN AN DER LENDENREGION AUF DIE STIMMUNGSLAGE UND DIE GEISTIGE REGSAMKEIT HABEN. ABER DASSELBE GILT (VIELLEICHT IN GERINGEREM MASSE) AUCH FÜR DEN HALS, DEN RÜCKEN, DEN KOPF, DIE FÜSSE. EINE MENSCHHEIT, DIE IN SCHUHEN HERUMZULAUFEN GELERNT HAT, HAT IHR DENKEN ANDERS ORIENTIERT, ALS SIE ES GETAN HÄTTE, WENN SIE BARFUSS GEBLIEBEN WÄRE. TRAURIG ZU DENKEN, BESONDERS FÜR PHILOSOPHEN DER IDEALISTISCHEN RICHTUNG, DASS DER GEIST SEINEN URSPRUNG IN SOLCHEN KONDITIONIERUNGEN HABEN SOLL, ABER DAMIT NOCH NICHT GENUG, DAS SCHÖNE IST, DASS AUCH HEGEL DIES WUSSTE, WESHALB ER DIE VON DER SCHÄDELWISSENSCHAFT IDENTIFIZIERTEN SCHÄDELKNOCHEN STUDIERTE, UND DAS IN EINEM BUCH MIT DEM TITEL PHÄNOMENOLOGIE DES GEISTES.«
(AUS: UMBERTO ECO, DAS LENDENDENKEN, ESSAI IN DER FR VOM 14. 9. 85)

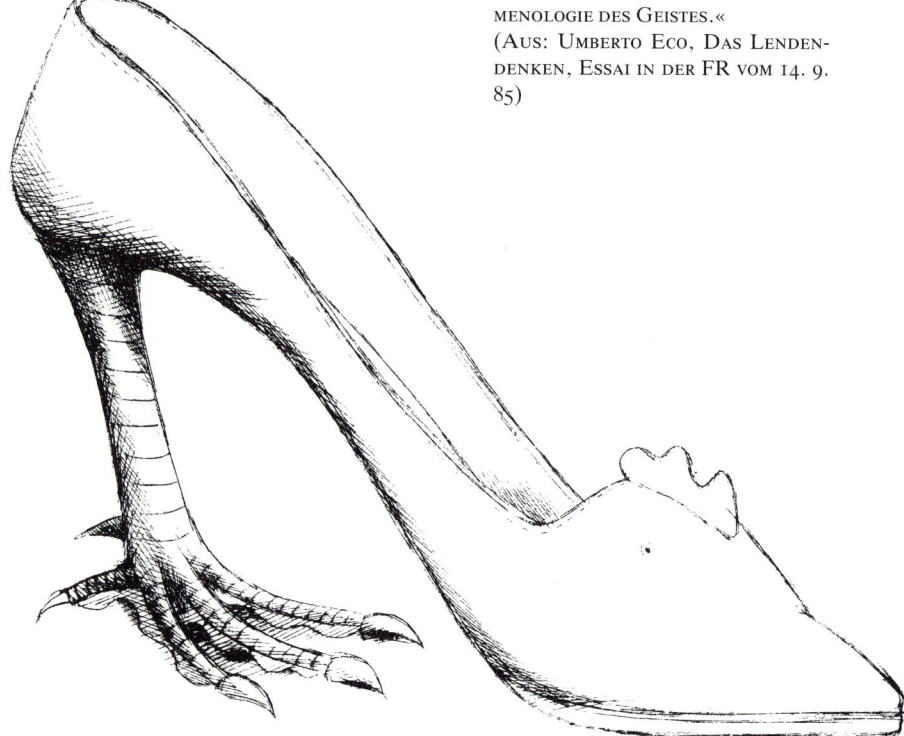

»Ein adeliches Weib wird insgemein genennet ein Dama, und Dama, als ein lateinisches Wort, heußt auf teutsch ein Gembs, wer steigt höher als ein Gembs? Wer wil immerzu höher seyn als ein Weib? der Teuffel hat ihnen unten und oben das ist bey Füssen und Kopf müssen zusetzen, damit sie nur höher seynd, bei den Füssen durch die hohen Schuh, beim Kopf durch die hohe Hauben . . . und für wem, sag sie mir, gehören dise kleinen gespitzte Schüchel? ebenfalls ist die Antwort für meine Gnädige Frau.

Potz tausend holler Stauden! So seynd die Zechen nit anderst beschaffen als wie die Verdambte in der Höll, so gleich den Häring auff einander liegen« (1692).

Der Kleiderluxus schlug aber auch die Beamtenfrau in seinen Bann, »die Schueh bald so gespitzt als ein Schuster-Aal trug, wesenthalben kein Wunder, daß sie manchem Pfuy die Augen außsticht.«

Noch schlimmer war es auf dem Lande bestellt: »die plumpe Füss müssen eingeschränkt werden in Schühlein von allerhand Farben . . . Jetzt kommt kaum ein Bauerntochter aus dem nechsten Dorff in die Stadt zum Dienst, gleich will das Mist-Trampel nach der Mode gekleidet seyn: eine Sohlen ohne den Schuh ist ihr zuwider, muß also auch Absätze haben und spitzige Schüchlein« (1735).«
(Abraham a Santa Clara (1644 – 1709), zit. in: A. Lieb, Unter dem Pantoffel der Mode, München 1951)

»Die heuchlerische Kunst den Fuß zugleich zu zeigen und zu verbergen, ist in Paris zur höchsten Vollkommenheit gebracht. Ihr dürft es einem unparteiischen deutschen Mann glauben: die deutschen Schuhe, auch die besten, können sich selbst mit den gewöhnlichen Parisern nicht vergleichen. Die letzteren haben einen Schmelz, einen Anhauch, ein Etwas, ein Nichts – nur der Pinsel eines Malers könnte das anschaulich machen.«
(Ludwig Börne, 1822, zit. in: A. Lieb, unter dem Pantoffel der Mode, München 1951)

Patsche, patsche, Peter,
Hinterm Ofen steht er,
Flickt fein' Schuh und schmiert fein' Schuh,
Kommt die alte Katz dazu,
Frißt die Schmer und frißt die Schuh,
Frißt die Schuh und frißt die Schmer,
Frißt mir alle Teller leer.

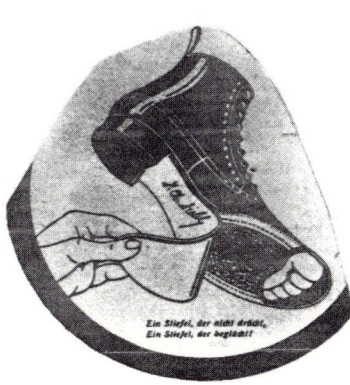

Synonyma für Schuhe

Schlorren
Lahtschen
Bärlahtschen
Quadratlahtschen
Drecktreter
Papuschen
Gondeln
Spree-, Elb-, Oder- etc. Kähne

(Nach Schlagworten des Humors, Leipzig 1891)

Fußball mit Schuhen

pfiff / anpfiff / und spitz stößt an
innenrist stoppt / flankt aus dem stand
flankt zu absatz / und absatz spreizt
paßt / und paßt zu kappe / kappe weiter
zu lasche / lasche hält die sohle drauf
und kickt zurück / zurück zu stollen
stollen vertändelt / verzögert / stolpert / schnürsenkel fährt dazwischen
außenrist steigt in die luft / volley
zieht ab / und stiefel / stiefel / pfiffe
hängt hilflos zwischen den pfosten

Karl Riha

Der Schuh des Empedokles

Noch geh' ich nicht, o Schuh!
Von diesem grünen, guten Schuh soll
Mein Schuh mir nicht ohne Schuh gehen.
Und denken will ich noch vergangner
Schuhe,
Der Schuhe meiner Schuhe noch, der
Schuhe,
Die fern in Schuhs froher Schuhe sind,
Des Schuhs auch, der mir geflucht – so
mußt'
Es werden; laß mich itzt, wenn dort der
Schuh
Hinunter ist, so siehest du mich wieder.

Michael Glasmeier
(aus: M. Glasmeier, Texte über Texte, hrsg. v. Karl Riha u. S. J. Schmidt, Siegen 1987)

Dieser Schuh

Dieser Schuh. Das ist Rock'n roll-Zeit. Aber auf dem Land, in Edenkoben – ohne das erste Anwehen gegen den Adenauer-Muff, das man jetzt den End-Fuffzigern nachsagt; vielleicht war's das ja auch, aber höchstens in den großen Städten.

Zu diesen Schuhen (aus dem Schuhhaus Fücks, aus dem dann ein bekannter KBW-Barde kam), zu diesen Schuhen also gehörte ein altrosa Brokatkleid für den Tanzstunden-Abschlußball, mit Mutters Hilfe selbst genäht. Aus dem Stoffrest dann noch ein Blüschen – zusammen mit dem Konfirmationsrock zu tragen beim ›Mittelball‹, im Café Ludwig, wo heute ein Supermarkt steht. Beide Bälle absolviert mit einem Realschüler aus Neustadt – gegen die rotgesichtigen Edenkobener Buben mit Zacken in den Ohren und Schweißhänden und devoter Lüsternheit im Blick beim grade einstudierten Tanzstunden-›Diener‹.

Unter dem Kleid übrigens ein langes weißes Korsett mit Strumpfbändern dran: aufgesetzte Verruchtheit – oder doch eher Schielen nach der vorgestellten Welt der vornehmen Damen?

Bewegt habe ich mich in diesen Schuhen nur eckig. Ein klein wenig minder steif erst Monate später, als diese Schuhe mitkamen an den Genfer See (und zu Tanzereien, die mir ab und zu sogar Spaß gemacht haben) – weg aus der Edenkobener Geducktheit, in die ich zurückkehren mußte, weil ich ›etwas werden‹ wollte, id est: dazu das Abitur brauchte.

Dann kamen hochhackige dunkelbraune Schnallenschuhe, hin und wieder an meinen Füßen bei gequälten Landauer Pennäler-Parties – und noch 1962 in der Heidelberger Tangente. Die Crocos aber wurden zusammen mit dem Schulranzen – ein lederner! und das 1948! – von der Mutter aufgehoben in der Aussteuerkiste mit den 36 Handtüchern, den 12 Kopfkissen und Bettüchern usw. usw.

Fast 30 Jahre alt ist er, dieser Schuh . . .

Warum ich trotzdem Turnschuhe trage

Jeder kann machen, was er will – so hieß es einst in den Nachkriegsschulen. Nach dieser Freiheitsbotschaft wurde der Blick der Geschichtslehrer gleich wieder fest: nicht ganz, im Rahmen des Grundgesetzes natürlich. Seither spielt das Grundgesetz die Rolle eines Schäferhundes.

Aber anziehen kann nun wirklich jeder, was er will, mittlerweile sogar in China, da dürfte es keine Einschränkungen geben. Ich weiß nichts von Bekleidungsvorschriften, wir sind ein freier Staat. Vermutlich bekommt man auf dem Land und in den Städten unter hunderttausend Einwohnern Schwierigkeiten, wenn man gar nichts trägt, die Großstädte allerdings sind den Anblick nackter Erholungssuchender schon gewöhnt.

Jeder darf tragen, was er will, jeder darf sich seine häßlichen Gedanken machen, wie er will, über das, was da getragen wird, die Freiheit ist fast grenzenlos. Aber keine Angst jetzt, ich bin kein Querulant. Es kommt kein Geifern über die paradiesvogelbunten Punker in ihren viel zu großen Lederjacken, und nackte Großstädter stören mich nur dann, wenn sie allzu reklamebraun sind. – Später einmal werde ich mich vielleicht zu diesen Herren in dunklen Anzügen äußern, die wie debile Kraniche durch die Foyers der Kultur stolzieren, von Frauen begleitet, die in ihren unsinnig langen Röcken so vornehm aussehen wollen und dabei so fußlos und verkrüppelt wirken, daß man sie irgendwie anschieben möchte, damit sie besser vorwärtskommen.

Was mir allerdings immer mißfiel, ich muß es gestehen, das war das Tragen von Turnschuhen. Ich hatte auch gelegentlich mit dem Anblick von Leuten Schwierigkeiten, die ihre immer dicker werdenden Bäuche in immer enger werdende Jeans-Anzüge quetschten und ihre Specklendenwülste aus Mut oder ästhetischem Unwissen der Öffentlichkeit darboten – aber in seiner ganzen Häßlichkeit hatte das auch etwas Rührendes.

Das Tragen von Turnschuhen hingegen schien mir irgendwie hinterhältig. Auf so leisen Sohlen zu gehen, mochte zu Stimmbrüchigen passen, die ihre Indianerspiele gerade hinter sich haben. In der Welt der Erwachsenen erschien es mir als ein Instrument unzulässiger Verjüngung, ein unseriöses, schmuddeliges Utensil, das den aufrechten zivilisatorischen Gang zu einem vorsintflutlichen Schleichschritt zurückentwickelte. Zudem konnte man den Turnschuh nicht auf die gewohnte Art säubern; und ich liebte es, das trockene Leder meiner Schuhe mit Creme aus hübschen Dosen zu fetten, genoß den Anblick, wie die ausgedörrte Oberfläche gierig die schmalzige Nahrung aufsaugte. Diese liebevolle Pflege ließ ich mir auch von hilfreichen Menschen nicht abnehmen, auch nicht auf Reisen. Denn das war mir schon immer zu peinlich, das noble Hotelpersonal mit diesem Paar Schuhe zu traktieren, als sei Nikolaustag. Immerhin waren echte Schuhe im Rahmen der Konvention dem Personal noch zumutbar, während Turnschuhe in einem Hotelkorridor nur noch das Bild für eine Witzzeichnung abgaben. Schließlich hatte ich noch mein soziokulturelles Argument: den letzten Schustern würde mit dem unflickbaren Wegwerfprodukt Turnschuh die letzte Arbeit weggenommen werden, und für unsere Kinder wäre damit ein weiterer klassischer Handwerksberuf der natürlichen Anschauung entzogen und in den Bereich nostalgischer Kinderbücher verwiesen.

Meine Gegner hörten sich lächelnd an, was ich zum Schutz des herkömmlichen Schuhs zu sagen hatte, und streckten lässig ihre Beine. »Ihr macht euch doch zum Popanz und zur wandelnden Reklame«, sagte ich ihnen mit einem Blick auf ihre weißen Turnschuhe, auf denen rot und blau in einem widerwärtig sportlichen Schriftzug der Firmenname des Herstellers vor sich hin warb. Gleich anderntags, nahm ich mir vor, würde ich die 25 Kilometer zu meinem Vorstadtschuster fahren, etwas Leim riechen, einen Schwatz halten und besprechen, ob sich die nunmehr dritte Besohlung meiner geliebten Slipper aus Siena noch rentiere oder das Oberleder am Ende nicht mehr mitmache.

Aber es hilft hier nichts, daß ich von alten Zeiten träume. Die Wahrheit muß doch irgendwann heraus. Ich gestehe es wie ein Übeltäter, der vor Gericht nicht sagen kann, warum er das Verbrechen beging: er zuckt ratlos die Schultern und sagt, es habe ihn überkommen, ganz plötzlich habe es ihn überkommen. Das übrige ist dann Sache der Psychologen. Sollen sich auch bei mir die Psychologen den Kopf zerbrechen. Tatsache ist: eines Tages, ohne daß ich ein Loch in der Sohle meiner Zwiegenähten aus Liverpool gehabt hätte, ohne daß der Schuster die herrlichen Brooks aus Wien für irreparabel erklärt hätte, ohne daß der Absatz von meinen Sieneser Slippern riß – eines Tages kaufte ich hastig und errötend ein Paar weiße Turnschuhe, ging nach Hause und probierte sie mit einer seltsamen Mischung aus Gier und Verachtung an. Da ich völlig unproblematische Füße habe, paßte mir meine Größe wie angegossen. Ja, ich mußte mir fast verzweifelt eingestehen, daß mir noch nie ein Paar Schuhe so wunderbar gepaßt hatte wie eben jene verhaßten Turnschuhe.

Nun begann eine schwere Zeit. Der schmerzhafte Prozeß des Umdenkens muß deutliche Spuren in meinem Gesicht hinterlassen haben. Es hieß, ich würde elend aussehen, ob mir etwas fehle? Tatsächlich war mir ja elend zumute. Ich kam mir wie ein Verräter vor. Nach meiner jahrelangen Turnschuhfeindschaft mochte ich mich nicht offen auf die Seite der Gegner schlagen. Ich hatte auch nicht aufgehört, meine alten Schuhe zu lieben, im Gegenteil, ich liebte sie jetzt ganz besonders, und ich hegte und pflegte sie mehr denn je. Ich fühlte mich auch nicht etwa mit einem Mal der Turnschuhgeneration zugehörig, nein, nein, ein bißchen Charakter habe ich schon, und ich falle nicht einfach um. Aber ich kann nicht verhehlen, daß ich meine neuen Turnschuhe mit großer Begeisterung trug und daß ich mich ungeheuer wohl darin fühlte. Ich fühlte mich leicht und federnd, beweglich und wach.

Die ersten Tage zog ich sie nur zu Hause an. Ich bin offenbar ein etwas schwerfälliger Mensch und ich brauche Zeit, mich an meine eigenen neuen Angewohnheiten zu gewöhnen. Ich wagte mich nicht damit auf die Straße aus Furcht, lächerlich zu erscheinen, was natürlich die Krönung der Lächerlichkeit war, denn ich trug ja nur das, was ein Großteil der Bevölkerung trägt. Ich verhielt mich wie eine Frau, die sich ein tolles Kleid gekauft hat, das sie nur vor dem Spiegel anzieht, weil sie Angst hat, es könne zu gewagt sein. Und es war eines Nachts, als ich mich erstmals mit meinen neuen Turnschuhen aus dem Haus wagte. Das war ein schlechter Start. Denn im Dunkel leuchtete das Weiß meiner Schuhe unsinnig hell und schreckte mich so, daß ich sie tagelang verschmähte.

Es dauerte ein halbes Jahr, bis ich mit mir im reinen war und mein neues Image ertragen konnte. Spöttische Bemerkungen von Bekannten, ich sei jetzt wohl auch auf den Trichter gekommen, bewirkten jedesmal Rückschläge und völlig unnötige Besohlungen meiner alten Schuhe, mit denen ich mein Gewissen erleichterte. — Nun aber ist alles ausgestanden. Ich nehme mir die Freiheit, Turnschuhträger immer noch verächtlich zu mustern, wenn mir danach ist. »Ihr geht mir auf den Wecker, ihr dynamischen Figuren!« sage ich ihnen glatt ins Gesicht. Und es hindert mich nicht daran, mein eigenes Turnschuhtragen gelegentlich zu genießen.

Was soll denn Konsequenz — ohne Schizophrenie kommt man nicht aus. Vermutlich wirke ich auch dynamisch mit meinen Turnschuhen, aber ich komme mir nicht so vor. Ich komme mir nur unbeschwert vor. Ich nehme zwei Stufen auf einmal. Ich laufe Straßenbahnen hinterher, wozu ich mir früher zu fein war. Also ziehe ich immer dann Turnschuhe an, wenn ich es eilig habe. Sie wären auch ideal für das Besteigen von Aussichtstürmen. Aber ich besteige keine Aussichtstürme, denn ich bin nicht schwindelfrei. Manchmal ziehe ich sie auch zum Schreiben an, ich kann dann flotter formulieren. Für Nachrufe sind sie daher ungeeignet. Manchmal hasse ich meine Turnschuhe. Wenn ich sie säubere zum Beispiel. Das ist eine widerliche Prozedur, die mit einem weißen klebrigen Brei ausgeführt wird, der überall Kleckerspuren hinterläßt. — Wirklich unausstehlich sind Turnschuhe in Museen: dort, wo solide Absätze dezent aufs Parkett klopfen müssen, paßt kein eilig quietschender Gummischritt.

AUS: WARUM ICH MONARCHIST GEWORDEN BIN. 12 ENTRÜSTUNGEN, ZÜRICH 1985

WAS MIR HEILIG IST

ANLÄSSLICH DES KATHOLIKENTAGES 1986 HATTE DER BUND DER DEUTSCHEN KATHOLISCHEN JUGEND IN AACHEN JUGENDLICHE AUFGERUFEN, ›IHRE HEILIGTÜMER‹HEUTE ZU NENNEN UND FÜR EINE AUSSTELLUNG ZUR VERFÜGUNG ZU STELLEN. GESUCHT WURDEN GEGENSTÄNDE, MIT DENEN DIE JUGENDLICHEN SICH VERTRAUT GEMACHT HATTEN, DIE SIE SICH NICHT ALS KURZLEBIGE KONSUMGEGENSTÄNDE ANGEEIGNET, SONDERN IM ÜBERTRAGENEN SINNE ALS ETWAS PERSÖNLICHES ZU EIGEN GEMACHT HATTEN. DER AACHENER BISCHOF KLAUS HEMMERLE, DER SICH SEHR MODERN IN DER INTERPRETATION DES GERADE IN DER KATHOLISCHEN KIRCHE HOCH BESETZTEN WORTES ›HEILIG‹GAB, NAHM DIE JUGENDLICHEN IN SCHUTZ, DIE SO PROFANE DINGE WIE EINEN ZOTTELBEUTEL, DEN VERBOGENEN LENKER EINES CROSS- MOTORRADS, EIN BETT, EIN SCHÖNWETTERFAHRRAD ODER WIE DER FÜNFZEHNJÄHRIGE SCHÜLER GREGOR EIN PAAR ALTE ZERSCHLISSENE TURNSCHUHE, ALS IHR PERSÖNLICHES HEILIGTUM EINREICHTEN. »MEINE TURNSCHUHE«, SO GREGOR, »SIND MIR WICHTIGER ALS DAS STÜCK STOFF IM AACHENER DOM, DAS DIE WINDEL VON JESUS SEIN SOLL.« FÜR DEN BISCHOF STELLEN SOLCHE GEGENSTÄNDE OBJEKTE DAR, DIE »KOSTBARE ERINNERUNGEN« BERGEN UND DIE MAN DEM KONSUMKREISLAUF ENTREIßT, UM SIE MIT IN DIE ZUKUNFT ZU NEHMEN. DIE LÖCHER UND RISSE IN SEINEN SCHUHEN SIND FÜR GREGOR DIE SICHTBAREN ZEICHEN WICHTIGER ERLEBNISSE, AN DIE ER SICH GERN ERINNERT FÜHLT: ERFOLGE IM SPORT, REISEN, BESUCHE VON ROCKKONZERTEN — ÜBERALL WAREN SIE MIT DABEI.

Vermutungen über Schuhe

Wir stellen zwei Turnschuhe (einen neuen und einen gebrauchten) in den Kreis.

Wie kann man sinnvoll darüber ›philosophieren‹?

– Man könnte über das ›Zeughafte‹ des Schuhs reden, über die materiellen Dinge in unserer Welt allgemein.

– Man könnte über das ›Leben‹ des Schuhs, über die in ihm verkörperte Zeitlichkeit (Vergänglichkeit) nachdenken.

– Man könnte über die Gesellschaft nachdenken, die sich in diesen Schuhen ausdrückt (Turnschuhgesellschaft).

– Ich hätte einen Kinderschuh mitgebracht. Als Symbol für das Leben (Kindheit, Jugend etc.).

Aber auch Unwille wird laut:

– Wo liegt überhaupt das Problem? Ich weiß nicht, was das Ganze soll. Für mich ist der Schuh einfach ein Bekleidungsstück.

Wir legen eine 5-minütige Denkpause ein und setzen dann neu an.

– Der erste Gedanke, der mir kommt: Der Schuh hat eine kulturelle Bedeutung. Kultur heißt Veränderung. Diese Schuhe stehen für ›jugendlich, sportlich‹, also für eine Kultur, in der diese Werte offensichtlich wichtig sind – im Gegensatz zu früheren Kulturen.

Der zweite Gedanke: Weshalb wird bei uns so ein Schuh zum Straßenschuh?

Bequemlichkeit scheint wichtig.

– Es ist auch eine Mode.

– Außerdem sind diese Schuhe billig.

– Durch solche Schuhe drückt ihr Träger etwas aus, z. B. Lockerheit, Gelassenheit. Das gilt aber nur für den gebrauchten Schuh. Der neue Schuh verkörpert demgegenüber etwas in Richtung Ordnung.

– Mit Ordnung hat das nichts zu tun. Der neue Schuh ist nur ungebraucht, ohne Charakter.

– Schuhe drücken den Charakter des Trägers aus.

– Der Fuß prägt den Charakter des Schuhs.

– Daß ich diesen Schuh auswähle, daß er mir gefällt, deutet zurück auf mich als Träger. Im Schuh ›verrät‹ sich der Träger.

– Dieser Schuh verkörpert die Freiheit, so zu sein, wie ich sein möchte.

Zweifel kommen auf.

– Philosophieren wir überhaupt?

L.: Was vermißt du?

– Etwas Tiefgreifendes. Es fehlt Wichtiges, das Eigentliche. Preis, Bequemlichkeit etc., das bleibt an der Oberfläche.

– Vorschlag: Vom Schuh ausgehend, sollten wir auf etwas anderes kommen, den Schuh z. B. als etwas Vergängliches sehen. Ein Schuh entsteht, vergeht – wie das Leben.

– Der Schuh entsteht nicht, er wird gemacht. Er bekommt seinen Charakter von dem, der ihn herstellt.

L.: Auch durch eine Maschine – der Schuh ist doch maschinell hergestellt?

– Nein, von dem, der die Idee hat, der ihn entwirft.

(Anm.: Demnach wäre der Schuh nicht nur etwas Materielles, sondern auch etwas Ideelles!?).

– Gut, der Designer teilt dem Schuh etwas von seinem Charakter mit. Der eigentliche Charakter des Schuhs kommt aber vom Träger. Was einer trägt, sagt etwas über seinen Charakter, seine Einstellung aus.

– Eigentlich hat so ein Turnschuh doch etwas Charakterloses an sich, jeder trägt solche Schuhe.

– Aber jeder Schuh, ist er erst mal im Gebrauch, verändert sich. War er vorher wie alle seiner Art, so wird er jetzt etwas Unverwechselbares, Eigenes, Individuelles, er bekommt Charakter.

– Neu ist so ein Schuh so etwas wie ein ›Auffangbecken‹ für die verschiedenen Menschen. Die Kunst des Designers besteht eben darin, viele individuelle Charaktere – bei den potentiellen Trägern – zu berücksichtigen.

(Anm.: Man könnte sagen: Der Designer zielt auf ein Allgemeines, das aber so geartet ist, daß der Käufer sein Besonderes – seine individuelle Einstellung, seinen eigenen Charakter – darin wiederfindet).

Probleme schafft der Begriff ›Charakter‹, der im Diskurs eine teilweise verwirrende Rolle spielt. Was soll darunter verstanden werden?

– Das, was eine Sache oder Person definiert, unverwechselbar, einmalig macht.

– Eine ›Ausstrahlung‹, eine bestimmte Richtung, bestimmte Eigenschaften, die einer Person oder Sache zukommen.

– Wichtig scheint mir das Unverwechselbare. Außerdem: Der Charakter ist nicht von Beginn an da, er bildet sich erst mit der Zeit heraus.

Wir kommen auf den Schuh zurück.

– Der Mensch realisiert sich im Handeln. Sein Charakter zeigt sich darin, wie er handelt. Dieses Handeln prägt sich den Dingen auf, die er benutzt. Dem Schuh teilt sich also durch das Handeln der Charakter des Trägers mit. Ob ich nachlässig gehe/bin oder nicht, ob ich wenig auf Sauberkeit oder Ordnung gebe, am Schuh ist das ablesbar.

– Im Idealfall könnte man den Träger anhand seines Schuhs identifizieren.

Wir versuchen das spielerisch anhand des im Kreis stehenden gebrauchten Schuhs, nicht ohne Erfolg.

(Auszug aus: Horst Strittmatter, Unterricht Philosophie, 13. Klasse Gymnasium)

Karin Haglund

Die Schuhe an unseren Füßen

»Schuhe, die richtig paßten, als ich sie kaufte. Im Skistiefel laufe nicht ich, sondern der Schuh. Er diktiert mir die Bewegungen. Die Moonboots zwingen mich zu einem starren Robotergang. Das ist ein interessantes Experiment, aber auf die Dauer unbequem. Bei Pelzstiefeln wirkt ihre intensive Wärme. Da merkt man, daß der Schuh etwas für einen tut.«

Siegfried Riescher fühlt sich in Earth-Schuhen als Übermensch: »Das ist noch schöner als barfuß laufen. Man schwebt richtig, alles schwingt dahin. Und dieses schöne Gefühl setzt sich fort bis in die Wirbelsäule. Im Stiefel mit flachem Absatz bin ich jemand anderer. Der Schaft gibt mir ein Gefühl von Sicherheit und Stärke. In Stiefeln mit hohen Absätzen stelze ich wie ein Storch. Alles staut sich, und ich fühle mich behindert.«

Auf Stiefel schwört auch Jochen Malms: »Darin fühle ich mich so gerüstet, daß mir nichts passieren kann. In Hausschuhen fühle ich mich gemütlich, weil sie selbst gemütlich sind.«

Der Frankfurter Psychologe Dr. Franz Rill: »Der Schuh ist das Kleidungsstück, das den Menschen am meisten beeinflußt. Er verändert sein Auftreten und färbt auf die Stimmung ab. Mit einem kaputten Schuh am Fuß fühlt man sich krank, ein schöner Schuh hebt das Selbstbewußtsein, macht beschwingt. Manche Menschen ziehen mit ihren Schuhen ein anderes Wesen über.«

Da ist beispielsweise der Stiefel, das Markenzeichen der Eroberer. Soldaten und Jäger tragen ihn immer. Er gibt ein Gefühl der Stärke und der Sicherheit, macht den Tritt herrisch und robust. Bis zum Knie verpackt, kann man mutig hintreten, wo man will. Alles prallt ab, nichts kann einen verwunden. Im Stiefel fühlt sich der ganze Mensch sicher, weil der Fuß gerüstet ist. Schon die nordeuropäischen Jäger prähistorischer Zeit schützten ihre Beine durch Umhüllungen aus ungegerbtem Leder, obwohl sie an den Füßen

noch Laub und Baumrinde trugen. Und die Sandalen der Kreter der minoischen Kultur hatten besonders lange, sehr breite Bänder, die kreuzweise um die Wade gewickelt wurden, bis alle Haut bedeckt war. So konnte ihnen das auf der Insel reichlich vorhandene Gestrüpp nicht mehr weh tun. In derben, zehenfreien Lederstiefeln unterwarfen die Römer Ägypten, Griechenland und Westeuropa, in Fellstiefeln griffen die Wikinger Britannien an und besiedelten sie Rußland. KZ-Kommandeusen trugen Reitstiefel. Sie gelten als besonders vornehm, da sie einst zur Kleidung des Adels gehörten. Und im

Mondsand hinterließ nicht die Fußsohle das Zeichen der ersten Begegnung mit dem Menschen, sondern die Sohle der plumpen Moonboots.

Im Zweiten Weltkrieg drückten die Stiefel sogar die Lebenseinstellung zweier Völker aus. Deutsche Soldaten marschierten in ›Knobelbechern‹ mit knallenden Absätzen. Hitler schwärmte von seinen Soldaten: »Sie sind so tüchtig und diszipliniert, so kämpferisch, daß wir gewinnen.« Disziplin, Befehlsmäßigkeit – das

war es. Und so waren auch die Stiefel: stur, geradeaus, unbeweglich. Wo sie hintraten, wuchs kein Gras mehr. Sie waren gründlich. Und die Soldaten liebten sie, weil sie bei Gefahr mit einem Satz hineinspringen konnten.

Die Amerikaner verkörperten die Gegenseite. Sie waren auch gedrillt. Es blieb aber jedem überlassen, in brenzligen Situationen selbst zu entscheiden. Sie waren nicht so stur befehlsabhängig. Bei ihnen stand im Krieg das Material zum Verheizen im Vordergrund, nicht der Mensch. Das signalisierten schon ihre Schuhe. Sie trugen keine ›Knobelbecher‹. Ihre Stiefel waren aus weichem Leder, vorn breit, bequem am Fuß, mit Gummiabsätzen, die nicht knallten, sondern dämpften. Stiefel, die das ganze amerikanische ›Take ist easy‹ (›Nimm's leicht‹) ausdrückten.

Das Gegenstück zum ›Unterdrücker‹ Stiefel ist die Sandale. Sie vermittelt ein Gefühl von Freiheit. Fast ist es, als liefe man barfuß. Nichts engt ein, nichts drückt oder zwickt. Und das wirkt – laut Dr. Rill – auch auf die Psyche. Klosterbrüder und Philosophen trugen Sandalen. Heute werden sie von jenen bevorzugt, die auf ›Konventionen pfeifen‹. Eine Lebenseinstellung, mit der sie sich frei fühlen.

Die Sandale war der Urschuh, der erste Schuh, den es überhaupt gab. Irgendwann in grauer Vorzeit banden sich die Menschen Baumrinde unter die Füße, um sie zu schützen und zu wärmen. Das war ihr ›Dach nach unten‹. Vielleicht kamen sie dadurch auf die Idee, sich auch ein ›Dach nach oben‹ zu bauen, über den Kopf. Vielleicht entstand der Schuh in der Zeit zwischen Höhle und Hütte.

Erst durch den Schuh wurde der Mensch zum Menschen. Am Fuß nicht mehr nackt, konnte er den Kopf erhoben tragen, weil er nicht mehr ständig darauf zu achten brauchte, wo er hintrat. Er konnte auf einmal kräftig auftreten, weil Gestein, Gestrüpp und Getier dem Fuß nicht mehr gefährlich wurden. Er konnte sich freier bewegen, weil er nicht mehr so leicht verwundbar war. Der Schuh veränderte die Menschen und ihr Leben. Er war Geborgenheit am Fuß, gewissermaßen das Haus, das sie überall mit hinnehmen konnten. Jetzt konnten sie sich schneller bewegen und somit mehr Nahrung sammeln. Sie konnten schneller laufen und dadurch besser jagen. Sie konnten Vorräte anlegen, hatten mehr zu essen und konnten so noch mehr wandern, sammeln, jagen, bauen und erobern. Der Mensch gewöhnte sich so sehr an diesen neuen, hilfreichen Begleiter, daß er ohne ihn nicht mehr auskam. Der Schuh wurde zum Würde- und Standeszeichen, konnte durch Form oder Farbe Menschen erhöhen oder erniedrigen. Vor 150 Jahren ungefähr kam die Schuhmode auf. Heute kann jeder den Schuh tragen, den er will.

Jahr für Jahr zwingen die Schuh-Modeschöpfer die Verbraucher in immer neue Schuhformen. Ein besonderes Merkmal dieser modischen Schuhe ist, daß sie oft unbequem sind. Diese Erfahrung hat jeder schon gemacht. Unbequeme Schuhe schaden dem Fuß. Das ist ärztlich erwiesen. Aber sie werden gekauft. Weil es keine anderen gibt?

Die Deutung des Münchner Verhaltensforschers Dr. Richard Stückler: »Der Mensch erträgt Schmerzen und nimmt in Kauf, daß sein Fuß verkrüppelt wird, um zu gefallen und um sich anzupassen. Denn die Umwelt mißt das Ansehen eines Menschen auch an seinen Schuhen. Und wer da unmodisch ist, gilt als unmodern. Wer will das schon. Es gehört eine gehörige Portion Selbstbewußtsein dazu, in Schuhen herumzulaufen, die nicht auf der Bestsellerliste stehen oder die alt sind.« Jede klassische Clown-Nummer drückt das aus. Der ›schöne Clown‹ hat in seinen glänzenden Lackschuhen keine Auftrittsschwierigkeiten. Der ›dumme August‹ stößt mit seinen häßlichen Latschen überall an und stolpert von Mißgeschick zu Mißgeschick. Der mit den schönen Schu-

hen hat es leicht, der andere nicht. Eine Zirkusnummer, über die wir lachen.

Früher war das Wirklichkeit und nicht zum Lachen. Den römischen Legionären sah man an der Sohlenstärke ihrer Stiefel an, welchen Rang sie bekleideten: Je dicker die Sohle, desto niedriger der Dienstgrad. Das sah jeder auf den ersten Blick und konnte den Legionär entsprechend herablassend behandeln.

Die Bauern Frankreichs und der Niederlande durften im Mittelalter laut Gesetz nur Holzschuhe tragen. Diese ›Sabots‹ waren ein degradierender Hinweis

Foto: Robert Häusser

auf die ländliche Herkunft des Trägers. Wollte so ein Bauer sich an seinem Herrn rächen, zertrampelte er ihm mit seinen schweren Holzpantinen die Ernte. ›Sabotage‹ nannte man das. Aber es war nicht nur Sabotage. Die deutschen Bauern erhoben den Bundschuh zu ihrem Banner. Bis ins 16. Jahrhundert war er ihnen als einzige Fußbekleidung erlaubt. Ein fußgerecht geschnittenes Stück Leder, mit einem Riemen so zusammengebunden, daß es den ganzen Fuß einhüllte. Im Bau-

ernkrieg 1524/25 wurde der Bundschuh dann zu ihrem Heereszeichen, das vor allem ausdrücken sollte: Jetzt sind die Bauern die Herren.

Mächtige Könige sandten weniger mächtigen Herrschern ihre Schuhe mit der Auflage, sie zum Zeichen der Unterwerfung zu tragen. Zogen sie sie an, hatte der Absender einen Eroberungskrieg gespart, und der Unterworfene verlor seine Würde, weil er in Schuhe herumlief, die schon ein anderer getragen hatte. Jeder sah sofort, daß er einem Kampf ausgewichen war und hielt ihn für einen Feigling.

Wer verachtet wurde, mußte barfuß gehen. So die Sklaven im alten Rom. Ihr Gefühl, nichts wert zu sein, sollte dadurch verstärkt werden. Und von Menschen, die nicht einmal richtig auftreten können, ist nicht viel zu befürchten. Es gab aber auch Mönche, die freiwillig barfuß gingen, um ihre Demut zu zeigen.

Die spitzen Formen der Gotik (1250 bis 1500) spiegelten sich im Schnabelschuh wieder. Er beherrschte ganz Europa und galt als Zeichen vornehmer Tracht. Kein Wunder. Mit den dolchartigen Auswüchsen konnte man sich nur langsam bewegen. Die Schnäbel wurden mit Walfischbein gestützt, mit Werg und Heu ausgestopft, damit sie besser standen. Als jeder mit der Schuh-Länge den anderen übertreffen wollte, griff die Obrigkeit ein, um die Standesunterschiede zu wahren. Dem einfachen Volk wurden fünfzehn Zentimeter erlaubt, dem Bürgerstand dreißig und dem Adel gar sechzig Zentimeter und mehr.

Die Schauspieler in den griechischen Tragödien wurden zu Göttern, wenn sie den Kothurn trugen. Durch übereinandergelegte Korksohlen machte der Schuh sie größer, aber auch steif und erhaben. Er gehörte zu ihrer Kunst, die hoch über dem banalen Alltag stand.

Die hohen Absätze späterer Zeiten waren dagegen sehr irdisch. Sie entstanden aus dem Dreck der Straße. Im Mittelalter steckten die Füße der Vornehmen in weichem Leder, Samt und Seide. Um ihre feinen Schuhe vor dem Straßenschmutz zu schützen, befestigten sie oft eine hölzerne Schuhform oder einen Klotz an der Schuhsohle und erhoben sich damit deutlich über das Volk, dessen grobem Schuhwerk der Schmutz nichts ausmachte. So wurden diese ›Trippchen‹ – die Vorläufer unserer hohen Absätze – zum Symbol der feinen Gesellschaft, die es nicht nötig hatte, sich zu beschmutzen.

Bald aber wurden die Stöckel das Attribut des Weibchens. Am Hofe Ludwigs XIV. gab es um 1675 die ersten Stöckelschuhe – 8 bis 15 Zentimeter hoch. Frauen, die gefallen wollten, mußten sich martern. Denn Stöckelschuhe sind Folterwerkzeuge. Die Körperlast liegt auf den Zehen. Ein Teil der Wadenmuskeln wird vom Schuh unnatürlich gestreckt, der andere wird zusammengeschoben. Krämpfe können die Folge sein. Auch die Wirbelsäule wird durch die unnatürliche Körperhaltung überstrapaziert. Das alles führte zu einer Mischung aus Hilflosigkeit und Lockung, und den Frauen war die Bewunderung der Männer sicher. Kokotten und Mätressen ertrippelten sich oft ein angenehmes Leben. Stöckel waren verrucht und männerfreundlich.

Ist das der Grund, warum Frauen, die als emanzipiert gelten wollen, heute mit Vorliebe Schuhe mit flachen oder nur halbhohen, kräftigen Absätzen tragen? Noch einmal der Psychologe Dr. Franz Rill: »Schuhe wirken auf die Psyche. Der Mensch benimmt sich so, wie es der Schuh verlangt, den er trägt. In flachen Schuhen beispielsweise gibt man sich burschikos. Und Stöckel, diese Symbole der Abhängigkeit von Männern, passen nach Meinung vieler Frauen nicht zur Emanzipation. Sie sind selbst jemand und dazu gehört ein kräftiger Schritt.«

Im Altertum symbolisierte der Schuh die Weiblichkeit, der Fuß die Männlichkeit. Das Hineinschlüpfen in einen Schuh wurde zum Fruchtbarkeitsritual. Heute ist das mehr eine praktische Handlung. Denn ohne Schuh kann sich der Mensch nicht bewegen. Der Fuß ist ein sehr empfindlicher Körperteil und braucht eine schützende Hülle. Kälte spüren wir an den Füßen besonders schmerzhaft, und die Zehen erfrieren von allen Körperteilen als erste, weil sie am weitesten vom Herzen entfernt und deshalb schwach durchblutet sind. Im Sommer brauchen wir den Schuh ebenso. Wir können gar nicht mehr barfuß über steinige Wege oder heiße und schmutzige Asphaltstraßen gehen. Das wird uns aber erst bewußt, wenn uns der Schuh bei einer Wanderung oder einem Stadtbummel die Freundschaft kündigt

FOTO: ROBERT HÄUSSER

und kaputtgeht. Mit dem ›barfuß über eine Wiese laufen‹ ist es auch nicht so weit her. Weil man nicht sehen kann, was sich unter dem Grasteppich tut, schleichen sich bald Überlegungen ein: Es könnten Glassplitter verborgen sein, oder man könnte auf einen Wurm, einen Frosch oder sonst etwas treten, das Schmerzen oder Ekel verursacht. Mit Schuh denkt man an so etwas überhaupt nicht. Barfuß lösen solche Überlegungen Zwangsvorstellungen aus. Sie treiben zur Umkehr.

Haben vielleicht auch deshalb die Ägypter 1967 den Sechs-Tage-Krieg verloren? In der entscheidenden Schlacht trugen sie keine Schuhe. Als sie von den Israelis aus der Wüste Sinai gejagt wurden, ließen sie außer Kriegsgerät auch ihre Schuhe zurück. Warum, wurde nie offiziell geklärt. Die Ägypter schwiegen dazu.

Westliche Beobachter behaupteten: Die Ägypter wurden von dem israelischen Überfall in den Morgenstunden überrumpelt, so daß sie keine Zeit mehr fanden, ihre Schuhe anzuziehen. Kenner der Wüstenszenerie, wie Angehörige des ehemaligen deutschen Afrikakorps, entwickelten eine ungeheuerliche Theorie. Sie meinten, daß gerade das Fehlen der Schuhe zu der ägyptischen Niederlage mit beigetragen habe. Barfuß machte der heiße Wüstensand das Auftreten zu einem Tanz auf glühenden Kohlen. Dazu kam die Angst vor Kleingetier und den spitzen, oft unter dem Sand verborgenen Kriechpflanzen, die jeden Schritt zur Qual werden ließen. Durch all das seien die barfüßigen Söhne des Nil so behindert gewesen, daß sie nicht richtig kämpfen konnten.

Es könnte durchaus so gewesen sein. Zumal bei einem Menschen, der seine Schuhe zurücklassen und barfuß fliehen muß, eine psychische Belastung dazukommt. Das Gefühl, schutzlos zu sein. Das Gefühl, keine »Festung am Fuß« mehr zu haben und damit auch keinen Halt.

Barfußlaufen ist eine Freude der Kinder. Der Erwachsene, der seine Schuhe auszieht, tut es nur, wenn er sich sicher fühlt, wenn er ›nicht muß‹, wenn er in Freizeitstimmung ist. Muß jemand aber ohne Schuh auskommen, fühlt er sich schnell als ›halber Mensch‹.

Die Macht des Schuhs. Mehr als jedes andere Kleidungsstück vermittelt er dem Menschen erst das Gefühl, ›jemand zu sein‹.

(AUS: PETER MOSLEITNERS INTERESSANTES MAGAZIN, PM 2/79; MIT FREUNDLICHER GENEHMIGUNG DES VERLAGS)

SCHUHGESCHICHTEN

Manche Schuhe sind durch die Rolle, die sie bey gewissen Gelegenheiten gespielt, in der Geschichte merkwürdig geworden. So scheint es ein Schuh gewesen zu seyn, der das Charilafest der Delphier veranlaßte, bey welchem man unter Einheimische und Fremde Gemüse und Mehl austheilte, und dann ein weibliches Bildniß mit einem Schuhe schlug, welches hernach an einen öden, steinigen Ort getragen, und mit einem Stricke um dem Halse begraben wurde. Die Entstehung desselben war nach einer delphischen Sage folgende: Bey einer außerordentlichen Hungersnoth, welche auf eine große Dürre gefolgt war, kamen eines Tages die Bürger mit ihren Frauen und Kindern zum Könige, und baten ihn um Lebensmittel. Der König ließ nur denjenigen, die er kannte, Gemüse und Mehl reichen, da für alle sein Vorrath nicht hinreichend gewesen seyn würde. Da erschien auch ein armes Mädchen, Charila mit Namen, daß keine Ältern mehr hatte, und bath, ihm eine Gabe an Gemüse und Mehl reichen zu lassen. Der König aber, dem die Zudringlichkeit desselben mißfiel, schlug es mit seinem Schuhe auf die Wange und warf ihm denselben ins Gesicht. Tief gekränkt ging das Mädchen fort, und erhängte sich an seinem Gürtel. Als die Noth immer höher gestiegen war, und sich auch ansteckende Krankheiten zu derselben gesellt hatten, fragte man die Pythia um Rath. Diese gab zur Antwort, man solle die Manen der Charila, die sich das Leben genommen hatte, versöhnen. Es ward nun unter dem Vorsitze des Königs ein besonderes Sühnopfer veranstaltet und dasselbe zum ewigen Gedächtnisse jährlich unter den oben beschriebenen Gebräuchen gefeyert.

Unter der Regierung des Galienus war es in Alexandrien in Egypten eines Tages zwischen einem Soldaten und den Bedienten eines Staatsbeamten zu Schlägereyen gekommen. Letztere hatten sich gerühmt, schönere Schuhe zu besitzen, als der Soldat. Der Lärm verursachte in kurzer Zeit einen so tumultuarischen Volksauflauf, daß der Proconsul Amilianus, welcher den Aufruhr stillen wollte, mit Feuerbränden und Steinen verfolgt, und am Ende gezwungen ward, die Aufrührer gegen den Kaiser selbst anzuführen, woraus nach und nach ein Aufruhr entstand, der Unheil über ganz Egypten verbreitete.

Als die Sarmaten, welche unter Constantinus in Pannonien eingefallen, aber besiegt worden waren, eine Gesandtschaft nach Syrmien geschickt hatten, welche den Kaiser um Frieden bitten sollten, war dieser, auf einem erhabenen Throne sitzend, und voll Sanftmuth auf sie herabblickend, schon bereit, mit Ausnahme weniger Bedingungen, in ihr Begehren zu willigen, als plötzlich einer derselben, den eine Art Muth befallen zu haben schien, seinen Schuh schwenkte, mit fürchterlicher Geberde nach dem Throne hinauf deutete und mit wilder Stimme schrie: Marrah! Marrah! Auf diesen Aufruf zum Kampfe erklirrten sogleich die Waffen der Sarmaten; alle stürmten auf den Kaiser ein, und

würden sich gewiß seiner Person bemächtigt haben, wenn die Leibwache ihm nicht mit Aufopferung ihres eigenen Lebens Gelegenheit verschafft hätte, auf seinem Pferde zu entfliehen.

Erich, ein norwegischer Kämpfer, der späterhin den schwedischen Thron bestieg, bediente sich am Hofe Frothos, Königs der Dänen, wo er einen gewissen Grep des Ehebruchs beschuldigt hatte, und von diesem zum Kampfe herausgefordert worden war, einer sonderbaren Kriegslist, deren Gelingen er allein einer neu von ihm ausderdachten Gattung von Schuhen zu verdanken hatte. Er begehrte drey Tage Aufschub, um sich zu rüsten. Während dieser Zeit ließ er für sich und seine Krieger besondere Schuhe aus Häuten frisch geschlachteter Thiere verfertigen, und sie mit Tannenharz bestreichen, und mit Sand bestreuen. So beschuht erschien er sammt seinem Heere auf der Eisfläche des Meeres und schlug die Truppen des Grep, die unstät auf dem Kampfplatze hin und her glitten, und haufenweise zu Boden stürzten, in die Flucht, während er und seine Soldaten mit Hilfe ihrer Schuhe fest wie Säulen auf dem Eise standen.

Als Primislaus II. hinter dem Pfluge weg auf den böhmischen Königsthron gestiegen war, nahm er seine aus Eichenholz gemachten Schuhe mit, zum ewigen Andenken dieses Ereignisses für alle seine Nachkommen. Diese Schuhe wurden lange Zeit auf der Wischebrader Burg aufbewahrt, und den Königen bey mehreren nachmaligen Krönungen von Priestern vorgetragen.

Diese in Ehren gehaltenen Schuhe erinnern uns an andere, die man mit Recht hochgeehrte und beglückende Schuhe genannt hat. Rhodope, ein schönes Mädchen aus Thracien, in der Blüthe ihrer Jahre als Sclavinn nach Egypten verkauft, hatte ihrem ungemein schönen Fuße, wie erzählt wird, ihr Glück zu verdanken. Während sie sich eines Tages badete, stürzte ein Adler aus der Luft herab, ergriff einen von den Schuhen der schönen Badenden und trug ihn fort bis nach Memphis. Hier saß eben der König Psammetich auf dem öffentlichen Richterstuhle, und sprach Recht; da ließ ihm der Adler den Schuh auf den Schoß fallen. Der König, den schönen Schuh bewundernd, schloß von demselben auf den Fuß der Besitzerinn, und gab Befehl, sie aufzusuchen. Rhodope ward gefunden, und der König, von ihrer Schönheit entzückt, machte sie zu seiner Gemahlinn.

Kaiser Vitellius zog seiner schönen Gemahlin Messaline nicht allein die Schuhe selbst an, sondern er trug auch einen derselben (den vom rechten Fuße) stets auf der Brust, und küßte ihn häufig mit Entzücken. Dieses Benehmen soll ihn zum Kaiser gemacht haben.

Bey einem Gastmahle polnischer Magnaten wurden die atlassenen Schuh einer schönen Gastgeberinn auf der Stelle zum Pokale umgeschaffen, und Tokayer daraus getrunken.

Der Markgraf Friedrich von Brandenburg erschien im Jahr 1496 auf dem Turniere zu Nürnberg mit einem Helme auf dem Haupte, der mit einem Frauenschuhe geschmückt war.

Auch im Gebiete der Wunder treffen wir auf Schuhe. Die h. Jungfrau Genofeva hatte Schuhe von so großer Wunderkraft, daß einst ein Weib, welches dieselben stehlen wollte, bey deren Berührung mit Blindheit geschlagen wurde.

Im Jahre 1796 erfand ein Schuhmacher zu Leipzig, Namens Joh. Carl Garlhof, gestrickte Stiefel; ein Engländer neuerer Zeit Stiefel von Blech, welche vermittelst der Luftpumpe luftleer gemacht werden können. Sie dienen dazu, den heftigen Andrang des Blutes nach dem Kopfe und nach andern edlern Theilen zu vermindern.

Die Stiefel, welche die Weiber der Eskimohs tragen, sind so groß, daß sie ihre Kinder hineinlegen oder hineinstellen können.

Graf Gottfried von Hohenlohe soll im Jahre 1245 dem Bürger Otto Begenhaar seine Hofstätte nebst dem sogenannten Königsthurm in der Stadt Augsburg unter der Bedingung zum Lehen gegeben haben, daß gedachter Otto ihn und die Seinigen, so oft sie in die Stadt kämen, beherbergen und mit einem Paar corduaner Kniestiefeln beschenken sollte.

Der berühmte Wagenseil schnitt sich, wie die vornehmen Chinesen, niemals die Nägel an den Zehen ab, wodurch sie die Größe der Adlerklauen erreichten. Um sie nicht zu verletzen, trug er so lange Schuhe, daß, wenn er um eine Ecke bog, die Leute schon von Weitem riefen, ehe sie ihn noch ansichtig wurden: »Wagenseil kommt, man sieht schon seine Schuhe.«

Noch zu Anfange der französischen Revolution soll irgendwo in Flandern eine Capelle vorhanden gewesen seyn, rund herum mit Stiefeln geziert, worüber eine Kaiserkrone prangte. Die Entstehung derselben wird folgender Maßen angegeben. Carl V., bekanntlich ein ungemein neugieriger Fürst, der die Meinung auch seiner geringsten Unterthanen über seine Person und Regierung zu erfahren strebte, ging sehr oft verkleidet aus, und mischte sich dann unter das Volk. Als er sich einst in Brüssel befand, begab er sich zu einem Schuhflicker, um seine Stiefel ausbessern zu lassen. Aber es war am h. Crispinustage, und der Schuhflicker, der mit seinen Freunden beym Zechen saß, und keine Lust hatte, heute seinen Pfriemen zu gebrauchen, sagte: »Wenn der Kaiser selber käme, ich thäte keinen Stich für ihn. Wollt ihr aber herein kommen, und dem h. Crispin zu Ehren eins trinken, so sollt ihr uns willkommen seyn.« Der Monarch gab der Einladung des Schusters nach, mischte sich aber nicht in das Gespräch der Zecher, sondern machte bloß einen stummen Zuschauer des Gelages.

Da redete der aufgeräumte Wirth ihn also an: »Nach eurer tiefsinnigen Miene zu urtheilen, seyd ihr wohl gar einer von den politischen Leuten vom Hofe? Gleich viel; seyd, wer ihr wollt, aber auf die Gesundheit des Kaisers müßt ihr doch trinken.« Carl fragte den Schuhflicker, ob er denn den Kaiser so lieb hätte? »Versteht sich«, antwortete dieser, »legte uns nur der Langnasige nicht so viele Abgaben auf!« Der Kaiser, ohne ein Wort zu ant-

worten, beurlaubte sich, nachdem er dem Schuhflicker für seine gastfreundschaftliche Bewirthung gedankt hatte.

Am folgenden Morgen ward dieser nach Hofe beschieden. Man denke sich die Verlegenheit des armen Mannes: schon glaubte er, die lange Nase werde ihm den Kopf kosten. Der Kaiser erschien; der Schuflicker erkannte zitternd den Kundmann vom vorigen Tage in ihm. Carl gedachte jedoch des Vorfalls am St. Crispinusfeste mit keinem Worte, sondern befahl dem Schuhflicker bloß, sich eine Gnade von ihm auszubitten, ja er gewährte ihm vierundzwanzig Stunden Bedenkzeit dazu. Nach Verlauf derselben erschien der Schuhflicker vor dem Kaiser und bat sich's aus, daß künftig die Schuhflicker in Flandern einen Stiefel mit der kaiserlichen Krone in ihrem Wappen führen, und vor den Schuhmachern den Vorrang haben dürften. Carl V. gewährte diese doppelte Bitte.

Zum Schlusse dieses Artikels wollen wir eines Ereignisses gedenken, bey welchem sich ein Paar Stiefel höchst verderblich erwiesen haben. Ein Pflanzer von Minisink war, nebst seinen Negern, mit der Heuernte beschäftigt, und zwar in Stiefeln, wie es dort zu Lande die Vorsicht gebietet. Unversehens tritt er auf eine Schlange; diese fährt ihm nach dem Beine, wird aber sogleich von einem Neger in Stücke zerhauen. Der Pflanzer legt sich Abends gesund zu Bette, wird aber in der Nacht von einem heftigen Magenübel befallen, und gibt seinen Geist auf, ehe ein Arzt herbeygeholt werden kann. Der Tod dieses Mannes, als eine vermeintliche Folge des Schlangenbisses, fällt weiter nicht auf. Einige Tage darauf zieht der Sohn des Verstorbenen die Stiefel desselben an, bekömmt den nämlichen Zufall und stirbt am folgenden Morgen. Der herbeygerufene Arzt, ein unwissender, abergläubischer Mensch, der diese beyden Todesfälle auf dem gewöhnlichen Wege nicht zu deuten weiß, erklärt, Vater und Sohn seyen behext gewesen. Die Nachlassenschaft derselben wird verkauft. Der neue Eigenthümer ersteht auch die Stiefel. Ehe er Gebrauch von ihnen macht, läßt er, durch die Ereignisse besorgt geworden, die Stiefel untersuchen. Da findet es sich, daß der Schlange, die den Pflanzer gebissen hatte, beym Zurückziehen des Kopfs ihre beyden Fänge aus den Kinnladen gerissen worden und im Stiefel stecken geblieben waren. Der Pflanzer und sein Sohn waren also wahrscheinlich an der gleichen Wunde gestorben, welche sie sich an den Fängen der Schlange gerissen hatten.

(AUS: ZUR GESCHICHTE DER SCHUHE. VON GEORG VON SAAL. IN: WIENER ZEITSCHRIFT FÜR KUNST, LITERATUR, THEATER UND MODE, SONNABEND, DEN 9. MÄRZ 1822).

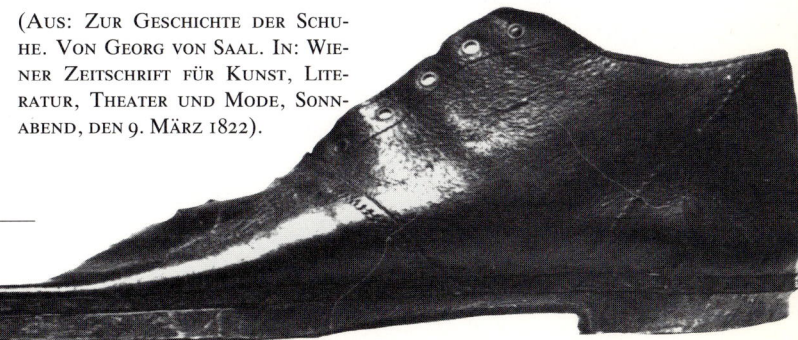

OT HOFFMANN

FUß UND SCHUH

MAß UND MAßSTAB IN DER ARCHITEKTUR

Der Schuh als ›natürliche‹ Maßeinheit

Der Erde, ›unsere Erde‹ genannt, wird das Menschenmaß ständig in Form der Fußabdrücke eingeprägt, sie ist nicht nur bewohnt, sondern auch belaufen und durch Trittsiegel, praktisch in Gebrauch und symbolisch in Besitz genommen.

Sich selbst zum Maß aller Dinge zu machen, ist dem Menschen in Erfüllung des bekannten Bibelzitats nie besonders schwer gefallen; und solange er bei ungefähren ›Naturmaßen‹ blieb, gab es trotz der ständigen Bemühung, sich von anderen ›maßgebend‹ zu unterscheiden, nicht gar zu große Wirrnis.

Die Eichung für den Fuß konnte immer wieder nachvollzogen werden; für Elle (Länge des Unterarms), Spanne (Maß zwischen gestrecktem Daumen und kleinem Finger) und andere körperabhängige Maße galt das gleichermaßen. Es ist auch verständlich, daß man bestrebt war, Verknüpfungen zwischen den einzelnen ›Naturmaßen‹ herzustellen: Eine Elle war sieben Handbreit, eine Handbreit neun Daumen, ein Daumen 27 Gerstenkorn (so in Indien).

Daran wird ersichtlich, daß das ›Naturmaß‹, welches auf den menschlichen Körper, aber auch auf seine Nahrung bezogen wurde, nicht zufällig gewählt wurde. Ein solch anschauliches Maßsystem, das auf der allzeit verfügbaren Meßlatte des menschlichen Körpers beruhte, konnte wegen des Fehlens einer durchgängigen mathematischen Systematik allerdings keinen Maßschematismus erzeugen, kein internationales Einheitssystem (SI) hervorbringen, wie wir es heute kennen.

Den heute gültigen Maßsystemen voraus ging eine Festschreibung der erforderlichen Einheiten. Wir finden dafür zahlreiche Spuren insbesondere an den öffentlichen Bauten des Mittelalters, Kirche und Rathaus. Am Regensburger Rathaus lesen wir zum Beispiel: »Der stat schuh, der stat öln und der stat klafter«,

wozu die Maße ›aufsteigender‹ Größe von Schuh über Elle bis Klafter (die Länge zwischen ausgestreckten Armen) angebracht sind. In der offenen Vorhalle der Kirche von Friedberg (Wetterau) sind die eisernen Konsolen für die Längenmaße erhalten, wobei die Vergleiche zwischen Solmser (3.505 m), Friedberger (3.53 m) und Ockstädter Rute (3.554 m) wohl deshalb notwendig wurden, weil diese in Friedberg als Tagungsort des Marktgerichts auch Fälle aus der Umgebung mit anderen Maßeinheiten behandelt werden mußten. Aber nicht nur die Längen selbst, sondern auch von ihnen abhängige Baudetails konnten in dieser Weise festgeschrieben werden. Am südlichen Querhausportal des Straßburger Münsters kann man folgende Baurechts-Festlegung lesen: »Dis ist die maze des uberhanges«. Offensichtlich wurde hier notiert, wie groß die (bei Fachwerkbauten übliche, in den öffentlichen Raum greifende) Auskragung der einzelnen Geschosse sein durfte.

Daß es solcher Bauvorschriften bedurfte, mag noch einsichtig sein; wenn aber sogar die Toten maßbehandelt wurden, so erscheint uns dies weniger mittelalterlich als auf die Normungswut des Industriezeitalters hinzuweisen. (An der Westfassade der St. Lorenz-Kirche und an der 1385 erstmals erwähnten Holzschuherkapelle auf dem Johannisfriedhof in Nürnberg findet man Maßangaben für die Länge und Breite der Grabsteine!)

Auf der ersten Seite des zweiten Kopialbuches, welches der Göttinger Stadtrat angelegt hatte, findet sich anschließend an eine strafrechtliche Notiz eine Konstruktionszeichnung wohl aus dem

frühen 15. Jahrhundert, die mit den folgenden Worten erläutert wird: »Dyt is de mate des peghels und is dar umme hir gemalt: weret da de wunden peghel vorledit eder vorloren worde, dat men denne nach dusseme gemalden eynen anderen machte maken (...), und myd deme ende, dar de boykstaf S geteykent steyt, pegelt man gesteken wunden mede, und myt deme anderen ende, dar dat H anne styt, pegelt men de gehauen wunden.«

Der Wundpegel, dessen ›Rekonstruktionszeichnung‹ hier notiert wurde, diente dazu, die Tiefe der Wunden zu messen, um die jeweils daraus resultierenden Ansprüche ermitteln zu können.

Trotz unserer heutigen hypergenauen Maßeinteilungen haben die alten ›natürlichen‹ Maße noch immer den Vorteil, daß man sie ständig bei sich hat. Meine Maßeinheiten, die ich trage, sind die Daumenbreite (2,5 cm), die Handbreite (10 cm), die Elle bei geballter Faust (40 cm). Aus dieser Viererteilung sind alle gebräuchlichen Maße durch Multiplikation oder Addition zu entwickeln. Für größere Abmessungen mache ich mir einen Stock, der vom Boden bis zum Nabel reicht; er ist 1 m lang. Ich kann also nie ›maßlos‹ sein. Für Streckenabmessungen ist der voreinander gesetzte Fuß auch heute noch die schnellste Art des Maßnehmens: 7 Schuhe sind für mich 2 m (genau: 1,99 m).

Wendet man diese alten ›Naturmaße‹ ständig an, ergibt sich eine erstaunliche Rückwirkung auf das Maßgefühl.

Während also ›der Schuh‹ oder ›mein Schuh‹ ein praktikables Meßinstrument abgibt, ist der Schuh selbst sehr stiefmütterlich ›bemessen‹. Obwohl man die eigene Schuhgröße kennt, bleibt einem die Maßsystematik verborgen, sind Umrechnungen von einem ins andere System schwierig. So entsprechen 34 Pariser Stich 2 englische size. Für weitere Größen sind die Verhältnisse: 38:5, 40:6 1/2, 40 2/3:7,

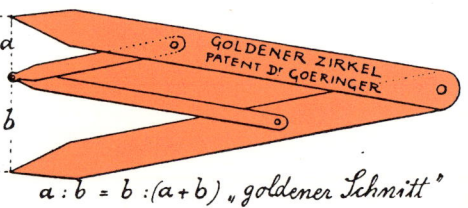

$a:b = b:(a+b)$ „goldener Schnitt"

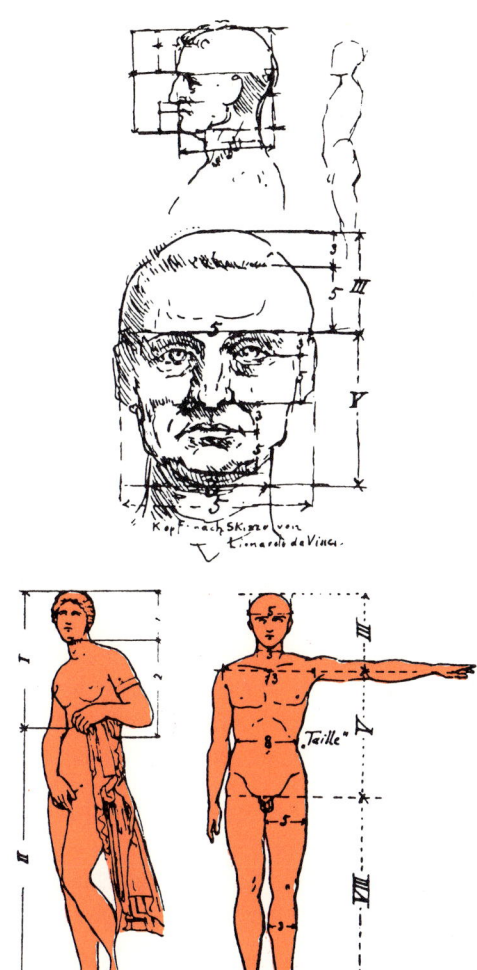

42:8, 44:91/2... Das metrische System hat also noch Lücken.

Vor seiner Einführung hat es in Deutschland weit über 100 verschiedene ›Schuh‹ und ›Fuß‹ als Maß gegeben. Allein schon die Längenfußmaße erscheinen uns heute unübersichtlich, bei den Flächen- oder gar Raumfußmaßen müssen wir die Segel ganz streichen. (z. B.: Ein Riemenfuß ist das Flächenmaß von 1 Fuß x 1 Zoll, ein Balkenfuß ist 1 Fuß lang und je 1 Zoll breit und hoch).

Sicherlich wurde das ›Zusammenpassen‹ von Fuß- und Ellenlänge und Daumenbreite einmal als ›Harmonie‹ angesehen und wohl auch das Fuß-vor-Fuß-setzen beim Abmessen als ein Vorgang verstanden, der das Bau-Werk als Menschen-Werk auf den Menschen, der wiederum Gottes Werk ist, bezieht.

Mit heutigen Augen gesehen ist die Vielzahl der ›Füße‹ eine ungeheure Erschwernis beim Messen. Gebräuchliche europäische Fußmaße waren der würtembergische (0,28649 m), der sächsische (0,28319 m), der bayerische (0,29186 m), der englische (= russische und zugleich amerikanische) (0,30479 m), der rheinländische (= preußische und auch dänische) (0,31385 m), der österreichische (0,31611 m) und der alte Pariser Fuß (0,32484 m). Die größten Unterschiede liegen zwischen dem hessisch-darmstädtischen Fuß mit 0,25 m und dem schweizer (zugleich badischen) Fuß mit 0,33 m.

Für das damalige Bauen war der Umgang mit solchen Maßen kaum ein Problem. Trotz vieler nachträglicher Versuche, ein durchgehendes Maßsystem als perfekte Maßordnung in den mittelalterlichen Bauten nachzuweisen, war kaum Bedarf dafür vorhanden. Lediglich diejenigen Bauteile, die keine Maßabweichungen gestatteten, wurden maßgeordnet, so etwa die Bauornamentik in der Backsteingotik Norddeutschlands und Bayerns. Bei allem anderen verfuhr man

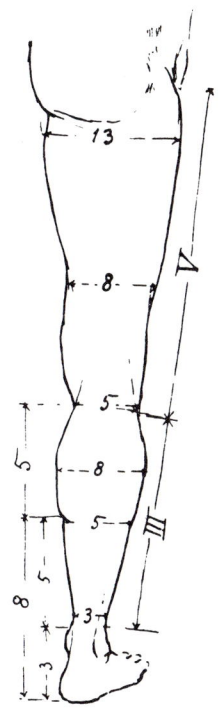

eben großzügig, zumal man subtil auf örtliche Gegebenheiten reagierte, ältere Baureste wiederverwendete, wovon nahezu jede Kirche unseres Kulturkreises kündet.

Dagegen dürften andere Bedeutungen des Bauens und Handelns mit dem ›Fuß‹ sehr viel wichtiger gewesen sein. Vielleicht liegt hier der Grund für die regionalen Fuß-Abweichungen.

Der Schuh spielte darüber hinaus als Rechtssymbol für ›Macht‹ eine Rolle. Der Sieger pflegte den Fuß auf den Nacken des Unterworfenen zu setzen. In analoger Weise wurde ein Grundstück zum Zeichen der Besitzergreifung mit dem rechten, beschuhten Fuß betreten, um den Kauf rechtsgültig abzuschließen. Nach altdeutscher Sitte verfuhr man in gleicher Weise übrigens auch mit der Braut: Man trat ihr auf den Fuß. Der Pantoffel gilt noch heute allgemein als Symbol ehelicher Oberherrschaft.

Es gibt viele solcher Nachweise, angefangen bei Gleichnissen in der Bibel (z. B. Ruth 4,7 und Amos 11,6) bis zu heute noch gebräuchlichen Sprichwörtern, die über die Wichtigkeit des Fußes etwas aussagen. Ist es dann nicht naheliegend, daß man sich z. B. durch die Länge der Schuhe einen besonderen Status geben wollte? ›Auf großem Fuße leben‹ – das wurde bald durch Vorschriften im 14. und 15. Jahrhundert eingeschränkt (vgl. dazu den Beitrag von Tamara Spitzing). Während gewöhnlichen Leuten Schuhe zugestanden wurden, die $1/2$ Fuß länger als nötig waren, konnte dieses Maß bei reichen Bürgern 1 Fuß, bei einfachen Rittern $1^{1}/2$, bei höheren Adligen 2 Fuß und bei Fürsten und Prinzen gar $2^{1}/2$ Fuß betragen.

Um die Verwirrung für heutige Betrachter noch zu vergrößern, muß man sich vergegenwärtigen, daß es nicht unüblich war, verschiedene Fußmaße innerhalb einer Stadt nebeneinander zu verwenden. Zudem wird vermutet, daß lange Zeit die voneinander abweichenden Maße ›Fuß‹

und ›Schuh‹ für verschiedene Zwecke als Maß gebraucht wurden. Wir können uns wohl kaum noch eine richtige Vorstellung von der Gebräuchlichkeit solcher ›natürlicher‹ Maße mehr machen. Sie dienten früher auch noch als Zeitmaß (so noch in Shakespeares Hamlet, 1,2 und 11,2) und spielten, wie im Begriff ›Vers-Fuß‹ bewahrt, als poetisches Maß für Jambus und Daktylus, der Schrittweise des griechischen Chors entsprechend, eine Rolle.

Der Verlust des Schuhs als Maß

Die Addition des Fuß-vor-Fuß-Setzens hat als eigenständige Erfindung des Mittelalters zum ›Absoluten Maßstab‹ in der Architektur geführt, bei dem die Ordnung der Maße darauf beruhte, daß absolut unveränderbare Größeneinheiten addiert wurden: Fuß und Schuh.

Die gleichen Maße wurden aber vor und nach dem Mittelalter – lediglich als Grundlage des Messens – auch im ›Relativen Maßstab‹ benutzt. Durch die beliebige relative Vergrößerung oder Verkleinerung einer als ›harmonisch‹ empfundenen Form wurde jedoch die Einheit von Maß und Ordnung zerstört. Die Addition gleicher Teile, welche dem Absoluten Maßstab zugrunde liegt, wird im Relativen Maßstab zur Multiplikation mit einer beliebigen Zahl.

Man könnte diese mathematische Linie weiterführen und denjenigen Ordnungsvorstellungen, die sich auf den architektonischen Raum beziehen, die Rechenoperation der Quadratzahlen zuordnen. Damit würde eine Gedankenkette von der Linie über die Fläche zum Volumen entstehen – oder: vom messenden Fuß über die konstruierende Hand zum denkenden Kopf.

Die erforderlichen Rechenoperationen werden zunehmend komplizierter; wir können uns kaum vorstellen, daß sie an-

ders als durch unser Maß, das Meter, bewerkstelligt werden können.

Dieses Meter erscheint, denkt man nur an die gesetzliche Festlegung durch den französischen Nationalkonvent am 7. 4. 1795 und die französisch-deutsche Übereinkunft (Convention du Métre) 1875, als eine rein schematische und willkürliche Festsetzung, wurde es doch als vierzigmillionster Teil des durch die Pariser Sternwarte gehenden Erdmeridians definiert.

Allerdings wurde es bereits 2000 v. Chr. zum Festlegen von Mauerdicken und Gebäudebreiten benutzt, denn die übliche Abmessung für diese Baumaße waren 3 Fuß. Hyginus, ein römischer Feldmesser, beschreibt, daß Drusus den Fuß sogar mit 33,3 cm normte. Der ›pes Drusianus‹ wurde später durch Karl den Großen zum ›pes caroli‹ festgeschrieben.

Wir erkennen, daß die Verschiedenheit der beiden Maßsysteme nicht wesentlich

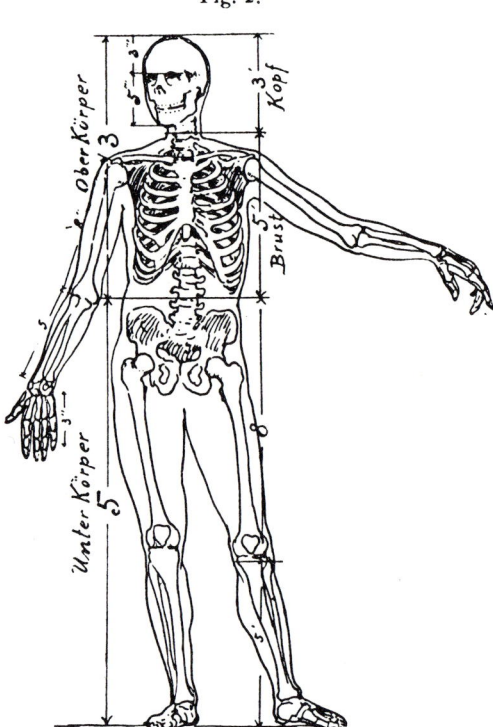

Fig. 2.

ist. Lediglich der fehlende Bedarf an Vereinheitlichung war es, der die Vielzahl von ›Fuß‹-Größen hervorbrachte.

Seltsamerweise erinnert ausgerechnet das schematische ›Meter‹ an das griechische ›Metron‹, das ja weit über das sture Messen hinausweist.

Die aufkommenden Zeiten des genauen Maßnehmens spiegeln sich präzise in der Sprache wieder. In ›Sara Sampson‹ (4,8) wird die Metapher der ›Maßregel‹ erstmals durch Lessing benutzt. Die Verwaltung ›maßregelt‹ einen Beamten erst seit 1846.

Von jetzt an kann Genauigkeit zum Prinzip erhoben werden, auch dort, wo sie nicht erforderlich ist und zu Überperfektion, dem Tod der Improvisation, führt.

Selbst das Meter gilt bald nicht mehr als genau genug. 1960 wurde es – auf der elften ›General(!)-Konferenz für Maß und Gewicht‹ – als das 1 650 763,73-fache der Wellenlänge der von Atomen und Nuklids 86_{Kr} (Krypton) beim Übergang vom Zustand $5d_5$ zum Zustand $2p_{10}$ ausgesandten, sich im Vakuum ausbreitenden Strahlung, definiert, aber durch Adolf Wölfi als ›Meeter-Maas‹ wieder in Frage gestellt.

Es scheint allerdings nur so, als würde es moderne und antiquierte Maßsysteme geben. Mit Fuß und Inch und Gallone haben es immerhin die Amerikaner geschafft, den Fuß auf den Mond zu setzen.

Das Menschliche Maß

»Der Mensch ist das Maß aller Dinge«

Die Forderung, den Menschen zum Maß aller Dinge zu machen, erscheint naheliegend. Sie ist verständlich menschlich, wird aber immer unzutreffender, je mehr man sich mit ihr auseinandersetzt.

Zuletzt bleibt lediglich der Wunsch, es möge so sein. Mit gleichem Recht könnte man nämlich sagen: »Der Ochs ist das

Maß seines Jochs«; und so gibt es viele Maße, auf die der Mensch keinen oder nur einen geringen Einfluß hat, etwa bei Esel, Meise und Wurm.

Nein, der Mensch ist nicht das Maß aller Dinge; es bleibt überdies zu fragen, ob er überhaupt als Maß für Dinge in Frage kommt.

Bleiben wir einmal beim Bild des Joches, so könnte ja der Mensch das Maß für die Dinge sein, die er macht. Aber auch dies wird in zweierlei Weise fraglich: Zwar ist es der Mensch, der für den Ochsen das Joch macht, doch nicht nach seinem, sondern dem Maß des Ochsen, soll dieser den Menschen optimal dienlich sein. Andernfalls würde der Ochse die ihm zugedachte Leistung nicht erbringen können. Zum anderen wird der Mensch als Maß seiner Dinge ständig durch die von ihm selbst geschaffenen Produkte der Technik widerlegt, die sich seiner Maßordnung wenig einpassen, weil sie technik-eigengesetzlich erzeugt sind.

Wie der Ochse ist auch der Mensch den gleichen Naturgesetzlichkeiten unterworfen. Kann er dann aber nicht wenigstens das Maß der Dinge sein, die er handhabt?

Das altertümliche Wort Handhabung wird hier ganz bewußt gewählt, weil es die Tätigkeit eines Menschen mit technischen Mitteln und Methoden ausschließt, wie sie etwa beim ›Gebrauch‹ einer Atombombe gegeben sind.

Mit der Handhabung ist neben der (wieder) notwendigen Verbindung von Kopf und Hand (Geist und Tätigsein) als Verbindlichkeit auch eine (neue) Bescheidenheit angesprochen, eine Bescheidung auf das Maßvolle zur Vermeidung von Maßlosigkeit. Verfehltes Maß schlägt in Vermessenheit – griechisch ›Hybris‹ – um.

Betrachten wir die Vielgestaltigkeit heute lebender menschlicher Individuen, so wird selbst der Gedanke der Ableitung menschlichen Maßes aus menschlicher Handhabung – das einzige, was aus der gigantischen Forderung, das Maß aller Dinge sein zu wollen, geblieben ist – abwegig.

Es ist einleuchtend, daß der Stiel einer Axt möglicherweise eine Maßbezeichnung zur Länge des Unterarms haben kann. Aber zu welchem, bitte, dem des Buschnegers oder des Massai?

Lange und gewissenhaft hat Dürer versucht, Schönheit durch Messung, insbesondere der Proportionen von menschlichen Figuren, nachzuweisen. Er hat sich das Scheitern seines Versuches eingestehen müssen. Ist die ›Melancholie‹, dieses berühmte Bild, das Bestätigungszeichen dafür?

ALLE ABBILDUNGEN AUS:
PFEIFER, HERMANN, HANDBUCH DER ARCHITEKTUR BD. III, STUTTGART 1906

ALBRECHT DÜRER, MELANCHOLIE
(MELENCOLIA), 1514

Literatur

Spieker, Helmut:
Der Mensch, das Maß aller Dinge? Zürich 1984

Michell, John:
Alte Maßsysteme Löhrbach 1979

Schüssler, Karlheinz:
Die ägyptischen Pyramiden Köln 1983

Kissener, Hermann:
Pyramidologie. Die Logik der großen Pyramide. Engelberg, München 1965

Ching, Francis D. K.:
Architecture. Form, Space & Order. London 1979

Chan-Mago-Medow, Selim:
Pioniere der sowjetischen Architektur Wien, Berlin 1983

Perrault, Claude:
Les dix Livres d'Architecture de Vitruve Bruxelles 1979

Palladio, Andrea:
The four Books of Architecture New York 1965

Pfeifer, Richard:
Handbuch der Architektur Stuttgart 1897

Scholz, Monika
Ernst, Klaus:
Darstellung des Verhältnisses »Mensch – gebaute Umwelt« unter dem Aspekt der visuellen Kommunikation 1970

Muck, Herbert
Der Raum. Baugefüge, Bild und Lebenswelt. Wien 1986

Hoepfner, Wolfram
Schwandner, Ernst-Ludwig:
Haus und Stadt im klassischen Griechenland München 1986

Dotterweich, Gedo:
Geometrie & Gestaltung Mainz 1980

Stadt Darmstadt (Hrsg.):
Symmetrie in Kunst, Natur und Wissenschaft Darmstadt 1986

Naredi, Rainer Paul von:
Architektur und Harmonie Köln 1982

Krämer, Bernd:
Der Raumbegriff in der Architektur Hannover 1983

Winkelvoss, Wulff:
Architektur und Raum Stuttgart 1985

Deutscher Werkbund Bayern e. V. (Hrsg.):
Der Mensch ohne Hand oder die Zerstörung der menschlichen Ganzheit München 1979

Gruber, Karl
Die Gestalt der Deutschen Stadt München 1983

Kottmann, Albrecht:
Maßverhältnisse in Bauten der Hirsauer München, Zürich 1981

Haupt, Richard:
Kurze Geschichte des Ziegelbaus Heide 1929

Bockmann, Hartmut:
Die Stadt im späten Mittelalter München 1986

Kottmann, Albrecht:
Fünftausend Jahre messen und bauen Stuttgart 1981

Sellenriek, Jörg:
Zirkel und Lineal München 1987

Psychologisches Institut Universität Tübingen (Hrsg.):
Psychologische Aspekte architektonischer Gestaltung. Tübingen 1987

Pöttler, Viktor H.:
Alte Volksarchitektur Graz, Wien, Köln 1984

Haberer, Godfried:
Die architektonische Gestalt Köln 1986

Eckstein, Hans:
Die romanische Architektur Köln 1975

Riehl, Hans:
Griechische Baukunst München 1932

Mango, Cyrill: Byzanz Stuttgart 1986

Literarische Schuh-Symbole

Bei der Beherrschung der künstlerischen Wahrnehmung und Phantasie durch maskuline Vorstellungen bis in unsere Zeit hinein ist es nicht verwunderlich, daß auch die literarische Überlieferung der gleichnishaften Schuh-Metapher eine solche Tendenz erkennen läßt, d. h. dem Ausdruck männlicher Obsessionen und Wunschvorstellungen unterworfen ist. Beide vorrangigen Schuh-Symbole, ein religöses und ein erotisches, haben – im gesellschaftlichen Spannungsfeld der verschiedenen Epochen – mit Herrschaft und Unterwerfung, mit Demut und Gewalt, mit Schwäche und Verführung zu tun, ohne daß diese letzteren Inhalte zur Ausbildung einer eigenständigen Metaphorik geführt hätten.

An einigen ausgewählten Textbeispielen läßt sich in groben Umrissen die Abwicklung der menschlichen Ideologie verfolgen, von der religiösen Heilserwartung bis zu den gesellschaftlichen Emanzipationskonflikten unserer Tage.

Die religiöse Schuh-Metapher (Vanitas)

Die meisten Religionen kennen das Schuhwerk als kultisches Requisit bei der Begegnung des Gläubigen mit seiner Gottheit, d. h. beim Betreten der durch das Göttliche geweihten Andachtsbezirke. Für die abendländisch-christliche Vorstellung wirkte als Leitbild bis in die neueste Zeit hinein die biblische Erzählung von der Berufung des Mose. Angesichts der göttlichen Erscheinung des nicht verbrennenden Dornbusches vernahm Moses die Stimme seines Herrn: »Tritt nicht herzu, ziehe deine Schuhe von deinen Füßen; denn der Ort, darauf du stehst, ist ein heilig Land!« (2. Mose 3,5.)

Es sind die meist aus dem Fell toter Tiere hergestellten Schuhe – Fetisch und Sinnbild der eigenen sterblichen Natur des Menschen –, die ihn an der unmittelbaren Berührung des Göttlichen hindern. Nach Swedenborgs (1688 - 1772) Inter-

pretation bedeuten sie »das Sinnliche, welches das Äußere des Natürlichen ist«, und bei Martin Luther heißt es: »Nu mus hie ein fleischlicher Mensch seine Schuhe ausziehen«. Bartholomäus Ringwald, didaktischer Schriftsteller des 16. Jahrhunderts, knüpft an das Bild von den »alten Adamsschuhen« die Bitte zu Gott: »Hilf, das wir folgen deiner Lehr', der alten Schuh' uns schämen.«

Der vom Katholizismus faszinierte Surrealist Salvador Dali gestaltete 1941 diese verschlissenen und ›entseelten‹ Adamsschuhe als allegorische Nature morte in seinem Gemälde ›Der Sündenfall (Le péché originel)‹. Vom linken Bildrand ragt verführerisch der nackte Fuß der Eva, geschmückt mit einem edelsteinbesetzten Schlangenreif, in den kahlen Bildraum mit den abgelegten Halbschuhen herein.

Für die Lebensmoral des Christen resultierte aus dem Vergleich des ›fleischlichen‹ Menschen mit seinem »toten« Schuhwerk die praktische Forderung nach den ›neuen Schuhen‹ eines gottgefälligen Lebenswandels. In diesem Sinne interpretierte schon eine Predigt des Heiligen Ambrosius im 4. Jahrhundert n. Chr. die Dornbusch-Szene der Genesis: »Wir haben gelesen, daß Moses die Weisung vernahm: ›Löse die Schuhe von deinen Füßen‹, womit offenbar die Mahnung erteilt wird, sich nicht von fleischlichen Banden umstricken zu lassen. Es ist also die bewundernswerte Schönheit jener Seele (im Hohenliede 7,1) gemeint, die ihr Fleisch nur als Schuhwerk behandelt und durch dieses keine Behinderung erleidet, vielmehr anmutsvoll dahinschreitet ... Die Seele beschuhe sich also mit dem (in Zucht gehaltenen) Leib, die Kirche mit der Gnade, auf daß sie den Lauf des diesseitigen Lebens und den Hinübergang (ins Jenseits) in herrlicher Weise vollende ... Benützen wir also unseren Leib wie eine Fußbekleidung zu den gewöhnlichen Werken: Als Diener, nicht als Gebieter,

zur Willfährigkeit, nicht zum Genuß, zum Gehorsam, nicht zum Widerstreit!«

Weite Verbreitung fand diese moralische Schuh-Metapher in der volkstümlichen Emblem-Literatur und besonders im protestantischen Kirchenlied des 16. und 17. Jahrhunderts:

»Neu Schuh zeug mir an meine Füß
Daß ich selig zu wandeln wiß.«
(Martin Behemb 1557 - 1622)
»Lege du mir selber an,
Vater solche Schuhe,
Daß ich geh auf deiner Bahn
Emsig sonder Ruhe!«
(Salomon Franck 1659 - 1725)

Das 17. Jahrhundert mit seinem besonders von der niederländischen Malerei und Graphik beeinflußten Interesse an genremäßigen Darstellungen von Ständen und Berufen nutzte die sprachliche Unterscheidung zwischen dem alten ›drückenden‹ Sünden-Schuh und dem neuen gottgefälligen Schuhwerk auch zur ideologischen Absicherung sozialer Rangstufen innerhalb des Schuhmachergewerbes. Es wurde zwischen dem Schuster, der passendes, neuwertiges Schuhwerk herstellt, und dem verächtlicheren ›Altmacher‹ unterschieden, der es nur mit den zerrissenen und kaum noch auszubessernden Schuhen zu tun hat. In der von Christoph Weigel 1698 besorgten deutschen Bearbeitung der weitverbreiteten Berufsdarstellungen der Niederländer Jan und Caspar Luyken erhielt der ›Schuster‹ den werbewirksamen Begleitvers:

»Der Fuß wird von dem Schuh umgeben,
und dannoch in demselben streben,
wohin er will, durch jeden Weg.
O wol der Seele, die Gott liebet,
und wann sie Fleisch und Blut umgibet,
doch gehet auff des Geistes Steg.«

Die kupfergestochene Darstellung der Altmacherwerkstatt, die im 19. Jahrhundert zum Vorbild für zahlreiche Schusterwerkstatt-Gemälde wurde (z. B. Francois Bonvin 1878; Max Liebermann 1881), unterlegte Weigel mit dem mahnenden Text:

»Verneuet nicht die alten Sünden.
Laßt euch im neuen Menschen finden,
der alte Sünd und Lust besiegt:
Es geht euch sonst wie alten Schuhen,
und ihr müßt in die dunckle Truhen,
wo der Verdammten Hauffe ligt.«

Die Anlehnung an die biblische Überlieferung, mit der sich die Schusterzunft aufzuwerten und moralisch zu legitimieren suchte, war jedoch gerade ein Grund dafür, daß die Sünden- und Todessymbolik des Schuhwerks das aus ökonomischen Gründen schon geringe Sozialprestige der Schuhmacher zusätzlich belastete. Immer wieder mußte der Flickschuster im Sprachgebrauch dazu herhalten, als Vertreter eines niederen Standes die extreme Spannweite sozialer Schichtung anschaulich werden zu lassen, besonders in Aussagen, die die Gleichheit aller Menschen vor der Gewalt des Todes betrafen: »Die Seele eines Kaysers und die Seele eines Schuhflickers sind über einen Leisten gemacht« (Montaigne 1533–1592). In einem 1612 veröffentlichten Kupferstich Otto van Veens (Lehrer des Peter Paul Rubens) wird der Schuster in seiner bescheidenen Werkstatt zu ebener Erde ebenso unerbittlich vom Tode gefällt wie der entsetzte König in seinem prunkvollen Palast. Im Jahre 1865 verstieg sich der Schriftsteller und spätere Bildhauer Arthur de Gravillon in seinem von ihm selbst illustrierten, ausschließlich den fabulierenden Schuhgleichnissen gewidmeten Buche ›A propos de bottes‹ (sprichwörtlich: Um nichts und wieder nichts) dazu, den Tod selbst als schusternden Handwerker darzustellen. Gravillon hatte die Totengräberszene aus Shakespeares ›Hamlet‹ dahingehend umgeschrieben, daß Hamlet mit Horatio nun nicht mehr über den

Schädel des armen Narren Yorik, sondern über seine Schuhe meditierte: »Wenn man nach all diesem richtigen bedenkt, daß der Körper nichts anderes ist als das unwürdige und schwerfällige Schuhwerk, dessen sich die Seele entledigt, um frei und leicht zum Himmel aufzusteigen, würde man dann nicht sagen, daß der greise Tod auch ein guter Flickschuster ist, der exzellent mit der Sense arbeitet . . .?«

Eines der poetischsten und bilderreichsten Andachtslieder protestantischer Überlieferung ist Paul Gerhards (1607–1676) »Nun ruhen alle Wälder, Vieh, Menschen, Städt und Felder, es schläft die ganze Welt.« Dieser schöne Text wurde im 19. Jahrhundert während der Streitigkeiten um die Kunst des neuen Realismus gerade wegen seiner naturnahen und vermeintlichen trivialen Metaphorik angegriffen. Mit dem Bilde des abzulegenden Erdenkleides und der christlichen Heilserwartung wird hier im besonderen die Hoffnung auf Erlösung von der Arbeit, als Erbsünde des alten Adam, ausgesprochen:

»Der Leib eilt nun zur Ruhe,
Legt ab das Kleid und Schuhe,
Das Bild der Sterblichkeit;
Die zieh ich aus. Dagegen
Wird Christus mir anlegen
Den Rock der Ehr und Herrlichkeit.

Das Haupt, die Füß und Hände
Sind froh, daß nun zu Ende
Die Arbeit kommen sei;
Herz, freu dich, du sollst werden
Vom Elend dieser Erden
Und von der Sünden Arbeit frei.«

Verglichen mit dieser, auch Skeptiker beeindruckenden religiösen Dichtung, muß die allzu naive Barfüßigkeit eines modernen Filmchansons wenig überzeugend wirken: für den Zirkusfilm ›Salto Mortale‹ schrieb Kurt Schwabach seinen

liedtext ›Gottes Kinder‹, dessen Refrain allerdings das Nachtleben der christlichen Schuh-Metapher bis in unsere Zeit hinein erkennen läßt:

»GottesKinderbrauchenkeineSchuhe
Und sie brauchen keine Protektion;
sind sie wirklich mal in Nöten,
knien nieder sie und beten,
und der liebe Gott hilft ihnen schon.«

Wie tief das religiöse ›Stilleben‹ des leiblichen Schuhwerks im kollektiven Unterbewußtsein der Menschen verankert sein muß, das mag ein Traumbericht des Skeptikers Heinrich Heine bezeugen, der in seiner Denkschrift ›Ludwig Börne‹ (5. Buch), psychoanalytische Erkenntnisse vorwegnehmend, mit Erstaunen den Widerspruch zwischen seinem ungläubig-kritischen Tagesbewußtsein und seiner Traumerfahrung feststellte:

»Ob wir einst auferstehen? Sonderbar! Meine Tagesgedanken verneinen diese Frage, und aus reinem Widerspruchsgeiste wird sie von meinen Nachtträumen bejaht. So z. B. träumte mir unlängst: ich sei in der ersten Morgenfrühe nach dem Kirchhofe gegangen, und dort, zu meiner höchsten Verwunderung, sah ich, wie bei jedem Grabe ein Paar blankgewichste Stiefel stand, ungefähr wie in den Wirtshäusern vor den Stuben der Reisenden . . . Das war ein wunderlicher Anblick, es herrschte eine sanfte Stille auf dem ganzen Kirchhof, die müden Erdenpilger schliefen, Grab neben Grab, und die blankgewichsten Stiefel, die dort in langen Reihen standen, glänzten im frischen Morgenlicht, so hoffnungsreich, so verheißungsvoll, wie ein sonnenklarer Beweis der Auferstehung.«

Mit der wachsenden Kritik am Gottesglauben im 18. und 19. Jahhundert wurde auch die Vorstellung von der schön beschuhten, gottgefälligen Seele dem Angriff durch die Satire und Parodie ausgesetzt. Schon William Hogarth hatte 1735 in seiner Kupferstichfolge ›Der Werdegang eines Wüstlings‹ das Bild vom nicht mehr zu flickenden Sündenschuh benutzt, um Habgier und ihre scheinheilige Vertuschung zu geißeln. Das erste Blatt (im III. Zustand) der Folge, darstellend den Eintritt des Liederlichen in sein väterliches Erbe, enthält zahlreiche Hinweise auf den lasterhaften Geiz des Alten, der noch kurz vor seinem Tode versuchte, auf gottgefällige Sohlen umzusteigen: am Boden liegen seine alten Schuhe, deren eigenhändige Reparatur durch den Tod ihres Besitzers verhindert wurde, man erkennt es an einer nur halbfertigen genähten Sohle. Deren dekorative Musterung verrät allerdings, daß sie aus dem Ledereinband einer benachbarten Bibel herausgeschnitten wurde!

Als bekannteste und wohl auch intelligenteste Parodie auf den bigotten Lebenswandel einer schön beschuhten Seele ist Wilhelm Buschs ›Fromme Helene‹ aus dem Jahre 1871/72 zu bezeichnen:

»Fort vor allem mit dem Übel
Dieser Lust- und Sündenstiebel!
Trödelkram der Eitelkeit,
Fort und sei der Glut geweiht!
O wie lieblich sind die Schuhe
Demutsvoller Seelenruhe!«

Die klägliche Schuh-Vignette, mit der dieses komische Autodafé endet, wird in ihrer (bei W. Busch sehr seltenen) stillebenhaften Fassung erst durch den vergleichenden Blick auf den gleichzeitig sich entwickelnden Bildtypus eines eigenständigen Schuh-Stillebens in der Bataille du réalisme verständlich.

1862 erschien anonym in einem Tübinger Verlag eine Parodie auf den zweiten Teil der Goetheschen Faustdichtung: »Faust. Der Tragödie dritter Theil in drei Acten. Treu im Geiste des zweiten Theils des Götheschen Faust gedichtet von Deutobold Symbolizetti Alegoriowitsch Mystifizinsky«. Hinter diesem haarsträubenden

Pseudonym verbarg sich ein Jahrzehnt lang erfolgreich der bedeutendste Goethe-Interpret des 19. Jahrhunderts, Friedrich Theodor Vischer, der es nicht verwinden konnte, daß Goethe nach dem realistischen ersten Faust-Drama die Fortsetzung seines »deutschen Faust« nicht der historischen Problematik der Bauernkriege und der Renaissancebewegung gewidmet hatte. Als geschichtliche Schlüsselfigur schwebte Vischer »jener Florian Geyer von Geyersberg vor, der edelste unter den Bauernführern«, der erst gegen Ende des Jahrhunderts von Gerhart Hauptmann zur Leitfigur eines Bauernkriegsdramas gemacht wurde. In seiner Parodie von 1862 übertrug Vischer die Schluß-Apotheose des Faust II mit seiner christlichen Allegorie in ein Gegenbild äußerster Trivialität: anstelle der Verehrung der Mater gloriosa setzte er eine Anbetung des Stiefelknechts, der, umgeben von einem Stiefel-Paar und einem Hühneraugen-Ballet, auf einem bengalisch beleuchteten Wolkenhügel schweben sollte, um schließlich von einer im allertiefsten Baß sprechenden ›Null‹ liquidiert zu werden:
»Euch Bilder jetzt verschling' ich wie ein Nero:
Das Absolute ist das reine Zero!«
Die Goetheforschung hat Fr. Th. Vischer diesen literarischen Totschlagsversuch nie verziehen, mit dem sich der seriöse Interpret von dem vermeintlichen klassischen Irrweg ›seines‹ Dichters und der in Deutschland wuchernden Goethe-Verehrung zu distanzieren suchte. So hatte z. B. Franz Dingelstedt in seinen ›Liedern eines kosmopolitischen Nachtwächters‹ 1842 vor einem Goethebildnis mit unfreiwilliger Komik gedichtet:
»Die Stätt' ist heilig – Löset mir die Schuhe,
Hier fall' ich nieder, wo ein Gott geweilt«.
In einer Verteidigungsschrift ›Pro domo‹ (1873) erläuterte Vischer seine satirische Absicht, die den Stil der ›Fliegenden Blät-

ter‹ verriet, für die der Text ursprünglich geplant wurde: es könne »ein Stiefelknecht als Symbol der geistigen Entwicklung gebraucht werden, sofern sie in einem Lösen von Hemmungen, einem Befreien aus inneren Stockungen besteht; Verwicklung in Irrtum, Zweifel, Leidenschaft, die den Fortschritt aufzuhalten droht, wäre dann ein pressender Stiefel, die Leiden des Gemütes auf solchen Knotenpunkten natürlich – Hühneraugen. Die vollendete Absurdität der Vorstellung (mache ihm) Spaß, denn sie (erschiene ihm) als ganz gemäße Veranschaulichung der richtigen Konsequenz des Sinnbilder ausbrütenden Verfahrens.«

Eine trivialere Unterwanderung der christlich-moralisierenden Emblematik ließ sich zu dieser Zeit kaum ausdenken. Den Verschleiß der religiösen Schuh-Metapher zeigte im besonderen Vischers Karikatur der heiligen Anachoreten, deren selbstquälerische Bußwilligkeit er in die bedenkliche Nähe des sadomasochistischen Lederfetischismus trieb:

Pater Ecstaticus:
Schauer vom Wolkenrand!
Ewiger Wonnebrand!
Glühendes Liebeband!
Bundschuh, beenge mich,
Stiefel, du zwänge mich,
Leichdorn durchsenge mich!
Leder, das tüchtige,
Presse das Nichtige,
Daß sich's verflüchtige!
Glänze der Stiefelknecht
Übrigem Erdgeschlecht!«

Mit der Auflösung der eschatologischen Tendenz im christlichen Schuh-Gleichnis war die Ausdruckskraft der künstlerischen Schuh-Metapher keineswegs erloschen. Die Bescheidung auf das nur Menschliche, auf die individuelle ›Physiognomie‹ des Schuhwerks, erschloß im Gegenteil eine Vielzahl künstlerischer Anwendungsmöglichkeiten in Literatur

und bildender Kunst. Erst seit der erfolgreichen Bataille du réalisme in der zweiten Hälfte des 19. Jahrhunderts konnte ›Schuhwerk‹ nach dem Verlust seines moralisierenden Akzents als Spiegel existentieller Bedingungen und Verhaltensweisen zur psychologischen Begründung einzelner Figuren und ganzer Handlungs- und Bildabläufe werden.

Nur wenig später als Vischers Faust-Parodie und J. F. Millets Stillebenszeichnungen mit rustikalen Holzschuhen, als ›armes parlantes‹ des Réalisme in Frankreich, veröffentlichte Wilhelm Raabe 1865 seinen realistischen Roman ›Der Hungerpastor‹, in welchem der Schuster Grünebaum sein nahes Lebensende mit dem Bilde der zerreißenden Schuhe umschreibt: »Der Doktor sagt, es ist Altersschwäche, und es mag wohl auch so sein, aber was es auch sein mag, lange hält der Schuh nicht mehr, und was ein befahrener Meister ist, weiß, daß bei jedem Stiebel der Momang kommt, wo das Flikken nichts mehr hilft und die ganze löbliche Gilde dem Ausreißen nicht steuern kann, wenns auch der verehrenswürdige Publikus und hohe Adel noch lange nicht glauben und an ein neues Paar will.«

Es ist denkbar, daß Emile Zola den ›Hungerpastor‹ Wilhelm Raabes gelesen hatte. In seinen Bergarbeiterstreik-Roman ›Germinal‹ vom Jahre 1885 fügte er trotz des reportagenhaften Erzählstiles ein vorbildliches Schuh-Motiv, das die Aussage erbitterter sozialer Anklage verdeutlichen hilft. Der alte Bonnemort, durch unmenschliche Arbeitsbedingungen in der Kohlenzeche körperlich und geistig ruiniert, erhält den Besuch des Bergbauaktionärs Grégoire und seiner Familie, die ihr schlechtes Gewissen durch Geschenke zu entlasten sucht: Rindfleisch, Wein und ein Paar riesige Schuhe.
»»Die Schuhe kommen ein bißchen spät, nicht wahr, lieber Alter?‹ bemerkte Herr Grégoire, um die Stimmung etwas zu beleben. ›Aber das schadet nichts; so was

kann man immer gebrauchen.‹ Bonnemort saß da mit seinem furchtbaren, kalten und steinharten Gesicht, hörte nicht und antwortete nicht. Cécile stellte die Schuhe jetzt verstohlen an die Wand. Doch so behutsam sie dabei auch war, die Nägel verursachten ein Geräusch, und die riesigen Schuhe wirkten störend in der Stube.« Als die Tochter fasziniert bei dem scheinbar teilnahmslosen alten Bergmann alleine zurückbleibt, rafft sich dieser zu einer schrecklichen Vergeltung seines vernichteten Lebens auf und erwürgt mit seinen immer noch festen Arbeiterhänden das Kind seiner Ausbeuter: »sie, blühend, frisch und rund vom langen Nichtstun und der satten Behaglichkeit ihrer Familie; er, von Wasser gedunsen, in seiner jämmerlichen Häßlichkeit eines ausgemergelten Tieres und zerrüttet durch hundert Jahre Schuften und Hungern, das sich vom Vater auf den Sohn vererbte.«

Mit der verblassenden Symbolik der ›neuen Schuhe‹, die heil und wohlbehalten nebeneinander an der Wand zurückbleiben, wurde hier von Zola um so eindringlicher die soziale Wirklichkeit kontrastiert.

Immer mehr verlagerte sich das literarische Interesse an der Schuh-Metapher auf die Einzigartigkeit des Physiognomischen. Im ›Sekundenstil‹ des Romanes ›Hunger‹ (1890) von Knut Hamsun dienen die Schuhe des Erzählers als Spiegel eines inneren Monologes, ihre Anschaulichkeit verhilft zur emotionalen Selbstreflektion, sie sind der Fetisch einer einsamen Selbstbeobachtung:

»Als ich die Blicke auf meinen Schuhen weilen ließ, war es als hätte ich einen guten Bekannten getroffen oder einen losgerissenen Teil meiner selbst zurückerhalten; ein Gefühl des Wiedererkennens durchzittert meine Sinne, die Tränen kommen mir in die Augen, und ich empfinde meine Schuhe wie einen leise sausenden Ton, der auf mich eindringt... Als ob ich nie meine Schuhe gesehen hätte,

beschäftige ich mich jetzt damit, ihr Aussehen zu studieren, ihre Mimik, wenn ich den Fuß bewege, ihre Form und die abgenützten Oberteile, und ich entdecke, daß die Falten und weißen Nähte ihnen Ausdruck verleihen, ihnen Physiognomie geben. Es war etwas von meinem eigenen Wesen in die Schuhe übergegangen, sie wirkten auf mich wie ein Hauch, gegen mein Ich, ein atmender Teil meiner selbst...«

Hugo von Hofmannsthal nutzte in seiner Komödie ›Christians Heimreise‹ (1910) die Fetischeigenschaft der Schuhe, um einen Monolog rappelköpfigen Menschenhasses szenisch in Gang zu setzen. Der Hausknecht eines Hotels (als Auftrittsbühne des ›kleinen Welttheaters‹) tritt die Schuhe der Gäste mit Füßen, um mit dieser Ersatzhandlung seinen Überdruß am menschlichen Rollenspiel abzureagieren:

»Sie (die Gäste) kommen, man weist ihnen ein Zimmer an, sie machen Unreinlichkeit und gehen wieder. Es gibt nicht Dümmeres unter der Sonne als dieses ewige Ankommen und wieder Abfahren. Sie ekeln mich an, alle zusammen. Ich kann ihre Physiognomien nicht ertragen. Ich sehe ihnen niemals ins Gesicht. Aber mit ihren Schuhen muß ich mich, Gott sei's geklagt, abgeben – das genügt. Da habe ich sozusagen den Abdruck ihrer läppischen Existenzen in den Händen. Es ist so widerwärtig, wie wenn ich ihre Gesichter in die Hand nehmen müßte. Wie die Idioten laufen sie einen hinter dem anderen her und vertreten dabei in idiotischer Weise ihr Schuhwerk... Haben Sie noch nie von einem gehört, der sich aus Widerwillen über den gemeinen Anblick solchen Schuhwerks den Hals mitten durchrasiert hat?«...

Dieser Ekel vor dem sinnlosen Gastspiel des menschlichen Daseins unterscheidet sich nicht allzu sehr von der existentiellen Verzweiflung der beiden Clochards Estragon und Wladimir in Samuel

Becketts 1953 uraufgeführtem Theaterstück ›Warten auf Godot‹ .

Es ist gewiß nicht sinnvoll, Beckett auf Symbole und Embleme festlegen zu wollen, doch lassen viele seiner sprachlichen und szenischen Bilder die Fragmente älterer Metaphern erkennen, mit denen der Autor die Ratlosigkeit seiner dramatischen Person ästhetisch umspielt. Auch das wie ein Leitmotiv durch sein Stück gehende Aus- und Anziehen der Schuhe ist nicht nur als banale Groteske (Hensel 1968) zu verstehen, sondern als wiederholtes hoffnungsvolles Experiment, das den horror vacui und die Erlösungssehnsucht der Spielfiguren auf die Probe stellt. Doch die Suche nach einem ›Inhalt‹ dieses erlittenen Daseins bleibt vergeblich:

»Estragon gelingt es unter Aufbietung aller Kraft, seinen Schuh auszuziehen. Er schaut hinein, dreht den Schuh um, schüttelt ihn aus, sucht, ob nicht etwas auf die Erde gefallen ist, findet nichts, steckt seine Hand nochmal in den Schuh, indem er wie abwesend vor sich hinblickt.

» Wladimir: Was ist denn?

Estragon: Nichts.

Wladimir: Laß sehen.

Estragon: Es gibt nichts zu sehen.«

Zu einem späteren Zeitpunkt versucht Estragon es doch noch einmal, als ›Barfüßer‹ seine Schuhe im Stich zu lassen:

»Wladimir: Du kannst aber nicht barfuß laufen.

Estragon: Jesus hat es getan.

Wladimir: Jesus! was soll denn das heißen? Du willst dich doch wohl nicht mit ihm vergleichen!

Estragon: Mein ganzes Leben lang hab ich mich mit ihm verglichen.«

Als die beiden »am nächsten Tag, um dieselbe Zeit, an derselben Stelle« die Schuhe Estragons »nahe an der Rampe, die Absätze nebeneinander, die Schuhspitzen auseinander« wiederfinden, erfahren sie erneut den quälenden Identitätsverlust ihrer Überlebens-Spiele:

»Estragon: Das sind nicht meine.

Wladimir: Nicht deine?

Estragon: Meine waren schwarz. Die sind gelb.

Wladimir: Bist du sicher, daß deine schwarz waren?

Estragon: Das heißt, sie waren gräulich.

Wladimir: Und diese sind gelb? Laß sehen.

Estragon hebt einen Schuh auf: Na ja, sie sind grünlich.«

Es dürfte eben diese existentielle Verlorenheit des humanen Schuhwerks gewesen sein, die den Maler Franz Radziwill zu seiner gemalten Paraphrase des ›Warten auf Godot‹ angeregt hat, mit einem in öder Landschaft wie Gerümpel neben dem Kruzifix abgelagerten, überdimensionierten Stiefelpaar, und letztlich wohl auch zu seiner apokalyptischen Bildvision ›Ein Schuh blieb übrig‹ von 1969. Man könnte hier auch an Curt Stenverts 1962 datiertes Materialbild ›Der letzte Schuh‹ erinnern, mit einem einzelnen, auf ein Kieselsteintableau montierten realen Stiefel.

Im Frühjahr 1973 inszenierte Klaus Michael Grüber für das Frankfurter Schauspielhaus Bert Brechts frühes Theaterstück ›Im Dickicht der Städte‹ und ließ »den unerklärlichen Ringkampf zweier Menschen« (Brecht) auf einer Bühne stattfinden, die mit Tausenden von alten vertragenen Schuhen bedeckt war: den immer weiter um sich greifenden toten Ablagerungen der stillen, einsamen Großstadtkatastrophen.

Gegen die lähmende Hinterlassenschaft der alten Schuhe (»wir werden die Alten nicht los, sie hängen sich überall dran, wie sollen wir anfangen, wenn immer die Alten noch mitmachen wollen und überall ihre vergammelten Schuhe herumliegen lassen«) setzte Peter O. Chotjewitz 1968 in seinem ›Roman – Ein Anpassungsmuster‹ demonstrativ die Vitalität seines nackten Ich:

»Die Schuhe sind die Toten, die Akte das Leben.
Die Akte sind Gegenwart, die Schuhe Vergangenheit und Zukunft.
Die Schuhe belegen die ständige Veränderung der (aller) Dinge, die Akte belegen die grundsätzliche Unveränderbarkeit und das Beharren von allem und jedem auf einem und demselben Standpunkt.
Die Akte sind schön, lebendig, vital, aktiv, die Schuhe sind häßlich, verrottet, müde, die leiden und viel erlitten haben.
Die Schuhe sind die je anderen, die Akte sind das jeweilige Ich.«

Schließlich sei noch ein militanter Aspekt der Schuh-Vanitas berücksichtigt. Es ist naheliegend, daß sich die Betrachtung der Sterblichkeit des Schuhs gerade mit denjenigen Stiefeln im besonderen beschäftigte, die von ihrem erklärten Zweck her der grausamen Dialektik des Tötens und Überlebens, der militanten mörderischen Vergewaltigung und des absichtsvoll riskierten Lebens unterworfen sind: den Soldatenstiefeln.

In seiner Lobrede auf den Schuh, die Charles Sorel (1602–1674) in seine »Wahrhaftige und lustige Historie vom Leben des Francion« einfügte, heißt es

über den Tod des Reitersoldaten: »...
und wenn einer auf dem Schlachtfeld
stirbt, sagen wir: er hat die Stiefel ausgezogen, als wären sie der wahre Aufenthalt der Seele des Reiters und als wohnte
sie dort ebensosehr und sogar noch mehr
als im Körper.«

Adolf Menzel wählte das Bild von den
entseelten Reiterstiefeln, um die mitten im
ersten schlesischen Feldzuge 1741 von
Friedrich II. von Preußen dichterisch aus-
gesprochene Sehnsucht nach ästhetischer
Verklärung darzustellen. In einer gereim-
ten Epistel an den Vertrauten Baron von
Keyserlingk träumt sich Friedrich aus diesem ›Marsfelde‹ hinweg und phantasiert
von den galanten Festen, die er in seinem
gerade im Bau befindlichen Berliner
Opernhaus zu feiern gedenkt. Menzel
ließ diese Flucht der königlichen Psyche
aus der brutalen Kriegswirklichkeit in einem maskierten Rokokopärchen anschaulich werden, das in der Symbolgestalt eines Falters (Sinnbild der Psyche) von den
zu Boden gesunkenen riesigen Reiterstiefeln aufsteigt. Auch formal ließ Menzel
keinen Zweifel daran aufkommen, welche
Wahrnehmungsschicht er für die konkre-
tere hielt: die ›toten‹ Kriegsstiefel des
Königs sind das Reale, das festliche Tanz-
paar erscheint nur als Gaukelspiel der
Phantasie.

Wie in dem barocken Schelmenroman
des Realisten Charles Sorel geht es auch
in einem der bekanntesten Kriegsromane
unseres Jahrhunderts, Erich Maria Re-
marques ›Im Westen nichts Neues‹ von
1928 beim Sterben eines Soldaten um die
Hinterlassenschaft seiner Stiefel. Daß der
beinamputierte, in Agonie liegende Re-
krut Kemmerich sich von seinen »herrlichen englischen Schuhen aus weichem
gelbem Leder, die bis zum Knie reichen
und ganz hinauf geschnürt werden« nicht
trennen will, zeigt seinen erschütterten
Kameraden den Lebenswillen des Ster-
benden an, der seine Amputation noch
gar nicht wahrgenommen hat. Dieses

ADOLPH MENZEL, REITERSTIEFEL UND MASKENPAAR, HOLZSCHNITT 1849

auch in die Verfilmung des Buches über-
nommene Motiv begegnet später wieder
in zahlreichen Western-Produktionen des
amerikanischen Films.

1919 gestaltete der Schriftkünstler Rudolf Koch, der im ersten Weltkrieg noch
einmal mit dem Leben davongekommen
war, einen großen Holzschnitt, der nichts
Geringeres ist als ein ernstgemeintes Epi-
taph für seine, ohne ihren Besitzer zu Tode gekommenen Soldatenstiefel: »Das
sind meine Stiefel. Die hab ich getragen
in meinem 40. Lebensjahr als Grenadier
im Sand der Mark, auf den Landstraßen
Serbiens, über die Sturmhöhen auf dem
Toten Mann bei Verdun, im Feldlazarett
und in der Heimat. Dann wieder in der
Champagne und bei Reims an schweren
Kampftagen vor dem Brimont. Dort kamen sie um, am 2. Mai 1917, durch eine
französische Granate.«

Die Totenehrung vor den wie Grabbeigaben ›in effigie‹ aufgestellten Schuhen
der gefallenen Soldaten ist offenbar eine
in der Armee der Vereinigten Staaten gelegentlich noch heute praktizierte Form
ihres Totenkultes.

1967 in Vietnam, nach den großen Ver-
lusten gegen den Vietcong bei Dak To,
veranstalteten amerikanische Armee-
Einheiten auf verschiedenen Kampfplät-
zen im Freien ihre Totenmessen, bei denen die Überlebenden die als geschlossene Kompanieblocks aufgestellten Stiefel der Gefallenen im Karree umstanden
und vor ihnen mit den Fahnen salutierten.
Einige durch die Weltpresse gehende
photographische Aufnahmen (Vgl.: Der
Spiegel vom 11. 12. 67, No. 51, 118) ließen die, gerade in der stillebenhaften Ru-
hestellung deutlicher wahrnehmbare uni-
forme Gewalt dieser Vietnam-Boots zum
Bewußtsein kommen und provozierten
einige engagierte Künstler, dieses militan-
te Klischee mit anderen, vor allem dem
sexuellen, entlarvend zu kontrastieren
(Peter Sorge ›Schlapper Stiefel‹, Radier.,
1970; Wolf Vostell ›Nur die‹, Siebdruck u.
Objekt, 1968). Eduardo Paolozzi, der die
originalen Vietnam-Stiefel abgoß und zu

mehreren Skulpturen vergrößerte, gestaltete auch ein in Bronze gegossenes Vanitas-Stilleben: ›Tim's Stiefel (Tim's Boots)‹ von 1971 liegt so leblos am Boden, daß eine Schnecke ihn überqueren kann. Für einen besonders makaberen Aspekt der Vietnam-Stiefel als kultisches Objekt der Totenmessen von Dak To sorgte die Tatsache, daß diese Soldatenstiefel in aussergewöhnlichem Maße gegen Vernichtung präpariert waren. Es handelte sich nicht um gewöhnliche Lederschuhe, die in der feuchten Schwüle des Dschungels schnell verrottet wären, sondern um die extra für diesen Kriegseinsatz entwickelten kunststoffversiegelten Segeltuchstiefel, die praktisch unverwüstlich und deshalb besonders geeignet waren, ihre Besitzer zu überleben!

Die erotische Schuh-Metapher (Fetischismus)

Während sich die Schuh-Vanitas ausschließlich am Bild der Männerschuhe entwickeln konnte, ist die Schuh-Erotik vorherrschend auf die maskuline Verehrung des jugendlichen Frauenfußes und -Schuhwerks ausgerichtet. Homoerotische Neigungen des reinen Schuhfetischisten, dessen Libido gar nicht mehr den lebendigen weiblichen Partner anspricht, sondern zwanghaft auf die symbolische Beziehung zu einem körperlichen Fetisch beschränkt bleibt, sind unverkennbar. Die meisten kultischen und künstlerischen Äußerungen schuh-erotischer Idolsetzung haben die symbolische Gleichung: Frauenschuh = Vulva, Vagina und Frauenfuß = Penis zur psycho-physischen Voraussetzung.

Als erotische Partnerwahl ist die im Märchen begegnende ›Schuhprobe‹ zu verstehen, wie sie besonders in der Aschenbrödel-(Cinderella-)Version bei fast allen Völkern der Erde aufzufinden ist. Nur diejenige Frau, deren kleiner Fuß in einen vom Manne (Prinzen) aufgefundenen und als Fetisch verehrten Schuh

exakt hineinpaßt, wird von ihm als die gesuchte und einzig auserwählte Geliebte anerkannt.

Den Schuster, als kennerschaftlichen Spezialisten des Schuhmaßes und der Schuhanprobe, betrachtete die volksnahe Phantasie als einen in besonders naheliegender Weise der erotischen Magie des Frauenfußes ausgesetzten Mann. Also wurde ›Der verliebte Schuster‹ in der Literatur, dem Musiktheater und der Graphik des 18. und 19. Jahrhunderts ein beliebtes und variantenreiches Motiv. Selbst Richard Wagner stattete die ernste Künstlerpersönlichkeit seines Hans Sachs in der ›Meistersinger‹-Oper mit Zügen dieser Überlieferung aus. In der Szene ihrer Schuhanprobe versucht die in ihrer Partnerwahl noch unentschiedene Pognertochter Eva, auch dem poetischen Schuhmacher ans Herz zu legen, »wo still der Schuh (sie) drückt«. Doch neben dem strahlenden Bewerber Walther von Stolzing bleibt dem alternden Witwer Sachs nichts anderes übrig als zu resignieren und sein Evchen ironisch zur Muse seiner Dichtkunst zu sublimieren:

»Kind, hör zu! Ich hab's überdacht,
was meinem Schustern ein Ende macht:
am Besten, ich werbe doch noch um dich;
da gewänn' ich doch 'was als Poet für mich!«

Für sein ›Nürnberger Bilderbuch‹ (1970, zusammen mit Godehard Schramm) zeichnete M. Mathias Prechtl ein spöttischvitales Bild dieser Hans Sachs'schen Musenverehrung. In lässiger Inspirationsgebärde mit Schreibfeder und Poesie-Büchlein lagert die korpulente Muse in

MICHAEL MATHIAS PRECHTL, HANS SACHS PASST SEINER MUSE STIEFEL AN

durchaus nicht nur idealischer Nacktheit auf einem Sofa, spärlich bekleidet mit einem Renaissance-Hut, in dem die Schusterahle steckt, und, an den Füßen, mit den hochgeknöpften, vom satyrhaft lachenden Meister Sachs soeben anprobierten Stiefeln.

Eduard Fuchs bezweifelte wohl zu Unrecht, daß Goethe, vor dem Beginn einer modernen Sexual- und Verhaltensforschung, sich mit letzter Konsequenz darüber im klaren sein konnte, welche unterbewußte erotische Magie ihn dazu veranlaßte, sich die durchtanzten Schuhe seiner, das Lauchstädter Kurleben ohne den Geheimrat genießenden Christiane Vulpius schicken zu lassen. Am 14. Juli 1803 schrieb der Dichter an sein »kleines Erotikon«: »Schicke mir mit nächster Gelegenheit Deine letzten, neuen, schon durchtanzten Schuhe, von denen Du mir schreibst, daß ich nur wieder etwas von dir habe und an mein Herz drücken kann.« In ›Wilhelm Meisters Lehrjahre‹ von 1795/96 hatte sich Goethe diesen eigenen Schuhfetischismus künstlerisch bereits zunutze gemacht bei der Charakterisierung einer der tragenden Romanfiguren. Philine, die – nach Goethes eigener Notiz – in der Handlung des Romans die Funktion der ›gegenwärtigen Sinnlichkeit‹ und des ›Leichtsinns‹ auszufüllen hat, setzt ihrem umworbenen Wilhelm Meister hart zu, indem sie ihre wohlbekannten Pantoffeln als magischen Fetisch vor seinem geschlossenen Bettalkoven stehen läßt, ohne, listigerweise, selbst anwesend zu sein. Meisters ›Ärger‹ über diese erotische Attacke verfliegt sofort, als er das Mädchen gar nicht in seinen Kissen (wunschgemäß) vorfindet: »Kein Schlaf stellte sich ein; er setzte die Pantoffeln auf seinen Tisch, ging auf und nieder, blieb manchmal bei dem Tische stehen, und ein schelmischer Genius, der ihn belauschte, will versichern: er habe sich einen großen Theil der Nacht mit den allerliebsten Stelzchen beschäftigt; er habe sie mit ei-

nem gewissen Interesse angesehen, behandelt, damit gespielt, und sich erst gegen Morgen in seinen Kleidern auf's Bette geworfen, wo er unter den seltsamsten Phantasien einschlummerte.«

Für das Wilhelm-Meister-Portrait seiner ›Goethe-Galerie‹ von 1864 wählte Friedrich Pecht ausgerechnet dieses Motiv des bei Kerzenschein den Frauenschuh genießenden jungen Mannes, eine Szene also, deren Zeitlosigkeit beim Vergleich mit einer bekannten Einstellung aus Luis Bunuels ›Viridiana‹-Film von 1961 deutlich wird: hier beschäftigt sich der alternde Don Jaime mit dem Brautschuh seiner verstorbenen Frau. Die Übertragung dieses Kleiderfetischs auf die junge Viridiana soll ihm seine frühere Liebe heraufbeschwören helfen.

Zum Weihnachtsfest 1816, als sich Goethes Beziehung zu Marianne von Willemer, der dichtenden ›Suleika‹ seines ›Westöstlichen Divan‹, bereits stark abgekühlt hatte, schickte sie ihm ein Pantoffelgeschenk von boshaft zwiespältigem Hintersinn, der das erotische mit dem häuslichen Pantoffelregiment verknüpfte. Diese eleganten, mit der arabischen ›Suleika‹-Inschrift geschmückten Hausschuhe, die später in den Besitz von Goethes Sekretär Riemer übergingen, werden noch heute in der schuhhistorischen Sammlung der Firma Bally aufbewahrt. Goethe hat sie offensichtlich nie getragen, seinen Dank vom 31. 12. 1816 verfaßte er jedenfalls mit komischer Entrüstung: »...ob es gleich herkömmlich ist, daß man des Papsts Pantoffel küsse, weil ein Kreuz drauf (steht), wohl auch, daß man die Füße der Geliebtesten liebkose, um anzudeuten, daß man sich dem Willen ganz hingibt, der sich uns ergeben hat, so ist es doch unerhört, daß man eine würdige Person durch magische Zeichen nöthige, die Hülle seines eigenen Fußes zu verehren, wozu moralisch und physisch gar wunderbare Gebärden nöthig wären.«

Marianne zog sich ihrerseits listig-erschrocken auf eine orientalische Demutsgeste zurück: »...will im Gegentheil nur andeuten, wie viele Gewalt sie (gemeint ist Goethe) über eine unwürdige Person ausüben, die sich schon glücklich fühlt, wenn es ihr vergönnt wird mit dem Staube gleiche Rechte zu haben.«

Goethe selbst war im Oktober 1868 eifersüchtig genug gewesen, seiner Geliebten Käthchen von Schönkopf die Materialien für zwei Paar Pantoffeln zuzusenden, als er sich schlecht behandelt fühlte, »denn grausam gehen Sie mit allem um, was sich unter Ihre Herrschaft begibt oder begeben muß«.

Die Grenze der Fuß- und Schuhverehrung zum Lächerlichen wird dort schnell überschritten, wo die Partner dieses erotischen Rollenspiels nicht mehr in beiderseitigem Einvernehmen zusammenfinden, vor allem dann, wenn der Mann die Freiwilligkeit seiner Unterwerfung einbüßt und die Frau sich für die Idolisierung ihres Fußes als Fetisch der männlichen Libido zu rächen beginnt. Es entsteht das vom Volksmund so genannte Weiberregiment über den Pantoffelhelden, mit seinen lächerlichen Unterwerfungsriten, wie sie das komische Wappenbild eines biedermeierlichen Kupferstechers aus der Zeit um 1840 zu einer satirischen Allegorie der Pantoffelherrschaft zusammenfaßt.

Die Ausweitung dieser intimen häuslichen Pantoffelherrschaft auf die gesamte öffentliche Reputation des Mannes muß zu seiner gänzlichen Demoralisierung führen. Hugo von Hofmannsthal ließ in seinem Drama ›Das gerettete Venedig‹ (1905) den Senator Dolfin in sexueller Hörigkeit gegenüber der Kurtisane Aquilina bis zur völligen Aufgabe seiner Persönlichkeit herunterkommen:

»Wie, meine Aquilina?
wirfst du mir vor, daß ich noch lebe? wie,
kann ich dir nicht so viel sein wie der Hund,

FOTO: RICHARD MAPLETHORPE

nicht bei dir sitzen, mit den Augen betteln, am Mund dir hängen, meine Ohren spitzen?
Aquilina:
Mein gutes Tierchen, du vergißt dein Alter.
Dofin: Kann ich nicht schnuppern und das Plätzchen finden, wo deine süßen Füße sind?
(Er küßt ihren Fuß.)«

Eine extreme Demütigung der erotischen Partner auf beiden Seiten des Abhängigkeitsverhältnisses ist dort erreicht, wo der stiefelgepanzerte Fuß der Frau nur noch als martialisches Handwerkszeug zur ›Bestrafung‹ männlicher Obsessionen dient und in das einschlägige Arsenal des sadomasochistischen Lederfetischismus aufgenommen wird. Eine derart pervertierte Beziehung schilderte Klaus Mann in seinem Schlüssel-Roman ›Mephisto‹ 1956. Zwar kommt es hier in der masochistischen Abhängigkeit des ›Schülers‹ Hendrik Höfgen zu seiner dunkelhäutigen ›Lehrerin‹ Juliette nicht zu einer besonderen Umwerbung der auffälligen Lacklederstiefel, aber sie sind doch unverzichtbares Requisit eines sexuellen Rollenspiels, bei welchem der gehorchende, sich erniedrigende Mann von der Geliebten sich lustvoll ›strafen‹ und verprügeln läßt. Die Kleidung der ›Prinzessin‹ Juliette erinnert in ihrer modisch-uniformen Art an diejenige der roboterhaften Frauenfiguren in der Malerei Richard Lindners; das Diktat der Mode in den letzten Jahrzehnten führte zu ihrer internationalen Verbreitung: »Vom schwarzen Seidenstrumpf war nur ein knappes Stück sichtbar; denn die grünen Schaftstiefel aus geschmeidigem Lackleder reichten bis über die Waden. Zu den prächtigen Stiefeln und dem kurzen Rock trug die Prinzessin ein graues Pelzjäckchen, dessen Kragen im Nacken hochgeschlagen war. An den dunklen, sehnigen Handgelenken klirrten breite Armbänder aus gemeinem Gold-

blech. Das eleganteste Stück ihrer Ausstattung war die Reitpeitsche – ein Geschenk Hendriks. Sie war leuchtend rot, aus geflochtenem Leder. Juliette klopfte mit ihr, in einem kurzen, harten und drohenden Rhythmus, gegen die grünen Schaftstiefel.« Gegen Ende des Romans signalisiert ein zweites »Paar hohe Stiefel, angefertigt aus grellrotem, geschmeidigem Lackleder«, gefunden in Nicolettas Koffer, die Fortsetzung der masochistischen Lustbarkeit in anderer personeller Besetzung.

Besonders komisch fällt die literarische Demaskierung der männlichen Erotomanie aus, wenn sich die Phantasie des verspießerten Romanhelden in die vermeintliche Libertinage des Exotischen flüchtet, sich aber der weiblichen Aktivität in Wirklichkeit nicht mehr gewachsen zeigt. So erging es dem Löwenjäger ›Tartarin aus Tarascon‹ (1872), den sein Autor Alphonse Daudet während einer Omnibusfahrt nach Algier bei der Begegnung mit einer verschleierten Orientalin in schreckliche Bedrouille führte:

»Um die Sache vollends auf die Spitze zu treiben, mischte sich nun gar noch der Pantoffel der Dame hinein. Er fühlte, wie das kleine reizende Pantöffelchen sich seinen groben und ungeschlachten Jagdstiefeln näherte, wie es sich an diese preßte, wie es gleich einem roten Mäuschen sich auf den Stiefeln bewegte. – Was sollte er tun? Sollte er den Blick, den Druck des Füßchens beantworten? Recht gern – aber die Folgen! Eine Liebesintrige im Orient, das ist der schrecklichste der Schrecken. Mit Hilfe seiner regen, südländischen Phantasie und seiner Vorliebe fürs Romantische sah sich der gute Tarasconese im Geiste schon in den Händen der Eunuchen, enthauptet, vielleicht gar samt seiner Mitschuldigen in einen Sack genäht und ins Meer gerollt, um den Fischen zur Nahrung zu dienen. Es schauderte ihm bei dem bloßen Gedanken an diese Möglichkeit.«

Gegen derartige erotische Aktivität des magisch-verführerischen Frauenfußes und -schuhs, deren Herkunft aus der Rokoko-Libertinage des 18. Jahrhunderts unverkennbar ist (vgl. Honoré Fragenards Gemälde ›Die Schaukel‹ in der Wallace Collection, London), zog im 19. Jahrhundert eine moralisierende Literatur mit härtester Argumentation und Metaphorik zu Felde. Hans Christian Andersen ließ sich mit seinem Kunstmärchen ›Die roten Schuhe‹ von 1847 eine besonders brutale Variante der Verteufelung des roten tanzenden Schuhwerks – als Sinnbild der aktiven weiblichen Libido – einfallen: Ein armes barfüßiges Mädchen, das nur im Winter große Holzschuhe tragen darf, kommt mit der Verbesserung seiner sozialen Stellung auch in den Besitz roter Glanzlederschuhe. Gegen sittliches Gebot verstoßend geht das Kind mit ihnen zur Einsegnung und zum Heiligen Abendmahl. Ein Invalide an der Kirchentür bindet die ›Tanzschuhe‹, mit einem Schlag seiner Hand gegen ihre Sohlen, magisch an die Person des Mädchens, welches nun, ganz beherrscht von dieser Wahnvorstellung eines dämonischen Zwanges, nicht mehr aufhören kann, in den roten Schuhen zu tanzen. Schließlich sucht das verzweifelte und reumütige Kind Zuflucht bei einem Scharfrichter: »Schlage mir nicht den Kopf ab!« sagte Karen, ›denn dann kann ich meine Sünde nicht bereuen! Aber schlage meine Füße mit den roten Schuhen ab! ... Und er schnitzte ihr Holzfüße und Krücken, lehrte sie einen Psalm, den die Sünder immer singen, und sie küßte die Hand, die das Beil geführt hatte.« Aber die zwanghaft in den roten Schuhen tanzenden abgeschlagenen Füße verfolgen das Mädchen auch weiterhin, bis göttliche Gnade zur Erlösung im Tode führt: »Ihre Seele flog auf Sonnenstrahlen zu Gott, und dort war niemand, der nach den roten Schuhen fragte.«

Auch gegen solche, bei Kindern aus ›moralischen‹ Beweggründen absichtsvoll

Ängste hervorrufende Erbauungsliteratur schrieb und zeichnete Wilhelm Busch 1872 den parodistisch bigotten Lebenswandel seiner ›Frommen Helene‹, die wir hier noch einmal zitieren, weil der Autor die beiden von uns getrennt dargestellten Symbole des religiösen und des erotischen Schuhwerks satirisch gegeneinander ausspielte:

»Fort vor allem mit dem Übel
Dieser Lust- und Sündenstiebel!
Trödelkram der Eitelkeit,
Fort und sei der Glut geweiht!
O wie lieblich sind die Schuhe
Demutsvoller Seelenruhe!«

Wirkungsvoller als alle satirischen und moralisierenden Verfasser kritisierte aber Emile Zola mit seinen Schriften die erotische Idolisierung der Frau durch die repressiven Wünsche des Mannes. Mit seiner kleinen Erzählung ›Die stiefelwichsende Mätresse‹ zwingt er den Leser zuerst in die voyeuristische Betrachtungsweise eines Grafen, der das Erwachen und Aufstehen seiner kostspieligen Mätresse beobachtet, um dann im Verlauf der knappen Erzählhandlung den Grafen wie den Leser um so nachdrücklicher zu desillusionieren. In einem nur vorgeblich um Authentizität bemühten Reportagestil zieht Zola anfangs alle Register eines üppigen geschmäcklerischen Vokabulars und wechselt gelegentlich in die ironische Formulierung der Vermutung über, so als sei er, in aller Bescheidenheit, nicht ganz sicher, alle klischeehaften Erwartungen seiner durch schlüpfrige Literatur verdorbenen Leser erfüllen zu können. Der Lustgewinn des Grafen und des als Voyeur beteiligten Lesers wird sogar noch durch soziale Erwägungen verbrämt: »Er ist mit sich durchaus zufrieden und sich im klaren, einen Irrtum der Vorsehung wiedergutgemacht zu haben, indem er diese Königin der Anmut, die das Schicksal als Tochter eines Schleusenräumers und einer Pförtnerin in einer düsteren Wohnung

am Fontainebleauer Tor hatte zur Welt kommen lassen, in Seide kleidete.« Doch mit der Erinnerung an die seltsame Tatsache, daß seit etwa drei Monaten seine junge Kurtisane jeden Morgen für eine Viertelstunde verschwindet und er beim Verlassen seines ›Tempels‹ die Stiefel wunderbar gesäubert und gewichst vorfindet, kommt für den Grafen die Ernüchterung über die unauslöschlichen gesellschaftlichen Bedingungen seines angebeteten Idols. Er findet das, eben seinem wollüstigen Lager entstiegene, Mädchen in einer häßlichen Besenkammer beim Einfetten und Wienern seiner Stiefel; und Zola verwendet ebensolche Sorgfalt auf die Schilderung dieser Tätigkeit mit ihren ›spritzigen‹ Folgen wie vorher auf das luxuriöse Gemälde einer zu Ende gehenden Liebesnacht des Grafen mit seiner vergötterten Kurtisane: »Sie genießt und ist glücklich. Sie ist eben die Tochter ihres Vaters und ihrer Mutter. Jeden Morgen denkt sie beim Aufwachen an ihre Jugend, die schöne Jugend, als sie inmitten der Schuhe aller Mieter auf der schmierigen Treppe stand. Sie denkt nach, und dabei überkommt sie ein wildes Verlangen, irgend etwas zu reinigen, und wäre es nur ein armseliges Paar Stiefel. Sie hat nun einmal eine Leidenschaft für Stiefelwichse, so wie andere für Blumen. Das ist ein Geschmack, der für sie beschämend ist, und sie empfindet dabei eine seltsame Wollust. Und so steht sie auf und geht in ihrem Luxus, in ihrer makellosen Schönheit, um mit ihren weißen Händen Stiefelsohlen abzukratzen und ihre Feinheit — die Feinheit einer großen Dame — mit schmutziger Lakaienarbeit zu beflecken.« Der Graf, seiner kapitalistischen Lebenslüge beraubt, reagiert nun ganz unverblümt: er zahlt dem Mädchen fünf Sous und entfernt sich schweigend. Als die verärgerte Kurtisane eine Abfindung von hunderttausend Franken verlangt, erhält sie vom Grafen die Aufrechnung ihrer Dienstleistung: »Stiefelreinigen kostet fünf-

undzwanzig Centimes pro Tag. Das mache für drei Monate dreiundzwanzig Franken. Und diese dreiundzwanzig Franken schicke er ihr durch seinen Kammerdiener.«

In neuester Zeit sind auch im bildkünstlerischen Bereich vergleichbare Bemühungen zu erkennen, die maskulin festgelegte Idolisierung der Frau samt Fuß- und Schuhfetischismus durch satirische Gegendarstellungen zu unterlaufen.

Ein Gemälde der jungen Malerin Rissa vom Jahre 1968 bezieht sich mit seinem Titel ›Schuhprobe‹ ironisch auf die gleichlautende volkstümliche Überlieferung der prinzlichen Partnerwahl. Das Bild zeigt in provozierender Überlebensgröße den Kopf einer Frau, die mit der linken Hand einen klobigen Männerstiefel hält und ihn küssend umwirbt. Formal und inhaltlich schließt dieses Gemälde wohl bewußt an eine berühmte und häufig reproduzierte Einstellung aus Luis Buñuels Film ›L'age d'or‹ aus dem Jahre 1930 an. Buñuel hatte mit seinem surrealistisch strukturierten Film die Zerstörung einer vitalen Liebesbeziehung durch libidofeindliche gesellschaftliche Zwänge geschildert und sich letztlich auf die Gesellschaftskritik des Marquis de Sade berufen. Die angesprochene szenische Bildeinstellung ließ den Kopf des Mädchens erkennen, das, von ihrem Liebhaber endgültig getrennt, sich frustriert einer im Park stehenden Diana-Statue zuwendet, um deren Marmorzehe zu liebkosen und abzulecken.

AUS: ›SCHUHWERKE‹, KATALOG ZUR GLEICHNAMIGEN AUSSTELLUNG, KUNSTHALLE NÜRNBERG 1976. MIT FRDL. GENEHMIGUNG DES AUTORS.

RISSA (KARIN GÖTZ)
SCHUHANPROBE

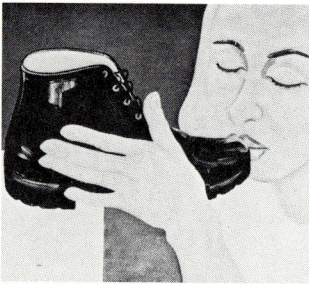

2

Foto: Robert Häusser

»Es gibt in Pech-Merle, in einer frühgeschichtlichen Grotte in Frankreich, zwei Fußabdrücke, die als von einer Frau und von einem Kind herstammend identifiziert worden sind. Da sind vor zehntausenden von Jahren an dieser Stelle Menschen vorbeigelaufen, und an dieser einzigen Stelle hat sich ein Fußabdruck erhalten. Die unverwechselbare Stelle, an der sich zwei Menschen befunden haben, und zwar nur einen ganz kurzen Moment lang, diese Stelle ist Anlaß und Ort der Reflexion. Wenn ich den Abdruck in Gips nachmache, selbst wenn ich Lascaux noch so schön kopiere, wie es in Hildesheim zu sehen war, schaffe ich diesen Moment nicht wieder. Er ist nur dort, an jenem Ort, erlebbar. Einen solchen Ort kann man z. T. mit Objekten, wenn sie authentisch sind, herbeizitieren.«

(Detlef Hoffmann, in: Protokoll zur Anhörung, Forum f. Geschichte u. Gegenwart, Berlin 1984).

41

Klaus Heyer

Von Homer bis Caligula

»Als einziges Lebewesen wurde der Mensch von den Göttern mit der Fähigkeit begabt, aufrecht zu gehen und seine Augen auf die Gestirne zu richten, auf daß er über das Wesen des Kosmos und der ewig waltenden Macht des Göttlichen nachdenke« – , so sprachen griechische Philosophen und hatten damit in ihrem Drang, alles zu erklären, auch der Existenz des Menschen eine metaphysisch-finale Grundlage gegeben.

Doch die griechische Neugierde war auch auf die Erklärung weit konkreterer Fragen versessen: Eifrig wurde nachgeforscht und festgehalten, wer als erster etwas Neues tat oder erfand: Herodot verlor sich bei der Untersuchung der Frage, ob Griechen oder Barbaren »als erste Unrecht taten« (das dann zum trojanischen Krieg führte), im Dunkel des Mythos: beim Unrechttun will niemand der Erste gewesen sein. Um so erfreulicher ist es, daß diejenigen bekannt sind, die der Menschheit Kultur und Zivilisation brachten:

Prometheus brachte den Menschen das Feuer; Athene schenkte ihnen den Webstuhl und die Kunst des Spinnens, sie erfand den gebrannten Tontopf und die Kochkunst, den Pflug, den Rechen, das Ochsenjoch, das Schiff und den Wagen. Die Wissenschaft der Zahlen ist ihre Erfindung, und musikalisch war sie auch: Flöte und Trompete verdanken wir ihr. Der göttliche Schmied Hephaistos verfertigte wahre Wunderdinge: ein goldenes Netz, in dem sich seine Gemahlin Aphrodite mit ihrem Liebhaber Ares verfing, Wunderwaffen für den Helden Achilleus und für die Göttergelage mechanische Serviertische, die die Speisen selbsttätig beförderten; ›automatoi‹ heißen sie bei Homer. Der Musengott Apollon verdankt seine Lyra der Erfindungsgabe des geschwinden Götterboten Hermes. Hermes verdankt seine Geschwindigkeit den goldenen Flügelsandalen – ja, und wer hat diese Sandalen gemacht? Und wer hat die Flügelschuhe des Perseus gemacht? Woher haben die Söhne des Windes Boreas und die Götterbotin Iris ihre geflügelten Schuhe? <u>Das</u> weiß kein alter Grieche: die Flügelsandalen wurden Hermes ganz einfach ›von Zeus gegeben‹, Perseus ›holte‹ sich die Flügelschuhe von den stygischen Nymphen, und die Boreaden sind offensichtlich schon mit Flügelschuhen auf die Welt gekommen.

Schuhe – selbst Flügelschuhe – müssen also etwas so Selbstverständliches gewesen sein, daß kein Grieche, ob Dichter oder Philosoph, dahinterkommen wollte, wer der erste Schuhmacher war. Das ist keine sehr dankbare Haltung; einen ganz kleinen Mythos hätten sie sich doch einfallen lassen können! Denn den Dichtern und Philosophen hätte dank ihrer Weisheit einfallen müssen, daß ihre Köpfe nur deshalb beim Lustwandeln so produktiv sein konnten, weil die Füße, sozusagen die Antipoden des Kopfes (oder die Antikephalen?) so gut beschuht waren, daß nicht jeder Stein oder Dorn am unteren Menschenende den Ge-

dankenfluß einige Stockwerke höher durch weitergeleitete Schmerzempfindungen unterbrechen konnte.

Wohl hat Plinius geglaubt, den ersten Schuhmacher gefunden zu haben: »Das Schusterhandwerk« schreibt er, »hat der Böotier Tychios erfunden.« Schon der sehr späte Kanonisierungsversuch (Plinius lebte im 1. Jahrhundert n. Chr.) macht uns mißtrauisch, und wenn wir nun bei Homer lediglich lesen, den »ehernen siebenrindshäutigen Schild« des Aias habe Tychios verfertigt, »bei weitem der beste Lederschneider«, dann können wir dem guten Plinius nicht folgen. – Es bleibt dabei: Schuhe sind zunächst einmal einfach zur Hand – pardon! Es sind noch nicht einmal Schuhe, sondern kala pedila, ›schöne Sohlen‹ oder hypodemata, ›Unterbinder‹, die Götter und Helden anlegen, zur Vervollständigung ihres prächtigen Aufzuges – als Sonderanfertigung gibt es Flügelschuhe für dringende Fälle.

Der erste Schuhmacher, von dem wir dann doch endlich erfahren, war Eumaios, der Sauhirt des Odysseus. Als sein Herr, als Bettler verkleidet, auftaucht, sitzt Eumaios gerade bei seiner Herde und »selbst fügte er um seine Füße Sohlen, schneidend schönfarbige Rindshaut«. Also: eigentlich waren das keine richtigen Schuhe, und wir haben es immer noch nicht mit einem echten Profi zu tun.

Der brave kleine Mann machte seine Schuhe selbst – und wohl auch die für die Herrschaften.

Irgendwann einmal müssen sich aber doch Spezialisten gefunden haben, die sich aufs Schusterhandwerk spezialisierten, wie etwa derjenige, der die Stiefel des Alkmaion verfertigte:

Alkmaion, ein adliger Herr aus Athen, besuchte den König Kroisos von Lydien und machte bei ihm sein Glück. Herodot, dem man immer glauben sollte, berichtet: »Als Alkmaion angekommen war, versprach ihm Kroisos als Geschenk alles Gold, das er könne auf seinem Körper wegtragen auf einmal. Alkmaion zog an einen sehr weiten Chiton und in die allergrößten Stiefel, die er finden konnte, stieg er und ging in die Schatzkammer. Her fiel er über einen Haufen Goldstaub und zuerst stopfte er um die Waden des Goldes soviel, wie die Stiefel Raum gaben. Dann stopfte er den Bausch des Chitons ganz des Goldes voll und auf die Haare seines Kopfes alle vom Goldstaub nahm er, und auch noch in den Mund, verließ die Schatzkammer, zug mit Müh die Stiefel hinter sich her, allem möglichen mehr gleichend als einem Menschen. Den Kroisos überkam Lachen, als er ihn sah; er schenkte ihm alles und noch mehr dazu.«

Daß der Chiton nicht riß, daß die Stiefel nicht platzten, hatte Herr Alkmaion seinem Schneider und seinem Schuhmacher zu verdanken. Aber: Kein Wort des Dankes oder der Anerkennung ist überliefert – Alkmaion konnte sich nun ein Viergespann halten und siegte damit in Olympia; seine Familie gehörte nach seiner Reise zu Kroisos zu den reichsten und mächtigsten in Athen.

Reich und mächtig wollten aber bald auch die nichtadligen Bürger Athens sein, oder wenigstens mächtig: Kratos, die Macht, wurde für Demos, das Volk gefordert. Selbstverständlich waren das nur die freigeborenen männlichen Athener. Der Reichtum, zu dem Athen gelangte, bestätigte die Richtigkeit der demokratischen Konzeption (jedenfalls solange, bis die ›undemokratischen‹ Spartaner Athen besiegten).

Wer reich ist, braucht nicht mehr zu arbeiten. Wer weiß, wieviele Athener davon träumten, sich ein Paar Alkmaion-Stiefel machen zu lassen und bei einem tumben Barbarenkönig ihr Glück zu machen?

Sklaven, Ausländer und allenfalls die ärmsten Freigeborenen übernahmen die Arbeit, es entwickelte sich das Spezialistentum, und auch berufsmäßige Schuhmacher eröffneten ihre Läden. Der freie Bürger kaufte die Produkte und verachtete die Produzenten: »Kein Handwerk ausüben zu müssen ist ein Zeichen von Freiheit« erklärt Aristoteles, und so stellt auch ein Gesprächspartner des Sokrates (in den ›Memorabilien‹ des Xenophon) fest, die, welche sich auf ein Handwerk verstünden – und das Schuhmacherhandwerk wird von ihm ausdrücklich erwähnt –, seien meistens sklavenhaft. Da Sklaven natürlich eine niedrige Gesinnung haben, ist es kein Wunder, daß das Verbum für die Tätigkeit der Schuhmacher, rhaptein – ›zusammenflicken‹, auch die Bedeutung ›etwas Listiges ausdenken, anzetteln‹ hat. Im übertragenen, höheren Sinn scheuen auch Höhergestellte diese Tätigkeit nicht: Hera will den Trojanern »Übles zusammenschustern«. Histiaios, der Tyrann von Milet, zettelt einen Aufstand der Ionier gegen die Perser an. Er schiebt dabei einen Herrn namens Aristagoras vor. Der persische Statthalter Artaphrenes aber bestellt Histiaios zu sich und sagt: »So verhält es sich fürwahr, Histiaios, mit dieser Affäre: Diesen Schuh hast du zusammengeschustert, angezogen aber hat ihn Aristagoras!«

Die Römer hatten keine bessere Meinung: Cicero verwendet ›sutores‹ (die Schuster) als Synonym für ›Leute aus der untersten Plebs‹ und ist davon überzeugt, daß es »in einer Werkstatt gar nichts Edles geben kann.«

Seneca macht sich lustig über Poseidonios, der behauptete, Philosophen hätten das Weben, den Ackerbau, das Backen erfunden, und er schließt seine ironischen Bemerkungen hierzu mit dem Aufschrei ab: »Es hätte nicht viel gefehlt, daß Poseidonios auch noch das Schusterhandwerk von den Philosophen hätte erfinden lassen!«

Der Kaiser Caligula begnadigte einen Mann, der ihn als ›grosses Geschwätz‹ bezeichnet hatte, mit der Begründung, er sei ein Schuhmacher. Dies blutrünstige Monstrum, das Delinquenten wegen Nichtigkeiten z. B. auseinandersägen ließ, konnte, so meinen namhafte Exegeten, von einer so niederen Kreatur wie einem Schuhmacher nicht beleidigt werden – doch dazu später!

Daß gerade der Schuster solcher Verachtung ausgesetzt war, hat ohne Zweifel psychologische Gründe: Wie hätte ein freier Bürger anders seine Frau zum Schuhmacher schicken können? Nur einer menschlichen und gesellschaftlichen Unperson, zu der ›Mann‹ in keiner Beziehung in Konkurrenz treten mußte, konnte es gestattet sein, der freigeborenen Dame unter den Chiton zu schauen. Und das mußte er, wenn die Dame Maßanfertigung wünschte: Sie stellte sich zum Maßnehmen auf den Arbeitstisch des Schusters und lüpfte dabei das Gewand, das sonst züchtig bis auf die Füße fiel. Die beschwichtigende Geste des Begleiters auf der rechten Seite läßt vermuten, daß manche Damen den Saum gern etwas höher hoben, als es notwendig war; was tut ›Frau‹ nicht alles für ein Paar schöne Schuhe? Paoli läßt sich zu der galanten Bemerkung hinreißen: »Es ist nun einmal so: Eben als Frau empfindet es eine Frau als weit kränkender, wenn man nichts von ihren Schuhen hält, als wenn man schlecht von ihrem Verstand spricht.« Lore und Elke, die ich beide auch wegen ihres Verstandes schätze, sind über diese Bemerkung keineswegs entrüstet: sie nicken heftig dazu! – Nicht nur bei der Maßanfertigung konnte jedoch der Verstand der Damen leicht in Verwirrung geraten: Die Schuster der Antike arbeiteten bereits auf Vorrat und boten eine ›breite Palette‹, wie man heute so schön sagt, an Modellen an, die gewiß manche Dame um den Verstand brachte: Ein Schuhmacher bietet seine Ware an (aus einem Gedicht des Herondas):

> »Sikyonische Schuh und ambrakische Schuh,
> Schuh aus Chios, Schuh, grün wie ein Kakadu,
> Hanfschläppchen, Schuhe, mit Safran gefärbt,
> Sandälchen aus Leder, in Argos gegerbt,
> Hochhackige, aber auch Slipper aus Theben,
> Nachtflitzer, Sportschuhe, Marke ›Epheben‹,
> die krebsfarbnen solltet ihr anprobieren,
> auch die scharlachroten könnten euch zieren!«

Solchermaßen gerüstet mit erotischen Reizobjekten, kehrte die gesittete Griechin an den häuslichen Herd zurück, während der Herr des Hauses errötend anderen Spuren folgen konnte: den Spuren der Hetären. Das ist zu Deutsch: ›Gefährtinnen‹. Man darf sie nicht mit den gewöhnlichen ›pornai‹, den Huren, in einen Topf werfen. Der vornehmeren Bezeichnung entsprechend konnte mit einem gehobenen Preisniveau, aber auch mit exklusiveren Genüssen gerechnet werden. So stellten sich die Hetären nicht, wie die Huren, neben den Wechseltischen zur Schau: Sie betrieben ihre Werbung mit einer Raffinesse, die den Reiz nicht unbeträcht-

SANDALE EINES RÖMISCHEN ZENTU-
RIO, STRASSBURG, I. JH.

lich erhöht haben dürfte: Mit Hilfe von Nägeln oder Einkerbungen ließen sie auf den Schuhsohlen »Liebesbotschaften anbringen, um beim regelmäßigen Auftreten auf die Erde auch das Hetärische ihrer Absicht ein- und auszudrücken.« (Clemens Alexandrinus). Im Louvre ist ein schicker Frauenschuh (ein Tonmodell als Grabbeigabe – also auch noch im Hades gingen die Damen auf Kundenfang!) zu sehen, der auf der Sohle die Aufforderung »akolouthi« – »folge mir« trägt. – Aber nicht nur Hetären benutzten die Schuhe, wenn sie etwas ganz anderes meinten: In der ›Lysistrata‹ des Aristophanes tritt ein Ratsherr auf, dessen Frau einen zu engen ›Schuh‹ hat. Ein Schuhmacher soll ihn mit einem Leisten ›schlüpfriger‹ machen: »... zu einem Schumacher sagt er, zu einem jungen, der einen Schwanz, kein Schwänzchen hat: O Schuhmacher, meiner Frau kleines Fußzehchen quetscht der Schuh zusammen, es ist ja so zart! Komm du zur Mittagszeit und weite ihn, auf daß er größer sei!«

Solchermaßen ist denn der Schuhmacher mit Eros in Verbindung gebracht, wiewohl das platonische Element hier durchaus fehlt.

Ganz aber kam der vornehme Platon um die Schuhmacher nicht herum: Sein Lehrmeister Sokrates bemühte in seinen Unterhaltungen immer wieder die Schuhmacher; der Schuhmacher als Exemplum scheint geradezu ein Markenzeichen des Sokrates gewesen zu sein, so daß auch seine vornehmen Schüler Platon und Xenophon nicht ganz darum herumkamen, den Schusterbeispielen ihres plebeischen Meisters ein Plätzchen in ihren Werken einzuräumen, obwohl sie die allgemeine Verachtung der Handwerker, der ›banausoi‹, teilten. – Der junge Kallikles stellt in Platons ›Gorgias‹ die Behauptung auf, der Beste und Einsichtsvollste müsse mehr haben als die Schlechten. Darauf sagte Sokrates: »Also muß offenbar, wer an Schuhen der Beste und Einsichtsvollste hierin ist, auch mehr haben, und der Schuster vielleicht auf die größten und meisten Sohlen treten?« Kallikles wird zornig: Sokrates schwätze immer von Schustern, Gerbern, Ärzten (sic!) und Köchen, während er doch diejenigen meine, die in den Staatsangelegenheiten die Besten und Einsichtsvollsten seien! Aber gerade, wenn es um grundlegende Fragen ging, fielen Sokrates immer wieder die Schuhmacherei und andere ›niedere‹ Verrichtungen ein: Während der Terrorherrschaft der dreißig Tyrannen in Athen verglich Sokrates öffentlich die Herren der Stadt mit Rinderhirten: Sonderbar scheine es ihm, falls ein Rinderhirt die Zahl und Qualität seiner Rinder vermindere, aber nicht zugebe, daß er ein schlechter Rinderhirt sei. Weit sonderbarer scheine es ihm, wenn die Herren einer Stadt die Bürgerschaft dezimierten oder schlechter machten, ohne zuzugeben, daß sie schlechte Herren seien. Die Tyrannen fühlten sich getroffen. Sie hatten eine ›lex Socratis‹ erlassen, nach der niemand die ›Kunst der Gesprächsführung‹ lehren durfte und ließen nun Sokrates rufen. Sie verbo-

ten ihm, sich mit jungen Leuten zu unterhalten. Nach einigen frechen Fragen, z. B.: ob er auch einen jungen Verkäufer nicht nach dem Preis fragen dürfe? Ob er einem jungen Mann auch nicht den Weg zu Kritias (dem Haupt der dreißig Tyrannen) zeigen dürfe? platzt Kritias der Kragen: »Die Schuster, Baumeister und Schmiede vor allem, die wirst du sein lassen müssen, denn ich glaube, sie sind schon ganz abgenützt, da du sie immer im Munde führst.« Sokrates: »Soll ich auch davon nicht mehr reden, was im Zusammenhang mit diesen Beispielen steht, wie etwa von der Untersuchung dessen, was gerecht und fromm ist?« Die Antwort: »In der Tat, und auch von den Rinderhirten! Andernfalls mußt du dich davor hüten, daß nicht auch du die Zahl der Rinder verkleinerst!«

Die Dreißig stürzten, die Demokratie kam wieder, und die Demokraten verurteilten Sokrates zum Tode, denn auch sie wurden durch die plastischen Beispiele genervt: Sonderbar, so sagte Sokrates immer wieder, sei es, daß man wohl wisse, wohin man einen schicken müsse, wenn man ihn zum Schuster, Schmied oder Zimmermann ausbilden lassen wolle, daß man aber ratlos sei, wohin man gehen könne, wenn man das Gerechte lernen oder seinen Sohn oder Sklaven in der Gerechtigkeit unterrichten lassen wolle. Die Handwerker, die als freie Bürger Athens stolz darauf waren, über das Gute und Gerechte mitentscheiden zu dürfen, werden es nicht gern gehört haben, daß Sokrates sie für nicht zuständig hielt.

Auf einen Schuster als Fachmann für Schuhe hörte der Maler Apelles durchaus: Als er an einem Bild arbeitete, kam der Schuster vorbei und bemängelte, daß an einem Schuh eine Öse fehle. Apelles bedankte sich höflich, denn er war stolz darauf, daß seine Bilder so naturgetreu waren, daß die Vögel versuchten, an seinen gemalten Trauben zu picken. Am nächsten Tag kam der Schuster wieder vorbei, stellte befriedigt fest, daß Apelles seinen Fehler korrigiert hatte, begann nun aber, andere Details zu kritisieren. Darauf sagte Apelles: »Schuster, bleib bei deinem Leisten!« Und bei dieser Redensart sind wir geblieben. In sein Fach-

RÖMISCHER SCHUH AUS DEM SAALBURGMUSEUM BAD HOMBURG. VORNE: ORIGINALFUND; HINTEN: NACHBILDUNG

GRABSTEINRELIEF EINES RÖMISCHEN
SCHUSTERS (REIMS)

GRABSTEIN DES GAIUS JULIUS HE-
LIUS, RÖMISCHER SCHUHMACHER, CA.
I. JH. N. CHR. (ROM)

idiotentum läßt sich niemand gern hineinreden, am wenigsten ein Schuster. Die Römer sagten: »Ne sutor supra crepidam«. Das heißt: »Daß der Schuster nur nicht über den Schuh hinaus«. Das Prädikat durfte der Gebildete lächelnd ergänzen: »... strebt ...? ... lebt ...? ... schwebt ..??« Nun laßt uns also die Schuhspuren der alten Römer ein wenig ... (der gebildete Leser ergänze das Prädikat!).

So verlockend wie die Spuren der griechischen Hetären sind sie nicht: Die Idee, mit Hilfe der Sohlenbenagelung Hinweise zu geben, hatten die Römer zwar auch; allerdings machte der Schuster für sich selbst Reklame, indem er seinen Namen auf die Sohle nagelte. Kaum als Reklame, sondern als Bedrohung mußten es die Späher Hermanns des Cheruskers empfinden, wenn sie Spuren von Nagelstiefeln fanden: bis zu hundert Nägel wurden in die Sohlen der caligae, der Legionärsstiefel, geschlagen – niemand zur Freud, nein: Die Legionäre hatten viel zu erobern, also auch viel zu marschieren, und die Haltbarkeit ihrer Sohlen wurde durch die Nägel erhöht – parsimonia, Sparsamkeit war eine der vielen Tugenden, mit deren Hilfe die Römer ihre Erfolge errangen. Die Griechen redeten lieber über die Tugenden, ohne sich besonders danach zu richten. Die Römer richteten sich danach und begannen erst von ihnen zu reden, als sie bereits im Schwinden waren. Fest gefügt waren ihre Wertvorstellungen, und dies wurde denn auch durch die ungeschriebenen Vorschriften über das Tragen von Schuhen zum Ausdruck gebracht: Der einfache Mann trug Holzsandalen, hölzerne Pantinen (muß das geklappert haben!) oder auch Ledersandalen. Für die Vornehmen aber war es »außerordentlich unschicklich, in Sandalen durch die Straßen der Stadt zu schreiten« (Cicero). Schreiten kann nur ein Vornehmer, ein Vornehmer ›weilt‹ ja auch in Rom, während wir dort nur ›sind‹ und ›rumlaufen‹. Ja, und zum Schreiten gehört unweigerlich der calceus, ein geschlossener oder halboffener Schuh. Und rot

muß er sein, wenn ihn ein Patrizier über die hochadligen Füße zieht; und schwarz muß er sein, wenn ihn ein Senator, immer noch ein außerordentlich bedeutender Herr, aber wenn er eben nicht Patrizier und Senator, sondern nur Senator ist!? – also: schwarz für die nichtpatrizischen Senatoren! Und vier Riemen muß er haben, der calceus patricius und der calceus senatorius. Und die vier Riemen werden oberhalb des Knöchels gebunden. Und wirklich vier Riemen müssen es sein, nicht mehr und nicht weniger. Und daß ja niemand von einem anderen Stand auf die Idee kommt, seinen Feld- Wald- und Wiesencalceus mit vier Riemen zu schnüren! Und wenn einer der heiligen vier Riemen bei der Morgentoilette reißt – böses Omen! Lieber zuhause bleiben! Dann aber den calceus wieder ausziehen, denn er wird nur außerhalb des Hauses getragen! Im Haus trägt auch der vornehme Herr Ledersandalen. Wenn der vornehme Herr einen Besuch macht, muß ihm sein Sklave die Sandalen nachtragen, denn auch als Besucher legt man im Haus des Gastgebers den calceus ab, bekommt die Füße gewaschen und legt dann die mitgebrachten Sandalen an. Ist der Herr etwas heruntergekommen, muß er die Sandalen in Ermangelung eines Sklaven selbst tragen – ein Spießrutenlauf! Denn wie soll er sich in der majestätischen Toga – auf der Straße obligatorisch! – anständig bewegen, wenn er die Schlappen unter den Arm klemmen muß?

Die altrömischen Sitten wurden aber zum großen Verdruß Catos und Ciceros immer mehr griechisch aufgeweicht; mancher höhere Herr hielt sich nicht mehr an die tradierten Gebräuche und trug so natürlich zum Niedergang mit bei. So wie die James-Dean-Fans ihre Väter mit amerikanischen Jeans schreckten, zeigten sich diejenigen, die auf den Geschmack des griechischen Individualismus gekommen waren, der Öffentlichkeit in Sandalen: Daß dies Verres tat, der als Statthalter der Provinz Sizilien Kunstraub en gros betrieb, war kein Wunder bei seinem schlechten Charakter. Seinen Todfeind Antonius überschüttet Cicero mit Hohn, da er zwar in der Toga auftrat, aber leider Sandalen dazu trug. Aber auch der edle Scipio, einer der gefeiertsten Helden Roms, wurde dafür kritisiert, daß er »nicht nur unrömisch, sondern noch nicht einmal wie ein Soldat auftrete; im Gymnasion spaziere er umher, bekleidet mit einem griechischen Mäntelchen und griechischen crepides an den Füßen, seine Lieblingsbeschäftigungen seien Bücherlesen und die griechische Ringschule, das ganze Heer genieße verweichlicht das liebliche Syrakus, Hannibal und Karthago seien vergessen« (Livius). Diese Äußerlichkeiten werden nach einer Reihe von gravierenden Vorwürfen aufgezählt, die Scipio von seinem konservativen Rivalen Quintus Fabius gemacht werden. Wir kennen das: um die eigentlichen Argumente noch ein bißchen auf der emotionalen Ebene abzusichern, wird je nach Jahrhundert Langhaarigkeit oder das Tragen ›artfremder‹ Schuhe kritisiert. Auch noch zweihundert Jahre später galt das Auftreten in griechischer Kleidung als unwürdig: Ein anderer Volksliebling, Germanicus, der Neffe des Kaisers Tiberius, trat in Ägypten ›mit unbedeckten Füßen‹ (pedibus intectis), also in Sandalen auf. Der Kaiser sah sich zu einem milden Tadel veranlaßt. Tacitus, der dies berichtet, fügt hinzu, Germanicus habe damit Scipio nacheifern wollen, »der, wie wir wissen, in Sizilien häufig dasselbe tat, obwohl der Krieg mit den Karthagern lodernd brannte.«

Hat nun Scipio die Karthager trotz oder wegen der Sandalen besiegt? Muß ein Minister in Turnschuhen ein schlechter Minister sein? Wieviele schlechte Minister laufen in guten Schuhen herum! Kurzum: bei unstandesgemäßem Schuhwerk waren die Römer empfindlich. Am schlimmsten trieb es der Kaiser Caligula. Eigentlich hieß er Gaius Caesar; den Spitznamen Caligula bekam er als kleiner Junge. Das verwöhnte Balg mußte im Legionslager in Germanien unbedingt ein Paar caligae (Legionärsstiefel, s. o.) haben. Es lag wohl in der Familie: sein Vater war Germanicus. Caligula also, ›Stiefelchen‹ nannte man ihn zärtlich, später nur noch mit Schrecken. Alles sei ihm erlaubt und gegen alle, sagte er zu seiner besorgten Großmutter. Und so hielt er es auch mit seinen Schuhen: Er trug Stiefel, wie sie Späher in wildem Gelände trugen; Geschmack fand er auch an Kothurnen, das waren hohe Schuhe für Tragödienschauspieler, natürlich eine griechische Erfindung. Selbstverständlich fehlten auch die unsäglichen Sandalen in der Öffentlichkeit nicht. Der Gipfel der Geschmacklosigkeit aber war, daß er sogar in Damenschuhen herumstolzierte. Tadel war zwecklos oder tödlich. Nur ein Schuhmacher, wir wissen es bereits, konnte es sich leisten, ihn straflos zu verhöhnen. Allerdings ist es höchst unwahrscheinlich, daß der Verzicht auf Strafe auf Geringschätzung beruhte, im Gegenteil: ein Schuhfetischist wie Caligula mußte von einem Schuhmacher mehr halten als von einem Patrizier. Es spricht für die Intelligenz des Schuhmachers, daß er dies erkannte und ein offenes Wort riskierte.

War also das Monstrum Caligula der einzige Mensch der Antike, der einen Schuhmacher achtete? Denn die antike Literatur, deren Ton und Inhalte durch den Geschmack und die Lebenshaltung einer gebildeten Schicht geprägt ist, behandelt die Schuhmacher ja fast einhellig mit Geringschätzung oder Mißachtung!?

Nein! Ein Lichtblick! Schreibt nicht Plutarch: »Ich wünschte, ich wäre Schuhmacher im alten Athen, so daß Sokrates kommen und sich zu Perikles setzen und mit ihm in meiner Werkstatt plaudern würde.«? Wie das? Bei Platon und Xenophon findet sich keine Bemerkung darüber, daß Sokrates bei einem Schuster verkehrt hätte. Da es aber einen solchen Schuster gab, können wir nur vermuten, daß er den adligen Herrn nicht ins Konzept paßte: Aristophanes läßt den Schuster Simon in den ›Wolken‹ auftreten, und ein antiker Kommentator nennt ihn – Adlige Herren, haltet euch fest! – er nennt ihn »Politiker und Philosoph«! Der Philosoph Ari-

stippos gar hat ihm einen Brief geschrieben, in dem es heißt: »Ich bewundere und lobe dich, daß du als Schuhmacher, angefüllt mit Weisheit, den Sokrates dazu brachtest und die hervorragendsten und hochwohlgeborensten Jünglinge, bei dir Platz zu nehmen.«

Doch allen antiken Quellen zum Trotz erklärten die Verteidiger der Dummheit den Schuhmacher Simon kurzerhand zu einer Phantomfigur und damit auch alle Quellen zu Lügenquellen; Simon könne nur erfunden sein. Wem nun aber die Quellen zu obskur sind, wem es nicht auffällt, wie oft Sokrates die Schuhmacher als Beispiel einfallen, der sollte aus seinen deutschen Philosophenwolken auf die Agora (Marktplatz) von Athen herunterschauen – nicht herab!

Dort wird er das ausgegrabene Haus des Schusters Simon sehen. Der Bericht über die Ausgrabung stammt von einem praktischen Angelsachsen, nicht von einem deutschen Altphilologen.

»Ei nun aber denn doch – – – ! – – – ?«

Nein, es gibt wohl keinen Zweifel: Die Archäologen, die schon nachwiesen, daß Herodot kein Lügenmaul gewesen ist, fanden zahlreiche Schusternägel und anderes Schustergerät . . .

»Das heißt noch nichts!!«

Unterbrechen Sie mich doch nicht dauernd mit Ihren unwissenschaftlichen Zwischenrufen! Sie fanden außerdem eine Trinkschale, auf der eindeutig lesbar der Name ›Simon‹ eingeritzt ist.

Nun schreibt zwar Ch. Lalopedilos: »Obwohl niemals Homers Brille oder Caesars Kamm gefunden wurden, zweifelt niemand daran, daß sie existiert haben. Schlechthin von keinem bedeutenden Menschen der Antike sind irgendwelche ihm eindeutig zuzuordnende Gegenstände auf uns gekommen. Da nun dies aber gerade bei dem sogenannten Simon der gegenteilige Fall ist, kann er schlechterdings nicht existiert haben, es sei denn, man ginge umgekehrt davon aus, Simon habe existiert, was ja die Trinkschale, Caesar und Homer aber nicht, was ja das Fehlen ihnen zuzuordnender Gegenstände beweise. Dies aber ist unsinnig.«

Diese höhnischen Petitessen lassen uns indessen kalt: Für uns hat Homer ebenso gelebt wie Caesar, aber auch der Schuster Simon.

So können wir aufatmend feststellen, daß nicht nur der schreckliche Caligula, sondern auch der von uns außerordentlich verehrte Sokrates einen Schuhmacher für einen Menschen angesehen hat, und so hat denn Sokrates wohl gar die Weisheit bei dem Schuster Simon gelernt, und wir verdanken Simon die ganze platonische und auf Platon folgende abendländische Philosophie, den stolz nach oben gerichteten Blick, den wir dem aufrechten Gang verdanken.

Und »den aufrechten Gang«, so der Kulturphilosoph D. Scheeren, »verdanken wir guten Schuhen von klugen Schuhmachern.«

Auf Schusters Rappen durch die Geschichte

Griechischer Schuhmacherladen. Die Sandalen wurden sorgfältig rechts und links gearbeitet. Abbildung auf einer schwarzfigurigen Amphora. Museum of fine Arts, Boston.

»Die Form des Schuhs, der den menschlichen Körper trägt, ist vielleicht mehr als andere Teile der Kleidung stets eine Art Barometer für das sich ändernde Lebensgefühl gewesen,« schreibt Erika Thiel in ihrer ›Geschichte des Kostüms‹. Es sagt viel über die Menschen einer Epoche aus, ob es ihnen wichtiger war, mit beiden Beinen fest auf der Erde zu stehen – oder ob sie es vorzogen, in den Augen ihrer Umwelt bedeutender und größer zu erscheinen –, um damit von ihrer Standfestigkeit aber einiges einzubüßen.

So ist die Geschichte des Schuhs gleichzeitig eine Geschichte der Mode und des Zeitgeistes. Denn es hat praktisch bis auf den ›Urschuh‹ in der gesamten Historie keine Fußbekleidung gegeben, die lediglich der Bequemlichkeit diente. Im Gegenteil – wenige Körperteile sind im Dienste der Eleganz weltweit so eingezwängt, gequetscht und sogar verkrüppelt worden wie der Fuß. Dabei ist gerade er von Natur aus dazu bestimmt, nackt oder zumindest nur leicht eingehüllt zu bleiben. Denn die Fußsohle ist darauf programmiert, bei starker Belastung eine dicke Hornhaut auszubilden und sie gut mit Schweiß zu durchfeuchten, damit sie nicht rissig wird. Beide Eigenschaften sind heute bei schönheitsbewußten Menschen nicht mehr sehr gefragt.

Schon die leichten Sandalen verursachten, wie man aus der lateinischen Literatur weiß, an Druckstellen schmerzhafte Hühneraugen.

Ansonsten waren sie allerdings dem Fuß gut angepaßt. Die Griechen mit ihrem ausgeprägten Körperbewußtsein arbeiteten die Schuhe sorgfältig für den rechten und den linken Fuß aus – anders als im Mittelalter, wo man alles über einen Leisten schlug.

Doch auf die Signalwirkung der Fußbekleidung wollte man schon in dieser frühen Zeit nicht verzichten.

In Rom galt die Sandale als Fremdeinfluß aus Griechenland. Sie wurde deswegen von römischen Bürgern nur im Haus und bei inoffiziellen Anlässen getragen. Abzeichen des wahren Römers war neben der Toga der Fersenschuh, der ›calceus‹. Die Patrizier trugen rote, die Senatoren schwarze Schuhe.

Frauensandalen waren das Symbol der Venus. Die Dienerinnen der Liebesgöttin, die Hetären, hoben die Zierlichkeit ihrer Füße durch bunte Sandalen hervor. Die Sohlen waren zusätzlich noch mit verschiedenen Mustern benagelt. Ein christlicher Moralist des 3. Jahrhunderts n. Chr. ereifert sich, daß findige Angehörige des ältesten Gewerbes ihre Sohlen sogar mit genagelten Liebesgrüßen schmückten »so daß, wenn sie den Boden gemessenen Schrittes beschreiten, sie jenem mit ihren Schritten ihre Kurtisanengedanken aufprägen.« Eine solche Aufschrift ist auf einer kleinen Öllampe in Form eines zierlichen Damenschuhs erhalten. Sie lautet pragmatisch: »Folge mir«.

Die Sinnlichkeit und natürliche Freude am menschlichen Körper, die in der Antike vorherrschte, wurde durch den orientalischen Einfluß Ostroms und des Christentums immer mehr zurückgedrängt. Man-

gelnde Aufmerksamkeit gegenüber der Anatomie führte dazu, daß die Rechts-links-Unterscheidung beim Schuhwerk für viele Jahrhunderte verlorenging. Dabei vermischten sich germanische Traditionen mit Einflüssen des vorderen Orients: Gebräuchlich wurden zehenfreie Schuhe, die aus germanischen Fuß- und Beinbinden hervorgegangen waren.

Daneben gab es noch den weichen, pantoffelartigen Schlupfschuh des byzantinischen Raumes, den Soccus. Die Wortverwandtschaft mit der heutigen Socke zeigt, wie man ihn sich ungefähr vorzustellen hat. Die Bauern benötigten für ihre Arbeit zweckmäßiges, derbes Schuhwerk und bevorzugten den bequemen germanischen Bundschuh. Dazu benötigte man lediglich ein Stück festes Leder oder Fell, das in Fußform zugeschnitten und oben mit Riemen zusammengeschnürt wurde. Die Riemen waren meist lang und wurden noch mehrfach um das Bein geschlungen.

Da der Bundschuh den Erfordernissen der Landarbeit ideal angepaßt war, änderte sich seine Form über Jahrhunderte hinweg kaum. Nicht umsonst wurde er mit der Zeit zum Symbol des Bauernstandes.

Kaiser Karl der Große (768 – 814) war ein einfach gesinnter Mann und kleidete sich am liebsten in die fränkische Landestracht. Aventins Bayerische Chronik von 1566 verzeichnet, wie er nach Schilderung seines Biographen Einhard nur durch dringende Bitten des Papstes dazu gebracht werden konnte, »zu Rom nach Welsch und Römischer Art ein großen, weiten, breiten Rock, darob ein Welschen Mantel und große weite maulete Schuch wie die Pantoffeln« anzulegen. Denn normalerweise begnügte sich der Kaiser, wie Einhard weiter berichtet, mit »Kleidern, schuchen, allweg nach der teutschen Art, si dieselbige zeit im brauch war, nit vil kostlicher dann der gemeine mann.« So stark war die Abneigung des Kaisers gegen Luxus und Prunksucht, daß er im Jahre 808 die erste Kleiderverordnung Nordeuropas erließ. In der Schuhmode wurde darin die Farbe rot dem Adel vorbehalten. Das kostbare Purpur war Privileg des Kaisers. So entstand die Redewendung: die Purpurschuhe anlegen, was heißt: zum Kaiser gekrönt werden.

Karls Feldzug gegen die Verschwendungssucht war zwar sehr löblich, hatte aber keinen Erfolg. Schon sein Nachfolger Karl der Kahle schwelgte gern in kostbaren Gewändern und teuren Materialien. Der Abstand zwischen Adel und Bauerntum klaffte immer weiter. Es entwickelte sich die überfeinerte höfische Ritter- und Minnekultur. Zu ihren Spielregeln gehörte selbstverständlich auch gepflegte Kleidung. Die Männer trugen immer noch weiche Schlupfschuhe mit kleiner Spitze – oder farbige, eng anliegende Beinlinge mit verstärkter Ledersohle.

Die Mode der Zeit wird sehr lustig illustriert durch eine gotische Ritzzeichnung in der Burg Sargans: zwei Spieler haben zwar nicht das letzte Hemd, aber ihren Schuh und ihre Strumpfhose verspielt. Zum offensichtlichen Mißvergnügen der jungen Herren. Die Zeichnung ist nicht nur im Hinblick auf die Schuhmode kulturgeschichtlich sehr interessant: sie ist daneben das einzige Dokument dafür, daß unter den engen Beinlingen halblange Unterhosen getragen wurden.

Für Frauen galt es als überaus unschicklich, den Fuß zu zeigen. Doch schrieb die höfische Etikette trotzdem makelloses Schuhwerk vor. Da die Röcke die Schuhe verbargen, gab es aber noch keine unterschiedliche Damen und Herrenmode für die Fußbekleidung. Lediglich die Beinlinge waren den Männern vorbehalten.

Die gesamte Struktur der Gesellschaft änderte sich in der Mitte des 14. Jahrhunderts durch den Einbruch der großen Pest in Mitteleuropa. Schon seit dem 11. Jahrhunderts hatten die Städte und das Bürgertum immer mehr an Bedeutung gewonnen. Das Aufblühen von Handel und

Vornehme Jünglinge des 15. Jh. in deutscher (links) und italienischer Tracht

Holzschnitt des 14. Jh. mit unterschiedlichen Ständen und verschiedener Schuhspitzen-Länge. Ausnahmsweise wird unter dem langen Rock auch der Schuh der Frau sichtbar!

Eleganter Jüngling, vor seiner Dame mit Schnabelschuhen prahlend. Kupferstich von Meckenen, 15. Jh.

Gewerbe hatte vielen Bürgern zu Reichtum verholfen, so daß sie im Lebensstil mit dem Adel zu konkurrieren begannen. Die höfische Oberschicht wehrte sich gegen den Raubbau an ihren Privilegien durch den Erlaß von Kleiderordnungen. Die Pest machte zunächst die sorgfältig errichteten Schranken zunichte. Das Wüten des schwarzen Todes führte zu gesteigertem Lebenshunger, jeder aß, trank und zog an, was er nur ergattern konnte. Nach Abklingen der Seuche war der Konkurrenzkampf zwischen Adel und Bürgertum erst recht entbrannt, und auch die in rasender Folge wechselnden Kleiderordnungen konnten ihn nicht unterbinden. So konnte die wohl bizarrste Erscheinung ihren Siegeszug antreten, die es in der europäischen Schuhmode je gegeben hat: der Schnabelschuh.

Seine Entstehungsgeschichte ist umstritten. Angeblich erfand ihn der normannische Adlige Fulco de Anjou 1090 aus einem sehr profanen Grunde. Der Graf litt unter unschönen und schmerzhaften Frostbeulen und hoffte sie in der weiten Spitze zu verbergen. Ein Geck am Hofe Wilhelm des Roten ahmte den eigentlich medizinisch gedachten Schnitt nach und stopfte die Spitze mit Werg aus. So jedenfalls wird es in der Literatur oft beschrieben. Der Wahrheitsgehalt der Anekdote ist allerdings zweifelhaft, denn regelrecht Mode wurde der Schnabelschuh erst im 14. Jahrhunderts – eignete sich die Spitze doch im wahrsten Sinne des Wortes hervorragend dazu, Stand und Würde damit festzulegen. Eine Kleiderverordnung jener Zeit gestattet:

Fürsten und Prinzen $2\frac{1}{2}$ Fuß
höheren Adligen 2 Fuß
einfachen Rittern $1\frac{1}{2}$ Fuß
Reichen 1 Fuß
Gewöhnlichen $\frac{1}{2}$ Fuß
(1 Fuß = 30 cm)

Es liegt auf der Hand, daß Adlige, Prinzen und Reiche sich mit derart langen Schuhspitzen nur äußerst mühsam fortbewegen konnten. Die Schnabelschuhe waren für aufgeklärte Schriftsteller des späten Mittelalters deswegen ständig Anlaß zu Spott und Klagen: »Ein jeder trachtet nach der Freiheit – und raubt sie sich selber. Unser Herrgott hat den Fuß frei erschaffen – und viele vermögen wegen außerordentlich langer Fußspitzen nicht zu gehen,« bemängelt Scarlatti in seinen ›300 Novellen‹.

Und eine böhmische Chronik berichtet: »Es war im Jahre 1372, da lag ein Gewitter über dem Städtchen Trebnitz und über dem Schloße Kaschitalov und der Donner schlug in das Schloß und schlug dem Burggrafen Albrecht von Slavietin und seinem Weibe beiden die Spitzen von den Schuhen weg, ohne daß den Füßen ein Schaden geschah. Solches geschah des selben Tages an anderen Orten mehr. Nichtsdestoweniger ward die verdrießliche Hoffart nicht abgelegt, sondern jeglicher trug seu Haupt empor und thät in sein kurzen Röcklein und langen spitzigen Schuhen als wie ein Storch einherschreiten.«

Nicht nur die Entfaltung weltlicher Eitelkeit in der Schnabelschuhmode rief den eben geschilderten himmlischen Zorn – und die tiefe Ablehnung der Kirche hervor. Schlimm genug war es, daß, wie Chroniken berichten, die Storchenschnäbel beim Knien in der Kirche hinderlich waren. Abhilfe schuf hier eine Zierkette, mit der man das sperrige Würdezeichen am Knie befestigte. Viel schlimmer war, daß die Geistlichkeit im Schnabel ein obszönes Symbol des männlichen Gliedes erblickte – und das konnte sie selbstverständlich nicht dulden. Der Sexualforscher Ernest Bornemann sieht hier ebenfalls Zusammenhänge. Und tatsächlich läßt der elegante Stutzer auf zeitgenössischen Darstellungen seine Schuhspitzen so angelegentlich vor den Augen der Geliebten spielen, daß die moralischen Bedenken der Kirche nicht ganz abwegig erschienen.

Zwar trugen auch die höhergestellten Frauen spitze Schuhe, allerdings waren sie unter den langen Rocksäumen nicht zu sehen. Wegen der Behinderung durch Rock und Schuhspitze erreichten sie auch nie solche Ausmaße. Daß jedoch auch der Frauenschuh in der Gotik durchaus mit erotischen Vorstellungen verknüpft war, zeigt das Gemälde ›Liebeszauber‹, auf dem eine nur mit Holztrippen bekleidete junge Frau den ›zündenden Funken‹ entfacht.

Weder Unbequemlichkeit noch der angedrohte Bannfluch der englischen und französischen Bischöfe Anfang des 14. Jahrhunderts gegen den Schnabelschuh konnten seine Beliebtheit mindern. Noch nicht einmal die Ritter wollten beim Kriegshandwerk auf die Schnäbel an ihren Rüstungen verzichten. Ein Volkslied berichtet, in der Schlacht bei Sempach (1368) seien die österreichischen Ritter gegen die Schweizer Bauern in eisernen Schiffsschnäbeln angetreten. Diese waren aber beim Fußkampf derart hinderlich,

»Liebeszauber«. Schlankes Mädchen, nur mit Holztrippen ›bekleidet‹.
(Gotisches Gemälde im Museum zu Leipzig, nach Kohlhaussen, 1928).

daß die Ritter sie sich abschlagen mußten. Es waren so viele, daß sie hätten »gefüllet ein Wagen«, wie es in dem Lied heißt.

Um das kostbare Schuhwerk zu schützen, trug man auf den damals recht schlammigen Straßen hölzerne Unterschuhe, sogenannte Trippen. Da der Absatz noch nicht erfunden war, boten sie gleichzeitig willkommene Gelegenheit, den Träger größer erscheinen zu lassen.

Der unpraktische Schnabelschuh war ein Symbol dafür, daß sein Träger nicht arbeiten mußte, sichtbarer Ausdruck des vornehmen Müßigganges. Die Bauern erhoben dagegen den derben, zweckmäßigen Bundschuh zu ihrem Zeichen. Schon im 13. Jahrhunderts erscheint er vereinzelt als Symbol der Unterdrückung. ›Bundschuh‹ war der Kampfruf der Fußtruppen während der Kreuzzüge – im Gegensatz zu den Rittern hoch zu Pferd.

Eine Legende berichtet, daß sogar Jerusalem unter dem Zeichen des Bundschuhs erobert worden sei: Der Heerführer, ein Herzog von Scheyern, habe neben seinem Zelt einen Bundschuh auf eine Stange aufgesteckt. Dadurch machte er sich so beliebt, daß alles Volk ihm nachzog. 1443 wurde in Schliengen bei Basel der Bundschuh zum erstenmal Symbol offenen sozialen Widerstands. Der Bischof hatte eine Landschätzung ausgerufen. Ein Bauer steckte seinen Bundschuh auf eine hohe Stange, zum Zeichen, daß jeder, der in dieser Sache gegen den Bischof sei, zum Bundschuh stehen solle. Nach diesem Beginn dauerte es allerdings noch ein halbes Jahrhundert, ehe der Ruf ›Bundschuh‹ im großen Bauernkrieg zum Schrecken der Obrigkeit wurde.

Nicht nur die Bauern protestierten im Mittelalter unter dem Zeichen ihrer Fußbekleidung gegen das Luxusleben des Adels. Religiöse Gruppen, die Demut als höchstes Gut betrachteten, verzichteten demonstrativ vollkommen auf Schuhe.

Die Barfüßerorden sahen den Fuß – pars pro toto – als Symbol der vollstän digen demütigen Nacktheit. Denn der Fuß ist der Körperteil, der der Erde am nächsten ist und so eine Verbindung schafft zwischen ihr und dem Menschen. Dem höheren Klerus war der Schuhstreik der Franziskaner und Minoriten ein Dorn im Auge, denn er war dem Materiellen durchaus nicht abgeneigt. Das Volk dagegen nahm diese Geste dankbar auf. Das demütige Barfußgehen wurde sogar zum Gegenstand frommer Legenden, z. B. in der Geschichte von der heiligen Hedwig. Hedwig von Schlesien trug nach der Überlieferung selbst im Winter aus Askese niemals Schuhe. Ihr adliger Gatte hatte dafür kein Verständnis und zürnte seiner Frau. Deswegen trug Hedwig immer ein paar einfache Schuhe bei sich – für den Fall einer Begegnung mit ihrem strengen Mann. Einmal war sie so tief ins Gebet versunken, daß sie ihren Gatten nicht bemerkte. Erschrocken blickte sie auf, in der Erwartung in ein zorniges Gesicht zu sehen. Aber zu ihrem Erstaunen hörte sie kein böses Wort. Denn Gott hatte der frommen Frau Schuhe wachsen lassen, um sie zu schützen... Deswegen wird Hedwig meist mit einem Paar Schuhen in der Hand dargestellt.

Erst ein neuer Zeitgeist brachte fertig, was weder weltliche noch kirchliche Macht geschafft hatten – das Verschwinden des Schnabelschuhs. Denn während in Deutschland Bürgertum und Adel noch im Konkurrenzkampf lagen, hatte sich im Italien des 15. Jahrhunderts bereits die Renaissance durchgesetzt. Die Städte hatten politische Unabhängigkeit und ökonomische Macht erreicht, das Bürgertum war wohlhabend und selbstbewußt geworden. Die Erforschung der Natur – im Dienste des Menschen – war eine der großen Neuerungen der Renaissance. Auf fast allen Gebieten der Naturwissenschaften – Astronomie, Geographie, Medizin – wurden Entdeckungen gemacht, die das Weltbild veränderten. Treffend drückt der Humanist Poggio Braccolino

Der Bauer und seine Frau. Kupferstich von Albrecht Dürer. Um 1498

das Menschenbild dieser Zeit aus: »Der Adel des Menschen liegt nicht in seiner Herkunft, sondern in seinen Verdiensten begründet,« schreibt er in seinem Traktat ›De Nobilitate‹.

In einem Zeitalter, in dem der tätige, selbständige Mensch zum Ideal wurde, hatte die unpraktische Mode des Adels keinen Platz mehr. Deswegen bevorzugte man auch in der Schuhmode bequeme Halbschuhe, enganliegende Beinlinge oder kurze Stiefel. Auch die Frauen trugen in der Regel flaches und zweckmäßiges Schuhwerk. Mit einer grotesken Ausnahme: den Sockelschuhen oder Zoccoli. Diese Holzschuhe mit halsbrecherisch hohen Sohlen gelten als Erfindung der Venezianerinnen. Um auch bei Hochwasser trockenen Fußes über die Straße ge-

hen zu können, hatten findige und modebewußte Damen sie aus den leicht erhöhten Trippen entwickelt. Der praktische Aspekt ging allerdings bald verloren und wandelte sich im Gegenteil zu einem modischen Balanceakt.

»Die Schuhe waren in der That so hoch, daß die Frauen, die sie trugen, wie Riesinnen erschienen und manche auch beim Gehen vor dem Hinfallen nicht sicher waren, wenn sie nicht von ihren Dienerinnen gut gestützt wurden,« berichtet ein Zeitgenosse aus dem Jahre 1494.

So unbequem und bizarr die Zoccoli – französisch auch Chopinen genannt – waren: sie hatten einflußreiche Fürsprecher. Ehemänner und Kirche ermunterten die Frauen zu dieser Modeerscheinung. Erstere, weil sie hofften, das sperrige Schuhwerk könnte ihre Gattinnen von galanten Abenteuern abhalten. Letztere, weil sie meinten, die allgemeine Tanzwut damit eindämmen zu können. Deswegen erteilten Priester, die sich auf besonders hohen Chopinen durch die Straßen mühten, auch besonders hohe Ablässe.

Zum erstenmal in der Geschichte blieb eine Schuhmode ganz allein den Frauen vorbehalten. Vom heutigen Standpunkt ist es kaum glaublich, daß auffällige Schuhe wegen der langen Damenröcke bis in die Zeit des Barock hauptsächlich männliche Eitelkeit befriedigten.

Im 16. Jahrhunderts gerieten auch die übrigen europäischen Staaten unter den Einfluß der Renaissance. In Deutschland begann die Zeit der Reformation und Gegenreformation. Modern wurde das vollkommene Gegenteil des Schnabelschuhs: das überbreite Kuhmaul oder die Bären-

Arme Leute des 14. Jh., Holz heimtragend, die Frauen barfuß, der Mann mit Bundschuhen. (Holzschnitt 1483)

tatze. Das Vorderteil mußte fest ausgestopft werden, damit der Schuh nicht vom Fuß fiel. So sollte der Eindruck vermittelt werden, mit beiden Beinen fest auf der Erde zu stehen. Der ideale Mittelweg war allerdings mit dieser etwas plattfüßigen Standfestigkeit noch nicht erreicht. So schreibt Gailer von Kaysersberg in einer Predigt 1498:

»Die Schuch waren etwan zu spitz/yetzund so seint sie stumpfft wie Kalbsmüler/ etwan waren die schuch zu eng/ ietz so seint sie zu weit...«

Auf dem Boden der frühbürgerlichen Freiheitsbestrebungen konnte aus den vielen kleineren Erhebungen der große deutsche Bauernkrieg sich entfalten. ›Bundschuh‹ – der Begriff erhielt jetzt eine doppelte Bedeutung. Zum einen bezeichnete er den Schuh selbst, das alte Symbol bäuerlicher Unterdrückung. Zum anderen meinte er auch den Bund, den Zusammenschluß der aufrührerischen Bauern. Das Bild des Bundschuhs erschien auf den Fahnen, zusammen mit der Jungfrau Maria oder dem Wort ›Freyheyt‹. Bundschuh wurde auch zum Kriegsruf, zum Schrecken der Adligen und Landvögte.

Um die Mitte des 16. Jahrhunderts erlebte die neuerworbene bürgerliche Freiheit und mit ihr das erwachende Körpergefühl und die Individualität einen vollkommenen Rückschlag. Spanien, durch die Entdeckung und Eroberung neuer Kontinente zur Macht gelangt, wurde zur führenden Modenation Europas. Dabei konnte der strenge, katholisch geprägte Stil in Deutschland stärker Fuß fassen als in England oder Italien.

Hauptsächliches Charakteristikum der spanischen Mode war eine fast finstere Nüchternheit. Schwarz wurde zur Grundfarbe der gesamten Garderobe. Die Körperformen wurden eingezwängt. Eng waren demzufolge auch die Schuhe, die den ganzen Fuß umschlossen. Zu Beginn waren die spanischen Halbschuhe noch mit Schlitzen verziert, später wurden sie völlig

Venezianische Kurtisane auf Zoccoli. Kupferstich aus dem Diversarium Nationum Ornatus des Alexander Fabri, 1593

schmucklos und liefen in eine elegante Spitze aus.

Noch schlimmer als den Männern erging es den Frauen im körperfeindlichen Spanien. »Jede Frau kann, wie sie geht und steht, ins Kloster gehen,« lautete eine bekannte Redewendung. Wie der weibliche Busen, der von Jugend an durch feste Wickel zurückgedrängt und dann unter einem panzerartigen Leibchen verborgen wurde, gehörten auch Bein und Fuß zu den Tabuzonen des Körpers. Nur ein von Kindheit an geübtes Vor- und Zurückwippen des Reifrockes durfte daran erinnern, daß Frauen überhaupt Füße besaßen.

Es galt sogar als so unschicklich, die Füße zu zeigen, daß an den Kutschen

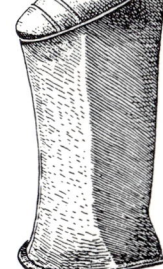

Venezianische Zoccoli des 15./16. Jh.

spezielle Falltüren angebracht waren: das unvermeidliche Raffen des Rockes beim Aussteigen wurde dezent verhüllt. Trotzdem wurde Wert auf elegante Schuhe und tadellose Strümpfe gelegt. Im Freien war es üblich, erhöhte Überschuhe in der Art der Zoccoli anzulegen. Die Sohlen aus Kork oder Holz konnten bis zu 50 cm hoch sein, blieben aber unter dem Rock verborgen. Beim Gehen mußte sich die vornehme Dame auf zwei Dienerinnen oder Knaben stützen.

Der Dreißigjährige Krieg machte der Vorherrschaft Spaniens auf modischem Gebiet ein Ende. Die verwegene Landknechtskleidung gewann großen Einfluß:

Weil wir leben in dem Krieg
muß ich alle meine Sachen
Wammesachsel, Kleid und Schoß
nach der Rüstung lassen machen.

hieß es. Da aber gleichzeitig der elegante französische Hof auf die Fürstenhäuser Europas auszustrahlen begann, entwickelte sich eine eigentümlich manirierte Stutzermode. Kriegerische Attribute wie Schlapphut, Stiefel und Sporen wurden mit Spitzen und Rosetten kombiniert oder erreichten phantastische Ausmaße.

Die Stiefel erhielten gewaltige schlotternde Stulpen und Spitzenbesatz unter dem Knie. Bürgerliche Stutzer, die in den Salons ein- und ausgingen, überboten noch die Eleganz der französischen Kavaliere. Auch wenn man kein Pferd besaß, konnte man sich ohne – ebenfalls überdimensionierte – Sporen nicht blicken lassen, denn, so hieß es »so vermutete man, daß das Pferd nicht fern sei – doch der Sporn mußte golden sein.«

Der übertriebene Kleiderluxus dieser Zeit – das sogenannte ›Alamode‹ wurde in zahlreichen Spottversen und Flugblättern angeprangert.

Der Hof des Sonnenkönigs Ludwig XIV. wurde zum Vorbild für alle europäischen Fürstenhäuser. Mit dem überfeinerten Hofprunk vertrug sich der kriegerische Stiefel schlecht. Gefragt war nun das ele-

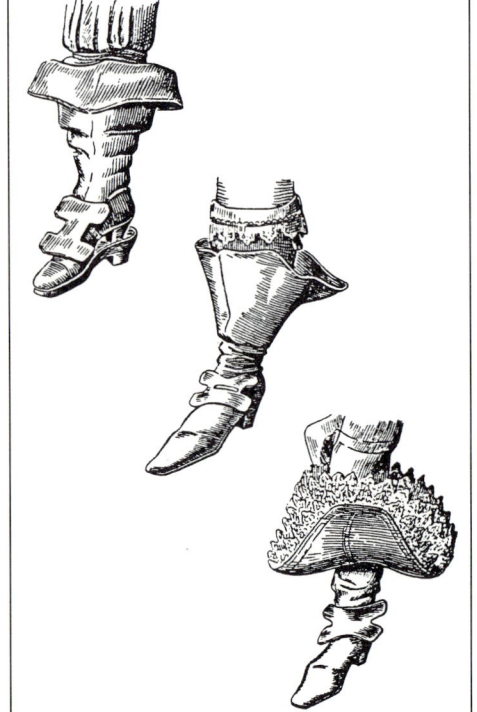

Oben links u. Mitte: Edelleute, gekleidet nach der Mode des dreißigjährigen Krieges. Radierungen von Jacques Callot, 1625.
Unten links: Elegante Stiefelmoden des 17. Jh.
Unten rechts: Edelmann mit spitzenbesetzten Stiefeln. Gemälde von Wegbrand d. Ä. Simons de Geest.
Rechte Seite: Schnürleibchen und Schuhe aus der Zeit Ludwigs XIV.

gante Bein mit Strumpf und Schnallenschuh. Der höfische Schnallenschuh wurde in der französischen Revolution zum Inbegriff des Adels. Typisch waren eine in die Länge gezogene stumpfe Spitze und hohe Absätze – auch für Männer. Der König war sehr klein. Deswegen ließ er Absätze und Sohlen seiner Schuhe mit Kork unterlegen und mit rotem Leder überziehen. Rote Schuhe und rote Absätze blieben bis zur Revolution dem Adel vorbehalten.

Zum erstenmal gab es eine eigene weibliche Schuhmode. Die Rocksäume rutschten höher und gaben den Blick frei auf Brokatenes, Besticktes, Spitzenbesetztes. Die Form war sehr spitz und schmal mit hohem, geschwungenem Absatz. Er sollte den Frauen einen anmutigen Schritt verleihen. Vornehme Damen schwankten auf ihren luftigen Absätzen oft derart, daß sie beim Spazierengehen ein zierliches Sonnenschirmchen als Stütze mitnehmen mußten.

Der Hang zur manierierten Eleganz steigerte sich zu Beginn des 18. Jahrhunderts zu einem wahren Crescendo. Das Rokoko war das letzte Aufbäumen der Monarchie vor dem endgültigen Niedergang. Es brachte die Hochblüte des zierlichen, erotischen Frauenschuhs. Denn der Reifrock war noch ein Stück kürzer geworden. Durch eine spezielle Art des Gehens, die eine eigene Kunst war, ließ man ihn so auf- und abwippen, daß auch der Ansatz des Beines und der mit Spitze besetzte Unterrock aufblitzten. Der kleine, zierliche Damenfuß avancierte zum wichtigsten Kennzeichen weiblicher Schönheit. Dementsprechend mußte der Schuh grazil sein. Er lief vorne spitz zu und besaß einen sehr hohen geschwungenen Absatz. Die zierlich bekleideten Füße kontrastierten damit zu den bauschigen Reifröcken. Als Material dienten meist Leinen- oder Seidenstoffe. Den Möglichkeiten zum Schmuck waren keine Grenzen gesetzt: Seide und Brokat, Samt und Spitzen, Stik-

Der Schauspieler Chenard in der Tracht der Sansculotten mit Holzschuhen. Gemälde von Leopold Bailly, 1792.

Flugblatt von Alexis Chataigner auf die Verdrängung der Rokokotracht durch die Revolutionsmode

kereien, Schleifen, Bänder und Rosetten prunkten am Fuß. Selbst Edelsteine waren nicht zu schade. ›Venez-y-voir‹ – Schaut mich an – nannte man einen kokett an der Rücknaht des Schuhs angebrachten Schmuck, für den man sogar Smaragde verwandte.

Auch für die Männer waren am Hofe hochhackige Schnallenschuhe obligatorisch. Allerdings erreichten die Absätze nicht die Höhe der Damenmode.

Doch vergleichbar mit den Strömungen im ausgehenden Mittelalter setzte im ausgehenden 18. Jahrhundert ein geistiger Umschwung ein, der die Welt veränderte: die Aufklärung. Während in Frankreich noch der Hof tonangebend war, gab es in England und Deutschland bereits starke bürgerliche Bewegungen, die das höfische Ideal entschieden ablehnten. Inbegriff dieser Auflehnung wurde in Deutschland die sogenannte ›Werthertracht‹ nach Goethes Roman. Als Ausdruck seiner bürgerlichen Gesinnung trug Werther Stiefel zu blauem Frack und gelber We-

ste: Stiefel waren am Vorabend der französischen Revolution auch in England die beliebteste Fußbekleidung. Die Technisierung war dort bereits weiter fortgeschritten als auf dem Kontinent und hatte eine breitere bürgerliche Schicht hervorgebracht.

Die französische Revolution beendete das höfische Modeideal und führte innerhalb von nur einem Jahrzehnt zu einer vollkommenen Neuorientierung.

Die anfänglichen Versuche des Konvents, eine Art einheitliches nationales Kostüm einzuführen, scheiterte allerdings – verständlicherweise. Denn weder die vom Schauspieler Chenard auf der großen Volksversammlung vorgestellte Tracht noch einige recht bizarre Entwürfe nach antiken Vorbildern waren für das tägliche Leben brauchbar.

Statt der propagierten Holzschuhe wurden Stiefel auch in Frankreich die wichtigste Fußbekleidung. Schuhe wurden nicht völlig verdrängt, doch wurde das Symbol der absolutistischen Mode, der

Schnallenschuh, 1790 in der Volksversammlung feierlich auf dem ›Altar des Volkes‹ geopfert. Man trug flache, pumpsartige Schuhe mit höchstens einer Schleife als Verzierung.

Die Frauen befreiten sich aus den Zwängen von Korsett und Reifrock und verwarfen auch den Stöckelschuh, der damit für Jahrzehnte von der Bildfläche verschwand. Modern wurden sehr flache Absätze, »ja, die Vorliebe unserer Damen für das männliche geht soweit, daß einige von ihnen jetzt vollkommene Männerschuhe tragen,« ereifert sich ein Modekorrespondent aus Paris.

In den Napoleonischen Kriegen bestimmte die Uniform die Männermode. »Für Herren fassen neue Moden keinen Fuß mehr«, berichtet das ›Journal des Luxus und der Moden‹ 1804. Vorbild für die hohen Stiefel war Napoleon selbst – ein Zeichen, wie sehr der Stiefel mit der Vorstellung von Macht verbunden ist.

Während auf dem Kontinent die politischen Ereignisse dieser unruhigen Zeiten auch die Mode einem ständigen Wechsel unterwarfen, konnte sie sich in England sehr viel ungestörter entwickeln. Der eigene, unverwechselbare Stil, der dabei entstand, prägte die Mode des 19. Jahrhunderts in ganz Europa. Vollkommen freigemacht hatte man sich in Großbritannien von allen Überresten der höfischen Tracht – Zopf, Dreispitz und vor allem auch Schnallenschuhen.

Der Bürger legte Wert auf Entfaltung seiner eigenen, weniger manirierten Eleganz. Eleganz aber sollte es schon sein – die bürgerliche Oberschicht wollte sich auf jeden Fall gegen die einfachen Stände abgrenzen. Prägend für diese Mode wurde das typisch englische Understatement. Den Zeitgeist beschreibt treffend eine Anekdote über den berühmtesten Dandy Großbritanniens, Georges ›Beau‹ Brummel: Ein Bekannter erzählte ihm: »Jener Freund war so gut angezogen, daß die Leute sich nach ihm umdrehten!« Darauf Brummel lakonisch: »Dann war er also nicht gut gekleidet.«

Der Dandy war das Modeideal des 19. Jahrhunderts. In der Gestalt des Dandys war es gelungen, das Privileg des Hofes als allgemeingültiges Modevorbild abzulösen und ihm etwas vollkommen Eigen-

Karikatur auf Napoleon I.

ständiges entgegenzusetzen. Der Luxus, der dabei betrieben wurde, war allerdings beträchtlich – und noch immer mit der Vorstellung von einem müßigen Leben verbunden. Das Dandytum war eine Kultur der überfeinerten Ästhetik, und besonders viele Dichter und Künstler gaben sich als Dandy, z. B. Oscar Wilde und Baudelaire. Einige Anstrengung war mit dieser Rolle verbunden. Als Faustregel galt, daß ein echter Dandy den Frack alle drei Wochen, den Hut allmonatlich und Schuhe und Stiefel jede Woche (!) erneuern mußte. Deswegen gab es bei Schustern und Schneidern regelrechte Abonnements – die regelmäßige Lieferung war so sichergestellt. Damit nicht genug: der Herr, der auf sich hielt, mußte sich mindestens viermal täglich umkleiden. Zum Frühstück erschien er in indischen Pantoffeln zum chinesischen Morgenrock, am Morgen trug er Frack, Stiefel und Sporen, zum Dinner tauschte er die Stiefel gegen Halbschuhe und zur Ballkleidung gehörten hauchdünne Pumps, die täglich frisch lackiert wurden.

Vorreiter der Mode im 19. Jahrhundert waren also – Männer. Wie überhaupt bis zur Industrialisierung die Männer der Oberschicht generell genausoviel oder noch mehr Aufwand mit ihrer Kleidung trieben als Frauen. Womit das Vorurteil von der alleinigen Eitelkeit des weiblichen Geschlechts behoben sein sollte. In den Jahren nach der Revolution trat Frauenmode sogar ganz in den Hintergrund und wurde zum Teil von der Männermode bestimmt.

Anstelle des Stöckelschuhs trug man den ballerina-ähnlichen Kreuzbandschuh. Nur an Halbstiefeletten für schlechtes Wetter war der Absatz noch erlaubt. Mitte des 19. Jahrhunderts löste die geknöpfte Stiefelette den Kreuzbandschuh ab.

Den wohl entscheidendsten Einschnitt in der Geschichte der Mode brachte die fortschreitende Industrialisierung mit sich. Ihr Einfluß war gesellschaftlich ungeheu-

Schuhschrank Gabriele d'Annunzios (1863 – 1938)

er vielschichtig, doch läßt er sich im Hinblick auf die Mode auf zwei besonders wesentliche Grundthemen zusammenfassen: die Betonung der Rollen ›männlich‹ und ›weiblich‹ und die zunehmende Bereitstellung von Accessoirs für gesellschaftliche Gruppen auf der Suche nach ihrer Identität. Denn die mit der Industrialisierung einhergehende Auflösung festgelegter Ständeordnungen nötigte die Menschen zur Bildung neuer Definitionen.

Heute ist wenig bekannt, wie stark der modische Ausdruck der Geschlechterrollen sich im Lauf der Geschichte gewandelt hat. Bis gegen Ende des 18. Jahrhunderts war das große Thema der Abgrenzung durch Kleidung ›Adel‹ und ›Volk‹. Zwar waren Männer und Frauen anhand ihrer Gewänder eindeutig zu unterscheiden, doch schuf erst die Industriegesellschaft den Gegensatz zwischen dem tätigen, finanziell unabhängigen und damit mächtigeren Mann und der häuslichen abhängigen Frau. Männer- und Frauenmode begannen sich damit erstmals in der Geschichte vollkommen auseinanderzuentwickeln. Denn während die

Frauen der bürgerlichen Oberschicht daheim blieben und dem Ideal des sichtbaren Müßiggangs treu blieben, brauchte der berufstätige Mann praktische Kleidung. So entstand die noch heute für viele Männer selbstverständliche korrekt- unauffällige Norm: Anzug, Hemd und flache, zweckmäßige Halbschuhe oder Stiefel. Den direkten Gegensatz bildete der erotisch-unpraktische Stöckelschuh für die Dame. Bis zum ersten Weltkrieg waren geknöpfte, halbhohe Stiefeletten besonders ›in‹. Nach dem Kriege war dann die steile Karriere hochhackiger Pumps nicht mehr aufzuhalten, denn man entdeckte das weibliche Bein.

Die Enthüllung des Beins stellte eine wirkliche Revolution dar. Denn, wie bereits geschildert, galt es jahrhundertelang als erotischer Körperteil, so daß es bis zu den Fußspitzen verhüllt werden mußte. Schon die Bibel kannte die Gefahren, die von Bein, Fuß und Schuh der Frau ausgehen konnten, sagte sie doch über den von Judith umgarnten und ermordeten Holofernes: »Ihre schönen Schuhe verblendeten ihn.« So waren es, obwohl es heute mancher Feministin paradox erscheinen mag, keineswegs Männer, die für kürzere Röcke eintraten. Die Emanzipationsbewegung der Zwanziger Jahre war daran schuld, daß die Säume bis übers Knie hochrutschten – gleichzeitig kamen der Bubikopf und das öffentliche Rauchen für Frauen in Mode. Doch kaum war es sichtbar geworden, bedienten sich die Damen der Schöpfung – und natürlich die Industrie – ohne Umschweife der erotischen Wirkung des Beins. Der Strumpf, bisher Bestandteil der Unterkleidung – erlangte immense Bedeutung. Die großen Erfindungen der Textilindustrie – Kunstseide und synthetische Fasern – wurde wegen der enormen Gewinne anfangs hauptsächlich zur Herstellung von Strümpfen genutzt.

Die Enthüllung des Beins in Verbindung mit glättenden, glänzenden Strümpfen

»Dandy«. Gavarni, um 1845

führte dazu, daß die weibliche Schuhmode bis heute wandelbarer, phantasievoller und ausgefallener geblieben ist als die Herrenmode. Besonders nach dem zweiten Weltkrieg erlebte die Kombination aus Stöckelschuh und Nylonstrumpf einen wahren Boom, ja sie wurde zum Symbol der Weiblichkeit schlechthin.

»Frau – das war zum Beispiel die Ausländerin, die bei uns wohnte. Die hatte lackierte Fingernägel, Stöckelschuhe und duftende Taschentücher... Ich ging manchmal heimlich in ihr Zimmer, schnupperte in den Schrank, strich mit dem Finger über die weichen Blusenstoffe und schlüpfte atemlos in ihre Schuhe... Elvis versah meine Phantasien von einer Zukunft als Fräulein und Frau mit der entscheidenden erotischen Brisanz, einer alarmierend verheimlichten Brisanz, die mir die flirrende Empfindung beim Anprobieren der Schuhe der Ausländerin wieder zurückholte. Und die sich wieder einstellte, als ich die ersten Perlonstrümpfe und die ersten eigenen Stöckelschuhe anzog, gemeinsam mit meiner besten Freundin kurz vor der Konfirmation, um das Gehen darin zu üben... ich fühlte mich aufregend, lasziv, körperlich, exhibitionistisch... Meine erste Nacktheit mit einem Mann, sehr viel später, erinnere ich als fast nüchternes Erlebnis im Vergleich zu den ersten Stöckel-Versuchen.« So beschreibt die Kabarettistin Maren Kroymann ihr Heranwachsen im Wirtschaftswunderdeutschland.

In der Zeit des Wirtschaftswunders waren klare Rollenverteilungen erwünscht und gegeben. Es lag genau in der Idealvorstellung von männlicher Macht und Freiheit und weiblicher Abhängigkeit, daß die erotische Wirkung des Stöckelschuhs mit Unbequemlichkeit und eingeschränkter Bewegungsfreiheit verbunden war. Kein Wunder, daß die Frauenbewegung 20 Jahre später keineswegs auf ›Du und Du‹ (Maren Kroymann), sondern auf Kriegsfuß mit dem Stöckelschuh stand.

Die zweite gravierende Folge der Industrialisierung war das Aufkommen von Konfektionsware: Breitere Schichten konnten sich bald Mode leisten, die alten Stände lösten sich auf. Gleichzeitig wuchs – besonders nach dem zweiten Weltkrieg – das Bedürfnis nach individueller Selbstdarstellung.

H. J. Hoffmann hat Kleidungsnormen in der modernen Gesellschaft untersucht und festgestellt, daß der durch Medien und Werbung verursachte schnelle Wechsel von Trends den einzelnen einer ziemlichen Orientierungslosigkeit aussetzt, ihm aber auch nie dagewesene Freiheiten läßt: »Man wird die Tatsache hinnehmen müssen, daß der einzelne heute viel widersprüchlicheren Normsystemen und Zwängen zum Mitmachen ausgesetzt ist. Beinahe nebeneinander soll er der perfekt funktionierende Angestellte und der unabhängige Freizeitkapitän sein... An die Stelle verinnerlichter Normen tritt deshalb eine übersteigerte Empfänglichkeit für die Erwartungen der anderen. Die Abweichung der Erwartung wird als Isolation erlebt. Die Vielfalt unserer modernen Gesellschaft mindert keineswegs den Zwang zur Zugehörigkeit...

In dieser Situation schafft die hohe Geschwindigkeit des Erwartungs- und Modewechsels einen Freiraum. Die Geschwindigkeit verhindert, daß noch exakt erkennbar ist, was an Abweichungen zugestanden werden kann. So wird die Kleidung zur Chance für solche Gefühlsbedürfnisse, die den öffentlichen Erwartungen entgegenstehen. Einfallsreiche Kleiderangebote für Freizeit, Mode, Disko werden zu Sprachmitteln.«

Schuhe spielen bei der Kommunikation mit Kleidung eine wesentliche Rolle. Nicht umsonst entstand der Begriff der ›Turnschuhgeneration‹, für die sich in diesem Symbol der Protest gegen das Establishment mit einer Identifikation mit dem Lässigkeits- und Sportkult verband. Zahllose andere Beispiele lassen sich herausgreifen: der Collegeschuh als Abzeichen Jugendlicher mit eher konservativen Werten, Gesundheitssandalen und Clogs, im Verein mit Wollsocken untrügliches Zeichen einer ökologischen Gesinnung, Punk-Stiefel, italienische Edelmarken, Jesuslatschen und, und, und...

Die Vielfalt der Kleidermode ist besonders verwirrend geworden, weil auch die Kombination bestimmter Stücke nicht mehr vollkommen starren Regeln unterworfen ist. Stöckelschuhe zum Minirock signalisieren etwas anderes als zur langen Hose. Die einfache Regel ›Zeige mir Deine Schuhe und ich sage Dir, wer Du bist‹, läßt sich nicht ohne weiteres anwenden. Zu recht hat H. J. Hoffmann die Doppeldeutigkeit jeder Kleiderbotschaft herausgestrichen – ein Phänomen, das an der Ambivalenz des Stöckelschuhs besonders deutlich wird. (s. auch Beitrag Durst/Gravenhorst)

Nie waren die Erscheinungsformen des Schuhs so vielfältig wie heute. Eines aber ist geblieben: der Träger ›spricht‹ durch seine Schuhe, bestätigt sich sein Selbstbild, signalisiert der Umwelt seine Weltanschauung, spielt und demonstriert Rollen. Der Schuh, ein einfacher Gebrauchsgegenstand? Seine Geschichte beweist eher das Gegenteil.

Georges »Beau« Brummel um 1820

Literatur:

Barthes, R.: Die Sprache der Mode, Frankfurt a. M. 1985
Brigitte-Frauen-Typologie: Markt- und Medienverhalten, Einstellungen, Meinungen, Kauf- und Konsumverhalten weiblicher Marketing-Zielgruppen. Gruner und Jahr, Hamburg, 1973, 75 und 81
Curtius, M. und Hund, W. D.: Mode und Gesellschaft, Europäische Verlagsanstalt, Frankfurt 1971
Giffhorn, H.: Mode und Statussymbole. Metzler, Stuttgart 1978
Hoffmann, H. J.: Kleidersprache, Ullstein, Frankfurt 1985
König, R.: Macht und Reiz der Mode, ECON, Düsseldorf-Wien 1971
Krogman, Maren, Auf Du und Du mit dem Stöckelschuh, in: Perlonzeit, Berlin 1981
Lau, O.: Schuster- und Schusterhandwerk in der griechischen Mythologie und Kunst. Dissertation Bonn 1967
Kröppe, Robert: Lehrbuch der Fußbekleidungskunst, Wien 1891
Ortner, H.: Der Wortschatz der Mode, Düsseldorf 1981
Schwarz, U. H. A.: Das Modische. Zur Struktur des sozialen Wandels der Moderne, Berlin 1982
Turner-Wilcox, R.: The Mode in Footwear, New York 1948

Der Absatz im Wechselspiel der Mode

1580 trat der Absatz seinen Siegeszug in der Schuhmode an. Am 27. September dieses Jahres entdeckte der französische Essayist und Philosoph Michel de Montaigne (1533 – 1592) auf seiner Reise von Frankreich nach Italien über Deutschland im lothringischen Damenstift Remiremont bei den adeligen Damen »Halbschuhe und solche mit hohen Absätzen«. Diese neue Mode muß den Philosophen gewaltig beeindruckt haben, denn in seinem sehr ausführlichen Reisebericht sind sonst keine weiteren modischen Beobachtungen wiedergegeben. Ganz im Gegenteil zur differenzierten Beurteilung der Weine und der Gasthöfe, bei denen die Deutschen damals sehr gut abschnitten im Vergleich zu den anderen Ländern.

Illustrierte Reiseberichte aus Istanbul berichteten jedoch schon um 1550 von den dort allgemein verbreiteten Absätzen, und eine ungarische Gesandtschaft in Heidelberg erregte 1573 mit ihren Schnallenschuhen mit Absätzen großes Aufsehen, so daß der Kanzler dies in seinem Tagebuch nicht nur textlich, sondern vor allen Dingen auch bildlich festhielt. Bis zum späten 16. Jahrhundert hatte sich der Absatz vom Orient aus bis nach Europa verbreitet.

DAMENSCHUH MIT STÖCKEL-ABSATZ, LOTHRINGEN UM 1650

Auch beim Absatz: Der Krieg ist der Vater aller Dinge

Der Absatz wurde zu einem modisch so entscheidenden Instrument der Schuhmode, obwohl seine Entstehung keinen modischen, sondern praktischen Funktionen zu verdanken ist. Die ersten orientalischen Belege, vor allem Illustrationen des 12. und 13. Jahrhunderts, weisen ihn an Reitstiefeln nach. Er hatte die Aufgabe zu verhindern, daß der Stiefel des Reiters durch den Bügel rutscht. Die orientalischen Reiterarmeen hatten sehr früh erkannt, daß der Steigbügel nicht nur für den Krieg, sondern auch für die Jagd sehr nützlich war und dank des Absatzes konnte sich der Bogenschütze auch beim galoppierenden Pferd aufstellen und so sicher seinen Pfeil ins Ziel lenken. Außerdem erleichterte er das Auf- und Absteigen.

Diese absatzbewehrten Bogenschützen waren gut ausgebildet und daher sehr gefürchtet. Stiegen sie aber ab, so mußte jedermann ihre Gangveränderung auffallen. Die Figur wurde gestreckt, die Muskulatur der Oberschenkel, des Gesäßes und des Rückens angespannt. Sie gingen aufrechter, würdiger und stolzer. Martialischer und darauf kommts bei Soldaten ja an.

Von dieser Wirkung beeindruckt trugen daher auch die Soldaten im dreißigjährigen Krieg schon relativ sehr hohe, hohle Absätze, denn im Kampf Mann gegen Mann mußte das kriegerische Aussehen voll zur Geltung gebracht werden.

Der Absatz veredelt den Gang

Die entscheidende modische Bedeutung des Absatzes hatten die Frauen erkannt, denn für sie bot er nicht nur die Möglichkeit, ihre Körperhaltung zu verändern, um das Dekolleté zu betonen, sondern in viel stärkerem Maße den Gang zu veredeln.

Honoré de Balzac beschrieb am besten die Ausstrahlung des eleganten Ganges einer Dame: »Wenn die kokette Dame geht, so entsteht eine gewisse harmonische, konzentrische Bewegung, daß unter dem Stoffe ihre sanften (oder gefährlichen) Formen zittern wie in der Mittagssonne die Schlange auf dem grünen Rasen. Keiner weiß, ob sie von einem Engel oder einem Teufel dieses graziöse Schwanken gelernt hat...« Würde man allerdings den Kostümwerken der Zeit um 1600 folgen, dann war der Absatz in

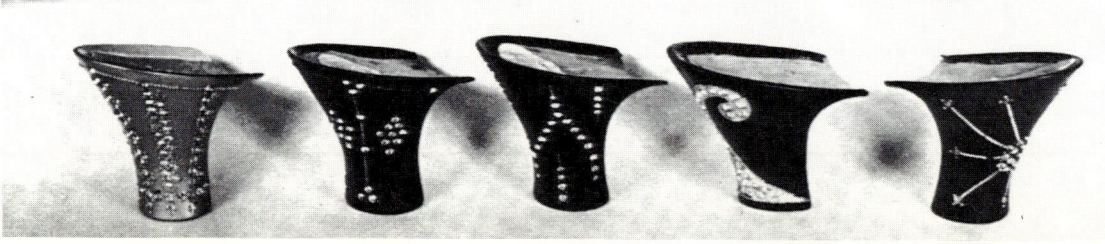

Deutschland früher üblich als in Frankreich und im sehr konservativen Spanien.

Das Geniale beim Absatz war die Kombination des Größerwerdens bei gestreckter und eleganter Haltung. Ganz im Gegensatz zu den Chopinen, den Stelzschuhen, mit denen die Damen im Venedig des 16. Jahrhunderts gingen. Bei hohen Stelzen, die besonders bei den Kurtisanen beliebt waren, mußten sie sich auf ihre Dienerinnen stützen. Die Chopinen waren unsichtbar, denn der Rock wurde entsprechend länger gearbeitet.

Im Gegensatz hierzu wiederum der Absatz: Er war sichtbar und diente daher zugleich auch als hierarchisches Unterscheidungsmerkmal. Denn die Adeligen trugen ihre Absätze in rot.

Auch die Damen, die Montaigne bewundert haben wird, müssen rote Absätze getragen haben. Denn zur Aufnahme im Damenstift mußte bis zur vierten Generation der adelige Nachweis erbracht werden. Man kann sich daher die Empörung bei der kaiserlichen Administration vorstellen, als ihnen 1706 ein Bericht zuging, daß schon Mägde Absätze mit »Zinnober hochrot angestrichen« trugen. Dies stand eigentlich nur dem Hochadel zu. Der hohe Absatz übte im 18. Jahrhundert jedoch ein besondere Faszination aus. 1735 wurde berichtet: »Jetzt kommt kaum eine Bauerntochter aus dem nechsten Dorff in die Stadt zum Dienst, gleich wie das Mist-Trampel nach der Mode gekleidet seyn: ein Sohlen ohne den Schuh ist ihr zuwider, muß also auch Absätze haben und spitzige Schühlein . . .«

Aber nicht erst das 18. Jahrhundert hatte die modische Gestaltungsmöglichkeit des Absatzes erkannt, denn schon im Ständebuch des Christoph Weigel von 1698 heißt es: »Die Absätze auch zu einer Zeit hoch/zu der anderen niedrig/flach oder spitzig/von gepappten (geleimt) Leder gemacht oder aus Holz/mit schönen Saffian/auch wohl mit güldenen oder silbernen aufgedruckten Blumen auf

FOTOS: DEUTSCHES SCHUHMUSEUM/ CHRISTEL KNETSCH

DAMENSTIEFEL MIT SCHWARZER SEIDE UND STICKDEKOR. KLASSISCHER MUSTERSCHUH DER FIRMA PINET MIT DEM TYPISCHEN ABSATZ, PARIS UM 1870.

PERSISCHER REITSTIEFEL MIT DER URFORM DES ORIENTALISCHEN ABSATZES

das köstlichste gezieret/überzogen sind . . .«

Ein wirklich knapper Kommentar zu den vielfältigen Formen dieser Zeit, die man in der reichhaltigen Sammlung des Deutschen Schuhmuseums in Offenbach am Main bewundern kann: Aus Lederstücken aufgebaute hohe Stöckelabsätze oder die aus Holz oder Kork konstruierten taillierten Blockabsätze mit farbig besticktem Seidendekor.

Um 1790 ist der Absatz passé

Modeformen unterliegen oft dem Problem des Sattsehens, des Überdrüssigwerdens und damit werden sie dann, wie man es heute so schön nennt, ›out‹. Dieser Eindruck könnte entstehen, wenn man den plötzlichen Modewechsel um 1790 registriert. Bilder- und Modeberichte verzichten auf den hohen und letztlich auf jeglichen Absatz. Der Absatz ist passé. Nicht nur weil der rote Absatz als Symbol des Adels der sichere Weg auf die Guillotine in Paris gewesen wäre. Es war eine Frage des Zeitgeists. Die Philosophie von Rousseau mit dem ›Zurück zur Natur‹ forderte auch in der Mode die Natürlichkeit des Körpers. Keine Korsagen, keine hohen Absätze durften diese Natur verändern. Dies war der wirkliche geistige Hintergrund für den ›Niedergang‹ der Absatzmode. Und nicht etwa die Bedenken von Ärzten gegen die hohen Absätze. Denn das bis auf den heutigen Tag immer wieder vorgebrachte Argument des Unnatürlichen beim hohen Absatz, die Forderung nach einem natürlichen Gang, konnte zu keiner Zeit die Mode beeinflussen.

Doch zurück zum Modeumbruch von 1790. 1786 wird in einem Pariser Modebericht schon von einem breiten, niedrigen Korkabsatz berichtet und 1790 vermitteln ›Schuhe ohne Stöckel‹ einen neuen, nicht mehr ›wollüstigen‹ Gang der Damen. In den ersten Jahrzehnten des 19. Jahrhunderts, während der Empire-Mode, mit den ›Chemisen‹ – dünnen Musselinkleidern —, dominiert der absatzlose Schuh. Wir würden ihn heute wohl als Ballerinaschuh bezeichnen. Leichtes Glacéleder mit farbigen Seiden bezogen und letztlich mit einer hauchdünnen Sohle ließen sich leicht in einer rauschenden Ballnacht durchtanzen. Doch was machte es, standen doch für den nächsten Tag die durch den Hofschuhmacher gelieferten Schuhe für die Abendgarderobe bereit. Vormittags trug die Dame dieser Zeit eh meist nur ein Negligé mit Pantoffeln.

Schuhe für die höchsten Majestäten gingen auch damals schon eigenwillige Wege. Die Zarin Alexandra bezog ihre Schuhe um 1840, nach dem noch erhaltenen Schuhkarton, aus einem Laden in St. Petersburg, dem heutigen Leningrad. Aber das Etikett im Schuh weist ihn als Arbeit eines Pariser Meisters aus. Diese Schuhe überließ sie dann huldvoll ihrer Kammerzofe und diese hob sie, nachdem sie sie aufgetragen hatte, für ihre Enkelinnen auf, wie es die Inschrift im Karton berichtet.

»Die Fußbekleidung der Dame ist stets eine tadellose«

Nach der Mitte des 19. Jahrhundert entbrannte dann der Kampf um die Absätze erneut. Es war auch nicht leicht für eine Dame sich zu entscheiden, denn »die Dame überläßt es der Halbwelt mit niedlich gekleideten Füßen zu kokettieren«. Aber war dies eigentlich bei den bodenlangen Kleidern dieser Zeit überhaupt möglich?

Die sehr ›bürgerliche‹ Moral in dieser Zeit erlaubte es nicht, Bein zu zeigen und wenn, konnte der Kavalier es nur beim Treppensteigen, beim Tanzen oder mit sehr bewußter Signalwirkung beim Sitzen bewundern. Aber letztlich bewunderte er immer nur wadenhohe Stiefel, mit reichem Stickdekor auf farbigen Seiden. Denn Bein durfte eben wirklich nicht präsentiert werden. Die Kunst eines Schuhmachers dieser Zeit bestand in »der heuchleri-

schen Kunst den Fuß zugleich zu zeigen und zu verbergen«.

Ein besonderer Künstler dieser Zeit war Monsieur F. Pinet. Um 1855 hatte er seine Fabrik gegründet. Von Paris aus beschickte er alle Weltausstellungen. Und erwarb dabei eine wahre Medaillenflut. Sein besonderes Geheimnis war der von ihm entwickelte Pinet-Absatz, der nicht etwa nur die barocke Form des taillierten Absatzes wieder aufgriff, sondern dem feineren Schuhwerk auch die notwendige Eleganz gab. Und zwar durch seine Konstruktion und Fertigung: Die Absätze wurden aus einem Stück Leder geschnitten, in einer Metallform gepreßt und ausgefüllt. Dadurch gelang es Pinet, ihnen diese einmalige, schön geschwungene Form zu geben.

1892 heißt es dann bei einer der Moralistinnen dieser Zeit: »Die Fußbekleidung der Dame ist stets eine tadellose. Ebenso in Gestalt des zierlichen Ballschuhes als in derben Bergstiefeln.« Damit wird um diese Zeit klar betont, daß zu jeder Gelegenheit der passende Schuh und damit natürlich auch die entsprechende Absatzhöhe zu tragen ist. Gerade hier liegt die besondere Verantwortung der Käuferinnen. Sie müssen wissen, für welche Zwecke sie den Schuh kaufen, wann sie ihn tragen können, und es ist selbstverständlich, daß ein hoher Absatz, wenn man darauf den ganzen Tag stehen sollte, nicht gerade als fußgerecht anzusehen ist.

Die Schuhmode mußte sich immer wieder sehr kritischen Beurteilungen aussetzen. Manche Kreationen der Schuhkünstler stießen sogar auf große Ablehnung. So etwa in einem Moden- und Toilettenbrevier von 1882: »Der Vorzug, daß unser Fußzeug uns einen gewissen Halt, dem Gange größere Sicherheit giebt — vorausgesetzt daß eine Uebertreibung der Höhe und Schmalheit der Absätze nicht darauf verzichten will — ist so ziemlich Alles, was an dem Schuh und Stiefel unserer Tage zu loben ist. Denn die Form-

schönheit des Fußes, der feine Reiz des Knöchelansatzes und das Fußgelenk müssen unter ihm darauf verzichten, zur Geltung zu kommen. Das kokette Spiel der Füße, wie es die Rokoko-Dame wagen durfte, würde in dem modernen Lederstiefel Karikatur sein«.

Man zeigt wieder Bein

Wie selbstverständlich gehörte nach dem letzten Krieg der hohe Absatz zum ›New Look‹ von 1946/47. Mit der Wiedergeburt einer weiblichen Frau und den sehr zur Schau gestellten Beinen wurde er zum unverzichtbaren modischen Attribut.

Die Briketts des Jahres 1972, die letzten Endes auf modische Vorbilder des Jahres 1938/39 zurückgingen, erfuhren einerseits herbe Kritik: »Häßlichkeit, die man zur Zeit auf allen Straßen und in vielen Schaufenstern sieht, sind ein Abfall der Mode voller Rätselhaftigkeit«, hatten andererseits aber auch zahlreiche Fans: Bei einer Mode mit langen Hosen und den dann nicht mehr endenwollenden Beinen waren sie geradezu ideal.

Mode ohne ästhetische Prinzipien wird nicht tragbarer, wenn sie mit ideologischer Verkrampfung interpretiert wird. So wie etwa in diesen Tagen der Begriff ›Naturleder‹ durch die Anzeigen geistert. Leder ist immer ein Produkt der Natur, und die modernen Gerbverfahren ändern daran nichts. Der Rückgriff auf vegetabilische Gerbung und Verzicht auf Färbung macht Leder nicht zu einem Naturleder.

Welch einem Wechselspiel unterlag der Absatz in der Schuhmode? Welche Modelle präsentierten die großen Schuhkünstler in den letzten Jahrzehnten? Das Thema Absatz scheint unerschöpflich und wird auch in den nächsten Jahrzehnten trotz aller emanzipatorischer Einflüsse in der Damenmode dazu beitragen, Gestalt, Würde und Ausstrahlung der modernen Frau hervor oder besser wohl empor zu heben.

OT HOFFMANN

MEIN EIGEN-SCHUH

EIN BEITRAG ZUR REFORM DER FUß-BEKLEIDUNG

Der Fuß, auf dem wir leben

Unsere Füße sind komplizierte Hochleistungsinstrumente, neben denen die Wirkungsweise des Rads vergleichsweise primitiv erscheint. Erstaunlich ist daher, daß ihnen meist so wenig Aufmerksamkeit geschenkt und ihre Funktion mißachtet wird. Dabei haben zwei von drei Bundesbürgern Fußfehlstellungen.

Über seine praktische Funktion als Instrument zur Fortbewegung hinaus besitzt der Fuß Eigenschaften, die uns weniger bewußt sind oder erst in letzter Zeit ins Gespräch kamen, so etwa die Fußreflexzonen, Akupunktur- und Akupressurpunkte. So läßt sich eher verstehen, daß der frühere Schuhmacher nicht nur ein Hersteller war, sondern vielfach auch als Philosoph und Spintisierer galt, der den ›Fuß lesen‹ und daraus Rückschlüsse auf den Menschen ziehen konnte. Hier setzen auch heutige Reformbemühungen an, die auf eine Wiederbelebung des vergangenen Schuhmacherhandwerks abzielen.

Allgemein unterschätzt wird auch eine weitere wichtige Funktion des Fußes, die Transpiration. Die Fußsohle ist, wie sonst nur Stirn und Achselhöhle, mit überdurchschnittlich vielen Schweißdrüsen pro Flächeneinheit ausgestattet. Bereits in sitzen-der Tätigkeit werden in 6 Stunden 25 g Feuchtigkeit über die Fußsohlen ausgeschieden, im Stehen sind es 37 g, bei der Handarbeit 75 g und im sportlichen Wettkampf sogar 300 g!

Die Reform, die nie stattfand

›Niemand will ein Schuster sein,
Jedermann ein Dichter . . .‹
Es wäre schön, wenn man mit Goethe den Beginn der Schuhreform belegen könnte. Der Dichter hat sich zwar in Italien sehr ausführlich mit der ästhetischen Seite befaßt, für die praktische jedoch nur den lapidaren Satz gefunden »meine Füße werden nur krank in engen Schuhen« (1787).

Ärzte, nicht Denker waren zu Goethes Zeiten die eigentlichen Vorkämpfer für vernünftiges Schuhwerk; Petrus Camper (1722–89) gilt als der »unbestrittene Vater der Schuhhygiene« (vgl. dazu den Beitrag von Ulrich Linse).

Die Hygiene also ist – wie später bei der Kleiderreform – der eigentliche Motor für Veränderungen am Schuhwerk. Wieder ein Arzt, Jakob Benignus Winslow (1669–1760, s. A. Lieb, a.a.O.) ging noch weiter, indem er den ›gehobenen Ständen‹ die »unzähligen Beyspiele an (bei) den Ackerleuten, Tagelöhnern, Lastträgern und anderen Leuten der niedrigen Klasse« (1740) als Vorbild hinstellte.

Aus der gleichen Zeit stammt die Kritik an »hohen Hacken« bei Damenschuhen (Cornwall 1788) und der »gar nicht vernünftigen Mode . . . beyde Schuhe auf nämlichen Leisten zu machen« (Camper), was durch Schuhmacher wie K. J. Weber oder den Arzt Hermann von Meyer (1815–92) und andere bis zur Jahrhundertwende (!) (als man die Schuhe noch wechselseitig trug, um gleichmäßige Abnutzung zu erreichen) gerügt wird. Unterschiedliche Leisten für »unsere beyden Füße, (die) voneinander (doch) unterschieden sind« wurden allgemein bei uns erst mit Beginn dieses Jahrhunderts, in anderen Gebieten noch später eingeführt. Andere Schuhmacher wie Gregor Urban und Robert Knöfel formulieren dann 1827 bzw. 1891 die Grundsätze, die im wesentlichen noch heute für den fußangepaßten Schuh gelten, und die immer wieder meist vergeblich neu gefaßt werden oder – so durch Pfarrer Kneipp – neu formuliert wurden. Der Kampf gegen die ›herrschende‹ Mode war oft auch symbolisch ein Kampf gegen die Herrschenden (wie bei Winslow belegt). Beim Anprobieren des kleinen Goldschuhs im ›Aschenputtel‹ gibt die Mutter ihren Töchtern den Rat, Zehe und ein Stück der Ferse abzuhacken, weil diese als Königin ja nicht mehr zu Fuß zu gehen brauchen.

Andererseits ist die Mode der Herrschaften immer nachgeahmt worden. (Daher stammen ja unsere Trachten). Aufsteiger, die zeigen wollten, wie wenig sie angeblich ihre Füße gebrauchen mußten, wurden entsprechend von Hühneraugen geplagt, eine Geißel der Menschen, die heute nur noch von Fuß- und Wirbelsäulen-Deformationen übertroffen wird. Man muß sich ausdrücklich vor Augen führen: Die Menschen tragen nach wie vor überwiegend falsches Schuhwerk, obschon sie dies wissen und obschon sie ein Vielfaches der erforderlichen Aufwendungen für das Kurieren der Schäden nachträglich ausgeben müssen. Die ›Herrschenden‹ über die Füße der Menschen aber sind heute diejenigen, die sich an der (Fuß-)Krankheit ihrer Mitmenschen bereichern, indem sie modische Massenartikel entwickeln und vermarkten. Nur insofern leben wir in einer egalitären Gesellschaft.

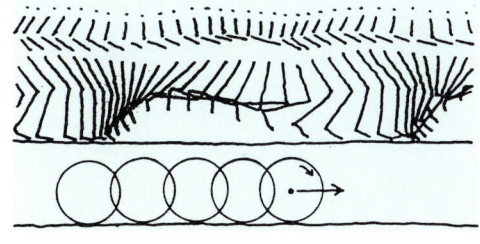

Bewegungsablauf beim Gehen und Rollen, ersterer ein sehr differenzierter, komplizierter, letzterer ein schematischer Vorgang. Ein Beispiel für die Optimierung einer einzigen Funktion (Abrollen), wie bei technischen Entwicklungen üblich.

Die Mängel in der Fußbekleidung sind also seit langem bekannt, die Forderungen nach Verbesserungen heute noch so aktuell wie je.

Betrachtet man die verschiedenen Ansätze zur Schuhreform, (die den Bemühungen um die sonstige Kleiderreform weit nachstehen) so wird die Geringschätzung des Fußes, den wir doch als so wichtigen Körperteil kennenlernten, klar.

Der Gesundschuh, massenhaft erzeugt

Wie in der Architektur und auf anderen Gebieten, sah man die Lösung des Problems, den Massen anständige Kleidung anzubieten, in der massenhaften Fabrikation. Ganz abgesehen davon, daß gerade die Massenfabrikation die Grundlage für eine dauernde Entwertung der Produkte durch ständigen Modewechsel schaffte, kann sie auch vom Prinzip her die individuellen Bedürfnisse eines Menschen, die von denen anderer Menschen sehr verschieden sein können, nicht erfüllen. Im Grunde braucht der Mensch in seinem ganzen Leben nur sehr wenige Kleidungsstücke, wenn diese zweckentsprechend und langlebig sind und er Zeit findet, sich mit ihnen zu identifizieren. Auch dies widerspricht der industriellen und wirtschaftlichen Logik der Konsumgesellschaft. Weder der ›Modellschuh‹ also, geschaffen von irgend einem namhaften Modemacher, noch das Massenprodukt sind in der Lage, die wirklichen Bedürfnisse des Menschen zu befriedigen.

Neben den reinen Massenprodukten (zu denen auch teure Schuhe prominenter Hersteller gehören) und wirklich handgefertigten Maßschuhen hat sich eine Rubrik von ›Gesundheitsschuhen‹ etabliert, die zunehmende Umsätze verzeichnet. Sie berücksichtigen Prinzipien gesunder Schuhe, wie geringe Absatzhöhe, genügend breite Form usw., die Hersteller müssen jedoch, um überhaupt am Markt zu bleiben, Kompromisse sowohl beim Verfahren, wie beim Material und Dessin machen. Obwohl diese Fabrikate auf einer Vielzahl von handwerklichen und teilmechanisierten Arbeitsgängen beruhen und obwohl sie aus Kostengründen kein Leder aus teuren naturnahen Gerbvorgängen verwenden können, liegen sie im Endpreis (auch wegen der höheren Verdienstspanne im Handel) wesentlich über dem Durchschnitt. Zwar sind diese Produkte fußmedizinisch und körperphysikalisch problematisch (angeklebte PU-Sohle), dennoch müssen sie als eine mögliche Richtung zur Verbesserung von Massenschuhen weiterverfolgt werden, zumal, wenn es den Herstellern gelingt, die Reparaturfreundlichkeit und Lebensdauer zu erhöhen. Allerdings werden vom Markt immer wieder Abstriche von der Linie der Vernunft durchgesetzt. So kann es z. B. geschehen, daß die (hauptsächlich in Ostblockländern vorzufindenden) vorne offenen Schnürstiefeletten der Kellnerinnen mit hohem Absatz verkauft werden, obwohl dies den erklärten Zielen des Produzenten (und gesunder Fußbekleidung) widerspricht.

Einzelne Funktionen des Schuhs erfüllen also durchaus einige Forderungen der Reform. Dies geht mitunter so weit, daß ein US-Hersteller ein eigenes Größensystem erfunden hat, das nicht allein auf Länge, sondern sogar auf die Unterschiedlichkeit der beiden Füße abstellt. Eine befriedigende Antwort auf die Wünsche unserer sehr individuellen Füße geben aber auch solche Schuhe nicht.

Es darf auch nicht übersehen werden, daß durch die weltweit stärker werdende

Die beiden Füße eines Menschen können gelegentlich gleich lang sein. Unterschiedlich sind sie immer. Ein Beispiel für die unterschiedliche Lage des Ballens.

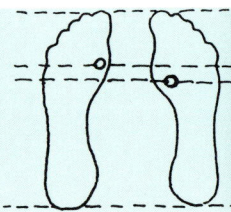

Konkurrenz immer mehr Billigprodukte auf den Markt kommen. Diese Entwicklung geht nicht einmal an den großen Herstellern vorbei, die sich ihren Firmennamen extra honorieren lassen. Einer von ihnen, der täglich etwa 280 000 allseits bekannte Sportschuhe herstellt (davon 200 000 allein in einem Werk in Süd-Korea), sieht heute seine Produkte bereits für 19,95 DM das Paar in den Schaufenstern. Solch niedrige Preise können nur durch Produktion in Billiglohnländern (d. h. durch deren Ausbeutung zu unseren Gunsten) zustande kommen. Um einen Begriff von der Größe dieser Industrie zu bekommen: der größte deutsche Straßenschuhhersteller macht einen Jahresumsatz von 736 Millionen DM. Bereits Anfang der 80er Jahre gab das Deutsche Schuhinstitut den ›Verbrauch‹ der Bundesbürger an Schuhen mit 4,6 Paar/Jahr an und rechnete sich »umsatzorientiert über den Umweg kurzlebiger Mode gute Chancen für die deutschen Leisten aus«.

Fußbekleidung statt Modeschuh

Eine wirkliche Reform muß sich stärker an den Wünschen der Betroffenen orientieren. Diese Forderung nach einer Reform durch die Leute selbst ist bei der Kleidung

Akupressurpunkte 1: Herz, Blase, Hoden. 2: Galle, Blase. 3: Herz, Darm, Leber. 4: Magen, Darm. 5: Lunge, Leber. 6: Auge. 7: Lunge. 8: Nieren. 9: Nieren, Blutdruck. 10: Herz. 11: Nieren. 12: Lenden, Genitalien. 13: Dickdarm. 14: Lenden, Genitalien. 15: Leber, Nieren. 16: Galle, Blase. 17: Augen, Ohren.
Wenn die Wirkung nachgewiesen ist, wäre die Wichtigkeit »an der richtigen Stelle drückenden« Schuhwerks noch höher einzuschätzen.

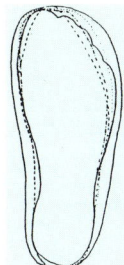

Fuß und Schuh. Schematisierter Umrißvergleich. Ausgezogene innere Linie = nackter Fuß, äußere Linie = Gesundheitssandale. Gestrichelte Linie = Modeschuh, strichpunktiert = Gebrauchsschuh, punktiert = Bergschuh.[13]

leichter zu verwirklichen als bei den Schuhen.

Aber: Tote Flächen aus Asphalt und Beton haben wir uns schon geschaffen, tote Füße stehen als Folge an, wenn wir uns nicht re-formieren (im positiv-konservativen Sinne zurückbilden).

Es ginge den Leuten besser, wenn sie mehr gingen. Die Zeiteinsparung und Bequemlichkeit auf der Fahrt zum Zigarettenautomaten erzeugt ein Vielfaches an Zeitaufwand und Unbequemlichkeit bei der Krampfader-, Hämorrhoiden-und Kreislaufbehandlung.

Im Sprichwort »Besser dem Schuhmacher, als dem Apotheker« kommt die kluge Erkenntnis zum Ausdruck, daß Sparen am Schuh-Werk sich nicht auszahlt. Ganz abgesehen von den Fußopfern durch Stöckel, Klocks, Turnschuhe usw. ist es ein Skandal, daß sogar für sportliche Zwecke hergestellte Spezialschuhe immer noch fußfeindlich sind.

Jegliche Reform an Fuß und Schuh hat von folgenden Gegebenheiten auszugehen:

1) Wir gehen vorwiegend auf harten, glatten Flächen und selten auf natürlichem, abwechslungsreichem Untergrund.

2) Der Fuß ist ein hochkompliziert wirkender Körperteil, der eine Vielzahl von Funktionen über das reine Gehen hinaus erfüllt.

Schnitt durch die Kappe eines handwerklich hergestellten Schuhs. Zwischen Oberleder und Lederfutter (gestrichelt) eventuell eine Kappenverstärkung.
Vertikal schraffiert ist die Brandsohle, horizontal die Ausballung. Darunter liegen die Kernleder-Untersohle sowie die Laufsohle.

3) Der Schuh ist ein ›bewohntes‹ individuelles räumliches Gebilde, das aus Innenraum und Außenplastik besteht.

4) Die Bewegung auf den vom Menschen geschaffenen künstlichen Flächen muß sich mit Hilfe unseres Eigenschuhs zu einer lustvollen Aktivität entwickeln können.

Aus diesen Forderungen, die insgesamt und nicht einzeln zu erfüllen sind, ergibt sich, daß wir uns keinesfalls von früher bewährten Konstruktionen unkritisch beeinflussen lassen dürfen, (die beispielsweise von ›gewachsenem‹ Boden ausgehen konnten) daß wir aber sehr wohl von alten Erfahrungen lernen sollen.

Der übliche Weg des Banalfunktionalismus, den manche Sportschuhhersteller gehen, genügt nicht. Das Beispiel der Luftsohle, die angetreten war, die Stöße beim Laufen abzufedern, soll uns dabei in Erinnerung bleiben. Sie war bald vom Markt wieder verschwunden, weil sie notwendige Informationen, die über den Fuß aufgenommen werden, ›verschluckte‹. Den Muskeln, Sehnen und Bändern fehlte die ›Anregung‹ zur Gegenkontraktion, Ermüdungen des Fußes waren die Folge. Alte Sprichwörter verraten uns noch etwas von der Wirkung der Schuhe auf uns: »Je enger Schuh, je kürzer Schritt« will uns sagen, daß wir nicht »weit kommen« und »keine großen Sprünge machen können«. »Ein leichter Schuh macht Lust zum Tanzen« soll auf die ›gehobene Stimmung‹ hinweisen, die vom Schuh ausgehend sich auf den ganzen Menschen auswirken kann.

Wichtig ist auch das Material, aus dem er gemacht ist. »Kein Schuh ist mehr wert, als seine Brandsohle« (die brennende Füße verhindert). Es gibt in Deutschland nur

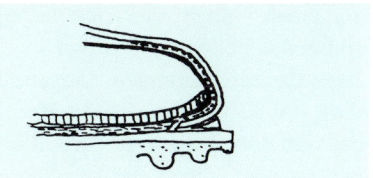

noch zwei (kleinere) Hersteller für ›natürlich‹ pflanzlich gegerbtes Brandsohlenleder. Etwas besser sieht es beim Oberleder aus, wenn es auch überwiegend chromgegerbt ist. Eine klassisch gegerbte Brandsohle erzeugt überdies, infolge des durch sie verursachten ph-Wertes, ein Schuhklima, das die Entstehung von Fußpilz unterbindet. Rasche Absorption und Abgabe der aufgenommenen Feuchtigkeit über Nacht ist eine unumgängliche Forderung. Untersohle und Laufsohle (soweit nicht Spezialanforderungen vorliegen) sollen aus Leder sein, ebenso das Innenfutter bei Winterschuhen.

Bei der Wasserdurchlässigkeit braucht man keine Kompromisse zu befürchten, denn Lederfasern quellen bei Benutzung auf und verengen dadurch die Faserzwischenräume, was den Wasserdurchtritt erschwert. Leder kann 30 – 40 % seines Gewichts an Feuchtigkeit aufnehmen und diese in 24 Stunden bei Zimmertemperatur fast vollständig wieder abgeben.

Die Forderung ›Kleidung statt Mode‹ gilt auch hier: je dichter am Körper, desto natürlicher soll das Material sein. Haut auf Haut also, – denn Leder ist Haut.

Körperphysikalisch ist eine dampfsperrende Schicht auf der dem Körper abgewandten Seite des Schuhs (Laufsohle als Profilsohle oder ›verschleißfeste‹ Kunststoffsohle) falsch, deshalb muß diesem Detail besondere Aufmerksamkeit geschenkt werden. Daß gerade sommerliche Straßen und Sportschuhe dampfundurchlässig sind, kann man nur mit dem Satz ›Regenmantel bei Sonnenschein‹ ironisieren.

Berücksichtigt man die größere Lebensfreude, die längere Lebensdauer und Reparierbarkeit von handgearbeiteten Schuhen aus gutem Leder, so sind sie gar nicht teurer als die weniger hochwertigen Massenartikel. Auch eine ›dezentrale‹ Schuhproduktion scheint möglich, zumal der Bedarf durch lange Lebensdauer erheblich eingeschränkt wird.

Auch die Formgebung der Schuhe hat dann nicht irgendein ferner Fabrikant für uns zu besorgen, sondern sie wird von uns unter Anleitung des Schuhmachers bestimmt. Was wir also erhalten, sind ›passende‹ Schuhe, die Bewegungsraum beim Gehen lassen und Halt verschaffen, ohne den Fuß zu drangsalieren!

Die Höhe des Absatzes müssen wir ebenfalls selbst bestimmen. Auf hartem Boden kann er das Gehen erleichtern, in den meisten Fällen wird er jedoch entbehrlich sein. Ein niedrigerer Absatz erleichtert die einfache Reparatur dieses besonders beanspruchten Schuhteils (jedenfalls wird dies seit der Wende des 15. Jahrhunderts so begründet).

Jeder Fuß hat sein eigenes Gehschema, wie die Körperbewegung jedes Menschen verschieden ist, d. h. jeder Schuh wird anders beansprucht. Diese Bewegung des Fußes und ihre Folgen für die Schuhe sind niemals vorab zu bestimmen, sondern nur am eigenen Fuß erfahrbar. Vielleicht ist dies der wichtigste Aspekt bei der Fertigung der richtigen, der passenden Schuhe. Dabei geben uns unsere alten Schuhe guten Aufschluß über unsere Bewegungen, die sich in der Veränderung der ursprünglichen Schuhform deutlich sichtbar abbilden. Die beiden wichtigsten Entwicklungen sind in der Geschichte mit dem Bundschuh und der Sandale bereits durchgespielt worden. Beide enthalten Ansätze für eine Reform.

Bundschuhe wurden noch bis in die Zeit um 1850 werktags von der bäuerlichen Bevölkerung getragen.

Der Schuh muß »sitzen« (ausgezogene Linie), dann kann das »Spiel« für die tägliche (!) und die mit jedem Schritt erfolgende Ausdehnung des Fußes wirksam bleiben und der Fuß erhält »Halt« im Fußgewölbe und nicht durch Anstoßen der Zehen (gestrichelte Linie)

Sie dürfen aber keinesfalls 'als eine primitive Vorform heutigen Schuhwerks angesehen werden. Wir alle kennen die Vorzüge des indianischen Mokassins aus unserer Karl May-Lektüre. Sein wesentlicher Vorteil ist die optimale individuelle Paßform. Diese ›persönliche Maßarbeit‹, hergestellt aus einem einzigen gegerbten Stück Leder (verwendet seit der Eisenzeit) beruhte auf der Verformbarkeit eingeweichten Leders, das solange am Fuß blieb, bis es – ausgetrocknet – seine Form behielt. Der Fuß war der Leisten. In südlichen Ländern (so noch lange in Arabien und Südamerika) hat man auf Gerbung verzichtet und die Haut des eben getöteten Tieres in dieser Weise verwendet. Eine ähnliche Prozedur der Anpassung des Schuhes an den Fuß war früher beim Militär üblich. Der Fuß schlüpfte in den mit Wasser gefüllten Schuh, der dann den ganzen Tag getragen werden mußte. Noch bis in die Nachkriegszeit war es in nordhessischen Dörfern üblich, Sommerschuhe, ›Tappchen‹ aus versteppten Stofflagen von Kleiderresten zu fertigen, die sich, ähnlich den Espandrilles, ›im Laufe‹ der Benutzung dem Fuß anpaßten.

Wie könnte nun ein solcher Maßanzug für den Fuß ›über unseren eigenen Leisten geschlagen‹, heute aussehen, wie würde er hergestellt?

Sehen wir doch zunächst einmal unsere Füße (beide sind nicht gleich!) an. Sie weisen eine ganz unregelmäßige Umrißlinie auf. (Auf ein Blatt Papier stellen und abzeichnen).

Übliche Schuhe beengen den Ballen und pressen die kleinen Zehen zusammen (dafür haben sie oft mehr Platz im Bereich der Zehen, die dem großen benachbart sind). Es wird dann ganz offen sichtbar, was nach Ideen der Mode gestaltete Schuhe den Füßen meist antun.

Bei den sogenannten Gesundheitssandalen versucht man, das Problem mit übermäßigen Toleranzen zu lösen. Aber auch sie sind – trotz unbestrittener Vorzü-

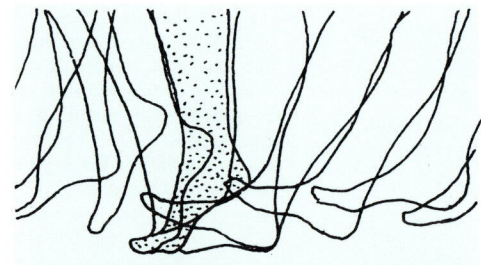

Elastisches »Abrollen« des Fußes von der Ferse über den Ballen bis zu den Zehen. Schuhe müssen diesen Bewegungsvorgang unterstützen, sollen sie nicht körperfeindlich sein. (vgl. Abb. 1)

Der Fuß formt den Schuh individuell. Die Schnürsandale der Jakuten (Sibirien), und der Mokassin der Naskapi (beide im Nationalmuseum Kopenhagen) entsprechen dem germanischen Bundschuh (rechts).

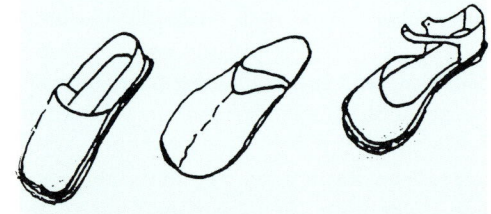

Einfache Schuhe (von links): »Tappchen«, Nordhessen, aus Stoff. Arabischer Schuh aus dünnem Leder. (Die Kappe wird immer nach innen heruntergetreten). Dänische Sandale mit optimaler Form. Freizeitsandale ohne seitlichen Schutz mit mangelhaftem Halt des Fußes. (Aus: »Kleidung statt Mode«)[13]

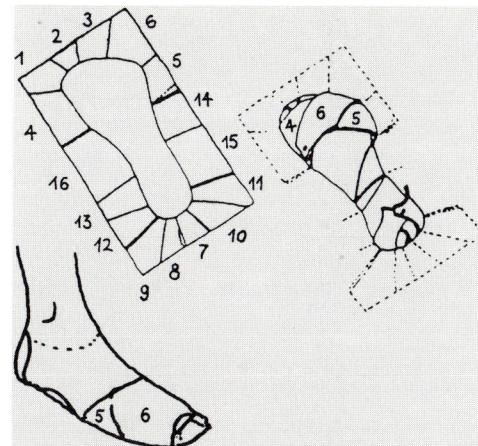

Schuhmodell für Selbstfertigung bei optimaler individueller Anpassung. Erfahrungen können in Einzelschritten, die logisch aufeinander folgen, gesammelt werden. In der Reihenfolge der Numerierung werden die Teile hochgeklappt. Ebenso sind geschlossene Schuhe herstellbar. Die beanspruchten Teile des »Oberleders« sind automatisch aufgedoppelt.[13]

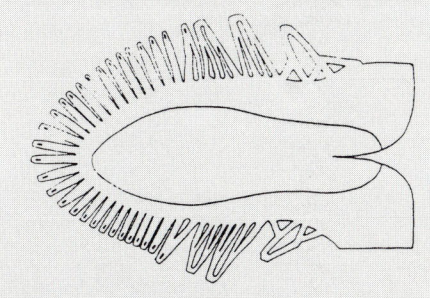

Rekonstruktion des Zuschnitts der Fußbekleidung aus festem Rindleder beim Moorfund von Vetersen. Eine Naht ist nur am Ferseneinschnitt erforderlich.

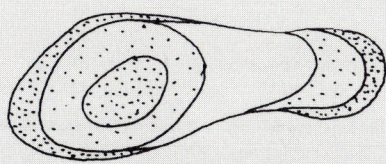

Schematisierte Darstellung der Abriebzonen an einer Laufsohle. Die Beanspruchung ist individuell stark unterschiedlich, von der Nutzung abhängig, sowie bei den beiden Sohlen ungleich. Sehr anschauliches Beispiel: Das Loch in der rechten Sohle vom Gasgeben.

ge – nicht optimal. Der Fuß hat zu wenig Halt, man kann schlecht in ihnen gehen.

Aus diesen Gründen habe ich einmal an einem Modell ausprobiert, wie man einfache, sinnvolle Fußbekleidung, die dem individuellen Fuß entspricht, schnell, billig, selbst in nachvollziehbaren Arbeitsprozessen herstellen (und später reparieren) kann.

Man geht dabei zuerst von einem Modell aus kräftiger, aber weicher Pappe aus, die annähernd dem Material Leder entspricht. So kann man zu Hause das Modell ›einlaufen‹ und Änderungen und Verbesserungen vornehmen.

Nachdem die Umrißlinie nachgezeichnet ist, kann man, immer von der Mitte jeder Rundung ausgehend, die Winkelhalbierenden einschneiden, ohne darauf zu achten, wie diese den Rand des Vierecks treffen. Dann klappt man die Zipfel in der Reihenfolge der Numerierung hoch; evtl. muß man einige Zipfel noch korrigieren. Die mittleren Zipfel werden so nach innen geklappt, daß sie eine ›Einlegesohle‹ bedecken. Dann kann man die oberen Zipfel an nur zwei Stellen verbinden und das Pappmodell als Zuschnitthilfe für den Ledermokassin verwenden, der zusätzlich eine ›Brandsohle‹ und eine untere Laufsohle erhält.

Nachdem dieser Eigenbau-Schuh veröffentlicht war, wurden mir Moorfunde aus der Eisenzeit bekannt, die in der Rekonstruktion eine prinzipiell ähnliche Vorgehensweise dokumentieren. Nach diesen Methoden sind (z. B. durch Verkleben der ›Oberlederteile‹) auch geschlossene Schuhe herzustellen.

Man kann aber auch neue Werkstoffe material- und körpergerecht einsetzen und kombinieren. Der ›Schuh‹ besteht dann aus 3 verschiedenen Teilen, der Laufsohle, dem Schuhstrumpf und der ›Unterwäsche‹. Massenfertigung und individuelle Herstellung sind hier vereint. Die auswechselbare Laufsohle aus perforiertem (!) Kunststoff ist dabei ähnlich

dem unteren Teil der früher über den Ledersohlen getragenen Gummigaloschen ein Massenprodukt. Sie vereinigt Sohlenstabilität, Abriebfestigkeit, Schutz des Fußes im Kappen- und Fersenbereich, ist jedoch nicht wasserdicht oder gar dampfundurchlässig. Darin trägt man einen Schuhstrumpf, der aus neuem wasserdichtem aber dampfdurchlässigem Material besteht, das in der Sportkleidung schon eingeführt ist. Ein solcher Schuh ist entweder lokal in kleinen selbständigen Werkstätten oder auch individuell herstellbar. Im Schuhstrumpf wird die ›Unterwäsche‹, ein selbst herstellbarer oder massengefertigter Strumpf, getragen. Man kann diese Funktionstrennung aus der geschichtlichen Entwicklung der Sandale oder den sogenannten ›Trippen‹ herleiten, Holzsandalen, die unter dem leicht gearbeiteten Lederschuh offensichtlich zwischen dem 14. und 16. Jahrhundert getragen wurden, wie ein Hamburger Bodenfund beweist, der heute im Museum für Hamburgische Geschichte aufbewahrt wird.

Seltsamerweise gibt es gerade bei den Holzschuhmachern eine bis in unsere Tage reichende Tradition der Maßarbeit: So wird z. B. für die Schweizer ›Träpple‹ vor der Fertigung der individuelle Umriß des Fußes auf einem Stück Papier nachgezeichnet.

Auch die römische ›caliga‹, bei der eine dicke Laufsohle mit Lederstreifen zur Schnürung versehen wurde, gehört in diese Entwicklungslinie der ›Sandale‹. Man könnte deshalb durchaus auch den Ge-

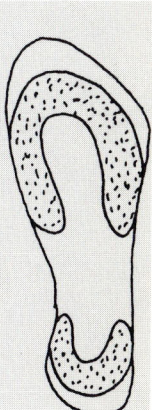

Abnutzungen sind »Antworten« der Sohle auf die Beanspruchung durch den Menschen. Die traditionelle Methode, diese Stellen zu verstärken, ist unsinnig und körperfeindlich. Besser ist es, (wie z. T. bei sog. »Gesundheitssandalen«) diese Flächen »anzupassen«, d. h. abzuschrägen. Punktiert dargestellt sind die hochliegenden (und evtl. zu verstärkenden) Flächen.

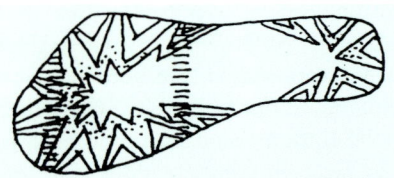

Die Profilierung einer Sohle hat neben der Aufgabe, die Gleitsicherheit und Griffigkeit zu erhöhen auch die Funktion, den Abrieb zu minimieren (d. h. die Lebensdauer zu erhöhen) und in Form einer offenen Drainage die Feuchtigkeit der Gehbeläge bei Auftritt wegzuführen (vgl. die Profilierung beim Autoreifen). Ggf. ist die Biegsamkeit der Sohle durch Kehlungen (schraffierte Darstellung) zu erhöhen (Hochpunkte punktiert).

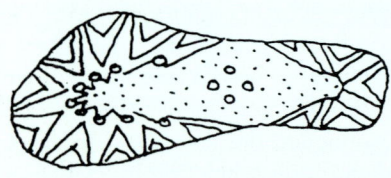

Die optimale profilierte Laufsohle besteht aus zwei Teilen, die Fläche dazwischen (punktiert) ist die Kernlederuntersohle, welche dampfdurchlässig aber wasserdicht ist. Die bezüglich anderer Eigenschaften überlegenen neuen Materialien sind also »gezielt« verwendet. An den mit Kreisen versehenen Stellen wären bei einer durchgehenden nicht atmungsaktiven Sohle »Löcher« bis zur Untersohle vorzusehen (alternativ mit Ventilwirkung)

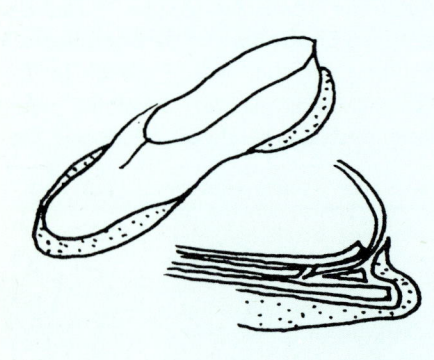

Schematisierte Darstellung einer »Übersohle«, die auf Lederschuhen getragen werden kann.

danken weiter verfolgen, um übliche Ledersohlen herumgreifende Laufsohlen als Zusatzschuh zu entwickeln.

Ein gutes Jahrhundert erst ist sie alt, die ›Fabrikware‹ und dennoch hat sie so vollständig von unserer Vorstellung Besitz ergriffen, daß wir uns Alternativen kaum mehr vorstellen können und die frühere Selbstverständlichkeit des Hand-Werkens vergessen haben.

Die Wiederbelebung handwerklicher Traditionen ist aber gar nicht ausgeschlossen. War vor wenigen Jahren noch der Schuhmacherberuf nahezu ausgestorben, so haben die neuerrichteten Werkstätten heute mehr Anfragen nach Lehrstellen, als Ausbildungskapazität vorhanden ist. Die Kostenstruktur solcher regional arbeitenden Betriebe ist so günstig, die Übernahme bestimmter Verfahren aus der Industrie – soweit sie nicht Qualitätseinbußen mit sich bringen – so erfolgreich, daß die erzeugten Produkte durchaus konkurrenzfähig sein können.

Um den wesentlichen Kostenfaktor, den Lohn, weiter zu reduzieren und gleichzeitig die ›Käufer‹ in die Produktion einzubeziehen, haben manche Schuhmacher Verfahren entwickelt, die den teilweisen ›Eigenbau‹ von Schuhen durch die Benutzer unter Anleitung des Fachmannes ermöglichen. Hier sehen wir – parallel zu vielen anderen Gebieten, so im Bauen – , daß Fachleute beratend statt vorschreibend tätig werden können. Wie man die eigenen Schuhe herstellt, kann z. B. in Form eines Kurses vermittelt werden. Die wenigen Arbeiten, die besondere Kenntnisse voraussetzen, werden durch den Kursleiter, alles andere durch die Teilnehmer ausgeführt. Solche Schuhe brauchen auch auf individuelle Ausschmückungen nicht zu verzichten. All dies könnte uns (zurück) zu einer alten Fuß- und Geh-Kultur führen, in der wir heute nur noch aus Büchern, wie der Bibel, wissen, oder die wir unwissend in den Ländern der Dritten Welt begaffen.

Verwendete Literatur sowie weiterführende Titel

Camper, Petrus:
Abhandlung über die beste Form der Schuhe. Leipzig 1949

Lieb, Anton
Unter dem Pantoffel der Mode. München 1951

Cornwell, B.: Hausarzt, Erfurt 1788

Weber, Karl Julius:
Demokritos oder Hinterlassene Papiere eines lachenden Philosophen. Stuttgart 1868

Meyer, Hermann von:
Procrustes ante portas – eine kleine Streitschrift gegen die Unvernunft der Schuhmode; Zürich 1857

Meyer, Hermann von:
Die richtige Gestalt der Schuhe. Zürich 1858

Urban, Gregor:
Wissenschaft der äußeren Fußpflege oder Anweisung, wie die Füße nicht durch üblen Gang und schlechte Schuhmacherarbeit zu verderben sind. Wien 1827

Knöfel, Robert:
Lehrbuch der Fußbekleidungskunst. Wien 1891

Hohmann, Georg:
Fuß und Bein. München 1948

Schede, Franz:
Die Hygiene des Fußes. Leipzig 1933

Thomson, S.:
Kampf der Fußwäsche. München, Berlin 1944

Muthesius, Hermann:
Die Zukunft der deutschen Form. Stuttgart, Berlin 1915

Hoffmann, Ot:
Kleidung statt Mode. Frankfurt 1983

Bischoff-Luithlen, Angelika:
Der Schwabe und sein Häs. Stuttgart 1982

Schlabow, Karl:
Trachten der Eisenzeit. Neumünster 1950

Bally AG (Hrsg.)
Der Damenschuh im Spiegel des Zwecks und der Schönheit o. O. Um 1920

Bally AG (Hrsg.)
Der Herrenschuh, sein Zweck und seine Funktion o. O. Um 1920

Deutsches Ledermuseum (Hrsg.)
Katalog Heft 6. Offenbach 1980

Sulser, Wilhelm:
Bally Ausstellung Felsgarten Schönenwerd. Schönenwerd 1948

Verband Schweizerischer Gerbereien (Hrsg.):
Wissenswertes über Leder und Schuhe. Zürich o. J.

Weber, Paul:
Schuhe. CH Aarau 1980

»Dem Schuhmacher scheint seine Aufgabe nicht darin zu bestehen, daß er dem Fuße eine das Gehen durch ihren Schutz erleichternde Hülle gebe. Sein Ziel ist vielmehr, diese Zusammenhäufung von Knochen, Fleisch und Haut, ›Fuß‹ genannt, in einen möglichst kleinen Raum zu packen, welchen Er (der Schuhverfertiger) für schön hält. Er geht hierbei von dem Grundsatz aus, daß bei dieser Verpackung die Masse von beiden Seiten her gleichmäßig zusammengedrückt werden müsse um eine Mittellinie. Um diese Linie wird symmetrisch (oder nur wenig asymmetrisch) eine Figur gezeichnet, welche, aus festem Leder geschnitten, die Schuhsohle bildet, über welche sich dann ein möglichst enges Oberleder erhebt. Der Fuß hat in dem eleganten neuen Stiefel aufgehört ein Fuß zu sein, er ist nur noch eine Masse, die allenfalls noch zum Stützen des Körpers, aber nicht zum Gehen dienen kann, wenigstens nicht ohne Mühe und Unbeholfenheit und nicht ohne dauernden Schaden des Fußes selbst.« Es entwickeln sich Schiefzehe, Frostballen, eingewachsene Nägel, Hammerzehen und übereinandergeschlagene Zehen. »Zu allen diesen Qualen gesellen sich nun noch die Hühneraugen, die unvermeidlichen Quälgeister der eleganten Welt, die nach jedem Hinwegschneiden und trotz der hundert, zu teuren Preisen ausgebotenen Hühneraugenpflaster immer von neuem nachwachsen, solange der Schnitt der Fußbekleidung nicht geändert wird.«

(C. E. Bock in der »Gartenlaube«, 1866, zit. in: A. Lieb, Unter dem Pantoffel der Mode, München 1951)

»Nimm den Fuß meinetwegen Deiner jungen, schönen Frau, entkleide ihn von Schuh und Strumpf, stelle ihn auf einen Bogen Papier, und umziehe seinen Umriß mit einem Bleistift. Die so erhaltene Kopie eines normalen menschlichen Fußes vergleiche nun mit einem Schuh oder Stiefel von ... in Berlin oder irgend einem Schuhkünstler in Paris (zu Deiner Ehre hoffe ich, läßt Du im Vaterlande arbeiten) und versuche, ob Du irgend eine Ähnlichkeit zwischen der natürlichen und der Kunstform entdecken kannst. Sicherlich wirst Du erstaunen, wie der Mensch zwei so inkommensurable Objekte immer und immer wieder in so nahe Beziehungen, wie sie zwischen Schuh und Fuß herrschen, zu bringen versucht.

Wir lachen über die Unnatur, mit der die chinesischen Damen ihre Füße zu verkrüppeln pflegen, und wir vergessen, daß bei uns weder Männer noch Frauen noch größere Kinder jemals einen unverkrüppelten Fuß aufzuweisen vermögen. Es ist wahrhaftig teuflisch, mit welchem Raffinement, mit welcher Ausdauer wir mit der Verunstaltung der kleinen Zehe beginnen, um mit Leichdornen, eingewachsenen Nägeln, geschwollen Ballen und Druckstellen auf dem Spann das Werk der Mißbildung zu krönen: Wir sind Hyperchinesen!«

(G. v. Amyntor [1831 – 1910], Hypochondrische Plaudereien, zit. in: A. Lieb, Unter dem Pantoffel der Mode, München 1951)

»Die verschiedenen Bewegungen der Knochen am Fuß, welche in ihrem natürlichen Zustande sehr frey sind, wie man offenbar bei jungen Kindern sieht, gehen insgemein für uns verloren, so wie wir größer werden, und zwar bloß durch den ungeschickten Druck unserer Schuhe. Die Schuhe mit hohen Hacken, welche die Frauenzimmer tragen, verändern gänzlich die natürliche Bildung der Knochen des ganzen Fußes. Sie machen den Fuß erhaben und gewölbt, und setzen ihn außer Stand, flach hingesetzt zu werden, weil eine unnatürliche Vereinigung der Knochen miteinander zuwegegebracht wird.

Solche hohe Schuhe machen, daß das Ende des Fersenbeins, an welchem die Achillessehne befestigt ist, allzeit unnatürlich erhoben, hingegen der vordere Teil des Fußes viel niedriger ist, als er in natürlichem Zustand seyn würde. Die Folge davon ist, daß die Muskeln, welche die hintere Seite des Beins bedecken, und durch die Befestigung der Sehne dazu dienen, den Fuß auszustrecken, beständig widernatürlich zusammengezogen sind; da hingegen die Muskeln des vordern Teils des Beins, deren Verrichtung darin besteht, den Fuß vorwärts zu biegen, in eben solchem widernatürlichen Zustande von Verlängerung und Ausdehnung sind. Dieser Ursache ist es zuzuschreiben, daß wir oft Frauenzimmer sehen, die nicht ohne große Mühe einen Berg, oder auch nur eine Anhöhe hinunter zu gehen im Stande sind. Da hingegen, wenn sie einen Berg hinauf gehen, ihre hohen Schuhe machen, daß sie wie auf einem ebenen Boden gehen; indem die Spitze des Fußes nur so viel höher ist, daß sie mit der unnatürlichen Lage der Ferse in gleicher Höhe steht. Die Frauenzimmer, welche diese Arten von Schuhen tragen, finden es auch sehr beschwerlich, lange zu gehen, wenn sie gleich auf ebenem Boden gehen, vorzüglich, wenn sie geschwind gehen müssen. Sie können gar nicht so frey und geschwind laufen als diejenigen, welche niedrige Schuhe tragen.

Niedrige Schuhe setzen denjenigen, der sie trägt, keineswegs einer von den Unbequemlichkeiten aus, sondern sie erleichtern im Gegenteil stark die natürlichen Bewegungen der Füße, wie wir tägliche und unzählige Beispiele an den Ackerleuten, Tagelöhnern, Lastträgern und anderen Leuten der niedrigeren Klasse haben. Und die hölzernen Schuhe, welche die gemeinen Leute in Frankreich tragen, verhindern, ungeachtet ihrer Schwere und Unbiegsamkeit nicht so sehr die gehörigen Bewegungen der Muskeln, deren Geschäft darin besteht, daß sie die Füße bewegen müssen. Denn außer ihren niedrigen Hacken sind sie am Ende nach unten zu abgerundet, wodurch einigermaßen ihre Unbiegsamkeit so ersetzt wird, daß sie zu der abwechselnden Biegung des Fußes an den Zehen dienen, unterdessen daß der andere Theil des Fußes beym Gehen in die Höhe gehoben wird.

Aber um wieder auf das Unheil zu kommen, welches hohe Schuhe anrichten, so ist damit außer dem, was ich schon angeführt habe, noch eine andere Unbequemlichkeit verbunden, weil nicht allein die Muskeln der Achillessehne, welche zur Ausdehnung des Fußes dienen, sondern auch die vordern Muskeln, welche zur Ausdehnung der Zehen bestimmt sind, durch die Höhe dieser Schuhe allzeit in einem unnatürlichen Zustand erhalten werden, und nicht bloß die vordern Muskeln, welche den Fuß biegen müssen, sondern auch die hintern Muskeln, so die Zehen biegen, zu gleicher Zeit vermittelst dieser Höhe mit Gewalt in einen verlängten und ausgedehnten Zustand gebracht werden. Diese beständige unnatürliche Verkürzung einiger von den Muskeln, und die ebenso widernatürliche Verlängerung anderer müssen nothwendig früher oder später eine größere oder schwächere Verderbniß der Gefäße derselben, sowohl der Blut- als der Pulsadern, der lymphatischen Gefäße und der Nerven verursachen, auch wird sich dieselbe nicht bloß auf die leidenden Theile einschränken, sondern sie kann, gar vermittelst der Gemeinschaft dieser Gefäße mit den Gefäßen anderer mehr entfernter Theile, ja selbst mit den Gefäßen des Unterleibes und seiner Eingeweide, Krankheiten zuwegebringen, die man vielleicht ganz andern Ursachen zuschreibt, und daher mit Arzneyen behandelt, welche nicht allein sich unnütz, sondern in vielen Fällen auch schädlich beweisen müssen. Es ist zwar gewiß, daß eine lange Gewohnheit diese unnatürlichen Ausdehnungen und Zusammenziehungen der Muskeln bey Frauenzimmern gleichsam zu einer andern Natur machen; so daß sogar diejenigen, welche gewohnt sind, in diesen Schuhen zu gehen, es schmerzhaft und unangenehm finden würden, wenn sie in andern gehen sollten. Aber dieses beweist nicht, daß der unnatürliche Zustand, in welchem die Muskeln beständig gehalten werden, nicht oft die Veranlassung zu allen den entfernten Krankheiten sein sollte, von denen ich vorhin redete, und von denen, wenigstens von den meisten derselben man nicht vermuthen sollte, daß sie mit ihrer ursprünglichen Ursache in Verbindung stehen.« (Mem. de l'acad. des sciences de Paris, 1740).

(Jakob Benignus Winslow, zit. in: Anton Lieb, Unter dem Pantoffel der Mode, München 1951)

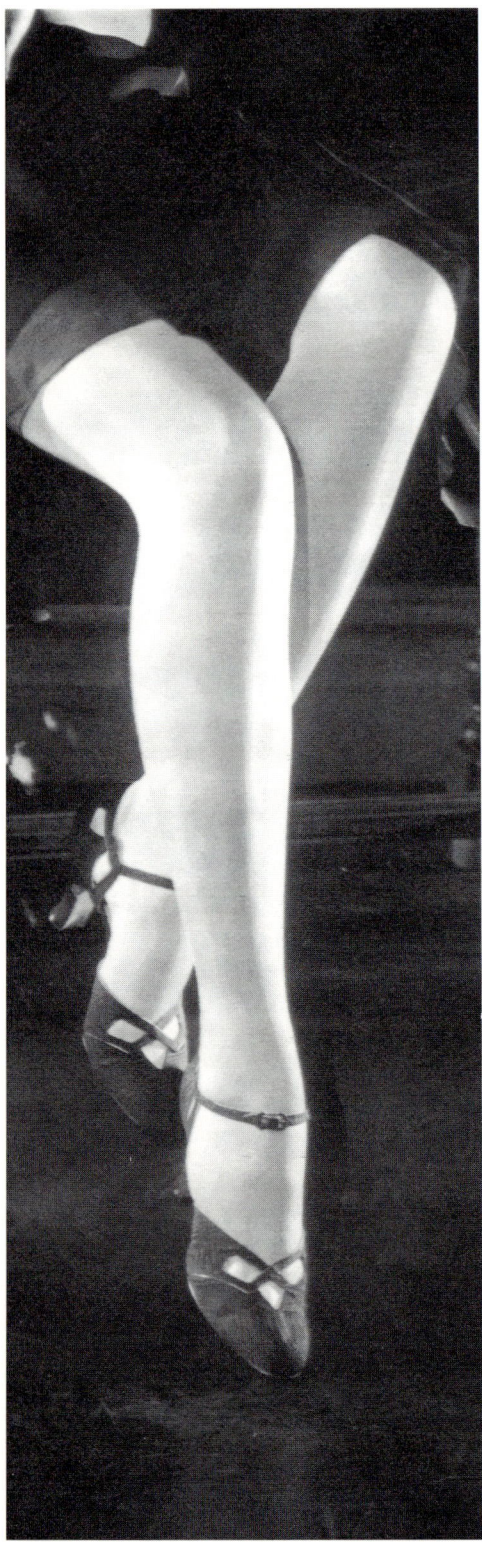

»AN KEINEM ANDEREN KÖRPERTEILE HAT SICH DIE MODE, DIESE RÜCKSICHTSLOSE TYRANNIN DER MENSCHEN, SO SCHWER VERSÜNDIGT WIE GERADE AN DEN FÜSSEN. SCHON IM ZARTESTEN ALTER WERDEN DEN KINDERN DIE FÜSSE IN ZU ENGE UND SCHMALE SCHUHE GEPRESST, WELCHE DIE SCHÖNE, NATÜRLICHE FORM VOLLSTÄNDIG IGNORIEREN. MAN IST IM PUBLIKUM DER IRRIGEN MEINUNG, DASS NUR HOHE UND SPITZIGE ABSÄTZE UND SCHMALE SPITZEN DEM SCHUHWERK EIN SCHÖNES AUSSEHEN ZU VERLEIHEN VERMÖCHTEN, UND DASS NAMENTLICH EIN KURZER STIEFEL DER ELEGANTESTE SEI. MAN RUINIERT SICH DADURCH DIE FÜSSE, UND DIE FOLGEN, DIE NAMENTLICH IM SPÄTEREN ALTER DEUTLICH ZU TAGE TRETEN, SIND DIE MANNIGFACHSTEN VERSTÜMMELUNGEN UND BESCHÄDIGUNGEN DER FÜSSE, DIE BALD MIT SCHMERZHAFTEN HÜHNERAUGEN, FROSTBALLEN, SCHWIELEN, EINGEWACHSENEN NÄGELN UND ANDEREN SCHÄDEN BEHAFTET SIND, UND IHREM BESITZER DAS GEHEN ZUR GRÖSSTEN QUAL MACHEN.«
(ROBERT KNÖFEL, LEHRBUCH DER FUSSBEKLEIDUNGSKUNST, ZIT. IN: A. LIEB, UNTER DEM PANTOFFEL DER MODE, MÜNCHEN 1951)

»DAS ÄRGSTE, WAS WIR IN DIESEM JAHRHUNDERT, NEBEN DEN ZU HOCHHACKIGEN PLATEAUSOHLENSCHUHEN, UNSEREN FÜSSEN ANGETAN HABEN, WAREN DIE SPITZEN SCHUHE MIT DEN BLEISTIFTABSÄTZEN VON 1962. AN DEN DAMALS ENTSTANDENEN BALLENVERFORMUNGEN, HAMMERZEHEN, MUSKELVERKÜRZUNGEN UND RÜCKGRATSCHÄDEN DOKTERN DIE ÄRZTE NOCH JETZT HERUM.«
(UNBEKANNTER AUTOR IM ›COSMOPOLITAN‹)

»DIE GEWÖHNLICHE URSACHE DER HÜHNERAUGEN IST DER DRUCK, DEN ZU ENGE ODER ZU KURZE FUSSBEDECKUNGEN UNMITTELBAR AUF DIESE VERSCHIEDENEN PARTIEN AUSÜBEN, ODER AUCH DER, DEN DIE FUSSZEHEN SELBST INFOLGE DIESER ZUSAMMENSCHNÜRUNG AUFEINANDER AUSÜBEN. MANCHMAL WERDEN SIE AUCH DURCH FALTEN ODER ZU STARKE NÄHTE IN DEN STRÜMPFEN VERURSACHT.
BEI DEN NEUERN VÖLKERN, WO ES NOCH UNBESCHUHTE CAPUZINER- UND KARMELITERMÖNCHE GIBT, SIEHT MAN AUCH DIE SANDALEN, DIE EINEN THEIL IHRES ANZUGS AUSMACHEN, DIE NÄMLICHE UNBEQUEMLICHKEIT VERANLASSEN.
DAS BESTE MITTEL, UM DIE ENTWICKLUNG DER HÜHNERAUGEN ZU VERHÜTEN, BESTEHT DARIN, DASS MAN FUSSBEDECKUNGEN TRÄGT, IN DENEN MAN BEQUEM GEHEN KANN, OHNE DASS SIE JEDOCH ZU WEIT SIND, WEIL DIESE WEITE SELBST, INDEM SIE ZU GROSSE BEWEGUNGEN DER FÜSSE IN DEN SCHUHEN ODER STIEFELN GESTATTET, DAS ÜBEL, WELCHES MAN ZU VERMEIDEN SUCHT, VERANLASST. (GEZ. L. V. LAGNEAU).«
(F. L. MEISSNER U. C. CH. SCHMID, 1831, ZIT. IN: A. LIEB, UNTER DEM PANTOFFEL DER MODE, MÜNCHEN 1951)

»MAN TRUG DIESSELBIGE ZEIT BUNDTSCHUCH ... DIE SCHUCH HETTEN AUFF BEYDEN SEITEN RIEMEN / DREYER ELBOGEN LANG / DIE FLOCHT MAN / UND SCHNÜRET SIE UMBT DIE BEIN UND LEINE HOSEN ... KREUTZWEISS HERUMB / WIE EIN GETTER / BANDT SIE ALSO UMB DIE BEIN. ES HETTEN AUCH DIE LEINEN HOSEN FETZEN UNND BINDEN VON MANCHERLEY FARBE / DAMIT MAN SIE AUCH VORN ZUM BEIN BANDT / UNND DARÜBER LEGT MAN ERST DIE BUNDTSCHUCH AN«. WÄHREND SICH DER KAISER »MIT KLEIDERN / SCHUCHEN ALLWEG NACH DER TEUTSCHENART / SO DIESELBIGE ZEIT IM BRAUCH WAR / NIT VIL KOSTLICHER DANN DER GEMEINE MANN / GEHALTEN HAT«, WAR SEIN HOFSTAAT FEUER UND FLAMME FÜR DIE IN ITALIEN GESEHENE SPÄTANTIKE TRACHT. »DA SOLCHS SAHE KEYSER CARL / WARD ER ZORNIG UND SCHRYE: O IR TEUTSCHEN UND FREYEN FRANCKEN / WIE SEYT IR ALSO UNBESUNNEN UND UNBESTENDIG / DASS IR DEREN KLEIDUNG / DIE IR UBERWUNDEN UND BESTRITTEN HABT / DER IR HERREN SEYT / ANNEMMET / IST NICHT EIN GUT ZEICHEN / BEDEUTET NICHTS GUTS: IR NEMMET IN IR KLEIDUNG / SO WERDEN SI EUCH EUWER HERTZ NEMEN ...« »LIES DEMNACH EIN LANDGEBOTT AUSSGEHEN / DASS MAN SOLCHE FRANTZÖSISCHE KLEIDER IN TEUTSCHLAND WEDER KAUFEN NOCH VERKAUFFEN SOLLTE.« ABER AUCH DIE KAISERLICHE KLEIDERORDNUNG ERWIES SICH ALS OHNMÄCHTIG GEGENÜBER DEM EINFLUSS ANTIK- RÖMISCHER KULTUR AUF DAS ABENDLAND.
(AVENTIN, BAYERISCHE CHRONIK, 1566, ZIT. IN: A. LIEB, UNTER DEM PANTOFFEL DER MODE, MÜNCHEN 1951)

»SIND AUCH EINE ARTH WARTZEN / DIE MAN EIN HÜNER-AUGE NENNET / DIE BEKÖMPT MAN UNTEN AN FÜSSEN / DIE LIGEN BREIT AUFF DEM FLEISCHE AUSSGEBREITET UND REISSEN AUFF; THUN NICHT SONDERLICH WEHE / DOCH HINDERN SIE EINEN AM GEHEN ETWAS. DAS SEYN DIE VERRUCAE UND MORI / DAS MAN EIN HÜNERAUGE NENNET. DARVOR BRAUCHE DIE PORTULACAM PURTZELKRAUT ODER VERRUCARIAM / IST EIN KRÄUTLEIN IM GARTEN / DAS MAN DIE FETTE HENNE HEISSET / DANN ES HAT GAR FETTE BLETTER/ SCHIER WIE HAUSSLAUCH / ETWAN EINES DAUMENS BREIT / TRÜKKE NUR MIT DEN HÄNDEN EINEN SAFFT DRAUSS UND BESTREICH DIE HÜNERAUGEN DAMIT / DARVON VERGEHEN SIE ENDLICH / ODER REIBE SIE NUR MIT DEM KRAUT.
ALIUD: SERAPIUM IN ESSIG GEWEICHT UND ÜBERGELEGT / 8 ODER 10. TAGE. ITEM BESTREICHS MIT TAUBENBLUT ETLICH MAHL.«
(JOHANN COLER [GEST. 1639], ZIT. IN: A. LIEB, UNTER DEM PANTOFFEL DER MODE, MÜNCHEN 1951)

»SPEEDWALKING« , WÖRTLICH: SCHNELLES GEHEN, HAT JOGGING UND AEROBIC ALS AMERIKANISCHEN MODESPORT ABGELÖST. IN VERSCHIEDENEN SCHRITTARTEN FOLGT EINE RAPIDE STEIGENDE ZAHL VON MÄNNERN UND FRAUEN DEM GRUNDSATZ DES ALTEN HIPPOKRATES, DER GESAGT HABEN SOLL, DAS GEHEN SEI DIE BESTE MEDIZIN. ALS OB SIE IM LAUFE DER AUTOMOBILISIERUNG VERGESSEN HÄTTEN, DAß DES MENSCHEN EINFACHSTE ART DER FORTBEWEGUNG AUCH DIE FÜR SEINEN KÖRPER GESÜNDESTE IST.

PLÖTZLICH MACHT ES DEN ANSCHEIN, ALS OB MAN SICH WIEDER DARAN ERINNERT, DAß DIE VON JAHRZEHNTELANGER GAS- UND BREMSPEDALBETÄTIGUNG ERSCHLAFFTEN – ODER VOM UNERBITTLICHEN JOGGING AUF STÄDTISCHEM ASPHALT ODER BETON GEBEUTELTEN – GEHWERKZEUGE AUCH ZU VÖLLIG NORMALER BEWEGUNG VERWENDET WERDEN KÖNNEN, UND DAS SOGAR NOCH IN FREIER, UNBERÜHRTER NATUR.

DAS JOGGING UND SEINE KRÖNUNG, DIE TEILNAHME AN EINEM MARATHON, SIND VOM SELBEN SCHICKSAL EREILT WORDEN, WIE IN AMERIKA JEDER MODISCHE TREND. ES LÄUFT NUR NOCH EIN HARTER KERN. EIN TEIL HAT SICH DURCH ALLZU EIFRIGEN DAUERLAUF AUF UNGEEIGNETER UNTERLAGE GELENKSCHÄDEN GEHOLT. DA IST DAS GEHEN DENN DOCH BEKÖMMLICHER, DENKT SICH MANCHER.

DARAUF HAT SICH DIE INDUSTRIE SCHON VOLL EINGESTELLT. WÄHREND SICH ZUM BEISPIEL DIE EINST FÜHRENDE JOGGING-MONATSZEITSCHRIFT ›THE RUNNER‹ MIT IHRER APRIL-AUSGABE VON IHREN LESERN VERABSCHIEDETE, GIBT ES AUF DEM MARKT BEREITS EIN NEUES HEFT: ›THE WALKING MAGAZINE‹. UND NEBEN LAUFSCHUHEN FINDEN SICH IN DEN REGALEN DER SPORTGESCHÄFTE NEUERDINGS AUCH SCHUHE FÜRS MARSCHIEREN SOWIE REGELRECHTE WANDERSCHUHE. SELBST EIN TOPFITER ATHLET, SO SCHRIEB ›THE WALKING MAGAZINE‹, KÖNNE AUS FLOTTER BEWEGUNG AUF SCHUSTERS RAPPEN GESUNDHEITLICHEN NUTZEN ZIEHEN. UND SELBSTVERSTÄNDLICH EIGNE SICH »DIESER BEMERKENSWERTE NEUE SPORT« – SO DIE ZEITSCHRIFT – AUCH ZUR GEWICHTSABNAHME, GANZ ABGESEHEN DAVON, DAß ES EIN GROßARTIGER WEG SEI, SICH ZU ENTSPANNEN.

MAN BRAUCHT IN AMERIKANISCHEN STÄDTEN NUR EINE BELIEBIGE GRÜNANLAGE AUFZUSUCHEN, UM DORT ZU BEOBACHTEN, WIE SICH DIE GESUNDHEITSBEWUßTEN VON HEUTE IN FORM HALTEN: SIE GEHEN. IM TURNDRESS, ZÜGIGEN SCHRITTES, ALLEIN UND IN PAAREN, WOBEI – ANDERS ALS BEIM JOGGING – NOCH GENUG ATEM ÜBRIG BLEIBT, UM MIT DEM PARTNER ODER DER PARTNERIN EIN GESPRÄCH ZU FÜHREN. BLEIBT DEM ZUSCHAUER, ZUMAL DEM EUROPÄISCHEN, BLOß DIE ERSTAUNTE FRAGE: WARUM NUR HAT ES SO LANGE GEDAUERT, BIS DIE AMERIKANER AUF ETWAS DERART NAHELIEGENDES KAMEN? (FAZ 10. 6. 87)

EIN HEIZBARER SKISCHUH SORGT DAFÜR, DAß EMPFINDLICHE SKIHASEN AUCH NACH STUNDENLANGEN ABFAHRTEN BEI KLIRRENDER KÄLTE KEINE ANGST ZU HABEN BRAUCHEN, DAß ERSTE ERFRIERUNGSERSCHEINUNGEN AN DEN FÜßEN AUFTRETEN. GEHEIZT WIRD DURCH ZWEI HEIZ- KREISE: ZUM VORWÄRMEN KANN DER SCHUH AN DEN ZIGARETTENANZÜNDER IM AUTO ANGESCHLOSSEN WERDEN UND INNERHALB VON NICHT EINMAL ZEHN MINUTEN WIRD DIE HÖCHSTTEMPERATUR VON 38 GRAD ERREICHT. FÜR DEN TAGESBETRIEB GENÜGT DANN EINE BATTERIE, DIE DAFÜR SORGT, DAß DER SCHUH ÜBER VIELE STUNDEN HINWEG ANGENEHM VON INNEN TEMPERIERT IST.

Nach Schätzungen des Deutschen Sportbundes werden sich 1987 mehr als 20 Millionen Menschen in der Bundesrepublik Deutschland in ihrer Freizeit sportlich aktiv betätigen. Die Ausgaben der Sportler für Vereinsbeiträge und Sportausrüstung steigen, mancher gibt viel Geld aus für digitale Pulsmesser oder professionelle Tennisschläger mit computerberechneter Rahmengeometrie. Den speziellen Sportschuh aber behandeln viele noch stiefmütterlich. Immer wieder sind Wanderer und Läufer mit ›ausgelatschten‹ billigen Segeltuch- oder Turnschuhen zu sehen.

Wer aber am Schuh spart, der handelt sich mit hoher Wahrscheinlichkeit orthopädische Beschwerden ein; nicht nur beim Traben und Langlauf, sondern auch beim Gehen, Wandern und Tennisspielen. Das Institut für Biomechanik der Eidgenössischen Technischen Hochschule in Zürich kann statistisch belegen, daß 1986 mehr als die Hälfte der Freizeitsportler über Beschwerden am Rücken, an den Knie- und Fußgelenken sowie der Achillessehne klagten – eben weil sie unzweckmäßige Schuhe trugen. Die namhaften Sportar-

tikel-Hersteller bieten inzwischen jedoch biomechanische Spezialschuhe an, die drei Aufgaben erfüllen: dämpfen, stützen und führen.

Beim Aufsetzen des Fußes aus einem Bewegungsablauf muß das Körpergewicht abgefangen werden. Ist die Sohle zu weich, schlägt die Ferse quasi auf den Boden durch. Eine mittelharte, biomechanische Sohle dämpft den Schlag, der bis zur Wirbelsäule durchgeht. Beim Abrollen des Fußes knicken die meisten Läufer nach innen ein (Pronation), wodurch Sehnen und Gelenke strapaziert werden. Biomechanische Schuhe verhindern diesen Effekt durch harte und damit stützende Sohlen im Mittelfußbereich. Beim Absetzen schließlich kommt es darauf an, den Fuß möglichst genau in der Bewegungsrichtung zu halten. Die neuen Spezialschuhe ermöglichen ein anatomisch richtiges Absetzen durch Stützelemente oder Einlagen in der Schuhspitze.

Die zunehmende Bewegungsarmut in den Industrieländern hat bei vielen Menschen zu fehlerhaften Bewegungsabläufen geführt, gerade beim Gehen und Laufen. Haben sich dabei falsche Bewegungsabläufe erst einmal ›eingeschliffen‹, lassen sie sich kaum ändern. Deshalb sind biomechanische Schuhe so konstruiert, daß sie die heute verbreiteten Fehler in den Bewegungsabläufen automatisch korrigieren. Beschwerden verhindern sollen diese modernen und häufig auch teuren Schuhe, vorhandene Schäden an Bändern und Gelenken muß aber der Orthopäde behandeln. (FAZ 23. 6. 87)

Heute gehören zu den Wanderern im Gebirge nicht wenige, die sich mit der Seilbahn auf den Berg kutschieren lassen und von dort dann zu Fuß den Weg ins Tal suchen; Unfälle bei solchem Absteigen sind deshalb zu einer speziellen Unfallart geworden. Heute tauchen unter den Bergwanderern nicht nur die Halbpensionsgäste aus dem Tale auf, sondern auch Jogger, die im Gebirge Muskeln und Lunge trainieren (und gelegentlich dabei abstürzen, wenn sie auf nassem Gras oder vor Ermüdung oder beim Abkürzen eines Weges abrutschen). Dennoch ist es heute keineswegs selbstverständlich, daß jemand im Berggelände ökonomisch und sachgerecht gehen kann – die Gehfähigkeit des Städters verkümmert.
(Bericht über ein Symposion in Kaprun über Gefahren beim Wandern im Gebirge, FAZ 21. 11. 86)

Auge und Gedanke und Tritt müssen beim Bergwandern stimmen.

(Mathias Zdarsky, Bergführer und Schriftsteller, um 1930)

PROCRUSTES ANTE PORTAS!

ODER:

WO DEM BÜRGERTUM DER SCHUH DRÜCKT

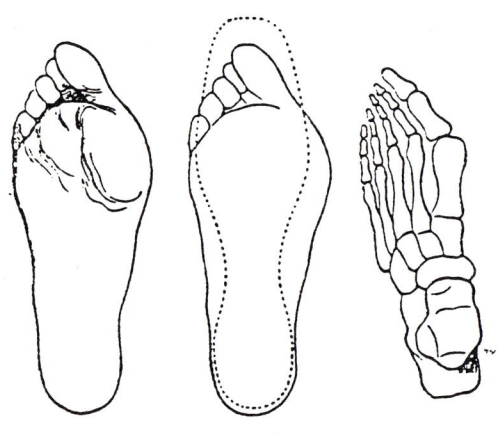

1 FUßSOHLE EINES MÄDCHENS VON 22 JAHREN, DURCH SCHUHDRUCK MIßGESTALTET, SONST GESUND; 2 DIESELBE SOHLE MIT DARÜBER GELEGTER ZEICHNUNG EINER GERADEN SCHUHSOHLE; 3 ANSICHT DES KNOCHENGERÜSTS EINES SO VERBILDETEN FUßES.

»Der Mensch entwickelt sich vom Irdischen zum Geistigen, und diese Entwicklung prägt sich in seiner äußeren Erscheinung aus. Der Fuß entspricht der Grundlage allen Daseins, der schwersten Stofflichkeit, dem Erdreiche selber, lagert sich diesem breit auf und kann sich von seinem Mutterboden nur zeitweilig auf Antrieb der höheren Kräfte, denen er dient, losringen. Die stützenden Beine erinnern an das aufstrebende Wesen des pflanzlichen, fruchttragenden Stammes, dem tierischen Leben dient das Becken, dem Seelenleben die Brust und das Herz, und dem Bewußtsein der Kopf. Wie dieser die feinsten und mannigfachsten Werkzeuge in sich birgt und zur Schau trägt, zeigt sich der tragende Fuß in dem einfachsten, derbsten Bau und im natürlichen Zustande, sonnengebräunt und leicht bestaubt, matt erdfarbig und vermittelt so für das Auge sanft den Übergang von der schweren Erde zu dem eigentlich geistigen ›Menschen‹. Mir erscheint selbst die zierliche Sandale klassischer Antiken, zumal wo es sich um Darstellung sonst nackter bedürfnisloser Götter handelt, überflüssig, ja unschön (. . .).«[1]

Die Götter, die Seligen, sie leben im luftleeren Raum der Bedürfnislosigkeit. Doch die Geschichte spielt nicht im hehren Griechenland, sondern in Nebel- und Niefelheim. Dort aber ringt man um den ›Platz an der Sonne‹, und die da oben in den lichten Höhen der Villen-Götterburgen sind sich sehr wohl bewußt, daß ihre olympische Macht nicht abgelöst von den plutonischen Kräften der Erdausbeutung durch die dienenden proletarischen Zwerge – ungeistig und bewußtseinslos, natur- und erdnah, derb und einfach – betrieben werden kann. Diese kapitalistischen Götter befriedigen ihre Bedürfnisse durch die Ausbeutung der Natur und der ›unteren‹ Klassen. Aber der faktischen Beraubung entspricht der Wunsch nach der Versöhnung; statt Naturzerstörung und Klassenkampf wünscht sich das ›idealisti-

sche‹ (bildungs-)bürgerliche Bewußtsein die Aussöhnung zwischen Natur, Kreatur und Kapital. Dort wo der Schuh drückt – an der Scheidelinie von oben und unten, dort soll möglichst Schwerelosigkeit herrschen, soll sich das zwergisch-gedrückte Reich der ökonomischen Notwendigkeit zur göttergleichen Freiheit des Geistes erheben, soll sich irdische Last zur flügelbeschuhten Leichtigkeit transzendieren. Aber die schweren Schuhe, unförmigklobig und drückend, halten die Erinnerung an die Herkunft der geistigen Blütenträume aus dem Reich materieller Stofflichkeit wach – und es ist nicht nur ein Stück fremden Wesens, dem das Gold auf schmerzhafte Weise entrissen wird, sondern eigene Entfremdung wird an dieser Schnitt- und Trennungslinie quälend spürbar. Die Geschichte des Bürgertums ist auch eine Geschichte der Utopie von der Aufhebung der Entfremdung, der Er-

lösung von der Abgespaltenheit des eigenen Daseins vom allgemeinen Wesen. Je mehr der Schuh zwickt, desto dringlicher wird diese Not empfunden, und von der eigenen Schuld wünscht man sich gerne zurück in die Schuldlosigkeit derer ›da unten‹ mit ihrer unbeschwerten Leichtfüßigkeit. Aber es schwingt doch auch immer das Gefühl mit – am längsten in Deutschland, dem Land ohne erfolgreiche bürgerliche Revolution –, daß man selbst der mißbrauchte Alberich ist, entrechtet von den feudalen bzw. absolutistischen Göttern und Mächten. Deren Druck galt es zuallererst abzuschütteln, freie Bewegung im eigenen Gang zu schaffen.

So wurde aus dem Geiste der Aufklärung und Revolution der moderne Reformschuh geboren. Wenn – vermutlich als erster – der in Dänemark geborene Pariser Anatom und Arzt Jakob Benignus Winslow (s. auch Beitrag von O T Hofmann, ›Mein Eingenschuh‹) 1740 in der Pariser Akademie der Wissenschaften eine Abhandlung über die vollkommenere Schuhform veröffentlichte, so galt sein Kampf vordergründig dem vom ärztlichen Standpunkt zu verwerfenden, weil ungesunden hohen Stöckelabsatz der Frauenschuhe. In Wirklichkeit aber kämpfte er den Kampf der Aufklärer gegen die Unvernunft und den ›unnatürlichen Zustand‹[2] (war der auch eine bloße Modetorheit) und für das Natürliche und Vernünftige. Und wie später Rousseau zurück zur Natur wollte und dabei den guten Wilden entdeckte, so fand Winslow den natürlichen Zustand bei den Wilden des eigenen Landes, bei den Unterschichten verkörpert:

»Niedrige Schuhe setzen denjenigen, der sie trägt, keineswegs einer von den Unbequemlichkeiten aus, sondern sie erleichtern im Gegenteil stark die natürliche Bewegung der Füße, wie wir tägliche und unzählige Beyspiele an den Ackerleuten, Lastträgern und anderen Leuten der niedrigeren Klasse haben. Und die hölzernen Schuhe, welche die gemeinen Leute in Frankreich tragen, verhindern ungeachtet ihrer Schwere und Unbiegsamkeit nicht so sehr die gehörige Bewegungen der Muskeln, deren Geschäft darin besteht, daß sie die Füße bewegen müssen.«[3]

Die sich abplagenden niederen Klassen sind es, nicht die Privilegierten und im Lu-

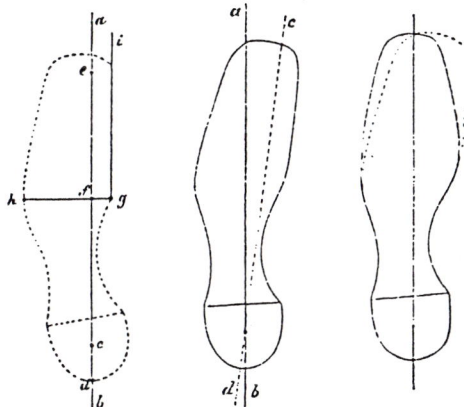

1 KONSTRUKTIONSMETHODE DER RICHTIGEN SCHUH-SOHLE (ERKLÄRUNG IM TEXT); 2 DIE RICHTIGE SCHUHSOHLE MIT ANGABE DER LINIE, IN WELCHER DIE GROSSE ZEHE LIEGT, NÄMLICH C-D. – LINIE A-B ZEIGT DIE GEWÖHNLICHE METHODE DES SCHUHSOH-LENENTWURFS.

xus schwelgenden Parasiten der oberen Stände, welche Vorbilder für eine vernünftig-natürliche Lebensweise liefern; und da in einer ständischen Gesellschaft die sozialen Gruppen auch äußerlich durch Kleidung differenziert sind, mußte Winslows Aussage revolutionäre Untertöne haben, wie jedermann sofort versteht, wenn er sich daran erinnert, daß schließlich die französische Revolution auch eine Revolution der Kleidung der ›niederen Klassen‹ gegen die Oberschicht war: ›Sansculotten‹ gegen die Kniehosen des Adels und absatzlose Escarpins gegen Schnallen- und Stöckelschuhe.

Auch dem bekannteren Vorkämpfer für einen naturgemäßen Schuh, dem holländischen Anatom, Arzt, Geburtshelfer und Künstler Petrus Camper sind diese sozialen Aspekte der Schuhhygiene und Or-

thopädie nicht fremd. Auch er kämpft gegen die menschliche Eitelkeit und Anmaßung der Mode, die den Fuß vergewaltigen, statt sich an die von der Natur gegebenen Verhältnisse zu halten. Darüber hinaus handelt seine ›Abhandlung über die beste Form der Schuhe‹ (1781; deutsche Übersetzungen Wien 1782 und

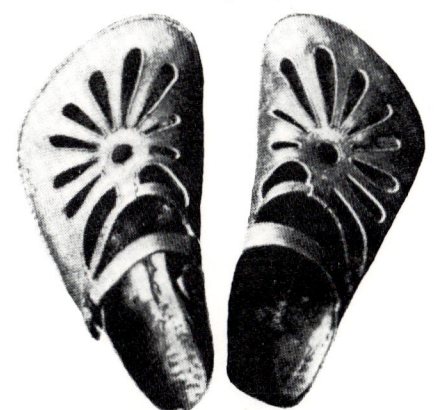

Berlin-Stettin 1783) wie Rousseaus ›Emile‹ auch von den Zusammenhängen zwischen Zwang und Zivilisation; die Schuhe für Kinder, so führt er etwa aus, müßten so gemacht sein, daß sie den Fuß gut einschließen, »ohne ihm einigermaßen Zwang anzuthun«.[4] Denn das kindliche Fußskelett sei »noch von zartester Substanz« – Zwang führe dazu, »daß unsere Füße schon, ehe wir ein halbes Jahr erreicht haben, verunstaltet sind.« Aber auch er sieht die rettende Utopie bei den (Noch-)Nicht-Zivilisierten – bei den Wilden und den Kindern der Unterschicht; so führt er weiter aus, von dem verkrüppelnden Zwang ausnehmen »muß man die Wilden und alle diejenigen bey uns (...), die aus Noth ihre Kinder barfuß gehen lassen.« Aber wir erfahren bei Camper auch, daß sich die Revolution der Sanschaussures schon vollzieht: »Man hat seit kurzem bey den Großen (Erwachsenen? U. L.) die Mode eingeführt, die Kinder lange barfuß, wenigstens zu Hause, gehen zu lassen; ich kann diesem Gebrauche meinen Beyfall nicht versagen.«[5] Erstmals wird so das Barfüßlertum selbst

zur Kindermode, ein bisheriges Zeichen von Rückschrittlichkeit bei Wilden und Armen bzw. Nichtstädtern, zum Merkmal des hygienischen Fortschritts. Als populäre Vermittler solcher aufgeklärt-revolutionären Ansichten müssen vor allem die damaligen Hausarztbücher gesehen werden.

Die von den aufgeklärten Ärzten in Gang gesetzte Schuhreform findet ihren nachrevolutionären literarischen und medizinischen Höhepunkt bei dem Frankfurter Hermann von Meyer,[6] der als Anatom von Zürich aus wirkte. ›Procrustes ante portas! Ein kulturgeschichtliches Zeitbild‹ heißt vielsagend seine erste, 1857 in Zürich veröffentlichte schuhreformerische Streitschrift. Erschienen ist sie also wie sein darauf fußendes populäres Werk ›Die richtige Gestalt der Schuhe‹ (Zürich 1858) während der Reaktionsperiode nach der fehlgeschlagenen bürgerlichen deutschen Revolution von 1848 –, der freilich 1847 in der Schweiz der siegreiche Kampf der protestantisch-›radikalen‹ Kräfte gegen den ›Sonderbund‹ der katholischen Kantone vorausgegangen war! Freiheit von prokuristischen Zwängen sollte jedenfalls nach von Meyer einmal zum bürgerlichen Regelzustand werden. Auch er bekämpft die einengenden Kleidungsstücke, wie etwa das Korsett, in seinen Schriften als unvernünftige Modetorheit und legt seinen ›Vorschlägen zu einer rationellen Beschuhung‹[7] einen neuen Maßstab von Normalität zugrunde – die dann nach ihm benannte ›Meyersche Linie‹, welche die Lage der normal gestellten großen Zehe im Verhältnis zur Fersenlage angab. Damit war die theoretische Grundlage für den ›Normalschuh‹ (Gustav Jäger) gelegt, wie er fortan zur bürgerlichen Reformidee werden sollte.

Im Gegensatz zu seinen Vorläufern allerdings kann von Meyer bei den Wilden und Barbaren, wie er sie aus ethnographischen Studien kennt, nur schlimme prokrustische Zwänge am Werk sehen[8] (die Zehenverkrüppelung vornehmer Chinesinnen läßt er sich dabei nicht als Argument entgehen), und selbst die Kinder muß man jetzt vor ihrer eigenen spielerischen Unvernunft schützen, zerstören sie doch durch törichtes Stelzenlaufen ihre schönen Füße (Plattfußbildung).[9] Der alte antifeudale Affekt ist aber bei von Meyer noch voll wirksam, und er ereifert sich besonders gegen die, wie er sagt, früher vielleicht mehr als heute verbreitete Unsitte der Tanzmeister, die als schön erachteten auswärtsgesetzten Fußspitzen dadurch zu erzwingen, daß sie die ihnen anvertrauten Kinder auf das ›Tanzbrett‹ stellen, »ein horizontales Brett, auf welchem zwei hölzerne Schuhe jeder für sich um einen Zapfen drehbar sind; das Kind muß in die beiden Schuhe stehen und nun werden dieselben auswärts gedreht, so weit es möglich ist, und dann in dieser Stellung fixiert.« Alle »weichen und nachgiebigen Theile des Beines« würden durch diese perverse ›Körperbildungskunst‹ (von Meyer hatte 1855 auch ›Die neuere Gymnastik!‹ publiziert) gezerrt und überdehnt; und der freie Gang sei bei den bedauernswerten Opfern auf Lebenszeit beeinträchtigt.[10]

Die ›freie Bewegung‹ war von Meyers höchstes Schuhreformziel;[11] jede Mißhandlung des Fußes durch falsches Schuhwerk, besonders bei dem jugendlichen, noch in Entwicklung befindlichen Fuß war ihm ein Greuel.[12] Wie sehr dieses Element der Freiheit auch eine politische Dimension besaß, zeigt die Tatsache, daß von Meyers Schuhbefreiung den stärksten Widerhall in England und Nordamerika fand.[13] Auf dem Kontinent aber – welche Ironie des Schicksals – wurde von Meyers Utopie vom aufrecht-freien Gang vor allem vom schweizerischen und deutschen Militär beherzigt. Von Meyer war es, der dem Militärleisten bis ins 20. Jahrhundert seine Grundform gab, so daß sein Neuherausgeber Wilhelm Thomsen sagen konnte, allein der Militär-

stiefel habe von Meyers Reformideen bis in unsere Zeit gerettet. Hier wird noch einmal die »Tragödie des deutschen Liberalismus« sichtbar; denn von Meyer hatte selbst im Jahre 1874, nachdem Bismarck gerade mit Blut, Eisen und dem preußischen Soldatenstiefel das neue Deutsche Reich geschmiedet hatte, auf die »welthistorische Bedeutung« diensttauglicher Rekrutenfüße durch richtige Schuhgestaltung verwiesen.[14]

Mündete der aufklärerische Kampf der Ärzte gegen die Gefährdung natürlicher Anlagen durch Zivilisationseinflüsse schließlich an der Wende vom 19. zum 20. Jahrhundert in eine deutsch-rassische Schuhlehre (»Nicht die Natur, Paris ist maßgebend!«),[15] so verband Thomsen,

WERBUNG FÜR »WOLLE« – JÄGERS »NORMAL-SCHUHE«

DER NATURMENSCH. ZEICHNUNG: KARL ARNOLD (1908)

Oberarzt an der Orthopädischen Universitätsklinik Frankfurt/Main und Leiter der wissenschaftlichen Außenstelle Frankfurt/Main der ›Deutschen Forschungsstelle für Schuh- und Leistenbau‹, im Jahre des Weltkriegs 1940 die von Meyersche Fußgesundheitslehre mit der deutschen Wehrkraft, der nationalsozialistischen Jugenderziehung und Parteiarbeit.[16] Kein Wunder, daß er kritisch gegen von Meyer anmerkte, dieser sei doch ein hoffnungsloser ›Idealist‹ gewesen, habe er doch daran geglaubt, »daß der Fuß, dem man einen richtigen und normalen Schuh gibt, sich darin wohlfühlen müsse und auch wieder erhole.«[17]

Volkstümlich verharmlost finden wir die alte emanzipatorische, bürgerlich-liberale Schuhlehre auch noch in Pfarrer Sebastian Kneipps Polemik gegen die ›Verkümmerungsmaschine‹ Schuh.[18] Der Allgäuer Naturheil-Pfarrer, 1855 als Beichtvater an das Dominikanerinnenkloster Wörishofen berufen, führt viele Zivilisationskrankheiten auf die mangelnde Abhärtung zurück – und »weil das Barfußgehen ein so vorzügliches Mittel ist, die Füße abzuhärten, sind Diejenigen glücklich, welche vermöge ihres Berufes im Sommer häufig barfuß gehen, wie die Landleute«.[19] Der ›Nichtbarfüßler‹[20] ist ihm das Bild höchster Natur- und Selbstentfremdung, das wahre Opfer moderner städtischer Zivilisation. Rettendes Vorbild kann nur der Landmann sein, Heilung nur von der Natur kommen: »Vor 50 bis 60 Jahren gingen alle Landleute, mit wenigen Ausnahmen, im Sommer barfuß; ich selbst habe es bis zu meinem zweiundzwanzigsten Jahre mitgemacht. Sobald im Frühjahr der Schnee geschmolzen war, ging das Barfußgehen an und dauerte bis Oktober, selbst bis November. Wie abgehärtet waren da die Füße! Bei der anderen Kleidung kümmerte man sich auch nicht viel um die Mode, und so war der ganze Körper abgehärtet.«[21] An anderer Stelle schreibt er über diese gesunde Gegenwelt: »Erwachsene Leute der ärmeren Klassen, insbesondere auf dem Lande, brauche ich nicht zu ermahnen; dieselben gehen viel barfuß und beneiden nicht den reichsten Städter um seine vornehmen, ausgeschnittenen oder nicht ausgeschnitten lackirten oder geschnürten Fußfoltern, die pressenden und die Füße fesselnden Schuhe und Strümpfe (...) In meiner Jugendzeit ging auf dem Lande alles barfuß: Kinder und Erwachsene, Vater und Mutter, Bruder und Schwester. In die Schule, zur Kirche waren die Wege stundenweit; die Eltern gaben uns ein Stück Brot und einen Apfel zur Reisezehrung, so auch Schuhe und Strümpfe als Fußbekleidung. Doch diese hingen wir bis zum Eintritt in die Schule oder in die Kirche über die Arme oder über die Achsel, nicht allein zur Sommers-, selbst in der kalten Jahreszeit. Kaum machte im beginnenden Frühling auf der Höhe meiner Heimath der Schnee Miene, sich zurückzuziehen, da traten unsere bloßen Füße schon ihre Spuren in den mit seinem Wasser getränkten Boden, und wir fühlten uns froh, heiter und gesund dabei.«[22]

Ganz im Sinne des antiurbanen Protests der Jahrhundertwende beschwört Kneipp die Werte der ländlichen Heimat: die Glücklichen und Gesunden sind ›die Kinder der Armen‹ und die ›erwachsenen Leute der ärmeren Klassen‹; die Zivilisationskrüppel aber rekrutieren sich aus den kleinen und großen Bewohnern der Städte, sind die Kopfarbeiter, Studierenden, Beamten, Fabrikarbeiter, die das Heer der ›Nervösen‹ ausmachen[23] (im zweiten Drittel des 19. Jahrhunderts wird die Nervosität und Neurasthenie als Oberbegriff für die mannigfachen, von der industriell-urbanen Lebensweise verursachten psychosomatischen Leiden ›entdeckt‹. Die gesellschaftlich Unteren, die ländlichen Armen und insbesondere die Kinder sind für Kneipp utopisches Vorbild, und Vignetten barfüßiger und

deshalb glücklicher Landkinder schmükken seine Veröffentlichungen – züchtigere Gegenstücke zu den sich in beschwingter Freiheit tummelnden Kind-Elfen auf den nudistischen Schattenrissen eines Wilhelm Diefenbach (›Per aspera ad astra‹) oder seines Lieblingsschülers Hugo Höppener, genannt Fidus.

Die bürgerliche Revolution freilich ist bei Kneipp nicht mehr Teil der Vision, statt dem Blutbad der Guillotine tut es auch das Wasserbad (die Erstausgabe vom ›Meine Wasserkur‹ erschien 1866), und statt daß der Adelige um einen Kopf kürzer gemacht wird, stellt sich nun die Egalität weit lustvoller für die Herrschenden im Zeichen des Barfußes her: »Auffallend ist«, weiß Sebastin Kneipp aus Bad Wörishofen zu berichten, »daß Leute aus höheren Ständen, wenn ihnen vom Barfußlaufen nichts ausdrückliches gesagt wird, binnen drei Tagen schon mit der Frage herausrücken, ob sie nicht auch barfuß gehen dürfen.«[24] So konnte es auch passieren, daß ab 1830, als unter dem »Bürgerkönigtum« die Gleichung von Vernunft und Natur ihre revolutionären Schrecken verloren hat, im Zeichen der ›natürlichen Heilverfahren‹ die Oberen und die Reichen in die schlesischen Wälder zu Vincenz Prießnitz ziehen, um sich den asketischen Freuden der Hydrotherapie anzu-

vertrauen,[25] und später zu Pfarrer Kneipp und seiner Wasserkur:

»In Wörishofen ist es so weit gekommen, daß Niemand durch das Barfußgehn Aergerniß erregt oder ein solches daran nimmt. Die Adeligen fühlen sich gerade so glücklich bei der Freiheit, welche ihnen das Barfußgehen bringt, wie die Armen, und kommt ein Bischof oder eine höhere weltliche Persönlichkeit, so reizt sie schon die Neuheit, und die Ueberzeugung, kein Aergerniß zu geben, läßt die hohen Herrschaften das Barfußgehen auch probiren, und dann hat das Aergerniß aufgehört.«[26]

Hier wird eine harmlose Form der liberté praktiziert, die Wörishofener Kur wird zur zeitgemäßen Form des adeligen Schäferspiels, nicht ohne bereits Übergänge zur Seelentherapie und antiautoritärer Pädagogik zu zeigen:

»Vom Barfußgehen ist auch der Adel nicht ausgenommen. Vor drei Jahren war eine Herzogin zur Kur hier und hat theils aus Neugierde, theils aber aus Nothwendigkeit ihrer Gebrechen wegen das Barfußgehen probirt; sie ging von früh Morgens bis spät Abends barfuß. Eines Tages sprach sie sich folgendermaßen vor mir aus: ›O daß doch meine selige Mutter bei meiner Erziehung mir nicht das Barfußgehen entzogen hätte! Heute noch würde ich ihr dafür großen Dank wissen, wenn sie mir dieß gestattet hätte; ich hatte als Kind einen ungewöhnlichen Drang zum Barfußgehen und beneidete jedes Kind, das ich barfußgehen sah. Allein die Mutter hatte der Erzieherin auf's strengste befohlen, mich durchaus nicht barfuß gehen zu lassen, und ich bekam jedesmal eine strenge Zurechtweisung und Strafe, wenn ich bei meinem heimlichen Barfußgehen ertappt wurde (...)‹ Auf die Frage: ›Warum hat man Sie nicht barfußgehen lassen?‹ gab sie zur Antwort: ›Meine Mutter hielt es für entwürdigend, wenn ich als Herzogskind barfuß gehen würde.‹ Möchte dieser Ausspruch von allen Müttern in den höheren Ständen beherzigt werden (...) Was liegt im Barfußgehen denn Entwürdigendes für ein Kind aus höheren Ständen!«.[27]

Indem die ›ständisch‹, hier schon klassenmäßig unterscheidenden Kleidungsstücke in der Kuranstalt oder im Sanatorium abgelegt wurden, kündigten sich die ersten Anzeichen der modernen scheinegalitären Freizeitgesellschaft an. Ihren Höhepunkt erreichte sie ab der Jahrhundertwende, als im ›Licht- und Luftbad‹ die letzten Hüllen fielen und ein nudistisches Freizeit-Eden paradiesische Zustände bei diesen neuen Wilden simulierte – die bürgerliche Spielart der klassenlosen Gesellschaft. Auch hier sind die Wurzeln in den Kleiderzwängen des 18. und 19. Jahrhunderts nicht zu übersehen; und es waren nicht nur die Schuhe, das Korsett und der gesteifte Hemdkragen, die drückten, sondern der ›Luft-Hunger‹ (wie viele Quellen, nicht nur hygienische Abhandlungen, es beschreiben), folgte aus einem allgemeinen Erstickungsgefühl, das aus den psychosomatischen und von der Kleidung nur gespiegelten Ohnmachts- und Erstarrungstendenzen der Zeit gespeist wurde. Als Reaktion auf diese Mischung von Fremd- und Selbstzwang folgte zur Jahrhundertwende ein allgemeiner Bewegungs-Ausbruch in der Tanz-, Gymnastik, Sport-›Bewegung‹ und in der ›jugendbewegten‹ Wanderkultur.

Ergänzend kam so zur Hydrotherapie, welche dem Städter nicht zuletzt die Rückkehr zu einem natürlichen Bewegungserlebnis vermitteln sollte (Sebastian Kneipp etwa empfahl als Therapieformen das Gehen im nassen Grase, auf nassen Steinen und im neugefallenen Schnee),[28] die Heliotherapie, das ›Sonnenbad‹. Der Körper, vielfach nicht nur durch innerhäuslich-sitzende Tätigkeit in seinem Bewegungsdrang gehemmt, sondern auch durch fehlende Kleidungs-, Städte- und Wohnungshygiene sowie durch die ›Rauchplage‹ der industriellen Umweltverschmutzung[29] der frischen Luft und dem Sonnenlicht entfremdet, häufig an Tuberkulose erkrankt, drängte zur ›athmosphärischen Kur‹. So bezeichnete der Schweizer Arnold Rikli[30] das von ihm zur totalen körperlichen Regeneration ab 1870 zu Heilzwecken eingesetzte Licht- und Luftbad in Form der Bewegung des möglichst unbekleideten Körpers (nicht des dumpfen Röstens am Teutonen-Grill!). Auf Bergeshöhen im österreichischen Ort Veldes/Oberkrain eröffnete er eine ›Naturheilanstalt‹, und wir sehen auf Illustrationen, wie der Patient möglichst luftdurchlässig zur Freiluftübung auszieht: kurzärmlig das Hemd mit weitem offenen Kragen, kurze Hose, barfuß – aber um die Hüften gegürtet das neue Symbol des ›Luft-Schuhes‹ – die Sandale (eine Abart war der ›poröse‹ Halbschuh mit Luftlöchern, wie ihn schon um 1890 der ›Naturprediger‹ Johannes Guttzeit trug und wie er nach der Jahrhundertwende ebenfalls zum alternativen Modeartikel werden sollte).

Pfarrer Kneipp war es dann wohl, der diesem neuentdeckten Kleidungsstück, der Sandale, die größte Popularität verschaffte. »Seit drei Jahren«, schreibt er 1894, »ist bei den Wasserkuren in Wörishofen (...) das Sandalentragen eingeführt worden.« Er selbst habe das Kleidungsstück merkwürdigerweise nicht von den alten Griechen, sondern nur von den Kapuzinermönchen hier gekannt, und dann im Kampf gegen die Verweichlichung versucht, das bloße Barfußgehen mit dem Sandalentragen zu kombinieren: »Kaum waren einige Sandalen unter den Kurgästen, so verbreitete sich das Sandalentragen so rasch, daß Jeder solche kaufte und stolz mit ihnen einherwanderte wie ein Kind, das ein neues Kleid hat und sich darin recht wohl und glücklich fühlt.«

Ein Hauptgrund für das Sandalentragen sei gewesen, daß der unabgehärteten Haut der Städter das Gehen auf dem bloßen Boden nicht behagte, sich mancher auch einen Splitter einzog. Dazu sei das angenehme Gefühl gekommen, einmal keine schweren Stiefel in der Natur tragen zu müssen, sondern so leicht gehen zu können, als habe »man bloß eine Decke unter den Füßen«.[31] Die Antimode wurde jedenfalls durch Kneipps Wirkung selbst zur klassenlosen Mode – erst in der Therapiegemeinschaft, dann auch außerhalb: »Mit dem Sandalentragen kam es so weit, daß nicht bloß die einfachen Leute nur mehr Sandalen trugen, sondern daß selbst Bischöfe, Kardinäle, Herzöge und alle aus den höheren und höchsten Ständen ohne Ausnahme in Sandalen einhergingen, und es werden Wenige oder gar Keine hier gewesen sein, die nicht Sandalen mit nach Hause genommen haben. Deßhalb ist auch in Wörishofen ein Sandalenverkauf, wie wohl in der ganzen

KURSANDALE

FÜR EMPFINDLICHE FÜSSE AUF WUNSCH MIT KORKBETT

Welt keiner existiert. Ich bin der Ueberzeugung, daß mehr als 60 000 Sandalen im Jahre hier verkauft werden (...).«[32]

Trotzdem dauerte es einige Zeit, ehe sich das neue Kleidungsstück durchsetzte. Noch 1891 notiert Fidus[33] in seiner Wendung gegen den schönen Schein des Bürgertums, man werfe der Sandale ihr ›bettelhaftes Aussehen‹ vor und suche ihr dieses durch den Schmuck bunter Bänder zu nehmen, anstatt Zweckmäßigkeit, Natürlichkeit und Schönheit ›stylgemäß‹ zu einfach-natürlicher Bekleidung zu verbinden. Es waren dann die Lebens- und Kleiderreformbewegung (1898 erschien die dritte Auflage von Heinrich Lahmanns wichtiger Schrift ›Die Reform der Kleidung‹), die

Naturheil- und Sportbewegung, vor allem aber die bürgerliche Jugendbewegung, die als ›Freiluft‹-Veranstaltung sich auch ihren Protest gegen die ›Lackbeine‹ einen eigenen Stil der Schuh-Kleidung schufen und so dem Reformschuh und der Sandale nochmals weiteste Verbreitung garantierten. Es konnte nicht ausbleiben, daß die Jugendbewegung, zunächst in der Befriedigung ihres alternativen Kleidungsstils völlig von den Gewerbeprodukten der Erwachsenenwelt abhängig, schließlich nach dem Ersten Weltkrieg selbst in ihren neuen Landkommunen auch Handwerksbetriebe schuf, in denen sie Reform-Schuhe produzierte. So heißt es von der Schuhmacherwerkstatt in der während der zwanziger Jahre blühenden völkischen Kommune Vogelhof auf der Schwäbischen Alb, sie habe ihre Kursan-

RIEMENSANDALE

FEST SITZENDE
BINDUNG

dalen und Bundschuhe erfolgreich bis nach England vertrieben.[34]

Gerade weil der Lebens- und Kleidungsstil der Jugendbewegung schon bald von den ›wilden‹ Wanderern, sprich Touristen, rezipiert und so schließlich bis heute zum modischen Allgemeingut wurde, fand eben nur der von Meyersche ›Normalschuh‹ seine Massenanhängerschaft. Dabei sind einige lebensreformerische Sonderentwicklungen des 19. Jahrhunderts dem völligen Vergessen anheimgefallen.

Dazu rechnet als Kuriosität der Wollschuh der Bewegung der ›Wollenen‹ um den Stuttgarter Zoologie- und Anthropologie-Professor Gustav Jäger von 1880

bis 1900[35]. Auch er ging von der damaligen Lufthunger-Theorie aus, wenn auch mit der abstrusen Vorstellung, der Körper müsse von den aus seiner Seele emanierenden schlechten Ausdünstungen durch möglichst luftdurchlässige Kleidung gereinigt werden. Dies sei aber am besten zu bewerkstelligen, wenn diese nicht pflanzlicher (wie Baumwolle und Flachs), sondern tierischer Herkunft ist: Die gesamte Kleidung, Unterwäsche und Oberkleidung, ja selbst die Schuhe müßten aus Wolle bzw. Filz hergestellt werden. In Stuttgart wurde von ihm ein ganzer handwerklicher Unternehmensbereich für die ›Jägersche Normalkleidung‹ angeregt, dabei auch Produzenten der ›Normal-Stiefel und -Schuhe‹ nach Jägerschem System, die entweder ganz aus Wolle (Schafwolle oder Kamelhaar etwa) oder aus Wolle mit Lederbesatz bestanden. Freilich hatten diese Woll- oder Woll-Lederschuhe den Nachteil, sich infolge der Feuchtigkeit rasch aufzulösen. Schließlich aber wollte Gustav Jäger – nicht zur Freude seiner fundamentalistischen Anhänger – herausgefunden haben,[36] daß nicht das Leder als solches gesundheitsschädlich sei, sondern nur das lohgar gegerbte Leder, zusammen mit dem Schusterpech und der Lederfärbung. Dagegen sei Vaselineleder (d. h. lohgar gegerbtes Leder, das mit Soda ausgewaschen, ungefärbt gelassen und mit gereinigter Vaseline imprägniert ist) sowie wildgares oder sämisches Leder (Reh- oder Hirschleder) »fast so gesund wie (tierische, U. L.) Naturwolle«. Und der exzentrische Schwabe teilt seinen ›Wollenen‹ deshalb 1882 mit: »Ich gehe gegenwärtig mit hellgelben (weil naturfarbenen, U. L.) Hirschlederstiefeln in Stuttgart herum – allgemeines Tableau!«[37] Vermutlich bestand der Heiterkeitserfolg vor allem darin, daß er damit – zumindest was seine Fußbekleidung betraf – verblüffend den von seinem Studien- und Lebensfreunde David Friedrich Weinland, dem

schwäbischen Wissenschaftspoeten, in seinem vielgelesenen Roman ›Rulaman. Erzählung aus der Zeit des Höhlenmenschen und des Höhlenbären‹ dargestellten edlen Wilden aus der Steinzeit ähnelte.

Während Pfarrer Kneipp, wohl von Augsburger ›Wollenen‹ mit ein paar Filzschuhen beehrt, diese ebenso wie die Wollschuhe verwarf, weil sie, statt die Füße warm zu halten, den Fuß kalt werden ließen,[38] gab es gegen die Verwendung von Tierwolle und Leder auch prinzipielle Bedenken. Wir sind noch heute so sehr an die Begriffsbildung ›Schuh- und Lederwaren‹ gewöhnt, daß wir die Provokation nachempfinden können, die in der Forderung nach einer nicht-tierischen Kleidung im allgemeinen, nach einem vegetarischen Schuhwerk im speziellen lag. Zu dieser Forderung kam freilich nicht die gesamte vegetarische Richtung, sondern nur der den hygienischen oder ökonomischen Vegetarismus an Radikalität übertreffende ethische Vegetarismus, der die Liebe zum Tiere zur grundsätzlichen Forderung wahren Menschentums erhob. Zum wirksamsten Vertreter dieser Auffassung wurde im letzten Jahrhundert Eduard Baltzer,[39] ein evangelischer Geistlicher, religiöser Dissident gegen die Amtskirche aus aufklärerischer Überzeugung und bildungsbürgerlicher, demokratischer Abgeordneter im Frankfurter Vorparlament und in der preußischen Nationalversammlung während der Revolution von 1848/49. Nach dieser gescheiterten bürgerlichen Revolution entwickelte er seine sozial- und lebensreformerischen Gedanken, die in seinem vierbändigen Werk ›Die natürliche Lebensweise‹ (1867 – 1872) als Theorie einer ›vernünftigen Lebensweise‹ in nachrevolutionärer Zeit gipfelten. Diese Selbst- und Lebensreform zielt auf die Vervollkommnung des Menschen durch Orientierung an der ›Mutter Natur‹ (und nicht am Vater Staat!). Gerade vom Vegetarismus erhofft er sich die

GUSTO GRAESER AUF DEM VAGABUNDENKONGREẞ,
PFINGSTEN 1929

individuelle und soziale Regeneration; denn der Vegetarismus ist ihm ›Erudition, Entrohung‹,[40] und es scheint, daß hier ein letzter Abglanz des bürgerlichen Widerstandes gegen die feudal-adelige Lebensweise anklingt, welche sich durch die blutige Tierjagd auf das noch blutigere Kriegshandwerk vorbereitete. Gerade deshalb ist der ethische Vegetarismus auch pazifistisch ausgerichtet und sieht im Tiermord eine Vorstufe des Menschenmords. Baltzers Utopie ist »der Mensch inmitten der Natur«, nicht »der Mensch im Gegensatz zur Natur«, und daraus leitet er wie selbstverständlich den Gedanken ab, »daß auch die Tiere ein Recht haben gegenüber dem Menschen«.[41]

Baltzer wendet diese Grundeinsichten auch auf dem Gebiet der Kleiderreform an, die so zu einem Teilgebiet der umfassenderen Lebensreform wird: »Zu unserer Kleidung«, so schreibt er etwa 1880 in seinen ›Fünf Büchern vom wahren Menschentum‹, »sind Stoffe aus dem Pflanzenreich denen aus dem Tierreich vorzuziehen: die Baumwolle der Wolle, der Flachs der Seide, Guttapercha dem Leder und so weiter. Wir haben dann nicht nötig, Tiere zu züchten, um ihnen die Felle über die Ohren zu ziehen.«[42] Baltzers vegetarische Bewegung kommt so zu einem grundsätzlichen Widerstand gegen Gustav Jägers Wollbewegung; der paläolithische Lederstrumpf wird hier sozusagen durch den neolithischen, dem Ackerbau entspringenden vegetarischen Schuh als Ausdruck kultivierterer Lebensform überwunden. Es ist symptomatisch, daß ein Theologe gegen diesen strengen Vegetarismus, der es verbot, das Tier dem Kleidungsbedürfnis des Menschen dienstbar zu machen, mit dem Hinweis auf die menschlichen ›Stammeltern‹ begegnete, denen schließlich Gott selbst Röcke aus Tierfellen gemacht habe; die Vegetarier konterten damit, daß dies tatsächlich erst zum Bedürfnis nach dem unheilvollen Sündenfall geworden sei.[43]

So ging es dem ethischen Vegetarismus um die Veredelung des Menschen. Wohl der erste, der diese Ideale nicht nur in der Nahrung, sondern in der Schuhbekleidung in die Tat umsetzte, war der vegetarisch-pazifistische Wanderpoet, selbsternannter ›Diener‹ der Menschen und sie zum besseren erziehende ›Volkswart‹ Arthur Gustav (›Gusto‹) Gräser, zu Kronstadt in Siebenbürgen als Sohn eines Bezirksrichters geboren und wie Fidus Schüler von Wilhelm Diefenbach. Im Jahre 1900 gehört er zu einer Gruppe junger Menschen, die über die Alpen ziehen wollen, um eine neue ideale Heimat zu finden – die Bürgerkinder beginnen die Flucht aus der unwirtlich gewordenen Industriewelt des Wilhelminismus. »O. Z.«, »ohne Zwang« lautete – damit sei die anarchische, wenn nicht anarchistische Seite des Unternehmens angedeutet – die Lebensparole Gräsers.[44] Gustos Rat an die Münchner Gruppe: »Alle sollten barfuß gehen. Leder kommt ja von den Tieren, und Strümpfe waren meistens aus Wolle, die ebenfalls von den Tieren kommt.«[45] Der Alpenübergang findet statt (sicher nicht barfüßig) und ihm folgt die Ansiedlung der Gruppe auf dem Monte Verità bei Ascona am Lago Maggiore. Ab 1903 haust Gusto in der Felsspalte von Arcegno in der Gemeinde Losone, etwa eine Wegstunde nordwestlich von Ascona. Hiervon berichtet das Asconabuch von A. Grohmann aus eigener Anschauung:[46] »Ich liebe das Herbe«, sagt ihm Gräser auf dem Weg zur Höhle. Dort findet der Augenzeuge nur ein paar Decken und einen aus vier flachen Steinen gebildeten Trog, der Obstkerne enthält, Gräsers Nahrung. Er ist nicht nur konsequenter Pazifist, sondern auch ethischer Vegetarier, der es ablehnt, Tiere zu töten, um das Leder zur Fußbekleidung zu verarbeiten. Grohmann bemerkt: »Die Sandalen, seiner Erfindung und Mache, sind aus Seil geflochen. Oder er trägt Holzschuhe von sehr zierlicher Form, die er, genau seinem

Fusse angepasst, aushöhlt, mit einer kokett nach oben gerichteten Spitze, die beste Sohlenform genau nach Versuchen festgesetzt.«[47]

Hermann Hesse war es dann, der in seiner Erzählung ›Die Morgenlandfahrt‹ (von 1932) Gusto Gräser als ›idealen Diener‹[48] Leo zur Zentralfigur seiner bildungsbürgerlichen Suche nach einer wahren ›Heimat‹ in den krisenhaften Jahren nach dem Ersten Weltkrieg machte. Dort tauchen Gräsers wesentliche vegetarisch-pazifistischen Attribute wieder auf:[49] die vegetabilische Obstnahrung, die Freundschaft mit dem Tier und selbst die vegetarischen Schuhe: »seine (= Leos, U. L.) Stoffschuhe hatten Sohlen aus Seilgeflecht«, ja er wohnt sogar im ›Seilergraben‹. Doch bei Hesse verflüchtigt sich die bürgerliche Utopie der Herrschaftslosigkeit endgültig von der realen Welt ins Nirgendwo meditativer ›Seelengemeinschaft‹. Hatte Oskar Maria Graf während der Münchner Novemberrevolution von 1918/19 – vielleicht auch unter Einfluß des mit ihm befreundeten Gräser und aus anarchistischer Gesinnung – einen ›Bund freier Menschen‹ gegründet,[50] so gibt es für Hesse keinen konkreten Ort mehr, an dem Leo, der dienende, nicht herrschende Führer, wie er ihn beschreibt,[51] dieses Reich der Freiheit errichten kann. Hesses in der ›Morgenlandfahrt‹ beschriebener ›Bund‹ ist reiner überzeitlicher Geistesbund, auf der ›Fahrt‹ nach der Seelenheimat im ›Morgenland‹. Leos Schuhe und der von ihnen geformte Gang nehmen die Wirklichkeit der erlösten zwangsfreien Lebensform vorweg – »leicht, spielerisch, aber straff, gesund und jugendlich« geht er kaum hörbar auf seinen dünnen Sohlen.[52] Aber nach dem Scheitern der Revolution von 1918/19 ist für Hesse diese Befreiung nur noch außerhalb der Machtsphäre, in Abwendung von der garstigen politischen Wirklichkeit als Seelenbund, als eine ›Psychokratie‹[53] denkbar. Aus dem Prokrustesbett der umgewandelten

Verhältnissse schwingt sich die Seele – der Fesseln der öden Realität ledig – auf in das imaginative ›Überall und Nirgends‹ einer durch das ›Morgenland‹ verkörperten »Heimat und Jugend der Seele«;[54] innere Kraft und letzten Trost spendet allein der »eigene, törichte Kindertraum im Herzen«.[55]

Es war dann wohl konsequent, daß mit dem Einmünden der bürgerlichen Utopie in das tausendjährige Reich des Nationalsozialismus die ›Wanderer‹, wie sie in den Quellen heißen – seien es Wanderheilige oder Vagabunden – als ›Volksschädlinge‹ und ›Asoziale‹ in die KZs oder Arbeitshäuser wanderten, um dort zu ›nützlicher Arbeit‹ herangezogen zu werden.[56] Diese Zwangserziehung durch den neuen Prokrustes kostete manchem wiederum nicht nur die Freiheit, sondern auch das Leben.[57]

Anmerkungen

1 Fidus (Hugo Höppener), Sandalen! Handschr. MS v. 31. 5. 1891, 2 Seiten, im Fidus-Archiv. Berlinische Galerie, Berlin. Für den freundlichen Hinweis auf diese Quelle und ihre Beschaffung danke ich Herrn J. Frecot.
2 Jakob Benignus Winslow, Me. d' acad. des sciences de Paris, 1840, zit. nach Anton Lieb, Unter dem Pantoffel der Mode. Schuhgeschichtliche Betrachtungen eines Arztes, München 1951, S. 9.
3 Ebd.
4 Petrus Campers Abhandlung über die beste Form der Schuhe. Neu hrsg. v. Wilhelm Thomsen (Faksimili- Ausg. der dt. Übers. v. 1784), 2. Aufl. Leipzig 1949 (1. Aufl. 1939), S. 75.
5 Ebd., S. 77
6 Wilhelm Thomsen, Die Geschichte der Schuhreform Hermann von Meyer's und ihre Beziehungen zur Gegenwart, Teil 1: Die Ideen Hermann von Meyer's über die Schuhfrage auf Grund seiner Originalschriften, Beilageheft zur Zeitschrift für Orthopädie und ihre Grenzgebiete, Bd. 71, 2), Stuttgart 1940, S. 1 – 62. Dort sind alle relevanten Schriften von Meyers abgedruckt.
7 Ebd., S. 50.
8 Ebd., S. 16f.
9 Ebd., S. 54.
10 Ebd., S. 19.
11 Ebd., S. 23 und 45.
12 Ebd., S. 34.
13 Ebd., S. 49.
14 Ebd., S. 50.
15 Richard Ungewitter, Die Nacktheit in entwicklungsgeschichtlicher, gesundheitlicher, moralischer und künstlerischer Beleuchtung, Stuttgart 1907, S. 80; ders., Nacktheit und Kultur, Stuttgart 1913, S. 109.
16 Thomsen, Hermann von Meyer, S. 4ff.
17 Ebd., S. 61.

18 Sebastian Kneipp, So sollt ihr leben! Winke und Rathschläge für Gesunde und Kranke zu einer einfachen, vernünftigen Lebensweise und einer naturgemäßen Heilmethode, Kempten 1889, S. 22.

19 Ebd.

20 Sebastian Kneipp, Das große Kneippbuch. Ein Volksbuch für Gesunde und Kranke, Kempten 1903, S. 338.

21 Kneipp, So sollt ihr leben! S. 23f.

22 Kneipp, Das große Kneippbuch, S. 331.

23 Sebastian Kneipp, Mein Testament für Gesunde und Kranke, 2. Aufl. Kempten 1894 (1.–3. Aufl. 1894), S. 30.

24 Kneipp, Das große Kneippbuch, S. 102.

25 Philo vom Walde (= Johannes Reinelt), Vinzenz Prießnitz. Sein Leben und sein Wirken, Berlin 1898.

26 Kneipp, Das große Kneippbuch, S. 340.

27 Ebd., S. 337.

28 Ebd., S. 340ff.

29 Walter Artelt, Edith Heischkel, Gunter Mann und Walter Rüegg (Hrsg.), Städte-, Wohnungs- und Kleidungshygiene des 19. Jahrhunderts in Deutschland, Stuttgart 1969; Gerd Spelsberg, Rauchplage, Hundert Jahre saurer Regen, Aachen 1984.

30 Siegfried Giedeon, Die Herrschaft der Mechanisierung, Frankfurt/Main 1982, S. 723ff.; die bildliche Darstellung ebd., S. 727.

31 Kneipp, Mein Testament, S. 33.

32 Ebd., S. 34.

33 Fidus (wie Anm. 1).

34 Hellauf zum Leben. Landkommunen in den zwanziger Jahren. Fernsehausstrahlung von Südwest 3 am 16. Juli 1985, 20.15–21.00 Uhr.

35 Wolfgang R. Krabbe, Gesellschaftsveränderung durch Lebensreform, Göttingen 1974, S. 108f.

36 Professor Dr. G(ustav) Jäger's Monatsblatt. Organ für Gesundheitspflege und Lebenslehre, 1. Jg. (1882), S. 190f.; 2. Jg. (1883), S. 87ff.: 4. Jg. (1885), S. 48 und 103.

37 Ebd., 1. Jg. (1882), S. 191.

38 Kneipp, Das große Kneippbuch, S. 99f. und 332f.

39 Krabbe, S. 56ff.

40 Eduard Baltzer, Öffentliche Vorträge über die natürliche Lebensweise, Frankfurt/Main o. J., S. 135.

41 Ebd., S. 52ff.

42 Eduard Baltzer, Vom Wahren Menschentum. Auswahl von Alberich, in: Vegetarische Warte, 64. Jg. (1931), S. 225.

43 Auszüge u.d.T. »Die Begründung des Vegetarismus« aus Franz Walter, Der Leib und sein Recht im Christentum. Eine Untersuchung des Verhältnisses moderner Körperkultur zur christlichen Ethik und Askese, Donauwörth 1907, abgedruckt in: Vegetarische Warte, 62. Jg. (1929), S. 88ff. (Walther polemisiert dort gegen Henry Stephans Salt, Animal's Rights, London/New York 1892, dt. Übers. Das Recht der Tiere, Berlin 1907).

44 Hermann Müller, Der Dichter und sein Guru. Hermann Hesse – Gusto Gräser, eine Freundschaft, Wetzlar 1978, S. 154.

45 Are Waerland, Der Zauberberg im Sagenland, in: Waerlands Monatsmagazin, Mannheim 1952, Heft 10, S. 8.

46 A. Grohmann, Die Vegetarier-Ansiedlung in Ascona und die sogenannten Naturmenschen im Tessin, Halle a. S. 1904, S. 77ff.

47 Ebd., S. 28.

48 Hermann Hesse, Die Morgenlandfahrt. Eine Erzählung, Frankfurt/Main 1977, S. 30.

49 Ebd., S. 69ff.

50 Oskar Maria Graf, Wir sind Gefangene. Ein Bekenntnis, München 1978, S. 429 (über Bekanntschaft mit Gräser S. 457ff.)

51 Hesse, Die Morgenlandfahrt, S. 39 und 87.

52 Ebd., S. 69.

53 Ebd., S. 10.

54 Ebd., S. 32.

55 Ebd., S. 13.

56 Ernst Klee, »Euthanasie« im NS-Staat. Die »Vernichtung lebensunwerten Lebens«, Frankfurt/Main 1983, S. 38ff.

57 Unter den Inflationsheiligen der Weimarer Zeit erlitt etwa Fritz Lang dieses Schicksal.

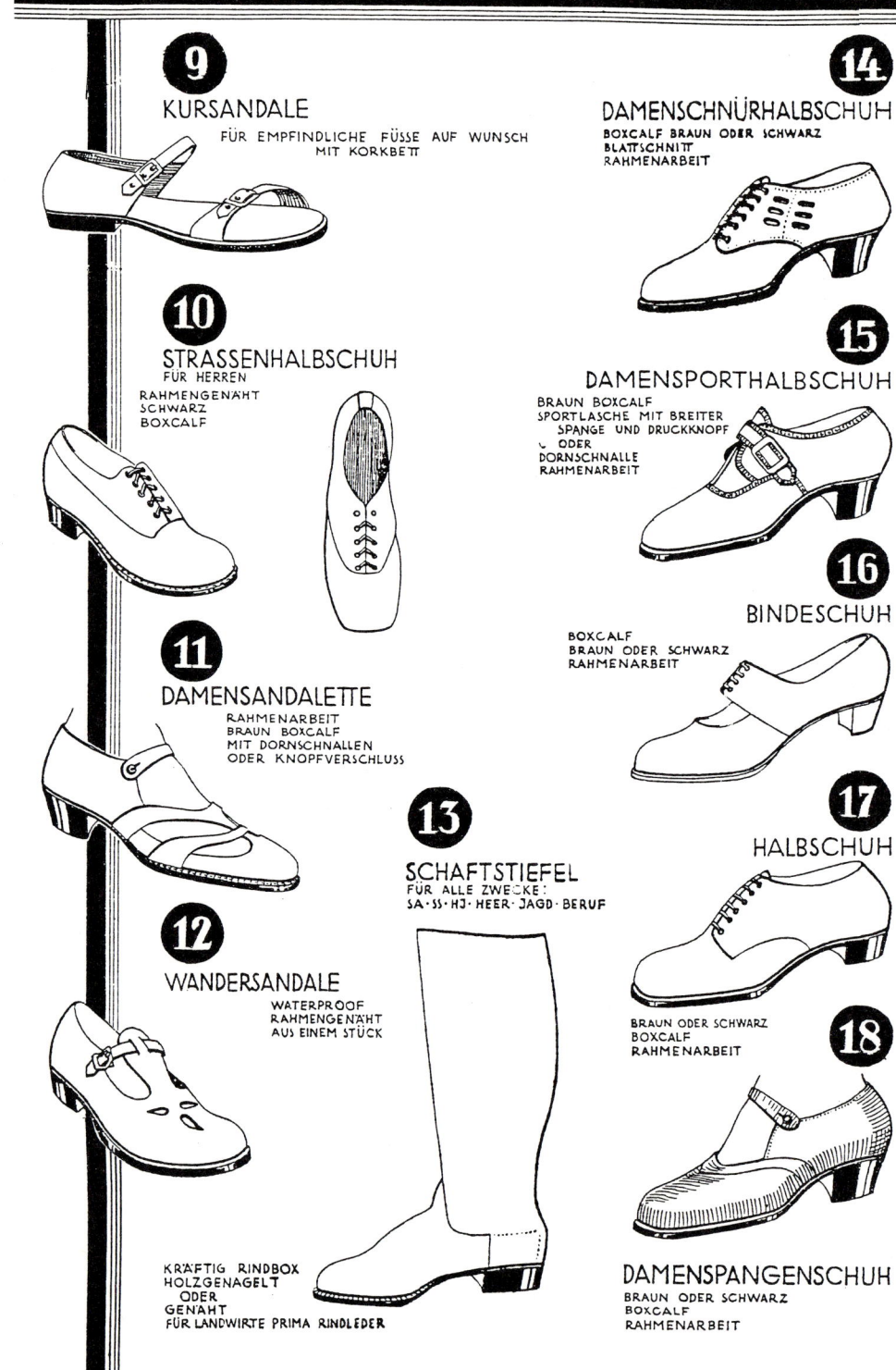

9 KURSANDALE
FÜR EMPFINDLICHE FÜSSE AUF WUNSCH MIT KORKBETT

10 STRASSENHALBSCHUH
FÜR HERREN
RAHMENGENÄHT
SCHWARZ
BOXCALF

11 DAMENSANDALETTE
RAHMENARBEIT
BRAUN BOXCALF
MIT DORNSCHNALLEN
ODER KNOPFVERSCHLUSS

12 WANDERSANDALE
WATERPROOF
RAHMENGENÄHT
AUS EINEM STÜCK

13 SCHAFTSTIEFEL
FÜR ALLE ZWECKE:
SA · SS · HJ · HEER · JAGD · BERUF
KRÄFTIG RINDBOX
HOLZGENAGELT
ODER
GENÄHT
FÜR LANDWIRTE PRIMA RINDLEDER

14 DAMENSCHNÜRHALBSCHUH
BOXCALF BRAUN ODER SCHWARZ
BLATTSCHNITT
RAHMENARBEIT

15 DAMENSPORTHALBSCHUH
BRAUN BOXCALF
SPORTLASCHE MIT BREITER
SPANGE UND DRUCKKNOPF
ODER
DORNSCHNALLE
RAHMENARBEIT

16 BINDESCHUH
BOXCALF
BRAUN ODER SCHWARZ
RAHMENARBEIT

17 HALBSCHUH
BRAUN ODER SCHWARZ
BOXCALF
RAHMENARBEIT

18 DAMENSPANGENSCHUH
BRAUN ODER SCHWARZ
BOXCALF
RAHMENARBEIT

Von Trittlingen und Wandervogelsandalen

Anmerkungen zur deutschen Jugendbewegung: Die neue Zeit kam zu Fuß

Wandervogel-Paar in Festkleidung beim Volkstanz, um 1925

»Fritze Theile war ein ganz fabelhaftes Unikum... Wenn man ihn nun im einzelnen schildern will, kann man ruhig stückweise, meinetwegen unten anfangen, bei den Stiefeln. Diese waren äußerst benagelt, Schnürstiefel, viel zu groß, aber eben darum zusammengeschrumpft, wie altes Leder zusammenzuschrumpfen pflegt. Diese Stiefel waren, soviel ich mich entsinnen kann, mit einer Kilometerchronik versehen. An welcher Stelle des Leders er die jeweilig zurückgelegten hundert Kilometer vermerkte, weiß ich nicht, zumal die Stiefel selber nicht ganz sichtbar waren. Denn über den Stiefeln ringelten sich braune Strümpfe, dicke, quellende, wollene Strümpfe, die aus lauter Kringelringeln, aus rehbraunen Fältchen bestanden, worauf sich dann die Hosen anschlossen oder anringelten, so daß das ganze Untergestell wie irgend etwas Verdorrtes, Ausgetrocknetes aussah, etwas aus elastischer Baumrinde gebaut...«.[1]

So beschreibt Wolfgang Kroug, später ein geachteter Psychoanalytiker und Schriftsteller, einen Freund und Kommilitonen im ersten Marburger Studiensemester 1912. Beide kommen aus dem Wandervogel, der ›ersten Welle‹ der deutschen Jugendbewegung, und mit lebensreformerischem Ernst stampfen sie auf derben Stiefeln oder mit bloßen Füßen in offenen Sandalen, angetan mit kurzen Hosen und lockeren Kitteln, den hutlosen Kopf über dem ›Schillerkragen‹ stolz erhoben, in die feierlich-steife Welt der Universitäten ein.

KOEXISTENZ DER STILE BEIM MUSIKZUG WÄHREND EINES BUNDESTAGES 1920: WANDERSTIEFEL, REFORMSCHUHE, BLOSSE FÜSSE

Die ›alternative‹ Kleidung, der Wanderschuh zumal, ist Identifikationsobjekt nicht nur eines ›fabelhaften Unikums‹, sondern Ausdruck einer jugendlichen Subkultur, die seit der Jahrhundertwende zunächst das wilhelminisch-patriarchalische Deutschland beunruhigt und erschreckt, dann aber zum Inbegriff gesunder Erneuerung und zum Hoffnungsträger einer alternden Gesellschaft wird. »Mit uns zieht die neue Zeit« heißt es in einem der Lieder, in denen sich Selbstverständnis der Jugendbewegung der Kaiserzeit und Zukunftshoffnung der erwachsen Gewordenen der Weimarer Jahre artikulieren.[2]

Die ›neue Zeit‹ der Jugendbewegung – sie kommt, nach einer Ära sprunghafter Industrialisierung und Urbanisierung des Landes, zu Fuß einher. Sie beginnt mit der Stadtflucht junger Leute, zumindest am Wochenende und in den Ferienwochen, und träumt von der Wiederversöhnung von Mensch und Natur. Die modernen Verkehrsmittel dienen allenfalls dem Zweck, der fragwürdig gewordenen Zivilisation schneller zu entrinnen. Gefordert wird der Körper, der Beine hat und Füße zur Fortbewegung.

Das ist, auch wenn es sich seit 1901 ›Wandervogel‹ nennt, beileibe kein Wanderverein und kein moderner Tourismus. Die Anfänge im letzten Jahrzehnt des 19. Jahrhunderts freilich muten ganz und gar harmlos an: Schülergruppen, die freiwillig Stenografieunterricht nehmen, beginnen, in selbstorganisierten Gruppen zu wandern. Man pflegt in dieser neuen Jugendszene romantische Vorstellungen vom mittelalterlichen Scholarentum, nennt sich selbst ›fahrende Schüler‹ oder ›Kunden‹, die nur wenig älteren Anführer ›Bachanten‹, entwickelt einen eigenen Stil der ›Fahrt‹, dies auch als bewußte Abgrenzung gegen die zeitgenössischen Wander- und Touristenvereine; man übernachtet in Bauernhäusern und Scheunen und kocht im Freien, baut Burgruinen, Stadttürme

und verlassene Hütten zu ›Nestern‹ aus.
Bald steht die Abstinenz von Alkohol und
Nikotin in den Statuten der Bünde, eine
provozierende Abkehr vom »Bürger- und
Verbindungsmief« . Und dahinter steckt,
den Akteuren mehr oder weniger deutlich
bewußt, der Elan einer kulturkritischen, ja
kulturrevolutionären Bewegung.

Die liebste Betätigung dieser Jugendbewegung ist immer wieder das Wandern
in der freien Natur: eine literarisch über-
lieferte, keinesfalls originelle, aber in jener Situation begierig aufgegriffene Möglichkeit, sich wenigstens zeitweilig und
räumlich von der Familie und der Schule,
später von der Arbeitswelt zu distanzieren. ›Draußen‹ kann man eigene und neue
Lebens- und Verhaltensweisen entwickeln
und erproben; in den Gruppen der
Gleichgesinnten kann man die »Nest-
wärme in erkalteter Gesellschaft«[3] auskos-
ten, in den Bünden den Protest gegen die
herrschenden Normen artikulieren und
über andere und bessere Formen des
Menschseins nachdenken. Die Ziele sind
meist vage – der Weg, die Bewegung
zählt. »Mit uns zieht die neue Zeit . . .«.

Nun ist die Jugendbewegung durchaus
von dieser Welt, dem Erdboden verhaftet;
und der ist staubig und voller Steine. Das
Bürgerkind der modernen Zeit ist an
Schuhe gewöhnt, mögen die ›Lebensreformer‹ und ›Naturapostel‹ das Barfußlaufen noch so preisen. Die Fragwürdigkeit
dieser Errungenschaft der Zivilisation ist
freilich nicht von der Hand zu weisen. Die
Wandervögel können das in ihren Zeitschriften und Lieblingsbüchern nachlesen.
Seit 1912 veröffentlicht Hans Paasche die
fiktiven ›Briefe des Negers Lukanga Mukara‹ an seinen Häuptling, die über eine
›Forschungsreise‹ ins Land der Wasungu,
nämlich der Deutschen, und die dort vor-
gefundenen Torheiten berichten:

»Über die Füße streifen die Wasungu
enge Gewebe aus Schafwolle, wodurch
sie die Zehen gewaltsam zusammenpres-
sen, so daß es ihnen unmöglich gemacht

SING- UND TANZSPIEL: DIE JÜNGSTEN WANDERVÖGEL, 1921

BEIM FREIDEUTSCHEN JUGENDTAG 1913 AUF DEM HOHEN MEISSNER GEBEN SICH DIE WANDERVÖGEL, LEBENS-
UND SCHULREFORMER EIN STELLDICHEIN. IN DER MITTELGRUPPE: GUSTO GRAESER (MIT BART) UND ALFRED
KURELLA (MIT DEM RÜCKEN ZUM BETRACHTER)

»EIN TREUER WÄCHTER« NANNTE JULIUS GROSS, DER »WANDERVOGEL- FOTOGRAF«, DIESE AUFNAHME, ENT-
STANDEN UM 1920.

wird, sicher zu gehen. Ich hielt den Schmerz nicht aus, als ich es versuchte, die Gewebe an den Füßen zu tragen, und habe den unteren Teil dieser Kleidungs-stücke abgeschnitten, was niemand sehen kann, weil die ganzen Füße in Lederhül-sen stecken, die dicht geschlossen sind. Diese Schuhe spielen in der Bekleidung eine große Rolle. Es klingt unglaublich: Auch die Form der Schuhe wechselt nach der Laune und dem Willen der Handwer-ker, und der Fuß der Eingeborenen muß die seltsamsten Formen annehmen, um in die Schuhe hineingepreßt zu werden. Ich selbst habe mir von einem Handwerker Schuhe nähen lassen, die so groß sind, daß ich meine Zehen darin frei bewegen kann.«[4]

Um die lange Entwicklung einer Ge-schichte vorwegzunehmen: Gedanken und Taten des Lukanga Mukara werden die der Jugendbewegung. Und so wird der Wanderschuh zum mehrfachen Sym-bol der Befreiung. Erlöst von den Qualen des herkömmlichen Marterwerkzeuges, bar der modischen Unterscheidungen nach Stand und Herkunft, schreitet der Besitzer des neuen Schuhwerkes der neuen, er-wartungsgemäß besseren Zeit entgegen.

Den ersten Wandervögeln freilich liegt derartiges ›Problematisieren‹ nicht. Sie se-hen die Angelegenheit von der prakti-schen Seite. Die Füße müssen heil und ge-sund, der ›Unterbau‹ muß praktisch sein, und damit basta. So finden sich in den ei-genen Zeitschriften vor dem Ersten Welt-krieg seitenlange Abhandlungen über Fuß- und Schuhpflege bei den Wande-rungen, verfaßt von Medizinern und er-fahrenen Wanderführern.[5] Allenfalls in ei-ner Fahrtenchronik wird der Schuh auch poetisch gedacht: »Am Schluß der Oster-fahrt sind Lowags ›elegisch eingeknickte‹ Schaftstiefel abgebildet, die mit gesenk-tem Haupte trauern, daß sie nun nicht mehr die schöne Welt durchwandern, sondern in dem langweiligen, staubigen Schuhschrank stehen müssen.[6]

»In keinem Punkte der Bekleidung wird auf Wanderfahrten so sehr gesündigt als in dem der Fußbekleidung«, klagt allerdings noch 1907 ein Autor.[7] Betrachtet man die Anzeigen in den ersten Zeitschriften der Jugendbewegung, so muß man ihm recht geben. Hersteller und Anbieter haben in der neuen Jugendkultur höherer Schüler rasch den interessanten Käuferkreis spezieller Waren entdeckt; ab der ersten gedruckten ›Wandervogel‹-Nummer im März 1904 bekunden sie dies mit Werbung für Kleidung und Rucksäcke, Fotoapparate, alkoholfreie Getränke, Suppentafeln und Erbswürste. Die ›Wanderstiefel‹, die als erster der Steglitzer Schuhmacher Paul Seeger anbietet, kann jeder zünftige Wandervogel bald nur noch höhnisch belachen: Hoch sind die Absätze, schmal und spitz die Füße. Auch die modischen Gummi- und Turnschuhe des Steglitzer Spezialgeschäftes Ludwig Neumüller verschwinden rasch aus den Annoncen. Meister Seeger stellt sich um auf ›orthopädische und naturgemäße Fußbekleidung‹. Und in der Praxis der sich kraftvoll gebärdenden Wandergesellen, auf ihren ›Fahrten‹ und ›Klotzmärschen‹ setzen sich die genagelten Schuhe durch, die man den Bergsteigern abschaut und bald bei speziellen Werkstätten und Versandhäusern beziehen kann.[8]

›Trittlinge‹ mit ›Mausezähnchen‹ heißt dieses Schuhwerk in der Jugendsprache der Wandervögel. Es wird, wie auch die sonstige ›Kluft‹ (›out-fit‹ würde man heute sagen), zum Attribut und Symbol einer neuen Befindlichkeit. Mancher bislang durchaus brave Knabe ist mit seinen Schuhen demonstrativ verwachsen, bekämpft ohne viele Worte, allein durch sein Da-Sein und So-Sein, das bislang gültige Idealbild vom ›edlen Jüngling‹. Der schon zitierte Wolfgang Kroug erinnert sich seiner Schulzeit:

Als wir mit dem Wandervogel in Berührung kamen, erhielt unser dumpfer Instinkt gegen die kulturelle Fäulnis plötz-

FAHRTENBILD, 1914

85

DAS GREIFENHAUS IN HARTENSTEIN, EIN SELBSTVERWALTETER BETRIEB DER JUGENDBEWEGUNG, WIRD ZU EINEM FÜHRENDEN HERSTELLER DER ›LEICHTSCHUHE‹.

lich einen Sinn. Wir schlugen jedenfalls mit einiger sittlicher Beherztheit noch mehr ins Gegenteil des bisher so halbwegs gesitteten gesellschaftlichen Wesens um. So trug ich zum Beispiel tagtäglich mit Paschnägeln versehene sehr große Stiefel, und der Platz vor meiner Schulbank hatte eine ausgehöhlte Stelle, in die sich meine Stiefelnägel immer mehr eingruben. Und ich glaubte, dieses mit Recht zu tun, denn schließlich gehörte der Platz ja mir. Ich liebte breite, englisch karierte Pluderhosen und Wadenstrümpfe. In der Schule hieß ich das Wanderkrokodil. Und nun wurden wir geduckt von einer Lehrerschaft, nicht weil wir lordsmäßig auftraten, sondern weil wir uns urhaft benahmen, so ähnlich, wie man sich vorstellt, daß sich die alten Germanen gebärdet hatten.«[9]

Doch derartige Konflikte sind eher die Ausnahmen. Eltern und Lehrer, Pfarrer und Ärzte trösten sich bald mit den gesundheitsfördernden Aspekten des Wanderns über die groben Sitten der Wandervögel hinweg; die Jugenbewegung wird gesellschaftsfähig, wird integriert. Von der Meisterung allfälliger Gewissensnöte kündet etwa der wohlmeinende Ratschlag des »Briefkasten«-Redakteurs der »Wandervogel«-Zeitschrift an einen jungen Leser in der Dezember-Nummer 1906: »Laß man... Deine Nagelstiefel ausnahmsweise am Tage des Winterfestes hinterm Ofen stehen. Du könntest sonst auf dem Fest den Parquett-Fußboden beschädigen und möglicherweise auch ersetzen müssen.«[10]

»Was schenken wir den Wandervögeln zu Weihnachten??«, fragt »Bundesbruder« Heinrich Eklöh, Chef eines renommierten Reformwaren-Versandhauses, in einer Anzeige die besorgten Eltern. Die Antwort wird leichtgemacht: »Wanderschuhe aus gutem, weichem Leder, welche gleichzeitig auf dem Schulwege getragen werden«.[11] In den zahllosen gedruckten und vervielfältigten ›Ratschlägen‹

zur Ausrüstung für Wandervogelfahrten‹ stehen die ›Schuhe in Fußform, bereits ausgetreten‹, die ›derben, getragenen, gut eingelaufenen Schnürstiefel‹ stets obenan.[12] Und wenn sich die Neuanschaffung nicht vermeiden läßt, soll der Käufer »vor allem sein Augenmerk darauf richten, daß der Fuß – mag der Stiefel so unschön aussehen, wie er will – im Stiefel unangetastet ruht.«[13]

Mit derlei blankem Pragmatismus ist es im Jahr 1913 schlagartig vorbei. Die Lebensreformer bringen den Ruf nach Neuerung und Schönheit in die Jugendbewegung und machen dabei vor dem Wanderschuh nicht halt. Der Maler und Kommunegründer Hermann Pfeiffer veröffentlicht in »Wandervogel in Hessen und am Rhein« eine Serie ›Zur Gestaltung des Kleides‹. Erst bei Berücksichtigung der natürlichen Form des gesunden Fußes »wird der Stiefel eine der künstlerischen Forderungen an die Kleidung erfüllen«, meint der Autor, und diesen Ansprüchen wird kein handelsüblicher Reformschuh gerecht, weshalb Pfeiffer gleich Anleitungen zum Selbstbau von Leisten gibt.[14]

Zum ›Freideutschen Jugendtag‹ im Oktober 1913 auf dem Hohen Meißner, einer aufsehenerregenden Zusammenkunft jugendbewegter, lebensreformerischer und reformpädagogischer Bünde, legen Lotte Frucht und Christian Schneehagen ›Anregungen zur neuen Männer- und Frauentracht‹ vor. Sie bereichern Pfeiffers Vorschläge durch den ›beachtenswerten Reformversuch‹ des ›Zehenkammerschuhes‹ und den Hinweis auf Sandalen: »Vom ästhetischen Standpunkt aus ... sind Sandalen oder Halbschuhe dem Stiefel vorzuziehen, weil sie der anatomischen Gliederung des Körpers viel mehr entsprechen«. »Ist eine Reform der heutigen Kleidung wirklich so wichtig, daß sie

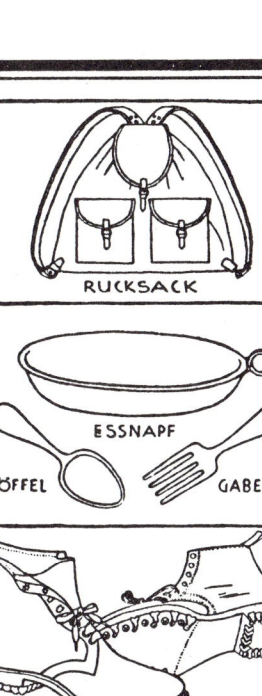
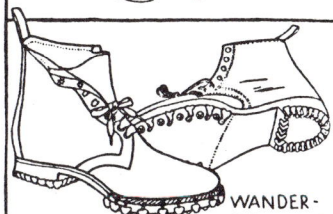
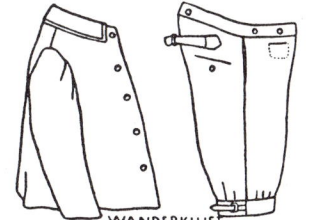
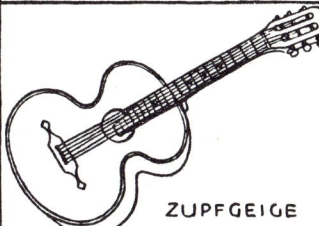
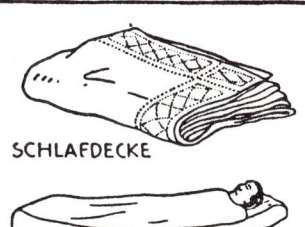

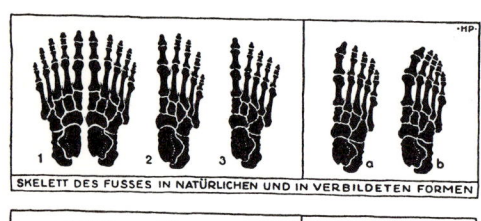

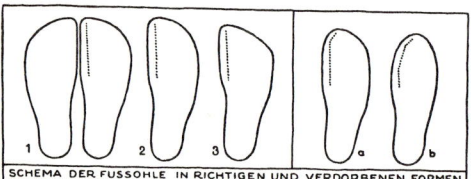

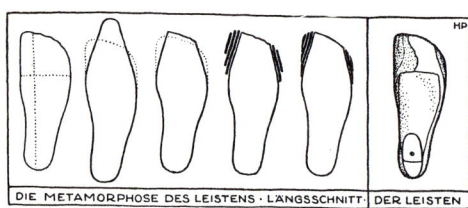

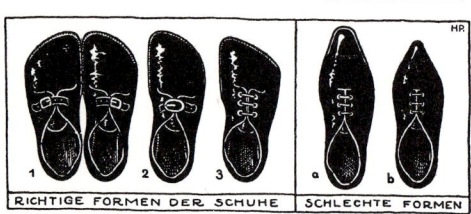

DER KÜNSTLER HERMANN PFEIFFER BEGINNT 1913 MIT DER REFORM DER FUSSBEKLEIDUNG IN DER JUGENDBEWEGUNG. SEIN WEGWEISENDER AUFSATZ WIRD FÜR DEN MEISSNERTAG NACHGEDRUCKT.

F. W. BERNSTEIN

mit einer Jahrhundertfeier, dem ersten gemeinsamen Tage der Freideutschen Jugend, in Verbindung gebracht wird?«, fragen die Autoren. Sie ist es: »Es handelt sich nicht um eine Uniformierung oder Kostümierung, sondern um ein ernstes Suchen nach den Formen in unserer Kleidung, die dem Leben der Freideutschen Jugend und ihrer älteren Gesinnungsfreunde entsprechen. Gesund, natürlich und schön soll unsere Kleidung sein.«[15]

Der Wandervogel-Führer und Kunsthandwerker Friedrich Lamberty, genannt Muck, später ein bekannter Wanderprediger, holt noch weiter aus. Er verkündet eine krude Philosophie von Freiheit und Menschentum, gipfelnd in der Forderung, barfuß zu gehen oder Sandalen zu tragen. »Wir brauchen Freiheit in der Entwicklung, nicht nur an Geist, mehr noch an Körper. Ein frei entwickelter Körper wird sich schon zurechtfinden in all den Lagen des Kampfes um ein ganzes Menschentum ... Man verbirgt allzu gern diese häßlichen Fußformen. Wir können hier Wandel schaffen. Wir können hier endlich mit den Forderungen der vermorschten Gesellschaftssitten brechen. Nehmen wir frisch den Kampf auf. Ihr jungen Leute, zeigt den Alten, daß sie nicht richtig handeln, zeigt den Müttern die Fehler der Kinderschuhe, helft mit bauen und schafft mit ganzer Seele an der Genesung unserer Art ...«.[16]

Jetzt geht es nicht mehr um Schuhe allein, sondern um Weltanschauungen, ja Heilslehren. Auf dem Meißnertag selbst treffen sie aufeinander: Wandervögel in derben Stiefeln, Reformer in offenen Sandalen. Zum Streit kommt es nicht mehr. Bald ist Krieg, da gibt es andere Probleme.

Stichwort Krieg: Jetzt, 1914, zahlt sich die Toleranz der Gesellschaft mit ihrer Jugendbewegung übrigens aus. Die Wandervögel haben keine Anpassungsprobleme mit Soldatenstiefeln und Gepäckmärschen. Geradezu liebevoll klingen kleine Geschichtchen um ›Ein Paar Soldatenschuh‹, von der Front an die Wandervogel-Zeitschrift eingesandt, veröffentlicht neben lang und länger werdenden, eichenlaubumkränzten Gefallenen-Listen ..[17]

Ab 1918 gibt es in den jugendbewegten Blättern eine unübersehbare Fülle von Annoncen für das neue Schuhwerk. Jetzt heißen die Hersteller und Vertreiber ›Dürerhaus‹ und ›Reformhaus‹, ›Jungbrunnen‹ und ›Haus Eklöh – Deutsche Wertarbeit‹ oder ›Deutsche Tracht GmbH‹ . Selbstverwaltete Betriebe der Jugendbewegung wie das ›Greifenhaus‹ in Hartenstein, das ›Landsgemeindehaus‹ in Berlin oder die ›Hanse – Wirtschaftsstelle deutscher Jugendbünde‹ in Spandau steigen erfolgreich in das Geschäft mit ein, haben mitunter sogar Lieferschwierigkeiten, weil es an Leder fehlt oder der Rohstoff immer teurer wird. Ohne Bezeichnungen wie ›Reform-‹ oder ›Gesund-‹ kann jetzt kaum noch ein Produkt bestehen. [18]

›Wanderschuh oder Sandale‹ ist nun nicht mehr die Alternative. Der Anlaß bestimmt das passende Schuhwerk: Großstadtstraße oder Waldwiese, Fahrt oder Fest. Auf die Qualität kommt es an – und auf die richtige Gesinnung und die Tiefe der Weltanschauung:

»Verachtet mir die Meister nicht! Diesen Ruf Hans Sachs' möchte ich Euch entgegenhalten! Seit Jahr und Tag verfolge ich die Überflutung unserer Wanderjugend mit billigem, fabrikmäßigem, schlechtem Schuhwerk. Wißt Ihr denn noch was Meisterarbeit ist? Kennt Ihr noch die Segnungen deutschen Handwerks? Gerade Ihr, deutsche Jungen und Mädel, sollt wieder lernen, Meisterarbeiten des Handwerks zu ehren und – zu tragen. Wenn die Fabriken Euch auch mit ein paar Papiergeldmark ›vorteilhafter‹ bedienen, so können sie doch nicht handfeste Wertarbeit liefern. Seelenlose Maschinenarbeit irgendeines Nichtfachmanns lehrt Euch ja dann auch auf Fahrt und Nest, daß einige Mark mehr dauernde Freude an guter Arbeit handwerklichen Könnens schaffen. Kommt zu mir, ich will Euch Wanderschuhe und vor allem Sandalen liefern, auf die Ihr und das deutsche Handwerk stolz sein müßt.«[19]

In den Zeitschriften geißeln grundsätzliche Aufsätze die Torheiten der Mode, diskutieren Leserbriefe die ›Kleiderfrage‹; Ausstellungen während der Bundestage bieten positive Beispiele.[20] Und eine Schwemme von Broschüren und Büchern klärt die Bündischen auf: »Unseren Leib zu wärmen mag der äußere Zweck der Kleidung sein, der Sinn der Kleidung liegt in der Möglichkeit, den natürlichen Ausdruck der leibhaften Gebärde in die symbolische Darstellung einer geistigen Haltung zu verwandeln ...«.[21]

Eine Zwischenbemerkung sei nicht unterdrückt: Bei so viel Anspruch kann die Wirklichkeit kaum mithalten. Kritik und Spott bleiben nicht aus. Ein Arzt zum Beispiel beklagt »den besonders bei den Mädels unangenehm auffallenden verlatschten Sandalengang«.[22] Für Karikaturisten von ›Simplizissimus‹ bis ›Ulk‹ werden der Nagelschuh oder Sandale zum

Charakteristikum des ewig wandernden, ewig schwärmenden ›Edellatschers‹.[23]

Pfingsten 1933 veranstaltet die freie Jugendbewegung ihr letztes großes Zeltlager auf einem Truppenübungsplatz bei Munster. Einige Tausend Jungen und Mädchen stellen sich in Reihen auf, marschieren in Kluft, mit Fahnen und Wimpeln an ihren Führern vorbei, singen ihre Lieder vom Kampf und von der neuen Zeit. Doch diese Parade der Halbwüchsigen und jungen Erwachsenen ist nur ein Kinderspiel angesichts des Marschtrittes derjenigen, die auf den Straßen und in den Parlamenten schon die Macht haben. Männer in Schaftstiefeln und Gamaschen lösen das Lager von Munster auf.

Drei Jahrzehnte später klagt Franz Josef Degenhardt, ein Wanderer zwischen der historisch gewordenen und einer neuen Jugendbewegung: »Wo sind eure Lieder?«
»Tot sind unsre Lieder,
unsre alten Lieder.
Lehrer haben sie zerbissen,
Kurzbehoste sie verklampft,
braune Horden totgeschrien,
Stiefel in den Dreck gestampft.«[24]

Wanderschuhe müssen wieder zu Ehren kommen.
Das Fußwandern ist ein Gesundbrunnen für Jung und Alt und muß Volkssitte werden.
Dafür bauen wir Jugendherbergen.
RICHARD SCHIRRMANN

Das Deutsche Jugendherbergswerk, ein legitimes Kind der Jugendbewegung, erhebt die Wanderstiefel seines Gründers Richard Schirrmann zum Symbol. Postkarte, o. J.

Anmerkungen

1 W. Kroug, Chronik der Akademischen Vereinigung Marburg, 1928 (Typoskript im Archiv der deutschen Jugendbewegung), Teil I, S. 55f.

2 »Mit uns zieht die neue Zeit« ist Refrain zu dem Lied »Wir« (»Wann wir schreiten Seit' an Seit'«) von H. Claudius, entstanden 1913, ein »Schlüssellied« der proletarischen und der bürgerlichen Jugendbewegung ab 1920. – In diesem Beitrag ist aus Platzgründen nur von der bürgerlichen Jugendbewegung des Wandervogels und der Bünde die Rede. Die aus den Arbeiterbildungsvereinen hervorgegangene proletarische Jugendbewegung entstand aus anderer Lebenssituation, teilte jedoch weitgehend die subkulturellen Formen mit der bürgerlichen Bünden; vgl. Jahrbuch des Archivs der deutschen Jugendbewegung Bd. 10/1978.

3 Formulierung nach einem Titel von G. Kaltenbrunner, Freiburg 1980, über neue Formen von Gemeinschaft in der Massengesellschaft.

4 H. Paasche, Die Forschungsreise des Afrikaners Lukanga Mukara ins innerste Deutschland, Hamburg 1921, S. 32f; vorher in: Der Vortrupp Nr. 11/1912 S. 321ff, hier S. 325.

5 Alt-Wandervogel H. 7/1914 S. 177ff; Wandervogel VdW H. 4/1912 S. 120f; Der Wandervogel (AWV) Nr. 3/1907 S. 38ff.

6 Alt-Wandervogel H. 12/1913 S. 275

7 Der Wandervogel (AWV) Nr. 3/1907 S. 38.

8 Vgl. Die Anzeigenseite in den Wandervogel-Zeitschriften 1904–13.

9 W. Kroug, a.a.O. S. 18.

10 Der Wandervogel (AWV) Dez. 1906 S. 86.

11 Wandervogel (AWV) H. 12/1911, Anzeigenseiten.

12 Akte »Wanderausrüstung«, Archiv der deutschen Jugendbewegung.

13 Der Wandervogel (AWV) Nr. 3/1907 S. 39.

14 Wandervogel in Hessen und am Rhein H. 1/1913 S. 4ff, H. 4–5/1913 S. 53f.

15 L. Frucht / Ch. Schneehagen (Hrsg.), Unsere Kleidung – Anregungen zur neuen Männer- und Frauentracht, Leipzig 1913, S. 6f, 27ff.

16 Körperkultur – Monatsschrift für vernünftige Leibeszucht Nr. 2/1914 S. 36ff.

17 Wandervogel (WVeV) H. 4/1918 S. 82; vgl. Alt-Wandervogel H. 6/1917 S. 136 ff.

18 Vgl. die Anzeigenseiten in: Der Zwiespruch 1920–28, Junge Menschen 1920–28; Akte »Kleiderreform« (Sammlung von Firmenprospekten), Archiv der deutschen Jugendbewegung.

19 Der Zwiespruch Nr. 11/1921 S. 8.

20 Der Zwiespruch Nr. 1/1920, 5/1920, 12/1920, 23/1920, 25/1922, Beiblätter.

21 H. Harmsen (Hrsg.), Kleidung und Körperkultur, Berlin 1928, S. 6f. Vgl. dazu z. B. G. Kilian, Kleider machen Leute – Anregungen und Winke, allen Wandervögeln gewidmet, Hamburg 1920; G. Kilian, Machen Kleider Leute?, Lauenburg 1921. Beispiele für eher praktische Anleitungen: C. Schreck, Frohes Wandern – Anleitungen und Winke für Jugend-Wanderfahrten, Berlin 1920; L. Fulda, Der g'wampet Feldscher – Nothelferbuch für Wandervögel, Leipzig/Hartenstein 1921; R. Runzheimer, Die Jungenkleidung – Allzeit bereit Ausbildungshefte 50, Plauen o. J.; Der Wanderführer – Arbeitsplan und Vorträge aus dem 1. Reichs-Wanderführer-Lehrgang 1926, Hilchenbach 1926; F. Eckhardt, Wandern – Handbuch der Leibesübungen Bd. 7, Berlin 1926.

22 Der Zwiespruch Nr. 92/1925, Beilage »Helfen und Heilen«.

23 Formulierung nach einem Gedicht von E. Weinert, in: E. Weinert, Das Lied vom roten Pfeffer, Berlin 1985, S. 82. 24 F. J. Degenhardt, Spiel nicht mit den Schmuddelkindern, Reinbek 1969, S. 84.

Für Hilfe bei der Materialsammlung dankt der Verfasser Frau Sibylle Kroeschell, Archiv der deutschen Jugendbewegung, Burg Ludwigstein.

Schuhe auf und unter den Bänken:

Schuhe von Schülern

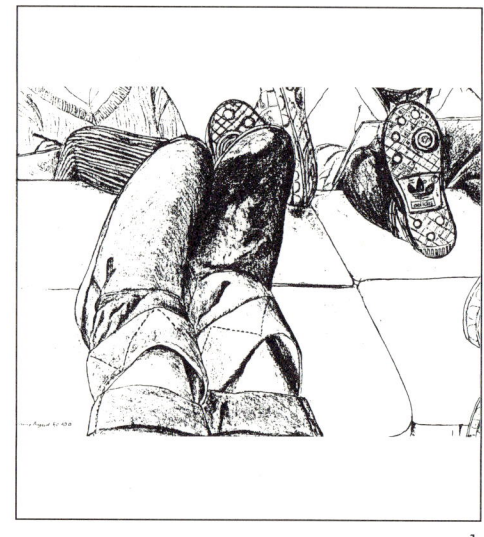

1

2

3

›Turnschuhgeneration‹ – so lautete das Thema einer Bleistiftzeichnung von Schülern einer 10. Klasse des Nelly-Sachs-Gymnasiums in Neuss: »Die Aufgabe sollte den Schülern die Möglichkeit geben, sich beobachtend mit einer Sitz- und Körperhaltung auseinanderzusetzen, die sie immer wieder gerne einnehmen«, so die Lehrerin E. Kirberg (Abbildung 1). Gegenstand dieser Schülerzeichnung sind die lässig auf die Schulbänke gelegten Füße, die Schuhe werden – perspektivisch stark vergrößert – zum Mittelpunkt der Zeichnung. Abbildung 2/3 zeigt das ›Schuhporträt‹ einer 10. Klasse eines Gymnasiums 1987: Die individuellen Schuhmoden werden sichtbar, von modischen Stiefeln bis hin zu den obligatorischen Turnschuhen. Dazu im Kontrast zwei Schulbilder aus der Zeit der Jahrhundertwende: Der Blick unter die Bank eines Klassenphotos aus dem Jahre 1906, entstanden in einer badischen Dorfschule, zeigt auch nackte Füße. (Abbildung 4) Das Photo ist in einer relativ armen ländlichen Gemeinde entstanden. Ganz anders ein Klassenphoto aus dem Jahre 1912, aufgenommen in einer pfälzischen Weinbaugemeinde (Abbildung 5): Die Vergrößerung der Schuhe der drei in der untersten Reihe ganz rechts zeigt ›eisenbewehrte‹ benagelte Sohlen, Schutz gegen eine zu rasche Abnutzung der kostbaren Schuhe.

Ein Bildvergleich

Rita Mielke

URLAUB AUF SANDALEN

Auf leisen Sohlen bewegen wir uns durch den Sommer, Leisetreter, die auf Sonne, Licht und Wärme hoffen. Die Pumps und hochhackigen Sandaletten wandern in die Ecke, das pochende Klack-Klack der Absätze verstummt: Jetzt ist Sandalenzeit. Nach einem Sommer, der wieder keiner war, wollen wir noch einmal raus, in den Süden, in die Sonne, ans Meer. Für vier oder fünf Wochen kommen sie wieder zu ihrem Recht, die derben Kork- und ausgetretenen Riemchenmodelle, die wir mit spitzen Fingern aus der hintersten Ecke des Schuhschranks hervorholen und unbesehen in den Koffer packen. Nein, es ist kein überschwengliches Wiedersehen. Nichts drängt uns, rasch einmal in diese flachen Treter hineinzuschlüpfen, den Stoff glattzustreichen, die Riemchen zu knoten und einen wohlwollend-prüfenden Blick in den Spiegel zu werfen. Wir wissen doch, welcher Anblick uns erwartet. Mit Sandalen ist eben kein Staat zu machen und erst recht keine gute Figur. Der Fuß wirkt unförmiger, das Bein plumper, der Gang schwerfälliger, als uns lieb sein kann. Sandalen sind kein Schmuck für den Fuß und gereichen keiner Frau zur Zierde. Für Sandalen kann man keine Schwäche haben, es sei denn, man gehört zu den Alternativlerinnen, für die die Gleichheit mit dem andern Geschlecht bei den Jesuslatschen beginnt, oder zu den ewigen Gesundheitsaposteln, die sich auf ihrem weichen Fußbett der Eitelkeit der Welt maßlos überlegen fühlen. Sandalen sind reizlos und nichtssagend. Wäre die Kulturgeschichte des Schuhs bei der Sandale stehengeblieben, hätten die Psychoanalytiker auf ein handliches Symbol verzichten müssen. Und ob Wilhelm Meister je eine so unruhige Nacht verbracht hätte, wenn Philine ihm statt ihrer Pantöffelchen ein Paar Bastsandalen ins Zimmer gestellt hätte? Wir jedenfalls wagen uns auf solch flachen Sohlen nicht einmal im Dunkeln auf die Straße. Kein Kleid, keine Hose könnte dieses nichtssagende Etwas an unseren Füßen kaschieren. Und dennoch: Gelegenheit macht Liebe. Weit weg von Heimat und Alltag nehmen wir vieles leichter, nicht zuletzt uns selbst und unsere Eitelkeit. Was gewöhnlich unentbehrlich scheint, ein modischer Schuh als krönender Abschluß der Garderobe, wird, sobald wir die Alpen hinter uns gelassen haben, unwichtig. Nach ganz anderem steht uns jetzt der Sinn. Was kümmern uns die neuesten Rocklängen und Modefarben, wir tragen unsere alten Shorts und T-Shirts und, natürlich, Sandalen. Mit allen Poren wollen wir Sonne tanken und frische Luft, ausgehungert, wie wir sind. Wir wollen den Kopf gründlich durchpusten lassen und, um mit Kurt Tucholsky zu reden, mit der Seele baumeln. Aber nicht nur mit ihr. Auch die Füße und die Zehen sollen wenigstens für ein paar Wochen aus ihren engen Lederfesseln befreit werden, auch sie sollen sich einmal nach Lust und Laune entfalten können. Was dem Kopf und der Seele recht, ist schließlich auch den Füßen billig. Immerhin ruht auf ihnen, seit wir auf eigenen Füßen zu stehen gelernt haben, ein großer Teil Verantwortlichkeit für unser Auftreten. Wie du kommst gegangen... Nun, wir wissen schon. Tagtäglich mit beiden Füßen mitten im Leben zu stehen, leicht erhöht, auf einem, je nach Mode, spitzen oder breiten Absatz, um den Überblick nicht zu verlieren und, ganz nebenbei, unsere weiblichen Reize möglichst vorteilhaft zur Geltung zu bringen, das tut dem Selbstbewußtsein gut, aber es kostet auch Mühe und Anstrengung.

Welche Frau wollte es bestreiten, welche Frau leugnen, daß der alte Friedrich Theodor Vischer durchaus Recht hatte mit seiner eindringlichen Warnung vor den »Stöckeln«: »Längeres Tragen von Stökkelschuhen macht Affenbeine. Der starke Absatz stellt die Ferse höher als den Vorderfuß, stellt also das Schienbein schief und nötigt so das Kniegelenk, mit dem Oberschenkel einen stumpfen Winkel zu bilden, und mit der Zeit wird diese Stellung zur bleibenden werden.« Hand aufs Herz: Ob wohl je ein weibliches Wesen aus Angst vor dem Affenknie statt des modischen Pumps eine derbe Sandale gewählt hat? Haben wir denn überhaupt schon jemals Vernunft walten lassen, wenn es um Fragen der Mode ging? Das tun wir ja nicht einmal dann, wenn wir während der ersten langen Strandspaziergänge schmerzhaft zu spüren bekommen, wie ungewohnt die normale Fußlage für uns ist: Es zwickt im Fuß und in der Ferse, und in den Waden bemerken wir ein unangenehmes Stechen. Aber auch das geht vorbei. Und dann fühlen wir uns auf unseren flachen Tretern plötzlich ganz zu Haus. Welch segensreiche Erfindung eine Sandale im Grunde doch ist: gerade so viel Leder, wie nötig ist, um den Fuß unversehrt über Stock und Stein und Scherben und Dornen schreiten zu lassen, aber gleichzeitig auch so wenig, daß wir noch erleben können, wie empfindlich und empfindsam ein Fuß doch ist, wie genau er registriert, was unter den Sohlen vor sich geht, ob er über warmen Sand oder harten Boden, durch weichen Schlamm oderr steiniges Gelände geführt wird. Wir lernen mit unseren Füßen wieder fühlen, schicken sie auf immer neue Entdeckungsreise. Das beschwingt uns, das weckt neue Lebensgeister. Von Tag zu Tag wird unser Gang befreiter, leichtfüßiger.

Beinahe könnte man das unattraktive Schuhwerk an unseren Füßen übersehen. Es sei denn, wir begegnen irgendwo am Strand einem »Bodenspecht« wie Walsers Helmut Halm, der – weil ihn beim Anblick der »rücksichtslosen Blusen und Hosen« der Mädchen die »Kraft der Verstellung« verläßt – seinem Gegenüber stets auf die Fuß- oder Schuhspitzen sieht. Ob ihm beim Anblick unserer inzwischen braun gebrannten Füße allerdings wohler wird? Ob ihn die Reize des weiblichen Fußes, die er in den offenen Sandalen sehr genau erahnen kann, wirklich kalt lassen? Vielleicht flüchtet er in die Sachlichkeit, hält einen wohlgesetzten Vortrag über den historischen Ursprung unseres Riemchenmodells, über die Sandale als Urschuh, wie er schon in der Antike bekannt gewesen sei und den Griechen und Römern bei so mancher Eroberung gute Dienste geleistet habe. Wir nehmen das zur Kenntnis und können unsere Sandalen künftig in dem Bewußtsein ausführen, sie an ihren Ursprung zurückgeführt zu haben.

Nicht allein deswegen ist es eine schöne Zeit, die wir auf Sandalen verbringen. Alle Wanderungen haben wir gemeinsam unternommen, Wind und Wellen, Regen und Sonne gemeinsam überstanden. Dabei haben wir unsere flachen Treter schätzengelernt. Fast bedauern wir, sie nach fünf Wochen zurück in den Koffer legen zu müssen. Aber vielleicht sind wir ja gerade deshalb so gut und unbeschwert mit ihnen ausgekommen, weil wir immer gewußt haben, daß unsere Sandalenzeit begrenzt ist und weil wir sie nicht mit dem Gedanken an Dauer und Haltbarkeit haben. »Für fünf Wochen«, schreibt Tucholsky in seiner Sommer- Urlaubs-Liebes-Geschichte »Schloß Gripsholm« , »für fünf Wochen geht manches gut, da geht alles gut... Kurzes Glück kann jeder. Und kurzes Glück: es ist kein anderes denkbar, hienieden.«

(Diesen Beitrag entnahmen wir mit freundlicher Genehmigung der Autorin dem Frankfurter Allgemeine Magazin vom 28. 8. 87)

Barbara Tietze

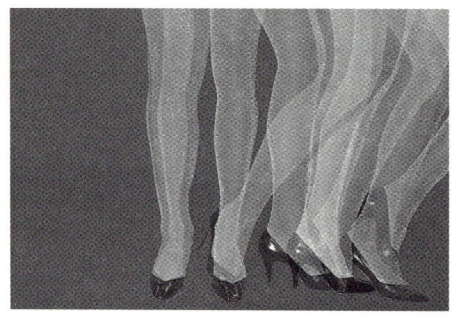

Der menschliche Gang

Gegenstand ergonomischer Forschung

Die Biomechanik des menschlichen Ganges ist eine verzwickte Sache. Jeder Versuch einer Beschreibung muß da unzulässigerweise vereinfachen. Obwohl das Gehen auf den verschiedensten Untergründen, bei unterschiedlichen Klima- oder Bewegungsbelastungen, mit Schuhen oder auch ohne zu unterschiedlichen Erfahrungen führt, kann man die auslösenden Qualitäten und die damit einhergehenden Empfindungen nur schwer in Worte fassen. Das mag daran liegen, daß wir nicht geübt sind, solcherart Komfort- und Diskomfort-Erlebnisse mitzuteilen und das unsere Sprache wenig brauchbare Begriffe bereithält, wenn es um unser körperliches Wohlbefinden geht.

Ersatzweise forscht die Wissenschaft. Die vermeidet die Grauzonen der persönlichen Selbsterfahrung und schafft Schwarz-Weiß-Bilder mit dem Geruch von Tatsachen. Die Ergonomie des menschlichen Ganges wird zu einer Lehre maschinenartiger Bewegungsabläufe. Eine Maschine – so glaubt der Techniker – unterliegt den Gesetzmäßigkeiten der Physik.

Diese Art Forschung also widmet sich nicht dem Leben, sondern einem Ersatz, der sich ›wissenschaftlich‹ besser handhaben läßt. Das wäre nicht weiter fatal, wenn die ersatzweise gefundenen Einsichten dort verblieben, wo sie gewonnen werden. Tatsächlich jedoch wirken die Planspiele auf das Leben zurück. Der Forschungsgegenstand dieser Wissenschaft ist eine theoretische Konstruktion. An Stelle von Menschen untersucht man eine anatomische Marionette, die sich mit statistischer Logik und unter dem Verbrauch von Kalorien fortbewegt.

Entscheidend für diese wissenschaftlichen Aussagen ist ihr Zweck. Mit einer scheinbar wertfreien Grundlagenforschung fängt die Wissenschaft vom Gehen gegen Ende des letzten Jahrhunderts an. Tatsächlich jedoch stehen dahinter militärische Interessen. Man suchte die

Marschleistungen der Artillerie zu verbessern, wollte zwischen der Leistungsfähigkeit von Artillerie und Kavallerie abwägen. Die Konkurrenz zwischen Mensch und Pferd wurde auf dem Feld der Naturwissenschaften ausgetragen: Der gehende Mensch leistet lediglich ein $1/15$ PS.

Bis heute sind die Militärs die Hauptinteressenten an der Gehforschung. Jüngstes Ergebnis dieser Entwicklungen ist der modulare Schuh, ein baukastenartig auch an extreme ökologische Bedingungen anpaßbarer Stiefel, der aufgrund der jüngeren Erfahrungen im Südatlantik von englischen Ergonomen vorgeschlagen wurde. Es ist ein Schuh, der die klassische Kombination Socken/Stiefel durch eine flexiblere und besser schützende Fußbekleidung ersetzen will. Ergonomische Veröffentlichungen lassen den Falkland-Krieg als Glücksfall der experimentellen Schuhforschung erscheinen.

Die Wissenschaft erleichtert den Militärs ihre Planung. Als noch zumutbare und deshalb korrekte Marschgeschwindigkeit legte die deutsche Heeresführung im Ersten Weltkrieg aufgrund arbeitsphysiologischer Untersuchungen 10 Min 48 Sek. pro Kilometer bei einer Schrittlänge von 80 cm und 114 Schritten in der Sek. fest. Ein Mann, der normmäßig gebaut ist und sich normmäßig bewegt, hat bei einem Kilometer Marschweg dieselbe Arbeitsleistung erbracht, wie ein Mann, der 83,3 m senkrecht hochgestiegen ist. So werden am Schreibtisch Berge versetzt.

Der Gepäckmarsch wird unrationell, wenn Soldaten mehr als 43 % ihres eigenen Körpergewichts tragen müssen. Für

die Anthropometrie, für die Statistik, für Ausstattungsplaner und Rucksackfabrikanten ist das ein Anlaß für endlose Planspiele um die großmaßstäbliche Verschiebung von Mensch und Gepäck. Wie schwer darf der Stahlhelm sein, wenn das deutsche Heer zu Fuß beweglich bleiben möchte? Wie optimiert ein deutscher Mann seine Erholungsleistung? (Er spaziert mit ausholenden Schritten von 58 cm und einer Schrittfrequenz von 87 Einheiten pro Minute . . .)

Über solchen Unfug kann man den Kopf schütteln. Es werden jedoch hier Erkenntnisse erzeugt, die unsere Umwelt prägen. Schon frühe arbeitsphysiologische Untersuchungen setzten die verbrauchte Energie des Fußgängers in Wegmeter um und stellten fest: die freie Chaussee ist besser als der Grasweg. Weiche und unebene Wege machen das Gehen unrationell und gehören deshalb nicht in die fortschrittliche Stadt. Gartenbau- und Stadtplanungsämter vollenden das Planspiel.

Sportlehrer taten das ihrige. Schon in der Schule sollte das deutsche Volk zu einem großschrittigen, schnellen, elastischen und ausdauernden Gehen erzogen werden. Das Leitbild vom deutschen Mann, der mit seinen beiden großen Füßen fest auf deutschem Boden steht und sich mit entschiedener Freude an militärische Vorschriften, DIN-Normen und andere Gesetze anpaßt, hat seine Antipoden: den Eingeborenen und die Frau.

Um deren Andersartigkeit zu beschreiben, stellt die Wissenschaft ein neuartiges Repertoire von Begriffen zur Beschreibung des menschlichen Ganges auf. Da wird zwischen Stützbein und Hangbein, Stoßbein und Umsetzbein unterschieden, zwischen Pendel- und Amortisationsbewegungen, zwischen vertikalen, horizontalen und resultierenden Kräften, die Druckmaxima und die verschiedenen lateinischen Bezeichnungen für Knochen, Muskeln und Sehnen – die Bewegungsrichtungen im Raum nicht zu vergessen.

Die Fortbewegung der Eingeborenen ist das Schleichen oder der Beugegang. Bei der Abwicklung der Fußsohle von der Ferse über den äußeren Fußrand zur Spitze des Großen Zehs setzt der Indianer seine Füße nicht auswärts, sondern geradeaus gerichtet in der Gehlinie auf. Das führt zu einer ganz und gar unzivilisierten Körperhaltung. Die Körperlinie hat unschöne Winkel in Knie, Ellenbogen und Hüfte. Oberkörper und Kopf sind vornübergeneigt. Der Blick haftet auf dem Boden. Die Ausdruckspsychologie liefert das Charakterbild in Ergänzung zur Biomechanik: verschlagen, unehrlich, unterwürfig, mutlos. Das ist das Gegenteil von dem, was der Herrenmensch sich selbst zuschreibt.

Nicht weniger abwertend und bar jeder Einsicht in die weibliche Biomechanik sind die wissenschaftlichen Äußerungen über das Gehen der Frau. Frauen werden als törichte Spezies Mensch dargestellt, die den unbegreiflichen Lockungen der Mode auf den Leim gehen und auch noch vorsätzlich ihre von Natur aus so und so schwankende Gesundheit ruinieren. Das ist schlecht, doch auch anständigstes Schuhwerk hilft den prinzipiellen physiologischen, psychologischen und anatomischen Mängeln nicht ab: Frauen sind als kurz- und x-beinige, trippelschrittige, immer unfallgefährdete, generell leistungsgeminderte und unvernünftige Bevölkerungsgruppe zu betrachten.

Tatsächlich rutschen Frauen in den z. B. normmäßig gepflegten Fluren des Öffentlichen Dienstes öfter aus als Männer. Wo-

ran liegt das? Eine besondere Spezies von Gehforschern widmet sich der Bodenschlüpfrigkeit. Hier werden Untersuchungen angestellt, die der Prophylaxe gegen das Stolpern, Ausrutschen und Hinfallen dienen.

Aus diesen Forschungen ging eine sinnreiche Konstruktion hervor, das sogenannte ›Glätteprüfgerät‹, ein unerläßliches Instrument der Selbstverteidigung für jeden sicherheitsbewußten Verwalter von Büroräumen. Das ist ein Instrument, das nach komplizierten Vorgaben den Reibekoeffizienten zwischen Fußboden, einem Normschuh und einem normalen Träger in Zumutbarkeitsdaten übersetzt und im Einzelfall ablesbar macht, ob in Sachen Bodenpflege vielleicht doch zuviel des Guten getan wurde.

Dieser Normschuh der Glätteprüfung indes ist eine Simulation, und wenn überhaupt schuhähnlich, dann männlich. Weder in Sohlen- und Absatzform noch in dem Sohlenmaterial noch im Gehverhalten hat dieser Menschenersatz etwas mit dem zu tun, was an normalen Frauenfüßen passiert. Auch wenn Frauen reihenweise hinfallen, zeigt das Glätteprüfgerät mit seinem Normschuh noch eine zumutbare Glätte an.

Tatsächlich aber sind durch die verringerte Standfläche des weiblichen Schuhs die hier auf den Boden einwirkenden Kräfte höher als von den Schlüpfrigkeitsforschern veranschlagt. Mit der Reibung entsteht Hitze und schon steigert sich der Forschungsbedarf ins Gigantische. Die Hitze führt zu chemischen Reaktionen und damit wird die Physik, die eine logische Beziehung zwischen Druck und Reibung aufstellt, außer Kraft gesetzt. Die neuen Kunststoffmaterialien für Schuhsohlen führen unter extremen

Druckbelastungen zu thermisch bedingten chemischen Reaktionen, die plötzliche Glätte entstehen lassen und das Gehen auf einem DIN-mäßig frischgebohnerten Fußboden zu einer extrem riskanten Sache machen. Das gilt in einem gewissen Ausmaß zwar auch für Männer; für Frauen jedoch gilt das ganz eklatant.

Doch auch wenn Frauen fallen – die DIN-Norm steht. Die Betroffenen laufen zwar Sturm gegen die verheerende Kombination von Schuhsohlen, Putzkolonnen, Bohnerwachs und Linoleum. Doch weder Erfahrung noch bessere Einsicht noch gesunder Menschenverstand haben gegen die Charlie-Chaplin-Meßwerte des deutschen Glätteprüfgerätes eine Chance. Noch also hat das Batallion der Hausmeister im Kampf gegen die Verursacher von Hausmeisterarbeit die besseren Karten.

Den Frauen bleibt angesichts dieser Haustechnik eine Entscheidung zwischen dem Unfallrisiko oder Wander- bzw. Turnschuhen, die Wahl also zwischen angeblicher ›Unvernunft‹ und ›spießiger‹ oder laxer Kleidung. Das betont ihre Außenseiterrolle in den noblen Schlips-und-Kragen-Gesellschaften der oberen Etagen, für die jede Abweichung von der Konvention eine Bedrohung der Arbeitsdisziplin darstellt. Doch nicht allein wegen Status, Konvention und modischer Anpassung tragen Frauen hochhackige Schuhe, sondern auch aus teilweise sehr handfesten ergonomischen Gründen.

Was passiert beim Gehen auf hochhackigen Schuhen? Die Auflagefläche der Füße wird im hochhackigen Schuh verkleinert. Ballen und Zehen werden damit besonders belastet. Die Unsicherheit von Gleichgewicht und Gang wird durch bewußte Körperlichkeit und de-

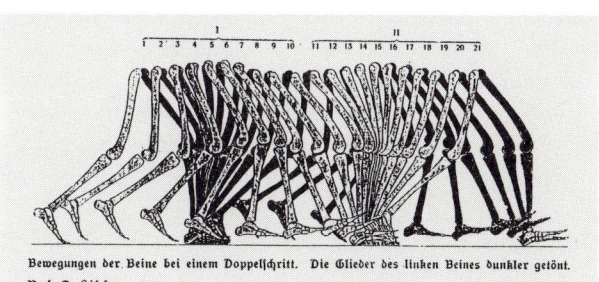

Bewegungen der Beine bei einem Doppelschritt. Die Glieder des linken Beines dunkler getönt. Nach O. Fischer.

ABB. LINKE SEITE: AUS DEM EXPERIMENT S. 98; BILD LINKS: BEWEGUNGEN DER BEINE BEI EINEM DOPPELSCHRITT. DIE GLIEDER DES LINKEN BEINES DUNKLER GETÖNT.

monstratives Balancieren ausgeglichen. Das läßt sich u. a. an den angewinkelten Armen und ihren gekünstelt wirkenden Bewegungen ablesen. Dennoch ist die Stolpergefahr erhöht. Das wiederum erfordert eine erhöhte Aufmerksamkeit. Das »rehhafte« Verhalten mancher Frauen findet – so besehen – eine ergonomische Erklärung.

Der Fuß im hochhackigen Schuh kann, anders als beim Gehen auf flachen Schuhen, nicht abgerollt werden. Dadurch verkürzt sich die mögliche Schrittlänge. Mit dem Anheben der Ferse wird der Schwerpunkt des gesamten Körpers nach vorn verschoben. Das hat Auswirkungen auf die Körperhaltung. Der Eigenversuch demonstriert: auf einem hochhackigen Schuh kann man nicht gut wie ein Storch stehen. Durch die Massenverteilung und die damit provozierte Biomechanik der weiblichen Bewegungen wäre dann die Körperbalance gefährdet. Das extreme Experiment erklärt die alltägliche Beobachtung. Beim Gehen auf hochhackigen Schuhen wird das Knie des ›Spielbeines‹ weniger stark angewinkelt als beim Gehen auf flachen Schuhen. Daraus folgt, auf hohen Hacken wird der Schritt stärker aus der Hüfte heraus gesetzt als auf flachen. Die unterschiedlichen Hüftbewegungen beim Gehen auf flachen und hochhackigen Schuhen lassen sich gut an entsprechenden Bewegungsstudien ablesen.

Um der Schrägstellung des Fußes auf hohem Absatz und dem durch die geringe Standfläche labilen Gleichgewicht gegenzusteuern, müssen Fußgelenkbänder und Waden eine starke Haltearbeit leisten. Das läßt sich u. a. am Muskelaufbau der Unterschenkel erkennen. Das Bein wird plastischer. Durch die Dehnung des Spanns und die Haltearbeit gegen das labile Gleichgewicht wird die Wadenmuskulatur zur Kontraktion gezwungen. Diese Belastung der Wadenmuskeln ist im Prinzip relativ unproblematisch, da es sich

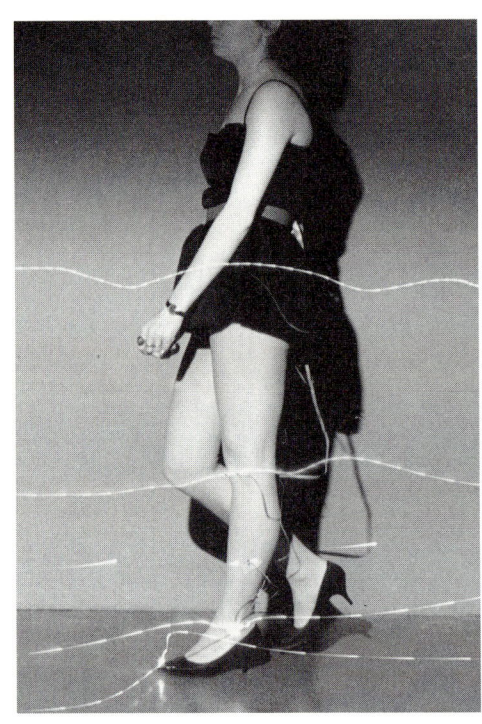 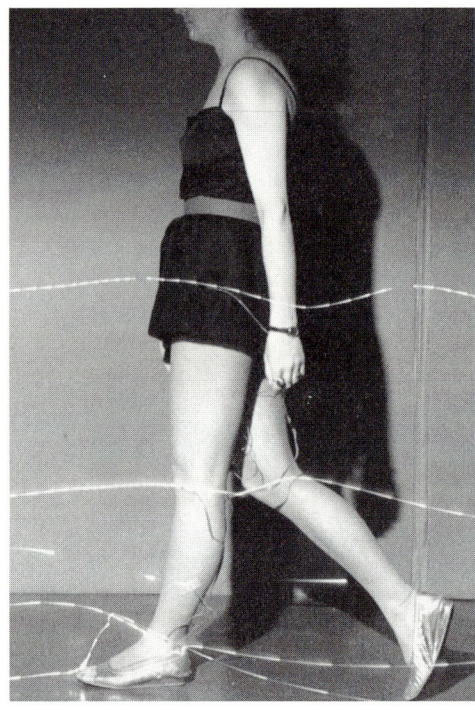

beim Gehen um eine dynamische Arbeit handelt, die Muskeln sich also immer wieder entspannen. In stehenden Berufen indes kann damit auch eine anatomische Veränderung einhergehen, die die alternde Frau in ihren Verhaltensalternativen einschränkt.

Damit sie wegen des vorgeschobenen Körperschwerpunktes nicht vornüberfällt, muß die Frau auf hochhackigen Schuhen die Kniegelenke des Standbeines etwas beugen. So wird der Schwerpunkt nach hinten verschoben. Das Becken kippt nach vorn und der Oberkörper steuert dieser Bewegung durch die S-förmige Ausbildung der Lendenwirbelsäule (Lordose/Hohlkreuz) gegen. Die Konturen des Frauenkörpers werden damit sowohl in Gesäß- als auch Brustregion plastischer. Durch Druck, Anspannung und Gleichgewichtsleistungen wird ein Körperbewußtsein vermittelt, das sehr stark mit der sozialen Rolle der Frau verknüpft ist. Hochhackige Schuhe zwingen zu einer Haltung, die sexuell wichtige Körperre-

gionen (Beine/Brust/Gesäß) betont. Das objektiv labile Gleichgewicht signalisiert Hilflosigkeit und läßt den Griff nach dem männlichen Arm als natürliche und notwendige Geste erscheinen. Das sind Manipulationen des Lebensgefühls, die in ihrer Drastik eindeutig emanzipationsfeindlich sind. Gleichzeitig jedoch geht mit dem Tragen hochhackiger Schuhe ein Wohlgefühl einher, das die gesundheitsbewußten Reformbemühungen gegen den hohen Absatz auch wieder einseitig und tendenziös erscheinen lassen. Und das liegt nicht allein am Triumph über die Körpergröße. Vielmehr sind hier auch rein ergonomische Qualitäten im Spiel.

Hochhackige Schuhe erbringen Leistungen, die auch eine körperliche Ausgleichsfunktion haben. In Ermangelung von Fußstützen dienen hochhackige Schuhe dem Ausgleich von Sitzhöhen. Sie entlasten den Oberschenkel auf Bürostühlen, die oft aus Gründen der Anpassung an Maschinenhöhen zu hoch eingestellt sind.

Vor allem jedoch hat das Gehen auf hochhackigen Schuhen ausgesprochen entlastende Effekte auf die durch sitzende Arbeit vor Schreibmaschinen und Datensichtgeräten einseitig beanspruchte Wirbelsäule (Kyphose/Rundrücken). Hochhackige Schuhe zwingen beim Gehen und Stehen zu einer Haltung, die nach Stunden den Sitzens vor Schreibmaschinen und Datensichtgeräten eine wohltuende Ausgleichsübung darstellt. Die Beinmuskulatur wird trainiert. Das Becken wird gezwungen, sich aufzurichten. Die daraus resultierende Gegenbewegung der Wirbelsäule (Lordose) bildet einen Ausgleich gegen die Bandscheibenbelastung bei sitzenden Tätigkeiten. Der Schuh zwingt zu einer Streckung des Oberkörpers. Zwangsläufig führt das zu einer Haltung nach dem Motto »Brust und Po raus«. Die oft karikierte Sekretärin mit Hohlkreuz, vorgerecktem Busen und dickem Po ist insofern nicht das vordergründige Opfer einer verfehlten modischen Anpassung. Sie ist ganz einfach eine Frau, die sich zu helfen weiß, indem sie die einseitige Belastung durch Maschine und Drehstuhl gezielt ausgleicht.

Mit Sicherheit effizienter als ein Acht-Stunden-Tag auf teuren und angeblich die Haltung fördernden Bürostühlen, ist eine informelle Büroorganisation, die es immer wieder möglich und sinnvoll macht aufzustehen und kleinere Wege zurückzulegen. Besonders das Gehen auf hochhackigen Schuhen ist so etwas wie eine Gegenübung zur körperlichen Belastung an Büroarbeitsplätzen. Es beansprucht Muskeln und Bänder, die in der verkrampften Haltung an der Maschine und durch das Dauersitzen nicht ausreichend belastet werden. So betreiben Frauen eine intuitive Haltungsprophylaxe.

Auch die Ausgleichsübung allerdings verliert – wie alles, was zum Zwang wird – ihren entlastenden Charakter, wenn die hohen Absätze zu hoch sind, zu ausschließlich und zu lange getragen wer-

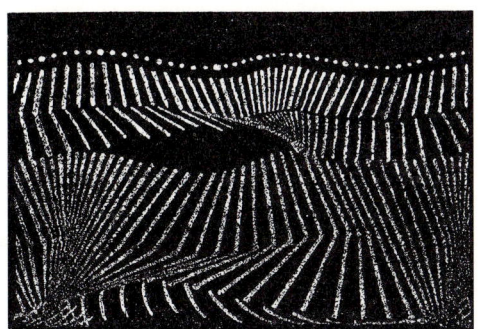

Fig. 9. Reihenbild der Bewegungen der rechten Körperhälfte des Menschen beim Gehen.

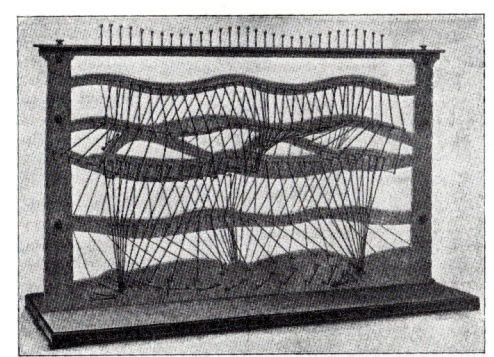

Fig. 10a. Räumliches Modell des Ganges des Menschen, von der Seite.

den. Wie bei allem, was für den Menschen gut ist, führt der Mißbrauch zu gravierenden Gesundheitsschäden. Mit der situativen Überdehnung geht die Gefahr des Umknickens einher. Es können bei Dauerbelastung irreversible Verkürzungen von Sehnen und Muskeln im Wadenbereich entstehen. Auch ein Hohlkreuz führt auf Dauer zu Beschwerden. Diese Probleme sind besonders gravierend, wenn schon Haltungsschäden da sind bzw. Frauen älter werden. Frauen sind insofern auch Opfer technischer Entwicklungen, die ihnen Entlastungstechniken nahelegen, die ihrerseits nicht unproblematisch sind.

Zusammenfassend müssen wir feststellen, daß die Untersuchungen des menschlichen Gehens einen vergleichsweise repräsentativen Einblick in die Denkungsart der Ergonomie erlauben. Probleme entstehen durch die fehlgeleiteten Vorstellungen von dem, was ›wissenschaftliche‹

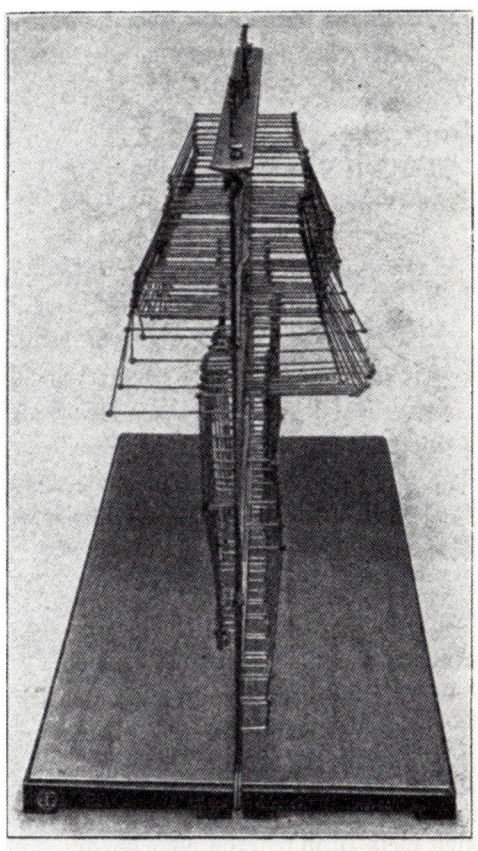

Fig. 10b. Räumliches Modell des Ganges des Menschen, von vorn betrachtet.

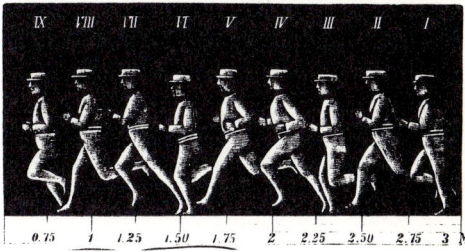

FIG. 9: REIHENBILD DER BEWEGUNG DER RECHTEN KÖRPERHÄLFTE DES MENSCHEN BEIM GEHEN; FIG. 10A: RÄUMLICHES MODELL DES GANGES DES MENSCHEN, VON DER SEITE; FIG. 10B: RÄUMLICHES MODELL DES GANGES DES MENSCHEN, VON VORN. ABB. LINKE SEITE: AUFNAHME AUS DEM AUF S. 98 BESCHRIEBENEN EXPERIMENT

bzw. ›gesicherte‹ Erkenntnisse sind. Probleme entstehen zudem durch die Dominanz männlicher bzw. auch militärischer Interessen. Die fehlgeleitete Erkenntnisproduktion einer Scheinwissenschaft führt zu verständnislosen Planungen, menschenfeindlichen Umwelten und einer törichten Form der Arbeitsorganisation. Das gilt für Frauen mehr als für Männer. Doch auch die Männer würden ihre Situation bei einer Sensibilisierung der Ergonomie für die tatsächlichen Fragen des Lebens erheblich verbessern.

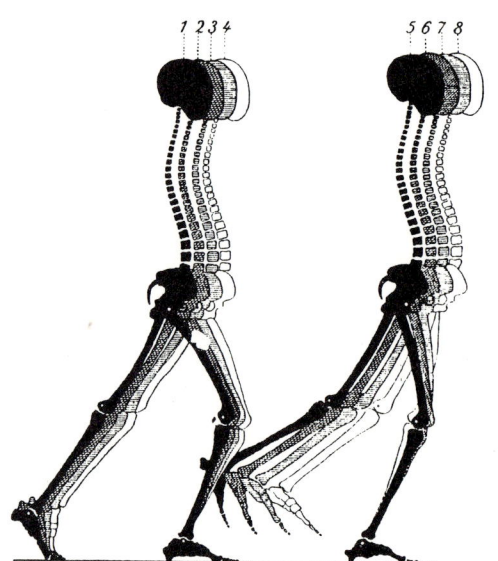

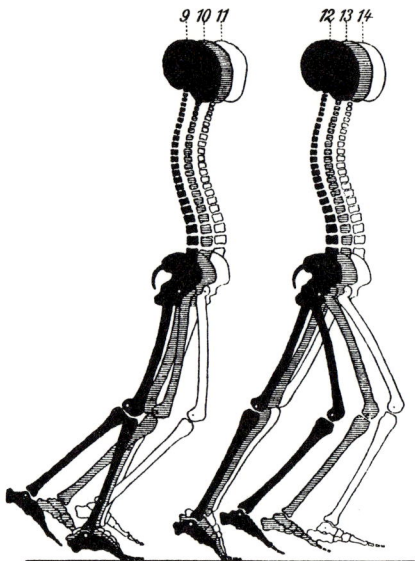

DER GEWÖHNLICHE GANG. ERSTER SCHRITT, ERSTER TEIL.

ZWEITER TEIL DES ERSTEN SCHRITTES

ANHANG: ZUR METHODIK DER UNTERSUCHUNGEN

In der wissenschaftlichen Methodik hat sich die Lehrwerkstatt Ergonomie der Hochschule der Künste, Berlin, aus ebenso lebenspraktischen wie erkenntnistheoretischen Vorbehalten vom ingenieurs- und naturwissenschaftlichen Ansatz der konventionellen Ergonomieforschung entfernt. Statt dessen wird ein Arbeitsstil gepflegt, der ein wenig der Kriminalistik oder auch der Ethnologie gleicht.

Auch bei der Untersuchung des Gehens veranlaßte die Komplexität der in Frage stehenden Probleme zu ganzheitlichem Vorgehen. Beobachtung und Selbstbeobachtung, qualitative Einschätzung des individuellen Ablaufgeschehens, Hypothesenbildung, Überprüfung der Hypothesen durch eine verobjektivierende aber auch anschauliche Aufzeichnung der Bewegungen. Wir versuchten möglichst präzise und umfassend festzuhalten, was für Bewegungen eine Frau macht, die geht. Zu diesem Zweck fertigten wir u. a. Videoaufnahmen und fotografische Bewegungsaufzeichnungen mit Hilfe blinkender Lämpchen an. Die sog. ›motografische‹ Bewegungsuntersuchung setzt den zeitlichräumlichen Bewegungsablauf in Lichtimpulse um. Die im Text enthaltenen Interpretationen sind Ergebnis umfangreicher Versuche, die Qualität der dabei entstehenden Bewegungslinien nachzuempfinden.

Wir nutzten Video und Motografie als Anstoß für die einfühlende Beobachtung, als Mittel zur Strukturierung von Wahrnehmungen und schrittweisen Annäherung an das Bewegungsgeschehen. So, wie wir die Motografie einsetzen, handelt es sich um ein Verfahren zur Erleichterung von intuitiver Erkenntnis und Gesprächen und nicht um eine Meßtechnik.

An Fußspitze, Knöchel, Knie und Hüfte der Versuchspersonen montierten wir kleine, blinkende Lämpchen, so daß die Bewegung des jeweiligen Körperteils bei einer fotografischen Dauerbelichtung als unterschiedlich gepunktete/gestrichelte Linie auf einem Bild festgehalten werden kann. Der Linienverlauf läßt Rückschlüsse auf die Bewegungscharakteristika der jeweiligen Versuchsbedingung zu. Die Geschwindigkeit läßt sich an der Punktdichte ablesen: Je dichter die Punkte, desto schneller die Bewegung. Um den Vorgang nicht in absoluter Dunkelheit ablaufen lassen zu müssen, wurde der abgedunkelte Raum mit Gelblicht ausgeleuchtet, das durch einen speziellen Filter aus dem Foto ausgeblendet wird. Mit einem einmaligen Blitz wurde die Gesamtsituation festgehalten. Zur besseren Einschätzung von Zeitabläufen wurde eine viermal pro Sekunde blinkende Lichtquelle in Wadenhöhe angebracht, deren Signale eine Orientierung für die Auswertung bieten.

Es waren an diesen Untersuchungen und den entsprechenden Diskussionen, die wir seit mehreren Jahren führen, zahlreiche Studenten und Studentinnen des Studiengangs Industrie-Design an der HdK Berlin beteiligt. Lehrende, die solche Studien mitbetreuten und denen ich meinen Dank aussprechen muß, sind Eckard Baum, Maria Elsell, Elke Nord und Helga Schneider.

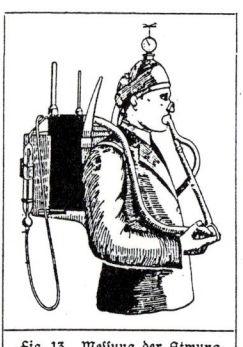

Fig. 13. Messung der Atmung am marschierenden Menschen.

BARBARA TIETZE

DIE HAUSSCHUH-PEEPSHOW:

ZEIGE MIR DEINE HAUSSCHUH UND ICH SAGE DIR, WER DU BIST . . .

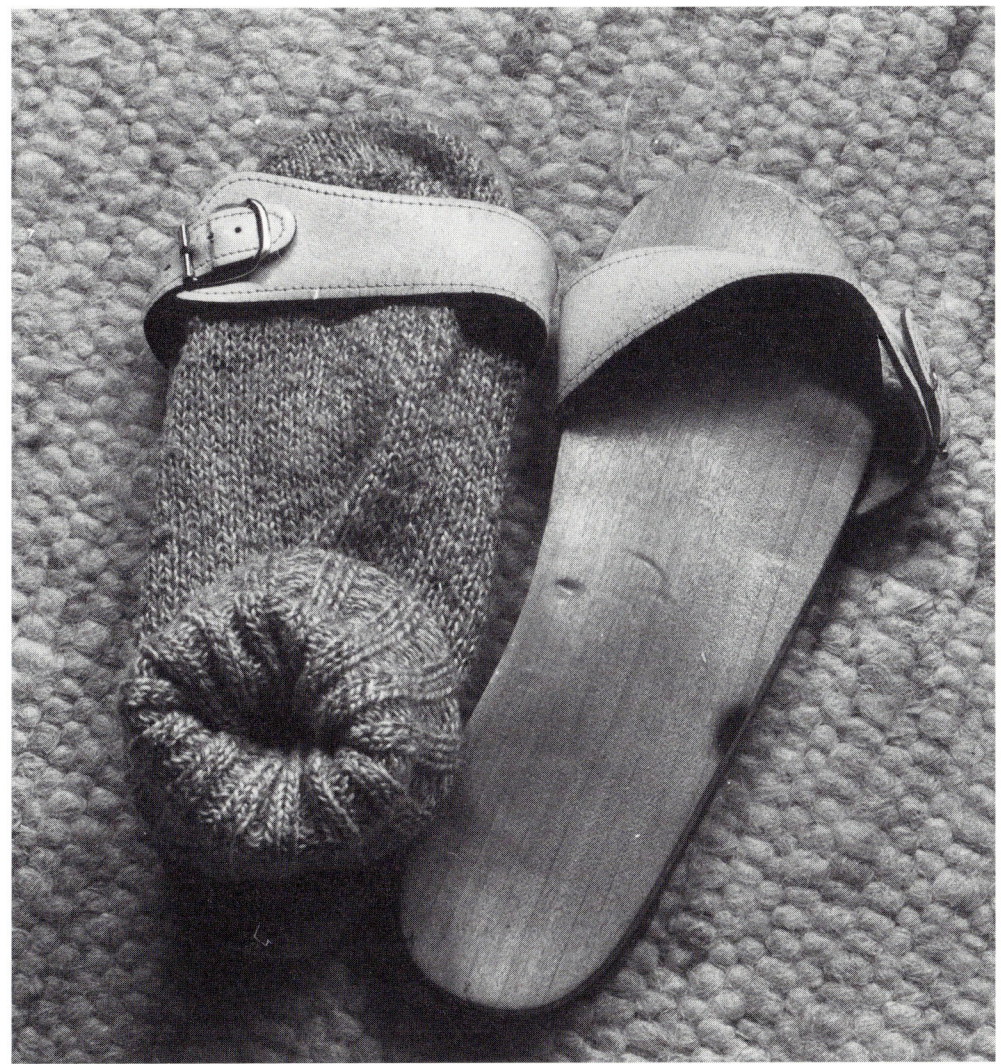

DIESE HAUSSCHUHE WURDEN BEWUßT AUSGEWÄHLT UND SELBST GEKAUFT.
FLEXIBEL (SOCKEN, HOLZKLAPPERN, BARFUß), WARM, BEQUEM, LUFTIG, OPTISCH RELATIV ANSPRECHEND, PFLE-
GELEICHT. SCHUTZ VOR SCHMUTZ UND WASSER (BAD, BALKON, TREPPENHAUS, PUTZEN).
FOTO UND TEXT: SUSANNE BENTHAUS

Aus der Fußbodenperspektive untersuchten Designstudenten eines dritten Semesters 1986 ca. 50 zumeist Berliner Wohnungen, ihre Bewohner und deren Vorstellung von Komfort und korrektem Verhalten. In Form ›ethnologischer‹ Fallstudien stellten sie Beobachtungen zum Thema Hausschuhe an. Erstaunlich, daß Hausschuhe in der Generation der heute 20-jährigen weitaus verbreiteter sind als bei deren Eltern. Die Argumente, die angeführt wurden wie – Ordnung, Sauberkeit, Bequemlichkeit, warme Füße – wären allein eine soziologische Untersuchung wert.

So kommen sich Enkel und Großeltern näher. Die neuen Hausschuhe jedoch sehen anders aus, als das, was Oma und Opa tragen. Hausschuhe erkennt man heute an ihrer ›müslihaften‹ Ästhetik. Zumindest sehen Hausschuhe gesund aus. Sie sehen häufig so aus, als ob sie von Hand gefertigt sind. Sie sind zumeist aus sogenannten ›natürlichen‹ Materialien hergestellt. Sie sind oft schon mehrere Jahre alt und werden getragen, bis sie auseinanderfallen. Was ein Hausschuh ist und was ein Straßenschuh, ist eine fragile Unterscheidung. Ein Schuh wird oft erst zum Hausschuh durch die Art des Gebrauchs. Aber auch im Gebrauch gibt es fließende Übergänge. Man unterscheidet sich darin, ob man in Hausschuhen Zigaretten holt oder auch nicht.

Trotz ihres Gesundheitslooks sind die meisten Hausschuhe für ein längeres, insbesondere schnelles, Gehen auf der Straße und in öffentlichen Bereichen nicht geeignet. Dafür kann man sie in der Regel schnell aus- und anziehen. Effizient sind beide Kriterien, doch auch widersprüchlich.

Hausschuhe sind Objekte mit einer auffallend persönlichen Geschichte, die aufs engste mit der Autobiographie ihrer Besitzer verknüpft ist. Zur Hausschuh-Geschichte gehört die Anschaffung. Man geht eigentlich nicht in ein beliebiges Schuhgeschäft, um sich Hausschuhe zu kaufen. Allenfalls kauft man sich eine sehr bestimmte Art von Hausschuh in einem sehr bestimmten Laden. Im Gegensatz zu anderen Schuhen hat man die eigenen Hausschuhe oft als sehr persönliches Geschenk erhalten. Viele Hausschuhe werden weitergereicht, ›vererbt‹ und schaffen damit eine intime Art der Gemeinsamkeit mit einem anderen Menschen.

DIESE HAUSSCHUHE SIND EIN GESCHENK AUS DEN USA.
DAZU PASSEND GEHÖRT EIN MUSTERGLEICHES NACHTHEMD. ERINNERUNG AN DEN PHANTASTISCHEN AUFENTHALT IN DEN USA. WARM AN DEN FÜSSEN. KOMMT BESUCH, FUNGIEREN DIE ESPANDRILLOS ALS HAUSSCHUHE.
FOTO UND TEXT: SUSANNE BENTHAUS

DIESE HAUSSCHUHE WERDEN ALLE ACHT MONATE IN OSTBERLIN FÜR SECHS MARK GEKAUFT.
HIER KOSTEN SIE 36 MARK. FRÜHER HATTE DER BESITZER KEINE HAUSSCHUHE. DANN WURDEN IM HAUS ENERGIESPARMASSNAHMEN EINGEFÜHRT, ALSO AUCH FÜR IHN HAUSSCHUHE NÖTIG. DAS MODELL HAT FAMILIENTRADITION: »ICH KANN SCHON PAPAS SCHUHE TRAGEN.« DER SPEZIELLE SCHLAPPGANG GEHÖRT DAZU. MIT BADEMANTEL ODER JEANS UND T-SHIRT GETRAGEN, FÜHLT MAN SICH ZU HAUSE.
FOTO UND TEXT: SUSANNE BENTHAUS

BEHAGLICHE PANTOFFELN – EIN WEIHNACHTSGESCHENK

FÜR JOHANN WOLFGANG VON GOETHE

»Suleika« ist in persischer Schrift auf die Pantoffeln gestickt. Hinter diesem Namen verbirgt sich Marianne von Willemer, die zu Goethe in ein so herzliches Verhältnis treten durfte, daß sie sogar in die Sammlung des ›Westöstlichen Divans‹ mit wundersam zarten Gedichten Aufnahme gefunden hat. Von den Pantoffeln, die sie ihrem Freund zu Weihnachten schenken will, und von der heimlichen Vorbereitung der Sendung, die den Empfänger überraschen soll, ist in zwei Briefen die Rede, die Marianne von Willemer an seinen Sohn August gerichtet hat und die sie unter dem Decknamen »das Christkind« schreibt.

»Ich bin willens, Deinem Vater ein Paar Pantoffeln aus dem Himmel mitzubringen, und obschon die heilige Catarina und Theresia sich recht gerne der Arbeit unterziehen wollen, so ist es ihnen doch durchaus notwendig, das rechte Maass zu bekommen. Ich bitte Dich also, thue mir den Gefallen und lass Dir von dem Schuster Deines Vaters ein genaues Muster von Papier schneiden, wie groß das Oberzeug sein muß und schicke es mir nach Frankfurt, wo ich gerade jetzt Geschäfte habe... Ist der Schuster kein Genie und versteht nichts von zeichnen, so thut ein alter Pantoffel, den Dein Vater nicht mehr trägt, der ihm aber recht ist oder dessen etwaige Mängel gehörig bemerkt würden, ... ich kann die Pantoffeln vom heiligen Crispinus fertig machen lassen. Ich hoffe, Du wirst mein Vertrauen nicht mißbrauchen und weder Deinem Vater noch irgend einer Menschenseele entdecken, was ich vorhabe, ...«

Ihr Vorhaben gelang. Am 20. Dezember 1816 konnte sie das Paket absenden, begleitet von einem weiteren Brief an den Sohn Goethes.

»Ich danke Dir für die vortreffliche Besorgung meiner Commissionen und wünsche Dir von Herzen zu Deinem und meinem Geburtstag alles Gute und Erfreuliche...« »Das Kistchen, was hoffentlich den Montag Abend oder Dienstag Morgen in Weimar anlangen wird, bitte ich zu öffnen und die bewussten Pantoffeln nebst einem kleinen Bildchen, welches noch beygepackt, Deinem Vater am Christabend bei einigen Lichtern (denn das Licht ist mein Element) in meinem Namen zu bescheeren.«

Am 31. Dezember 1816 kommt Goethe in seinem Brief an Marianne von Willemer auf das Pantoffelgeschenk zu sprechen.

»Das Christkindchen hat dieses Jahr, man muss es gestehen, sich sehr liebenswürdig erwiesen, doch kann es eine gewisse Tücke nicht lassen, denn ob es gleich herkömmlich ist, daß man des Papstes Pantoffel küsse, weil ein Kreuz darauf, wohl auch, daß man die Füße der Geliebtesten liebkose, um anzudeuten, dass man sich dem Willen ganz hingibt, der sich uns ergeben hat, so ist es doch unerhört, dass man eine würdige Person durch magische Zeichen nöthige, die Hülle seines eigen Fusses zu verehren, wozu moralisch und physisch gar wunderbare Gebärden nöthig wären ...«

EIN PAAR PANTOFFELN, GESCHENK DER MARIANNE VON WILLEMER AN IHREN FREUND GOETHE, WEIHNACHTEN 1816.
FOTO: BILDARCHIV BALLY-MUSEUM, SCHÖNENWERD/SCHWEIZ

Tausend Schuhe »En Miniature«

Ein Museum besonderer Art betreibt der ehemalige Schuhmacher-Meister Richard Fenchel in Butzbach (Hessen): er zeigt Miniatur-Schuhe im Maßstab 1 : 3. Meister Fenchel sammelt übrigens nicht, sondern fertigt seine Exponate selbst – mithilfe winziger Leisten in mitunter mühsamer handwerklicher Arbeit.

Seit er vor einem halben Jahrhundert seiner Angebeteten (und heutigen Frau) sozusagen als symbolisches Versprechen der Rückkehr einen Miniaturschuh geschenkt hatte, bevor er auf die Walz ging, hat er ständig kleine Schuhe hergestellt und verfügt heute über mehr als tausend Exemplare. Vom ›Urschuh‹, wie er ihn sich vorstellt, über den gotischen Schnabelschuh (nach alten Stichen rekonstruiert), reich verzierte Barockschuhe bis zu den Modellen der jeweils neuesten Mode reicht seine Ausstellung. Und es gibt in ihr interessante ›Sonderabteilungen‹ zum Beispiel über die Entwicklung der Militärstiefel, aber auch zur Geschichte der Skistiefel und der Turnschuhe. Das kleine Einfamilienhaus ist mit Exponaten, die alle in kleinen, verglasten Kästen stecken, bis unters Dach gefüllt. Und es wird weiter produziert. Besucher sind, nach rechtzeitiger Anmeldung, willkommen und finden ein Museum, das es in dieser Form wohl kein zweites Mal gibt.
Fotos: Klaus Pohl.

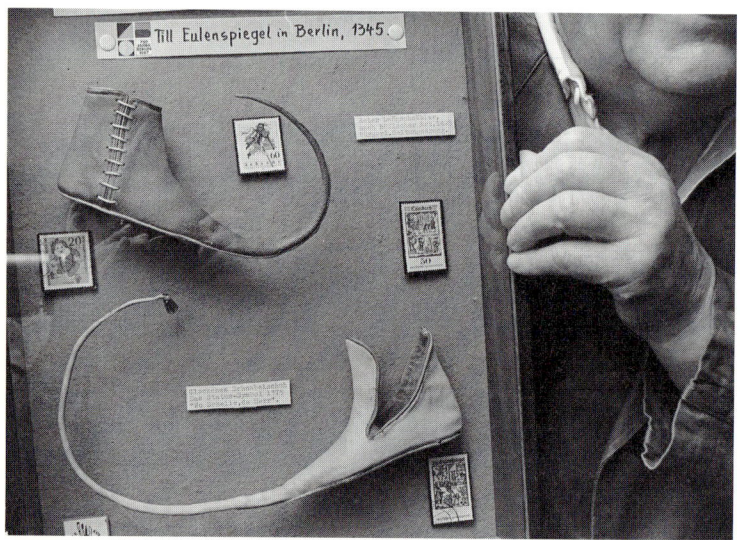

3

»Heut' kaufen die Leut die Schuhe nicht mehr
nach den Füßen, sondern nach dem Kopf«
(Wilhelm Hösch, Schuhmachermeister)

»Ob einer gute Schuhe trägt, erkennt man am
besten am Ende eines Arbeitstages – an seinem
Gesicht.«
(Julius Harai, Herrenschuhmachermeister)

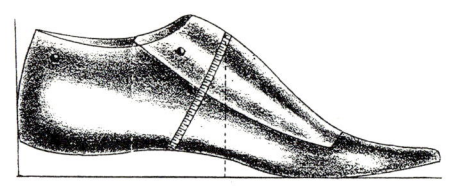

Josef Walch

Von der Schusterstube zur roboterintegrierten Schuhfabrikation

Bilder eines Handwerks

Vorbemerkungen

Gegenstand dieses Beitrags ist die Beschreibung der Produktion von Schuhen anhand von Bildbeispielen vom ausgehenden Mittelalter bis heute. Der technische Ablauf der Schuhproduktion spielt dabei jedoch nur eine Nebenrolle; ausführlich dargestellt und untersucht wird dagegen, wie sich im Laufe der Jahrhunderte die Arbeit des Schuhe-Machens verändert hat, von der Schusterstube des ausgehenden Mittelalters bis hin zur roboterintegrierten Schuhfabrikation unserer Tage.

Sigfried Gidieon hat in seinem Buch ›Die Herrschaft der Mechanisierung‹ gezeigt, daß die Wurzeln des hochentwickelten Handwerks – wozu auch die Produktion von Schuhen zu rechnen ist – in der Spätgotik liegen: »Sein Aufkommen (des hochentwickelten Handwerks J. W.) ist untrennbar mit dem Wiedererwachen städtischen Lebens verknüpft. Das Bedürfnis nach geregeltem Zusammenleben innerhalb einer Gemeinschaft erklärt, warum im dreizehnten und vierzehnten Jahrhundert die dahinsterbende Stadtorganisation wieder zu funktionieren begann und warum es auf altem und neuem Kulturboden zu Stadtgründungen kam, die nur von der amerikanischen Entwicklung des neunzehnten Jahrhunderts überboten wurde. In den bescheidenen Holzhäusern der gotischen Städte, von denen jedes stets eine gleiche Fassade hatte und auf einem gleich großen Grundstück errichtet wurde, liegt die Geburtsstätte des hochentwickelten Handwerks.« (Gidieon, S. 59) Von unserer heutigen Industriekultur läßt sich also eine kontinuierliche Ent-

wicklungslinie bis ins ausgehende Mittelalter zurückverfolgen, in der die Veränderungen des Handwerks, der Arbeitsabläufe, der Werkzeuge, der Schuhmodelle, der Werkstatteinrichtung deutlich werden:
– wie sich die Arbeitsorganisation immer mehr den Ansprüchen hochentwickelter Moden anpaßt, immer vielfältiger und komplexer wird,
– wie die Industrielle Revolution des 19. Jahrhundert auch das Schusterhandwerk verändert hat,
– wie immer weniger Menschen zur Produktion von immer mehr und immer vielfältigeren Schuhen benötigt werden,
– wie eine ursprünglich männlichen Handwerksmeistern vorbehaltene Arbeit mit Einführung industrieller Produktionsweisen zur ›leichten‹ Frauenarbeit wird.

16. bis 19. Jahrhundert: Bilder eines Handwerks

Im Übergang von der Gotik zur Renaissance bildet sich die Struktur des Handwerks mit der Organisation in den Zünften neu heraus. Das Selbstbewußtsein dieser bürgerlichen Schicht drückt sich in vielen literarischen Dokumenten, aber auch in gemalten und gedruckten Bildern aus, die das Handwerk, die Werkstatt und die Arbeitsorganisation zeigen. Die gemalte Miniatur eines unbekannten Meisters aus dem Jahre 1531 (Abb. 1) zeigt einen Schuster bei der Arbeit. Der Werkstattraum erscheint relativ karg. Im Vordergrund auf dem Hocker hält der Meister einen Schuh, den er gerade näht, zwischen den Knien fest. Auf dem Boden liegen Lederreste, in Arbeit befindliche Schuhe sowie ein fertiges Paar Schuhe mit breiten, gerundeten Formen, entsprechend der Mode der Zeit. Auf dem runden Klotz hinter dem Schuster liegen zwei verschiedene Ahlen, eine gerade und eine runde Einstechahle. Auf dem Tisch befinden sich zugeschnittene Werkstücke, das Schneidemesser und Lederstücke. An der Wand sind die Leisten aufgereiht, aus

Holz hergestellte Nachbildungen des Fußes, die dem Hohlraum des zu fertigen-
den Schuhs sowie dessen äußerer Form
gleichen. Sie sind nach Schuhgrößen,
aber auch nach Schuhtypen geordnet:
Pantoffelleisten, Halbschuhleisten, Stiefel-
leisten. Ein mächtiger Stiefel hängt vor
dem Fensterbogen im Hintergrund als
Blickfang für die Kunden zur Straße hin.
Vielleicht ist er auch das Zunftzeichen des
Schusters. Auf einem Regal über dem
Fenster fallen besonders die Pantoffeln
auf, ein Schuhtyp (und -begriff), den man
seit Beginn des 16. Jahrhunderts kennt.

Die wohl bedeutendsten Darstellungen
des Handwerks, vor allem unter kulturge-
schichtlichen Gesichtspunkten, schuf der
in der Schweiz gebürtige, später in Nürnberg lebende Maler und Grafiker Jost
Amman (1539–1591) mit seinem 1568 er-
schienenen Buch ›Eygentliche Beschreibung Aller Stände auf Erden‹. Ammans
Holzschnitte sind mit Versen von Hans
Sachs versehen, jenem berühmten
›Schuhmacher-Dichter‹ aus Nürnberg, der
als Sohn eines Schneiders um 1509 selbst
Schusterlehrling war, bevor er auf Wan-
derschaft ging.

Gezeigt wird eine Schuhmacherwerkstatt. Aus dem Text geht hervor, daß neben den Schuhen (›Stiffl, Pantoffel, gefüt-
tert mit Tuch, Wasserstiffel, Frauwen-
schuch‹) auch andere Lederartikel wie
Taschen, Gewehrfutterale etc produziert
werden (Abb. 2). Neben dem Meister im
Vordergrund sind zwei Gesellen mit der
Herstellung von Schuhen beschäftigt. Die
Geräte sind die gleichen wie in Abbildung 1. Man kann zugeschnittene Lederstücke, Sohlen, Schneidemesser, Ahlen
erkennen. Der Meister selbst ist gerade
dabei, durch das Fenster Schuhe zu verkaufen. Er hält ein Paar Pantoffel in den
Händen, während die Käuferin ein Paar
andere Schuhe kritisch betrachtet. Von
seinen Gesellen oder Lehrlingen unterscheidet sich der Meister durch seine
Kleidung, an seinem Gürtel hängt die

Geldtasche, was sicher auch symbolisch
verstanden werden kann, ebenso wie seine Kopfbedeckung.

Ammans damals äußerst populären
und weit verbreiteten Holzschnitte werden
zum Vorbild für viele Darstellungen des
Handwerks; oft wird er regelrecht kopiert. Ammans Bild ist aber auch ein soziales Dokument: »Die Gesellen sinken zur
lebenslänglichen Lohnarbeit herab und
schließen sich, aus den Zünften verdrängt,
zu neuen Genossenschaften zusammen.
Es entwickelt sich somit seit dem 14. Jahrhundert ein eigener, aus dem sozialen
Aufstieg ausgeschlossener Arbeiterstand,
und dieser bildet nunmehr das Substrat
der neuen, unserer modernen Industrie
bereits sehr ähnlichen Produktionsweise.«
(Hauser, S. 270)

Der Darstellung von Jost Amman ver-
wandt ist ein anderes Bildbeispiel aus der
Renaissance (Abb. 3). Auffällig ist hier,
daß der Verkauf durch die Frau des Meisters geregelt wird, die in der typischen
Renaissancekleidung zwei Käufern ein
Paar Schuhe anbietet. Einer der Kunden
hat seine Taler bereits auf einen hingehal-
tenen Zahlteller gelegt. Die Bedeutung
der Meisterin wird dadurch unterstrichen,
daß sie den Geldbeutel trägt. Die Gesellen mit der typischen Lederschürze sind
beim Schneiden und Nähen dargestellt,
einer beim Trinken aus dem Humpen,
während ein Kind zu Füßen des Meisters
mit dem Putzen von Stiefeln beschäftigt
ist. Dem Meister ist das Zuschneiden des
kostbaren Leders vorbehalten.

Dieses Bild dokumentiert, wie Frauen
im Mittelalter in das Arbeitsleben mitein-
bezogen waren. Sicher waren bei weitem
mehr Frauen, auch als Meisterinnen, im
Schuhmacherhandwerk tätig, als die
Bilddokumente jener Zeit überliefern. In
vielen Städten konnten Frauen auch Mitglieder der Zünfte werden. Anke Wolf-
Graaf kritisiert in ihrem Buch ›Die verborgene Geschichte der Frauenarbeit‹
zurecht, daß durch solche Bilder (z. B. aus

1

MINIATURMALEREI: EIN SCHUHMACHER, NÜRNBERG
1531. (HAUPTAMT FÜR HOCHBAUWESEN, NÜRN-
BERG)

UNTEN: DER SCHUHMACHER, AUS: HANS SACHS/
JOST AMMAN: EYGENTLICHE BESCHREIBUNG ALLER
STÄNDE AUFF ERDEN, HOLZSCHNITT, NÜRNBERG
1568

Der Schuhmacher.

2

Herein/wer Stiffl vnd Schuh bedarff/
Die kan ich machen gut vnd scharff/
Büchsn / Armbrosthalffter vñ Wahtseck/
Feuwr Eymer vnd Reyßtruhen Deck/
Gewachtelt Reitstieffl/ Kürißschuch/
Pantoffel/ gefütert mit Thuch/
Wasserstiffl vnd Schuch außgeschnitten/
Frauwenschuch/ nach Höflichen sitten.
H ij   Der

3

5

TITELBLATT AUS »CEREMONIEL DER SCHUSTER«, KUPFERSTICH, 1707

den Ständebüchern) »der Anteil der Frauen an der Geschichte der Arbeit, hier des Handwerks, ›unterschlagen‹ wurde und in Vergessenheit geraten ist.« (Wolf-Graaf, S. 49)

Ganz unterschiedlich in den verschiedenen Städten und Ländern war die in den Zunftordnungen festgelegte Ausbildung und Laufbahn des Schuhmachers. In Venedig, damals schon berühmt für seine Lederwaren, begann diese Laufbahn »mit einer Lehrzeit (Garzando), spätestens im Alter von 14 Jahren. Die Lehrlinge dienten zwei Jahre, bis sie Gesellen, und zwei Jahre, bis sie ›Cai-mastri‹ (Handwerksmeister) wurden. Um aber diesen Titel zu erringen, mußten sie eine Prüfung bestehen, die in der Herstellung von drei Paar Stiefeln, sowohl für Frauen, als auch für Männer bestand. Diese Schuhe wurden dann von einem Ausschuß von sechs Schiedsrichtern... geprüft. Die Qualität des Leders wurde mit einem staatlichen Siegel bescheinigt, zusätzlich zu den Stempeln der einzelnen Meister, die unter strenger Kontrolle standen.« (Schuhkunst, S. 15) Im Pala d'Oro in Venedig befindet sich übrigens eine der ältesten bekannten Darstellungen des Schuhmacherhandwerks aus dem 12. Jahrhundert: »Bedenkt man, daß diese Darstellung des Schuhmachers zwischen anderen ausgewählten venezianischen Handwerkern und Berufen, darunter Goldschmied, Schmied, Anwalt auf demselben Kapitell steht, wird die Wertschätzung, die die Schuhmacherkunst... genoss, leicht erkennbar.« (Schuhkunst, S. 13)

Im Mittelpunkt vieler alter Darstellungen der Schuhmacherei stehen häufig auch die beiden Schutzpatrone dieses Handwerks, die Heiligen Crispinus und Crispinianus, zwei Brüder, die nach der Legende im 4. Jahrhundert nach Soissons (Frankreich) kamen und dort das Schuhmacherhandwerk ausgeübt haben, wegen ihres Glaubens dann den Mätyrertod starben. Abbildung 4, eine sogenannte

Grisaillescheibe aus der Mitte des 16. Jahrhunderts, zeigt beide in der Schuhmacherwerkstatt mit den üblichen Accessoires.

Das ›Ceremoniel der Schuster‹ aus dem Jahre 1707 faßt erstmals in Form eines kleinen Büchleins alles Wissen um Schuhmacherzünfte und -innungen zusammen (Abb. 5). Die Illustration des Titels zeigt das im Barock besonders beliebte und populäre Motiv der ›Verkehrten Welt‹: Ein Schuster trägt den Stiefel auf dem Kopf, der dazugehörige Vers erläutert dies in literarischer Form. ›Sic Itur In Orbe‹ (So geht man in der Welt umher) lautet das Motto. Ein Schneidemesser und ein Maßgerät für Schuhe werden als Insignien abgebildet. Illustriert wird das Büchlein durch das Bild einer Schusterwerkstatt aus der Renaissance (Abb. 3), was die Popularität dieser Darstellung unterstreicht.

Die ›galante‹ Zeit des Barock spiegelt ein kolorierter Kupferstich aus Frankreich wieder, der wohl um 1700 entstanden ist. Die Schuhherstellung ist um ein entscheidendes Detail erweitert, das die Entwicklung der Mode dieser Zeit mitsichgebracht hat: den Absatz. Eduard Fuchs spricht in diesem Zusammenhang von einer ›revolutionärsten Errungenschaften auf diesem Gebiet‹. Für ihn leitet der Absatz ›eine ganz neue Epoche der Präsentation des Körperlichen‹ ein. (Vergl. dazu den Text ›Die Rolle des Absatzes am Schuh‹ von E. Fuchs) Ein solcher Absatz liegt neben Leder und Schneidemesser auf dem Arbeitstisch und betonte Absätze kennzeichnen auch die Schuhe im Vordergrund. Unter der französischen

Berufsbezeichnung (Le Cordonnier = der Schuster) ist folgende Textzeile zu lesen »Um gut ›beschuht‹ zu werden, muß man die richtige Haltung einnehmen, sich zurückneigen, sich ›herablassen‹ und nachdem ich Ihnen den Strumpf zurechtgezogen habe, werden Sie einen Schuh bekommen wie aus dem Bilderbuch.«

Eine ganze neue Art und Qualität der Information über das Handwerk läßt sich an Bildern und Darstellungen Mitte des 18. Jahrhunderts ablesen. Das Jahrhundert der ›Enzyklopädien‹ ist angebrochen, mit dem Anspruch, den gesamten vorliegenden Wissenstoff systematisch darzustellen.

Das wohl erste umfassende ›Lehrbuch‹ über das Schusterhandwerk erschien – nach dem Vorbild der ›Enzyklopädien‹ in Frankreich – 1769 in Deutschland: »Der Schuster von dem Herrn von Garsault / Schauplatz der Künste und Handwerke, oder vollständige Beschreibung derselben, verfertigt und gebilligt von den Herren der Akademie der Wissenschaften zu Paris. Band 9. In dieser teutschen Übersetzung mit Anmerkungen herausgegeben von Daniel Gottfried Schreber, Der Rechte Doctor, ordentlicher Lehrer der Cameralwissenschaften auf der Universität zu Leipzig...«, so der Originaltitel. Illustriert ist das Werk mit Kupferstichbeilagen (Abb. 6 – 9), die mit einer bisher nicht gekannten Präzision den Text illustrieren. Erstmals wird auch ein Überblick über die historische Entwicklung des Schuhs und die Schuhformen in den verschiedenen Kulturen gegeben (Abb. 6), Daneben stehen die Darstellung der Werkzeuge des Schuhmachers, (Abb. 7), ein Schuh und seine Teile (Abb. 8) und ein Blick in eine Schusterwerkstatt, verbunden mit Erläuterungen technischer Handgriffe beim Schuhemachen (Abb. 9) im Mittelpunkt. Auf der Darstellung der Werkstatt sind zu sehen: der Geselle, der an einem mit dem Knieriemen festgeschnallten Werkstück arbeitet, ein zweiter Geselle,

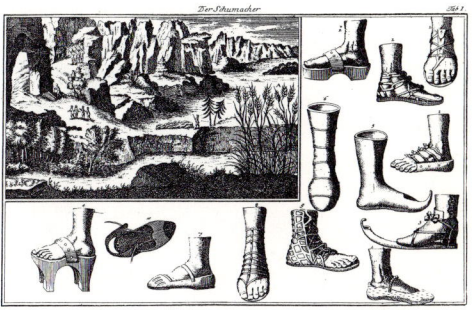

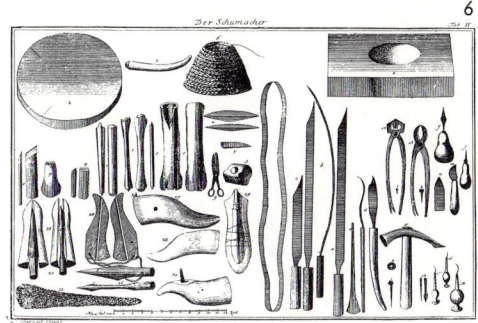

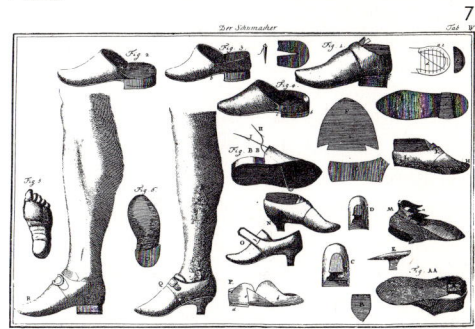

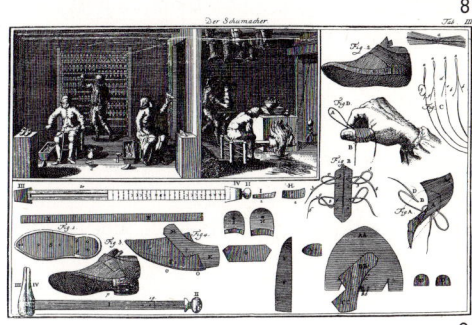

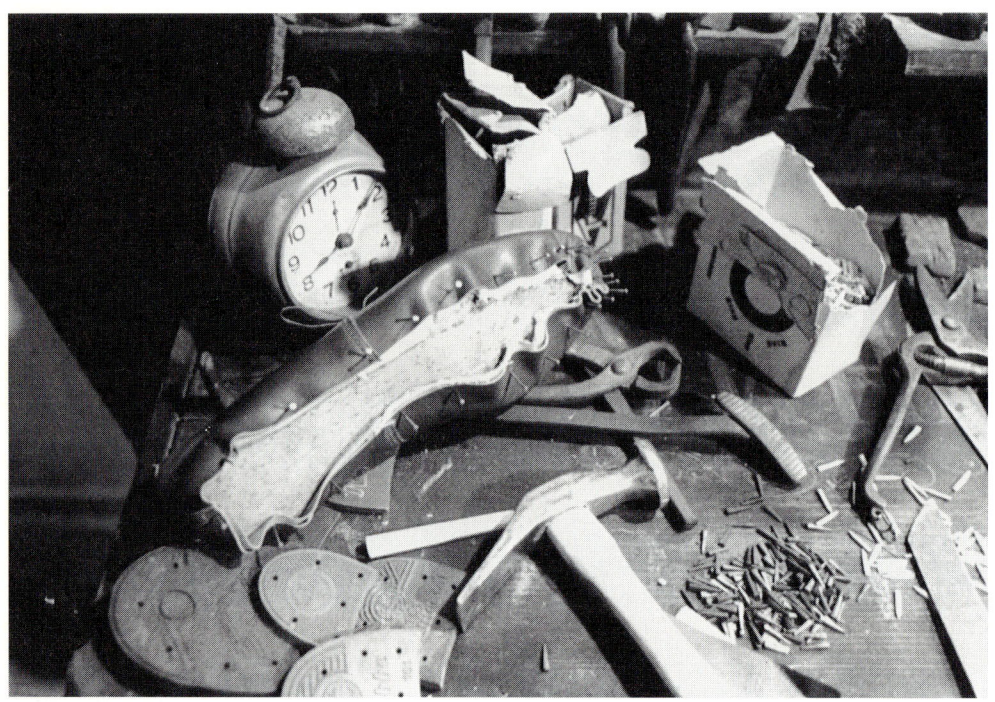

10

der einen Absatz begutachtet und eine weitere Person, die Leisten aus einem Regal nimmt. Im rechten Raum werden Stiefel, die hart geworden sind, erwärmt, um sie mit Wachs weich zu machen. Mehrere fertige Stiefel hängen an der Decke des Raums.

Vergleicht man diese Darstellungen mit Fotografien alter Schusterwerkstätten aus dem späten 19. Jahrhundert (Abb. 10), so wird deutlich, daß sich im Laufe der Zeit in der Einrichtung der Werkstätten, am Handwerk und Handwerkszeug und vor allem an der Ökonomie der Werkstatt nur wenig geändert hat. Neben der bisher geschilderten Arbeit der Schuheherstellung gehörte auch das Reparieren, das Flicken zur Arbeit einer Werkstatt, auch wenn es nicht im Bild dargestellt wird. Dies mag auch damit zusammenhängen, daß Schuhe flicken als eher minderwertige Arbeit eingeschätzt wurde. In manchen Städten wurden den Flickschustern deshalb der Zugang zu den Zünften verwehrt. Daß Schuhe damals bei weitem

länger halten mußten, versteht sich von selbst. Für sozial untere Schichten blieb der Besitz von Schuhen lange ein fast unerfüllbarer Luxus. In vielen Familien wurden die Schuhe, wenn die Kinder aus ihnen herauswuchsen, an der Spitze abgeschnitten oder an die jüngeren Geschwister vererbt. Die Lebensdauer der Schuhe, durch ständige Reparatur bedingt, war wohl bei weitem größer als heute.

Mit der Industriellen Revolution im 19. Jahrhundert verändert sich auch das Schuhmacherhandwerk. Die Schuhmacherwerkstatt wird zur Flickschusterei, wo mehr repariert als produziert wird. Schuhe werden zu einem überwiegend industriell produzierten Massenartikel. So scheint die Studie eines Schuhmachers aus dem frühen 19. Jahrhundert gar nicht mehr einen selbstbewußten und stolzen Handwerker darzustellen, sondern eine realistische Studie abzugeben über die Entwicklung der Schuhe zur Massenware. Mit den alten Produktionsmethoden läßt sich der Bedarf nicht mehr decken, wie

Arnold Hauser schreibt: »Maschinen gab es seit Jahrhunderten, und seitdem es überhaupt eine kapitalistisch orientierte Wirtschaft gab, war die Rationalisierung der Produktion im ständigen Fortschritt. Die Mechanisierung und Rationalisierung der Warenproduktion tritt jetzt aber in eine entscheidende, die Vergangenheit restlos liquidierende Entwicklung ... Erst jetzt verschwindet das Mittelalter mit all seinen Überresten, seinem korporativen Geist, seinen partikularistischen Lebensformen, seinen irrationalen, überlieferungsmäßigen Produktionsmethoden, um einer einzig und allein auf Planmäßigkeit und Kalkulierbarkeit beruhenden Arbeitsorganisation und einem rücksichtslosen Individualismus im Wettkampf Platz zu machen. Mit dem nach diesen Prinzipien geführten, vollkommen durchrationalisierten Großbetrieb beginnt im eigentlichen Sinne die ›Neuzeit‹ – das Maschinenzeitalter. Es entsteht eine neue, durch die mechanischen Mittel, die streng arbeitsteiligen Methoden und den auf die Herstellung von Massenartikel zugeschnittenen Umfang der Produktion bedingte Betriebsform.« (Hauser, S. 570/571)

Industrielle Schuhproduktion

Das Maschinenzeitalter in der Schuhindustrie beginnt z. B. bei der Schweizer Firma Bally im Jahre 1869. In diesem Jahr erwirbt die Firma die erste, aus Amerika kommende, McKay-Sohlennähmaschine, eine damals revolutionäre Fertigungstechnik. Die Entwicklung vollzieht sich rapide: 1870 erwirbt man eine französische Sohlenschraubmaschine, 1876 eine Standard-Screw-Maschine für geschraubte Arbeiten, hinzu kommen in den 80er Jahren Zwickmaschinen und 1896 die Goodyear-Maschine für rahmengenähte Ware: »Die Umstellung von Handarbeit auf maschinelle Produktion und die Verwirklichung des neuen Produktionssystems werden fast drei Jahrzehnte in Anspruch nehmen. Die ersten Maschinen, die in Betrieb genommen werden, sind noch ziemlich unvollkommen und werden, da sie keine erstklassige Arbeit leisten, anfänglich nur für billigere und einfachere Artikel in Betracht gezogen. Den neuen Maschinen und Arbeitsmethoden setzen die Handarbeiter überdies starken Widerstand entgegen (Streik 1894). Erst die Heranbildung junger Mitarbeiter für die maschinelle Fabrikation und die Entsendung zweier technischer Hauptangestellter nach Amerika 1896 zum Studium der dortigen Schuhindustrie verhelfen der neuen Methode engültig zum Durchbruch«, so die Entwicklung aus der Sicht des Unternehmers, der Fa. Bally, anläßlich des 125-jährigen Firmenjubiläums 1976.

Die Abbildungen 11 und 12 zeigen, wie der ›Nähmaschinensaal‹ und die ›Mechanische Schusterei‹ bei Bally in Schönenwerd um 1882 aussahen. Gerade der Blick in den ›Nähmaschinensaal‹ macht eine weitere gesellschaftliche Veränderung deutlich: in einem streng gegliederten, fast puritanisch wirkenden Raum sind beim Zusammennähen der Schuhe ausschließlich Frauen zu sehen; die Vorarbeiterinnen oder Aufseherinnen erkennt man an ihren hellen Schürzen. Zunächst wird die Energie durch Dampfturbinen erzeugt, die aber bald durch Stromgeneratoren ersetzt werden.

Die Fotos von E. Sulzer-Kleinemeier (Abb. 13 – 17), in einer pfälzischen Schuhfabrik als Reportage über ›Frauenarbeit‹ entstanden, machen die Veränderungen des Arbeitsprozesses und des Arbeitsrhythmus und damit die qualitative Veränderung der Arbeit insgesamt deutlich.

Den Informationen der Firma ›adidas‹ kann man entnehmen, daß für die Fertigung eines Sportschuhs rund 80 verschiedene Herstellungsvorgänge erforderlich sind (adidas, S. 10) Im Sinne der Automatisierung muß der Herstellungsprozess in

11

12

Mechanische Schusterei und Nähmaschinensaal der Bally-Schuhfabriken um 1882; Holzstichillustrationen.
(Bally Hauszeitung, 1976)

13

Erika Sulzer-Kleinemeier: Bild-
reportage über Frauenarbeit und
Schuhproduktion in der Remonte
Schuhfabrik, Wilgardswiesen
(Rheinland-Pfalz) (Abb. 13–17)

14

15

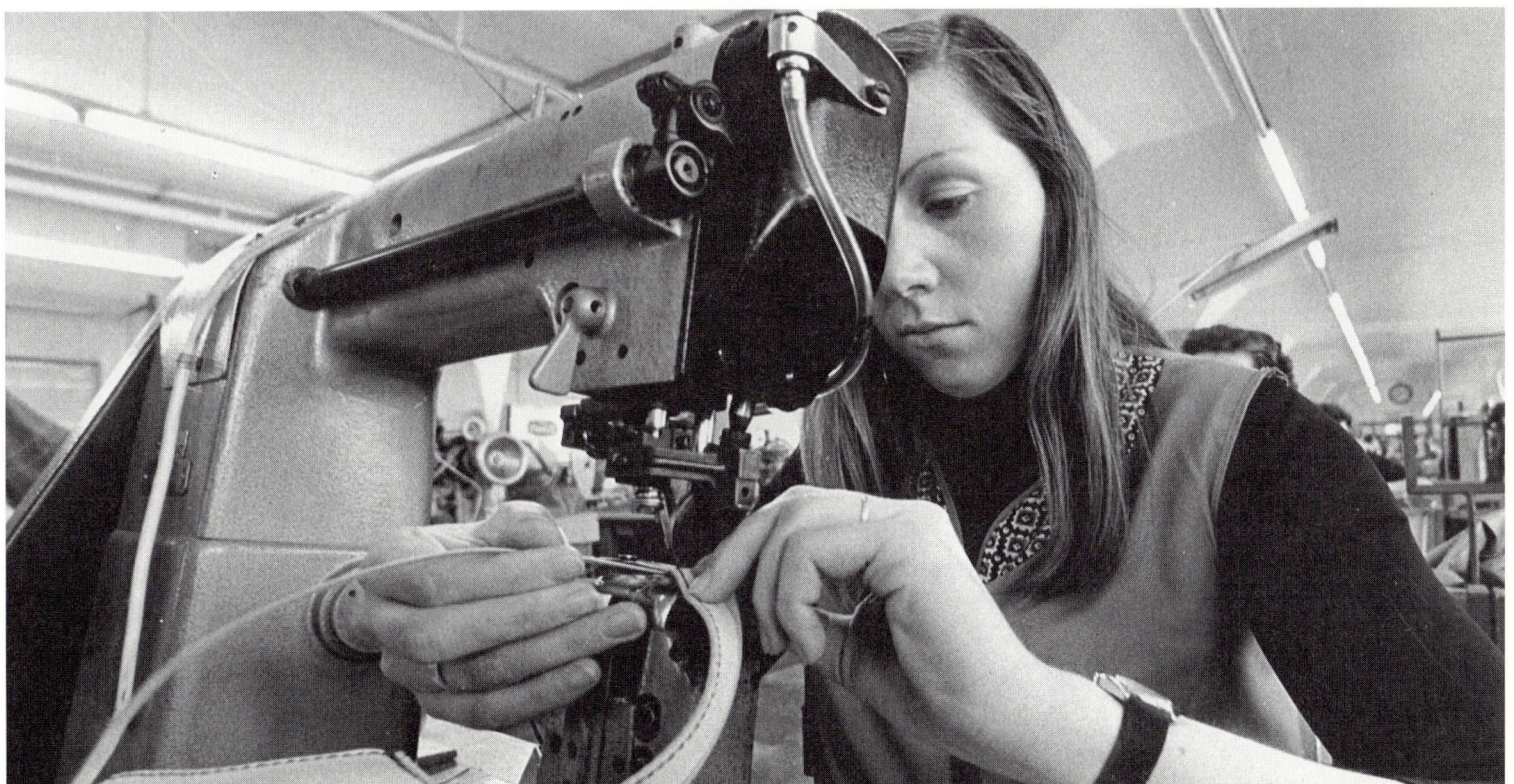

16

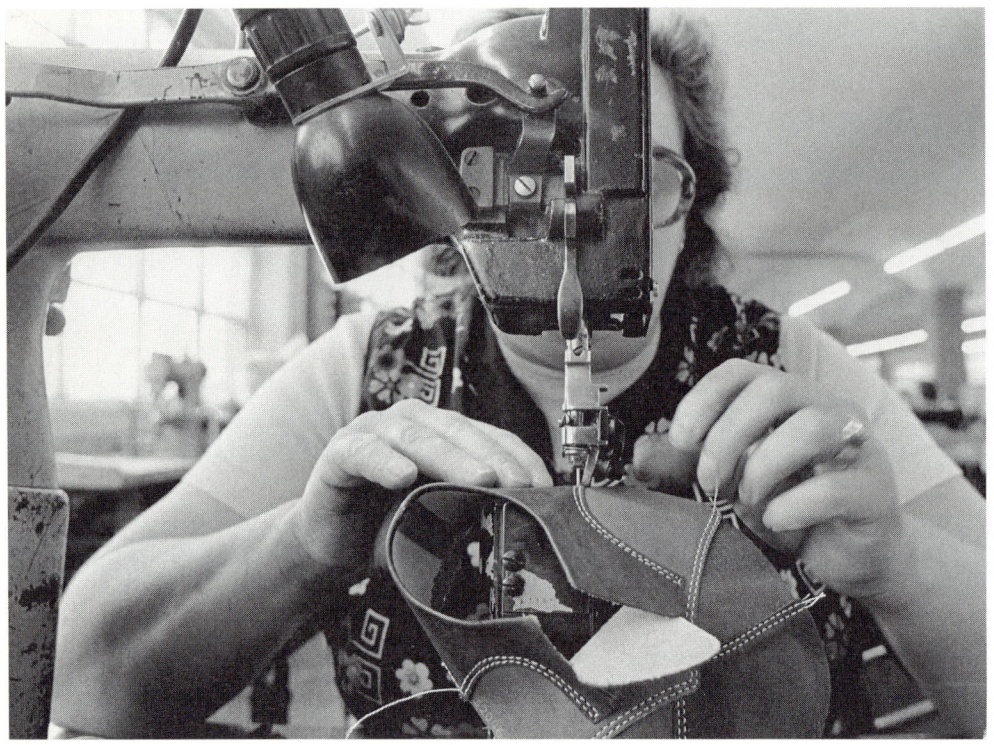

17

möglichst viele einfache Handgriffe zerlegt werden. Abbildung 16 aus der Reportage von E. Sulzer-Kleinemeier zeigt dies sehr deutlich. Ein kunstvolles ganzheitliches Handwerk, das viel Handfertigkeit erforderte, (wie das Schuster-Buch von 1769 dies beschreibt) ist in eine Vielzahl relativ simpler Teilverrichtungen zerlegt worden. Keine einzige Arbeiterin und kein einziger Arbeiter in einer Schuhfabrik könnten heute noch einen ganzen Schuh machen.

Die gegenwärtigen Entwicklungstendenzen des Marktes, immer mehr Schuhe zu immer niedrigeren Preisen immer schneller zu produzieren, um dem Wechsel der Moden folgen zu können, werden im Bunde mit den neuen Möglichkeiten der Mikroelektronik diesen Prozeß der Mechanisierung und Automatisierung noch verstärken.

Im Jahre 1986 hat die deutsche Schuhindustrie 87,9 Millionen Paar Schuhe produziert, dazu wurden 239,7 Millionen Paar Schuhe importiert, also ca. 330 Millionen Paar Schuhe kamen in diesem Jahr auf den Markt, ca. 5 Paar pro Kopf der Bevölkerung.

Der nominale Umsatz der Schuhindustrie betrug 1986 6,42 Milliarden DM. Die Anzahl der Betriebe ging von 338 auf 304 zurück. ›Mehr High Tech‹ – dies ist die Perspektive der Schuhproduktion in der Bundesrepublik. So schreibt der Verband der Schuhindustrie: »In der Zukunft soll auch in der deutschen Industrie die Hochtechnik Einzug halten, um verlorenes Terrain zurückzugewinnen. Etwa zehn Betriebe beschäftigen sich derzeit mit entsprechenden Entwicklungen. In den nächsten Jahren dürfte dies wohl noch Arbeitsplätze kosten, danach aber müßte es möglich sein, Arbeitsplätze aus dem Ausland zurückzuholen,« so Peter Verhuven, der Vorsitzende des Hauptverbandes der Deutschen Schuhindustrie. Die Lohnquote, die derzeit bei rund 20 Prozent liegt, ist nach Verhuven mit modernster Technik bei etwa fünf Prozent denkbar.« (Schuhtechnik, S. 251)

Diese modernste Technik, die z. B. das Projekt ›amir‹ von Desma/psb für die Sohlenmontage anbietet, nennt sich ›Roboterintegrierte Schuhfabrikation‹ (Abbildung 18). Solche Anlagen schalten die ›Schwachstelle‹ im automatisierten Fertigungsprozeß so weit es geht aus: die menschliche Hand, die gerade beim Schuhemachen so unentbehrlich war und z. T. noch ist.

Eine Folge wird sein, daß die Kosten solcher Massenprodukte so billig sind, daß sich eine Reparatur nicht mehr lohnt. Schuster wie der 80jährige Wilhelm Hösch, dem 1987 die illustrierte Presse noch einen nostalgischen Bericht widmet, gehören dann endgültig der Vergangenheit an und Schuhmacherwerkstätten wird man nur noch in Museen besichtigen können, vielleicht auch die Werkstatt von Wilhelm Hösch (Abb. 19).

Handgemachte Schuhe wird es weiterhin als Teil der ›Haute Couture‹ geben, als teuren Luxusgegenstand. Hier haben wir dann wieder ›mittelalterliche Verhältnisse‹. Oder man wird in Ladenpassagen, vor den Geschäften, die die Massenware anbieten, die Musterwerkstatt mit einem ›alten‹ Schuhhandwerker bestaunen können, wie sie die holländische Firma Grewe anbietet – zur Verkaufsförderung, um den Massenprodukten die Aura des Handwerks, des ›Handgemachten‹ zu verleihen. In denselben Ladenpassagen oder Supermärkten findet man heute die ›Schuhbars‹ zur schnellen Reparatur (man kann darauf warten) des Massenprodukts Schuh, die moderne Variante der Flickschusterei.

»Unser Handwerk wird mit Füßen getreten« – dies war eine weit verbreitete, auch ironisch gemeinte Klage vieler Schuster-Handwerker, als die Automation begann und die Produktion sich in die Fabriken verlagerte. Auch diese Klage wird man nicht mehr hören.

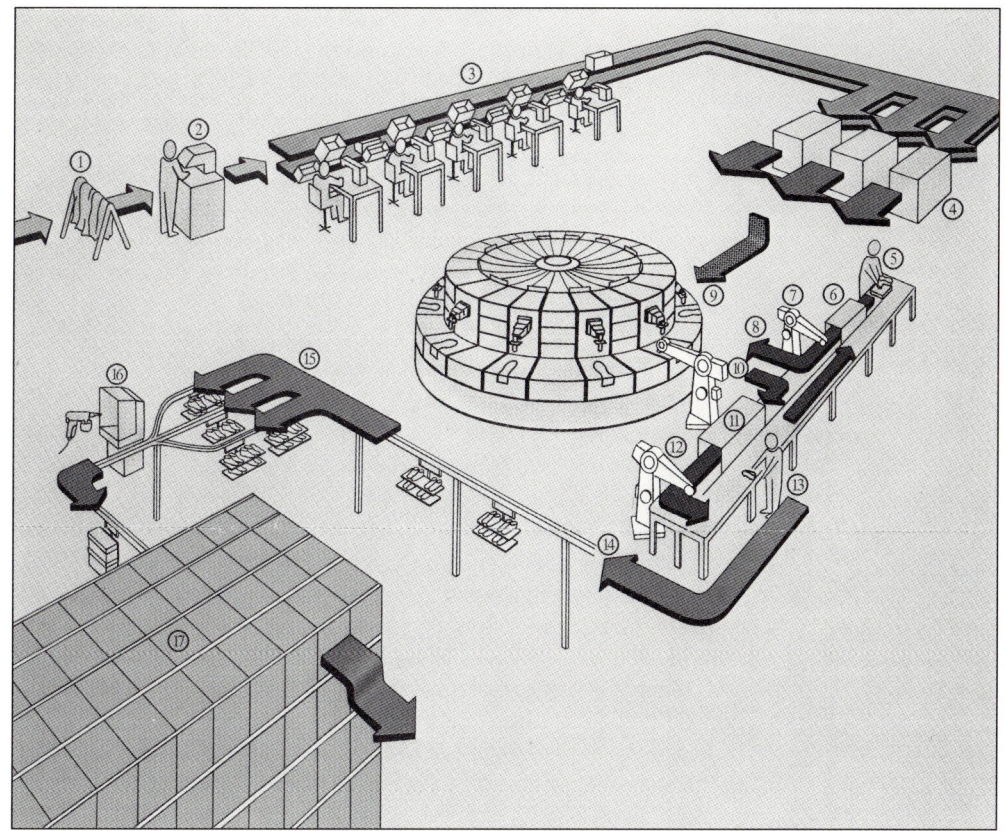

Leistungsbeispiel 1
unter Verwendung von Spritzleisten aus Kunststoff

1 Materiallager
2 Stanzerei
3 Stepperei
4 Auslieferung der Schuhschäfte durch das psb Transportsystem
5 Aufleisten der Schäfte (evtl. manuell) mit Integration im psb Transportsystem
6 Schuh-Stabilisieren
7 Roboteinsatz zum automatischen Aufrauhen, Kleberauftrag usw. auf dem Transportsystem
8 Übernahme der aufgeleisteten Schäfte durch einen Industrieroboter und genau justiertes Einsetzen im Leistenhalter der Formenstation auf der Desma Ansohlanlage
9 Das Direktanformen der Sohle erfolgt bei automatischem Trennmittelsprühen, Angußentformen und Anspritzen ohne manuelle Manipulation
10 Leistenentnahme mit angesohltem Schuh durch den Roboter mit Übergabe an das Transportsystem
11 Schuh-Kühlen
12 Im Bedarfsfall beschneiden des Austriebs an der Sohle durch Roboter (evtl. manuell)
13 Maschinelles Ausleisten d. Schuhe (manuell o. Handlinggerät)
14 Übergabe an eine Pufferstation nach Größen- und Artikelsortierung mit anschließendem Transport zur Finishabteilung
15 3-Schichten-Auffangpuffer
16 Schuhfinish und Verpackung
17 Lager/Distribution

Literatur:

Arnold Hauser: Sozialgeschichte der Kunst und Literatur, München 1953
Siegfried Gidieon: Die Herrschaft der Mechanisierung, Frankfurt 1987 (Neuauflage)
Jubiläumsausgabe der Hauszeitung der F. Bally, September 1976, Schönwerden, 1976
Die Schuhkunst: Der italienische Schuh macht Geschichte. Katalog (Hrsg.: Verband Italienischer Schuhersteller), Mailand 1979
Paul Weber: Schuhe. Drei Jahrtausende in Bildern, Aarau 1980
Zeitschrift Schuhtechnik, 81. Jahrgang. Heft 4, April 1987, Hüthig-Verlag Heidelberg
Anke Wolf Graaf: Die verborgene Geschichte der Frauenarbeit. Eine Bildchronik, Weinheim und Basel 1983
Running-Zeitung/Zeitung aus dem Hause adidas. Herzogenaurach 1987

19

DIE SCHUSTERIN UM 1750 – IN DER ROLLE DER SCHUHVERKÄUFERIN

Une Cordonniére. Eine Schüsterin.

une paire de bottes.1. ein paar Stieffel.2.pantoufles de femes brodées.2.gestickte Frauen Pantoffel.
re falbala.3.mit Falbden Pantoffel.4.pantouffles piquées.4.abgenehte Pantoffel.5.pantouffles de
r de veau.5.gedrückte lederne Pantoffel.6.pantouffles de fille brodées.6.gestickte Jungfr.Pantoffel
souliers d'Enfans.7. Kinder Schüch.8. souliers d'hommes.8. Männer Schüch.9. souliers de jeune
s.9.Mägdlen Schüch.10.souliers de femmes brodés.10.gestickte Frauen Schüch.11.souliers ave-
1.11.bordierte Schüch.12.pantouffles d'hommes.12.Männer Pantoffel.13.pantouffles pour servantes
13.Mägde Pantoffel.14.souliers d'Enfans.14.Kinder Schüch.

KOLORIERTER STICH »UNE CORDONNIÈRE/EINE SCHUSTERIN«,
VERLAG M. ENGELBRECHT, AUGSBURG, UM 1750.
(BILDARCHIV BALLY-SCHUHMUSEUM, SCHÖNENWERD/SCHWEIZ)

Das Blatt gehört wie das vorangehende zu einer Folge von Kupferstichen, die »Künstler, Handwerker und Professionen« darstellen. Der Augsburger Verlag, der die Bildserie Kupferstechern in Auftrag gegeben hat, ließ es sich nicht entgehen, auch der Schusterin ein Blatt zu widmen. Mit Recht, denn schon auf alten Darstellungen – sehr deutlich auf Holzschnitten des 16. Jahrhunderts – steht die Meistersfrau am breiten Fenster, das zur Straße hin geöffnet ist, und bedient die Kunden, die sich vor ihm einbefinden. Sie übernimmt in der größeren Schuhmacherwerkstatt die wichtige Aufgabe des Verkaufs der bereits in kleineren Serien vorgefertigten Schuhe. Sie ist es, die das mehr und mehr von der Werkstatt räumlich abgesonderte Verkaufslokal überwacht.

Es wäre wohl verfehlt zu glauben, die Schusterin habe die Lade kurzerhand aus der Fensteröffnung herausgehoben und sie, mit wohlfeilen und aparten Schuhen beladen, auf den Markt oder, wie das Bild vorgibt, in eine überaus karge, von Gott und Menschen verlassene Landschaft hinausgetragen. Einmal mehr hat sich der Zeichner und Kupferstecher mit der Person, die er auftreten läßt, einen kleinen Scherz erlaubt. Grotesk ist im Falle unserer anmutigen Schusterin nicht so sehr ihre festliche Aufmachung, sondern die wirklichkeitsfremde Umgebung, die zum Ort des Schuhverkaufes wird. Daß die Frau eines Schuhmachermeisters hausieren ging, war nämlich in dieser Zeit, als die Zünfte noch herrschten, nicht bloß verpönt, sondern untersagt. Als Verkäuferin hatte sie ihren Platz in der Werkstatt selber.

Die Schuhtypen, die sie ihren Kunden präsentierte, reichten von harten Stiefeln über lederne und seidene Halbschuhe bis zu koketten Pantoffeln und niedlichen Kinderschuhen. Männer, Frauen und Kinder fanden da alles, was ihren Augen gefiel und ihren Füßen mehr oder minder behagte.

Der sehr weite Reifrock, die Schneppentaille, die gepufften Oberärmel, der schmucke Strohhut und die unter dem Rocksaum herausragenden Spitzen gelbseidener Schuhe zeigen, daß Frau Meisterin sich der Würde ihres Berufes bewußt war und ihrem Stand Ehre zu machen wußte. Über das menschliche Los, das der Schustersfrau in dieser Zeit beschieden war, wissen Geschichten und Geschichtchen gar manches – Wahres und auch bloß Erfundenes – zu berichten. Nicht nur die vom allzu galanten Kunden umworbene schöne Schuhmacherin, auch der Meister, der mit allzu dienstfertiger Hand die Maßlade an das zarte Füßchen der schönen Kundin legte, hat die Phantasie mancher Künstler sehr belebt.

DER SCHUSTER UM 1750 – DAS BILD EINES BERUFES

Das Blatt, das ein Kupferstecher um 1750 im Auftrag eines Augsburger Verlages geschaffen hat, ist vergnüglich und lehrreich zugleich. Handwerkerdarstellungen waren im 18. Jahrhundert sehr beliebt; in Kupferstichserien kamen fast alle »Künste, Handwerke und Professionen«, die damals bekannt waren, zur Darstellung. Im Stil der Aufklärer beschäftigten sich von der Mitte des Jahrhunderts an auch die französischen Enzyklopädisten mit dem Handwerk des Schuhmachers. An praktischen Dingen mehr interessiert als an theoretischen, beschrieben sie die wichtigsten Schuhtypen von damals und ihre Herstellungsweisen, ließen das reichhaltige Werkzeugarsenal des Schusters Revue passieren und sparten nicht mit Ratschlägen, wenn es um die Auswahl der Materialien oder um die zweckmäßigste Ordnung der Werkstatt ging. Nahmen sich ihre Schriften wie Lehrbücher der einzelnen Handwerkstechniken aus, so hatten es Veröffentlichungen wie diejenigen aus Augsburg eher auf vergnügliche Unterrichtung als auf eigentliche Belehrung abgesehen.

So beherrschend die Figur des Schusters im Bild erscheint, dem Künstler lag es wohl nicht daran, die Person des Schusters zu Ehren zu bringen. Wichtiger sind ihm der Beruf und das Handwerk des Schuhmachers. Seine Erzeugnisse und seine Werkzeuge beschäftigen das Auge des Betrachters mehr als seine Kleidung und seine Perücke, die ihn zu einem ganz standesbewußten Mann der Rokokozeit stempeln. Dem Schuhmacher fällt die Rolle einer Standpuppe zu, der man auf skurrile Art alles anhängt, was es zum Thema seines Berufes ›anzupreisen‹ gibt. So muß er sich gefallen lassen, daß der zeitgemäße Dreispitz zur Zier Ledermesser und Feilen aufgesetzt erhält, daß verschiedene Ahlen im einen Ärmelaufschlag seines modischen Leibrockes stecken und daß je eine Zwick- und Beißzange das Ristleder von starken Stulpstiefeln kniffen, die der Schuster, falls er diesem Spezialgebiet zugetan war, zwar herstellte, aber kaum je einmal selber trug. Am Maßband, das er sich um den Hals gelegt hat, baumelt der unentbehrliche hölzerne Leisten; in der rechten Hand schwingt er als Zeichen seiner Macht die Maßlade, während er mit der Linken den Rohstoff, das Leder, hißt. Am Knieriemen, den er als Gurt benützt, sind die Werke seiner Hände, zum Teil in grotesker Verkleinerung, festgemacht: Halbschuhe, Pantoffeln und Stiefel, Schuhe für Männer, Frauen und Kinder, die einen aus Leder, andere aus bunter Seide.

Ganz in den Hintergrund gerückt ist die Werkstatt selber; sie ist nur Staffage. Immerhin macht die Darstellung deutlich, daß der Arbeitsplatz des Meisters und des Gesellen vom Verkaufsraum getrennt ist.

KOLORIERTER STICH »UN CORDONNIER/EIN SCHUSTER«,
VERLAG M. ENGELBRECHT, AUGSBURG, UM 1750.
(BILDARCHIV BALLY SCHUHMUSEUM, SCHÖNENWERD/SCHWEIZ)

Der Schuhmacher der Barockzeit und die »galanten Kupferstiche«

Le Cordonnier

Pour estre bien chaussee il faut estre en posture, Et apres que jauray manié vostre bas.
Vous pancher en arrier, et vous mettre un peu bas, Vous aurez un Soulier fait comme une pointure
A Paris chez F. Guerard ruë à vis la Fontaine St Severin à l'Image nostre Dame.   Avec privil du Roy.

KOLORIERTER KUPFERSTICH EINES UNBEKANNTEN FRANZÖSISCHEN KÜNSTLERS,
ENDE DES 17. JH.
(BILDARCHIV BALLY SCHUHMUSEUM, SCHÖNENWERD/SCHWEIZ)

Verschiedene Abbildungen volkstümlich erläuternder Art des 16. und 17. Jahrhunderts, vor allem Holzschnitte und Kupferstiche, gestatten, einen Blick in Schusterwerkstätten der Renaissance- und Barockzeit zu werfen. In den eleganter ausgestatteten Ateliers arbeitet der vornehm gekleidete Meister an seinem Pult, auf dem er das Leder zuschneidet und von dem aus er die um einen langen, niedrigen Tisch sitzenden Gesellen beaufsichtigt. Im angrenzenden Verkaufsraum bedient die Frau des Schusters die Kunden. Fertige Schuhe und Stiefel hängen über dem Verkaufstisch – das nach der Straße geöffnete Fenster dient oft als solcher – oder über dem ganzen Werkstattraum. Auf Tischen oder Wandgestellen liegen Schuhe zur Bearbeitung bereit. Die gehobene Stellung von Meister, Meisterin und Gesellen deuten die schönen Kopfbedeckungen und die modische Kleidung an. Sprüche, die solche Abbildungen zu begleiten pflegen, triefen erst vor frommer Erbaulichkeit, um sich dann allmählich in Gedichte voller Schalk und Witz zu wandeln. »Es drückt der Sünden-Schuh, macht ihn nicht fester zu«, lautet ein praktisch-frommer Rat, den der Schuster an eine nette, aber anscheinend etwas lockere Person richtet, die ihren Schuh ausgezogen hat und ihren schmerzenden Fuß befühlt.

Unser Stich, der gegen Ende des 17. Jahrhunderts entstanden ist, stellt zwar auch eine Schusterwerkstatt dar; deren Zeichner oder Kupferstecher vermochte aber der technischen Seite weniger Geschmack abzugewinnen als der künstlerischen. Entstanden ist eine ›gravure galante‹, eine Darstellung, die ihr ganzes Interesse einer schönen Frau und dem ›aufregenden‹ Schauspiel einer Schuhanprobe zuwendet. Die Werkstatt ist nur Staffage, Nebensache. Der Meister, der Mode seiner Zeit gemäß mit langem Überrock, bis zu den Knien reichender Hose, weinroten Strümpfen und spitzen, absatzbewehrten Schuhen bekleidet und die riesige Allongeperücke tragend, bemüht sich auf sehr galante Weise um seine Kundin. Zur Anprobe bereit stehen modische Spangenschuhe mit mittelhohen, stark nach vorn gerückten Absätzen. Geschmückt werden diese Schuhe mit mächtigen Rosetten, die leicht auswechselbar sind und je nach dem Kleid, zu dem man sie trägt, die Farbe ändern. »Wenn ich einmal Ihren Strumpf zurecht gemacht habe, werden Sie Schuhe haben, die von bildhafter Schönheit sind.« So viel hält der Meister von den Schuhen, die in seiner eigenen Werkstatt hergestellt werden und die er der Kundin in guter Kaufmannsmanier schmackhaft zu machen versucht. Der Geselle, der die unvermeidliche Lederschürze und als Standesauszeichnung einen Hut mit schmaler Krempe trägt, hat mit der galanten Szene im Vordergrund wohl nichts zu tun. Er ist so versunken in seine Arbeit, als ob es in der Welt nur Leder und Schuhe gäbe.

Industriegesellschaft Bundesrepublik

Zur 100-jährigen Geschichte der Schuhindustrie im südwestpfälzischen Hauenstein

Hauenstein im Jahre 1897

Hauenstein 1981. Foto: Helmut Kratz

Werden heutzutage in der Bundesrepublik ein Paar ›solide‹ Schuhe gekauft, so kommen sie aller Wahrscheinlichkeit nach aus süd-westpfälzischen Schuhfabriken; hauptsächlich hier konzentrieren sich die inzwischen auf ›Markenware‹ und ›Spezialschuhe‹ eingestellten deutschen Herstellerfirmen. Die pfälzische Schuhindustrie bestreitet gut die Hälfte der deutschen Schuhproduktion. Doch die deutsche Schuhindustrie, national-ökonomisch ohnehin nicht bedeutsam, bedient inzwischen nur noch knapp 20 % des inländischen Schuhkonsums. Der Rest von über 80 %, modische Billigware, ausgefallene und elegantere Modelle, werden importiert. Daß gerade in der Pfalz die Schuhproduktion bislang erhalten blieb, hat mit der Monokultur dieses Industriezweigs hier zu tun. Denn seit Anbeginn war die Schuhindustrie die wichtigste Erwerbsquelle für die seit den Kriegsverwüstungen des 17. Jahrhunderts völlig verarmte Süd-Westpfalz, ein Landstrich, der noch im 18. Jahrhundert, je nach geo-politischer Großwetterlage, zwischen den französischen oder den deutschen Feudalfürsten hin- und hergeschoben wurde.

Schuhe in größeren Mengen zu produzieren – das hatte, wie in anderen Wirtschaftsbereichen auch, etwas mit der allgemeinen Militarisierung im 18. Jahrhundert zu tun. Erst als Landgraf Ludwig IX. von Hessen-Darmstadt um 1736 das damals etwa 200 Einwohner zählende Walddorf Pirmasens zur Garnison seiner ›Langen Kerls‹ erkor, entstand so etwas wie ein städtisches Handels- und Gewerbezentrum im südlichen Pfälzer Wald. Der demografische Einschnitt – das Heer des Landgrafen bestand zeitweilig aus 6850 Soldaten – schuf neben dem militärischen auch einen gesteigerten privaten Schuhbedarf. Die Herstellung von Schuhen, in Form von billiger Massenware, nicht mehr wie vom traditionellen Handwerk in Maßarbeit gefertigt, wurde zu ei-

SCHUHFABRIK-ARBEITER IN HAUENSTEIN 1885 (ARCHIV VERBANDSGEMEINDEVERWALTUNG HAUENSTEIN)

nem der wichtigsten Nebengeschäfte der Garnison.

Als der Landgraf 1790 verstarb und das Heer aufgelöst wurde, blieb die Schuhmacherei als die lukrativste und erträglichste Erwerbsquelle bestehen. Die zurückgebliebenen Söldner und Marketender begannen, ihr einstiges Nebengewerbe zu professionalisieren. Aus alten Uniformen, Stoff- und Wollresten, die sie sich aus der inzwischen ebenfalls aufgebauten Tuchmanufaktur besorgt hatten, begannen sie die sogenannten ›Pirmasenser Schlappe‹, Keilschuhe oder auch ›Herumgenähte‹ genannt, zu fertigen. Die

Keilschuhe aus Plüsch, Stramin, Filz oder dergleichen hatten keine Absätze und waren mit einer möglichst weichen Sohle versehen; eine Notwendigkeit der damaligen Schuhproduktion, da Oberteil und Sohle auf der Innenseite vernäht und nach der Fertigstellung ›herumgedreht‹ werden mußten.

Anfänglich vertrieben diese ›Schlappezwicker‹ ihre Produkte über individuellen Hausierhandel in Baden, im Schwarzwald, im Elsaß und in Lothringen. Als dann 1833/34, mit der Gründung des deutschen Zollvereins, eine planmäßigere deutsche Wirtschaftspolitik möglich wur-

de, konnten auch die Pirmasenser Schuhhändler gezielter produzieren und die neu entstehenden Märkte beliefern. Regelmäßig erschienen sie nun auf den jährlichen Messen und den großen Jahrmärkten in Frankfurt, Braunschweig, Leipzig etc. Sie hatten mit ihrem Produkt Erfolg. Denn mit der einsetzenden Industrialisierung vergrößerten sich die städtischen Zentren und damit auch die Märkte für billige Gebrauchs- und Konsumgüter. Aufgrund serieller Produktionsweise in arbeitsteilig organisierten Großhandwerksbetrieben, unter Mitarbeit zahlreicher Heimarbeiterinnen und Heimarbeiter

Arbeits-Ordnung.

§ 1.

Sämtliche Arbeiter und Arbeiterinnen verpflichten sich, bei ihrem Eintritt in die Fabrik sich nachstehender Arbeitsordnung in allen Teilen zu unterziehen.

§ 2.

Die Arbeitszeit beginnt um 7 Uhr morgens und endigt um 12 Uhr mittags; ferner um 1 Uhr nachmittags und endigt um 6 Uhr abends; Pausen finden für erwachsene Arbeiter nicht statt. Die für jugendliche Arbeiter und Arbeiterinnen vorgeschriebenen Pausen sind festgesetzt auf die Zeit von $^1\!/_2$10—10 Uhr vormittags und 4—$^1\!/_2$5 Uhr nachmittags.

Sollte sich durch Arbeitsmehrung oder -Minderung die Notwendigkeit ergeben, die Arbeitszeit vorübergehend zu verlängern oder zu verkürzen, so haben sich die Arbeiter und Arbeiterinnen, letztere unter Berücksichtigung der §§ 137 bis 139 der Gewerbeordnung, den in diesem Falle seitens des Arbeitgebers zu treffenden Anordnungen zu fügen.

Ueberstunden werden nicht höher bezahlt.

§ 3.

Mit Beginn der festgesetzten Arbeitszeit wird der Zugang zur Fabrik (Arbeitsstätte) geschlossen. Zu spät Kommenden kann der Zutritt erst bei der nächsten Pause für jugendliche Arbeiter gestattet werden.

In besonderen Fällen sind Ausnahmen zulässig.

§ 4.

Arbeiter und Arbeiterinnen, welche verspätet eintreffen, verfallen in eine Geldstrafe bis zu Mk. 1.— dagegen kann derjenige, welcher ohne Entschuldigung überhaupt nicht zur Arbeit erscheint, mit höherer Strafe belegt oder sofort entlassen werden.

§ 5.

Jeden Samstag Nachmittag um —— Uhr erfolgt die Auslöhnung der Arbeiterinnen und zwar an die Stundenarbeiterinnen für die geleisteten Arbeitsstunden der betreffenden Woche, für die Stückarbeiterinnen für die bis Freitag Abend fertig gestellte und abgelieferte Arbeit.

Die Auslöhnung der männlichen Arbeiter erfolgt um 6$^1\!/_4$ Uhr und zwar für die Stundenarbeiter für die geleisteten Arbeitsstunden der betreffenden Woche, für die Stückarbeiter für die bis Samstag Mittag fertig gestellte und abgelieferte Arbeit.

Es bleibt jedoch dem Unternehmer überlassen, für die Stückarbeiter einen späteren Ablieferungstermin festzusetzen.

Jeder Arbeiter und jede Arbeiterin haben den durchschnittlichen Betrag ihres Wochenlohnes als Sicherheit für die Schadloshaltung des Unternehmers bei widerrechtlicher Auflösung des Arbeitsverhältnisses, oder als Sicherheit für Schadenersatz bei mangelhafter Arbeit, oder für festgesetzte Geldstrafen zu bestellen. Wird der Betrag nicht erlegt, so kann er durch Lohnabzüge bis zum vierten Teil des durchschnittlichen Wochenverdienstes hergestellt werden. § 119 a der Gewerbeordnung.

§ 6.

[handschriftlich] Kündigung ... zur Samstags stattfinden ...
[handschriftlich] Kündigungsfrist ist ...

§ 7.

Wegen sofortiger Entlassung oder wegen Verlassens der Arbeit ohne vorherige Kündigung gelten die Bestimmungen des § 123 und § 124 der Gewerbeordnung.

§ 8.

Kein Arbeiter oder Arbeiterin darf ohne Erlaubnis während der in § 2 angeführten Arbeitszeit die Fabrik verlassen. Zuwiderhandelnde werden mit einer Strafe bis zu Mk. 1.— belegt.

§ 9.

Singen, Pfeifen, Tabakrauchen und Anzünden von Pfeifen und Zigarren, sowie der Genuß alkoholischer Getränke innerhalb der Fabrikräume ist auf's strengste untersagt und werden Zuwiderhandelnde nach § 4 oder auch § 7 bestraft.

§ 10.

Bei mangelhafter Ausführung der Arbeiten kann dem Arbeiter oder der Arbeiterin ein entsprechender Abzug von dem im § 5 festgesetzten Sicherheitsgelde gemacht werden, durch ihr Verschulden unbrauchbar gewordene Ware verbleibt ihnen zum Selbstkostenpreise und wird jeweils bei Abrechnung von dem zurückgehaltenen Sicherheitsgelde, § 5 der Arbeitsordnung, verrechnet.

§ 11.

Die Anwendung des § 616 des Bürgerl. Gesetzbuches wird ausdrücklich ausgeschlossen. Es hat also ein Arbeiter oder eine Arbeiterin, welche durch einen in ihrer Person liegenden Grund an der Arbeitsleistung verhindert werden, auf Entschädigung keinen Anspruch. Ebensowenig kann der Arbeiter oder die Arbeiterin für jene Zeit Entschädigungsansprüche erheben, in welcher er ohne Verschulden des Arbeitgebers, sei es infolge schwachen Geschäftsganges, gesetzlicher Feiertage, Inventur-Aufnahmen, Kesselreinigung oder ähnlicher Anlässe, nicht ausreichend beschäftigt werden kann.

§ 12.

Sämtliche Arbeiter oder Arbeiterinnen sind verpflichtet, zur Verarbeitung nur diejenigen Zutaten und Materialien zu verwenden, welche ihnen von dem Arbeitgeber verabfolgt werden. Die Abgabe derselben an die Arbeiter und Arbeiterinnen erfolgt zu den Preisen, wie sie das Gesetz unter § 115 der Abs. 2 der Gewerbeordnung vorschreibt.

§ 13.

Wer an Maschinen und Werkzeugen etwas in grober Unachtsamkeit oder boshafter Weise beschädigt, hat für den entstandenen Schaden aufzukommen.

§ 14.

Die Aufsicht führen: der Arbeitgeber, dessen Vertreter und die jeweiligen Auftrag die jeweiligen Werkmeister resp. Aufseher, deren Anordnungen unbedingt Folge zu leisten sind. Etwaige Beschwerden ernsterer Art sind im Comptoir vorzubringen.

§ 15.

Wiederholte Verstöße gegen die Arbeitsordnung können nach vorhergegangener Androhung sofortige Entlassung zur Folge haben.

§ 16.

Die Strafgelder werden von dem Arbeitgeber oder dessen Beauftragten festgesetzt, die in den Fällen des § 4 Absatz 1 und §§ 6 und 8, sowie des § 9 bis zu Mk. 1.— betragen, jedoch nicht die Hälfte des durchschnittlichen täglichen Arbeitsverdienstes überschreiten dürfen, in ein eigenes hierzu angelegtes Verzeichnis eingetragen und jeweils bei der nächsten Auslöhnung in Abzug gebracht.

§ 17.

Die Strafgelder kommen in eine hierfür gebildete Arbeiterstrafkasse; ihre Verwendung muß im Einverständnis mit dem Arbeitgeber und den Arbeitern resp. dem bestehenden Arbeiter-Ausschusse innerhalb der Fabrik zur Unterstützung kranker und hilfsbedürftiger Arbeiter stattfinden.

————

Vorstehende Arbeitsordnung tritt am 1. April 1910 in Kraft.

Die Arbeitsordnung bleibt Eigentum der Firma Johannes Memmer und müssen im Verlustfalle die Selbstkosten ersetzt werden.

Johannes Memmer

Schuhfabrik

Hauenstein.

war es den Händlern möglich, diese neuen Märkte schnell und billig zu beliefern. Im Gegensatz zur individuellen Maßarbeit des herkömmlichen Schuhhandwerks produzierten diese Großhandwerksbetriebe sehr rationell.

Erst 1857 wurde in Pirmasens die erste Schuhmanufaktur in Betrieb genommen. Sie war mit amerikanischen Steppmaschinen, handbetriebenen Sohlenstanz-, Glätte- und Absatzmaschinen und mit den neuen, auf menschliche Fußformen genormten Leisten ausgerüstet. Mit Hilfe dieser teilmechanischen Fabrikation, die die aufwendigen Lederzuschneide- und Näharbeiten von Hand ersetzte, konnten Lederschuhe erstmals als Massenartikel hergestellt werden.

Da die Mechanisierung der Pirmasenser Großwerkstätten allerdings nur zögernd voran ging, blieb die Stoffschuhherstellung bis zur ›Liberalen Ära‹ (1871 –1878) produktionsbestimmend. Erst 1871, mit der von Bismarck durchgesetzten politischen und wirtschaftlichen Einigung der deutschen Länder und nach dem Erlaß der Gewerbefreiheit setzte die eigentliche industrielle Expansion der deutschen Wirtschaft ein.

Die alten Wirtschaftsformen zerbrachen endgültig wie die Zünfte. Auch die zumeist kleinbürgerlichen Schuhfabrikanten begannen in die neuen Produktionstechniken zu investieren. Sie drangen damit endgültig in das bis dahin immer noch gut abgeschottete Metier der Schuhmacherzünfte ein. Aus Amerika, das als ›Heimat‹ der maschinellen Schuhproduktion gilt, bezogen sie das notwendige technische ›know how‹. Über den Schuhmaschinentrust ›United Shoe Machinery Corporation‹, der die Maschinen zunächst in England in Lizenz herstellen ließ, um sie dann weiter zu exportieren, gelangten die amerikanischen Schuhmaschinen ins Deutsche Reich.

Im Jahre 1900 entstand in Frankfurt die ›Deutsche Vereinigte Schuhmaschinen GmbH‹, ein Tochterunternehmen der ›United Shoe Machinery Corporation‹, das nun die Schuhmaschinenherstellung für Deutschland übernahm. Beide Gesellschaften verkauften ihre Aggregate nicht, sondern vermieteten sie gegen hohe Zinsleistungen an die Schuhfabrikanten. Um die immer mehr gefragten Lederschuhe produzieren zu können, benötigten die Fabrikanten vor allem Stanz- und Zuschneidemaschinen für Ober- aber auch Bodenleder, Maschinen zur Verbindung von Schaft und Sohle, Steppmaschinen zur Oberledervernähung, Absatzmaschinen, Lederfräsen, Auspuzmaschinen zur Endverarbeitung des Schuhs und Zwickmaschinen, mit denen Schaft und Brandsohle verbunden werden. Handbetriebene Stanz- und Absatzmaschinen waren auch in den deutschen Ländern vereinzelt seit den Endfünfzigern hilfreiche Produktionsmittel gewesen; ebenso die Holz- oder Metallvernagelungsmaschinen, mit denen Sohle und Schaft verbunden wurden und die die mühseligen Wende-, Durch- oder Randnäharbeiten von Hand überflüssig machten. Insgesamt war man jedoch im Vergleich zu Amerika enorm im Rückstand. So kam z. B. erst 1890 die bereits 1869/70 in Amerika patentierte Goodyear-Einstechmaschine ins Deutsche Reich. Das ›Goodyear-Weltsystem‹, eine Rahmen-Einstechmaschine mit einer Reihe von Hilfsmaschinen, konnte endlich auch Rahmen, Schaft und Brandsohle in einem Arbeitsvorgang vernähen. Die Holz- oder Metallvernagelung, die dem Schuh die Elastizität geraubt hatte, wurde damit überflüssig. Die Zwickmaschine sowie die dazugehörigen Hilfsmaschinen, in Amerika bereits 1833 patentiert und unerläßlich zur fortgeschrittenen Mechanisierung der Produktion, gelangte ebenfalls erst in den Neunziger Jahren nach Pirmasens. Somit konnten hier die ersten vollmechanischen Fabriken erst kurz vor

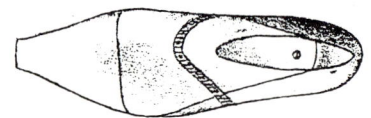

der Jahrhundertwende in Betrieb genommen werden.

100 Jahre Hauensteiner Schuhindustrie
Um die gleiche Zeit, im Jahre 1886, wurde in dem etwa 25 km von Pirmasens entfernt liegenden 673 Einwohner zählenden Dorf Hauenstein mit der ersten handbetriebenen Sohlenstanzmaschine die örtliche Schuhindustrie aus der Taufe gehoben: ein anschauliches Beispiel für die technische Rückständigkeit der deutschen Provinzen.

Wie viele Bewohner der süd-westpfälzischen Waldgebiete, arbeiteten auch zahlreiche Hauensteiner seit den Siebziger Jahren für die Pirmasenser Schuhfabrikanten. Die in Heimarbeit gefertigten Pantoffeln, aber auch diverse für die Endproduktion in den Großhandwerksbetrieben bestimmten Teilarbeiten wurden allwöchentlich von Fuhrwerken abgeholt, bzw. von den Arbeiterinnen und Arbeitern persönlich nach Pirmasens getragen. In einer Woche konnten die Hauensteiner aus dem gelieferten Rohmaterial ca. 40 –50 Dutzend Paar Pantoffeln herstellen, als Lohn erhielten sie 18–20 Mark das Dutzend. Galt die gelieferte Ware als mangelhaft, was öfters vorkam, erhielten die Heimarbeiter keine Entlohnung.

Da diese Lohnarbeit in den Pirmasenser Schuh-Großhandwerksbetrieben keinen ausreichenden Gewinn abwarf, ernährte sich die Hauensteiner Bevölkerung weiterhin von bäuerlicher Subsistenzwirtschaft, Hausierhandel, Wald-und Köhlerarbeiten, Saisonarbeiten auf elsässischen und lothringischen Feldern oder in den vorderpfälzischen Weinbergen bzw. von Pflasterlegearbeiten in Paris. Außerdem war der südliche Pfälzer Wald seit den Verwüstungen des Dreißigjährigen Krieges klassisches Auswanderungsgebiet gewesen und so emigrierten auch im 18. Jahrhundert viele nach Amerika, Rußland, Polen etc., in der Hoffnung, sich dort

HAUENSTEINER SCHUHFABRIK-ARBEITER UM 1913 (ARCHIV VERBANDSGEMEIN-
DEVERWALTUNG HAUENSTEIN)

eine bessere ökonomische Lebensgrund-
lage schaffen zu können.

Nicht zuletzt diese ständig geforderte
Anpassungsbereitschaft erleichterte den
bislang bäuerlich-feudal wirtschaftenden
Dörflern psychologisch den Zugang zu
industriellen Produktionsweisen. Gewöhnt, auf eigene Faust – mit sturem pa-
triarchalischem Selbstbehauptungswillen
– zu wirtschaften, war auch der Schritt zur
unternehmerischen Selbständigkeit folgerichtig. Bei ihren Wanderarbeiten im süddeutschen Raum oder in Paris hatten die
Hauensteiner bereits die ersten Früchte
des industriellen Zeitalters bestaunen
können.

Ein weitgereistes Brüderpaar, allwinter-
lich im Bilderhandel unterwegs, machte
den Anfang. In Pirmasens hatten sie, neben den notwendigen handwerklichen
Fähigkeiten, auch besagte Sohlenstanzmaschine erworben und mit der eigenständigen Schuhfabrikation begonnen.

»Die ersten Jahre waren für die beiden
kaufmännisch nicht ausgebildeten Unternehmer voller Schwierigkeiten und Mißer-
folge. Hergestellt wurden die einfachsten
Pirmasenser Warengattungen aus Wolle,
Segeltuch und Lasting. Sie hatten ein
plumpes Aussehen und entsprachen keineswegs den Wünschen der Käufer. Eine
Augsburger Firma bestätigte z. B. die
erste Warenlieferung mit den wenig er-
munternden Worten: man könne meinen,
die Schuhe seien in einem Blindenheim
entstanden.«[1]

Brachte das zweite Geschäftsjahr noch
große Verluste, so ging es danach stetig
aufwärts. Die ursprünglichen Fabrikräume, ein Stall und eine Scheune, mußten
erweitert werden, denn der Betrieb war
mittlerweile auf 20 Beschäftigte ange-
wachsen. Zwei Jahre, von 1886–88, hielt
das brüderliche Unternehmerbündnis;
danach wurde eine neue Schuhfabrik gegründet, die fortan von dem jüngeren der
beiden, unter Mitwirkung von weiteren 20
Arbeitskräften, in eigener Regie geführt

MASCHINENSAAL DER ›SÜDDEUTSCHEN SCHUHFABRIK‹ IM JAHRE 1924 (OBEN)

SCHUHAUSSTELLUNG IN KÖLN, 1925 (UNTEN)
(ARCHIV VERBANDSGEMEINDEVERWALTUNG HAUENSTEIN)

wurde. Vier Jahre lang, bis 1890, verfügten die Brüder als die alleinigen Fabrikherren über das Monopol der Arbeitsplatzvergabe im Dorf, erst dann wagten andere — ehemalige Arbeiter-Bauern — den Einstieg ins Unternehmertum. Die Konkurrenz stieg fortan rapide: Innerhalb von fünf Jahren kamen sechs Neugründungen hinzu und bis zur Jahrhundertwende existierten bereits elf Schuhfabriken mit insgesamt 401 Fabrikarbeiterinnen und -arbeitern. Bis zum 1. Weltkrieg waren in 15 Schuhfabriken 892 männliche und 247 weibliche Fabrikarbeiter und zusätzlich 268 Heimarbeiterinnen und Heimarbeiter beschäftigt.

Der unmittelbare materielle Erfolg verlockte viele, es den neuen Fabrikherren nachzumachen. Der heute noch lohnabhängige Nachbar versuchte schon morgen, mit der Neugründung einer eigenen Schuhfabrik oder eines kleinen Zulieferbetriebes sein unternehmerisches Glück. Bis weit über 100 Neugründungen weist die Dorfstatistik bis zum Anfang der Sechziger Jahre[2] dieses Jahrhunderts aus; solange hielt auch der allgemeine Boom an, unterbrochen von den wirtschaftspolitischen Erscheinungen wie Krieg und Weltwirtschaftskrisen.

Da keiner der neuen Fabrikherren eine kaufmännische Ausbildung bzw. Erfahrungen mit beschäftigungspolitischen Fragen moderner Industrieunternehmungen hatte, wirtschaftete jeder nach persönlichem Gutdünken: meist der eigenen patriarchalischen Eigentums- und Besitzlogik entsprechend; d. h. die religiösen und kleinbürgerlichen Fabrikpatriarchen konnten vor allem über die kostenlose Arbeitskraft ihrer Frauen, Kinder und Verwandten verfügen. Außerdem waren Produktionsräume billig und die Bau- und Grundstückspreise gering. So konnten die Schuhfabriken sehr günstig auf- und ausgebaut werden. Selbst weiter entfernte Verwandte wurden verpflichtet, bei äußerst geringer Entlohnung am Aufbau der

Unternehmen mitzuarbeiten. Da die menschlichen Arbeitskräfte billiger waren als mechanische Produktionsmittel, schafften sich die Fabrikherren nur die nötigsten Maschinen, meist gebraucht von Pirmasenser Schuhfabriken, an.

So leisteten sich Schuhfabrikanten z. B. erstmals 1891 Durchnäh- und Ausputzmaschinen, im Jahre 1906 ging die erste Zwickmaschine und 1911 die erste Goodyear-Maschine in Betrieb.

Diese Möglichkeit, mit relativ geringem Aufwand in die industrielle Schuhproduktion einzusteigen, reizte bis zum 2. Weltkrieg immer wieder zahlreiche Schuhfabrikarbeiter, eine zwar bescheidene aber selbständige wirtschaftliche Existenz zu begründen. Diese Gründerlust führte z. B. 1919 zu 15 Neugründungen von Kleinstbetrieben mit weniger als 20 Beschäftigten. Zur Betriebsgründung setzten diese ›Knäppler‹ letztendlich gerade zwei Tische, ein Zuschneidebrett, einige Messer, eine Serie von Modellen und Leisten, eine Handstanzmaschine sowie den schier unerschöpflichen Arbeitswillen ihrer gesamten Familienmitglieder ein.

Diese Kleinstbetriebe mußten nicht selten ihre Schuhschäfte fertig aus größeren Betrieben beziehen, da die eigene Herstellung aufgrund der dürftigen maschinellen Ausrüstung zu zeitaufwendig gewesen wäre. Doch selbst die größeren Firmen boten um die Jahrhundertwende als Spezialität Plüschpantoffeln, Segelschuhe und Lasting-Zugstiefel mit Dreiviertelabsatz an, über deren Verarbeitung und Aussehen die Arbeiter noch in den Fünfziger Jahren witzelten.[3]

Doch nicht nur die billigen und einfachen Produktionsmethoden führten zur raschen Verbreitung der örtlichen Schuhfabrikation, sondern auch der geringe infrastrukturelle Bedarf dieses Industriezweiges; benötigt wird weder ein besonderes, leistungsfähiges Verkehrs- und Kommunikationsnetz noch eine sonderlich entwickelte Energieversorgung. Nur

wenige Industriezweige hätten z. B. wie die Hauensteiner Schuhindustrie, noch um 1913 die Produktion mit Dampfkraft betreiben können. Fast alle industriellen Schuhzentren erwirtschafteten ihre Effektivität aufgrund der billigen und zahlreich verfügbaren Arbeitskräfte. Der immer noch relativ hohe Arbeitskräftebedarf bestimmt bis heute die beschäftigungspolitische Infrastruktur von Rheinland-Pfalz. So stellt die Schuhindustrie zwar hinter der chemischen Industrie und dem Maschinenbau die meisten Arbeitsplätze in diesem Bundesland, sie drückt aber durch die Billiglöhne das allgemeine Lohn- und Einkommensniveau des Pirmasenser Raumes weit unter den Landes- bzw. Bundesdurchschnitt (von 1950 bis 1986 hat sich der Ecklohn der Schuhindustrie nur von DM 1,48 auf DM 10,13 erhöht). Hauenstein selbst war noch 1973 hinter Ludwigshafen und Wörth der pfälzische Ort mit der prozentual höchsten Industriebeschäftigtenrate. Anteilmäßig waren von Anfang an viele Frauen, Jugendliche und Hilfsarbeiter beschäftigt. Bereits vor dem 1. Weltkrieg waren 25 % aller in der Hauensteiner Schuhindustrie Arbeitenden weiblichen Geschlechts, in den Fünfziger und Sechziger Jahren stieg ihr Anteil bis auf 55 % und 1986 waren es noch immer etwas über 54 %. Bis 1949 verdienten die Fabrikarbeiterinnen durchschnittlich 25 % weniger als ihre männlichen Kollegen und in den nachfolgenden Jahren, bis zur gesetzlichen Lohngleichstellung 1956, betrug die Differenz 20 %. Doch auch die gesetzliche Lohngleichstellung brachte nur eine formale Gleichbewertung der Frauen- und Männerarbeit, da die Tätigkeiten der Arbeiterinnen den unteren Lohngruppen zugeordnet wurden.

Zu den zwei typischen ›Lohn-Geschlechts-Klassen‹ zählen z. B. heute noch der Beruf des Zwickers und der Heimarbeiterin. Während ein erfahrener Zwicker 1986 Anspruch auf einen Ecklohn von 10,13 DM hat, verdient eine Heimarbeite-

rin, die Mokkasin-Vorderblätter von Hand mit dem Schaft vernäht, zwischen 1,90 und 3,00 DM das Paar. In ca. 7 Std. kann sie 10 Paar zu 30 DM fertigstellen, also einen Stundenlohn von knapp 4,50 DM erreichen, und dies als Entlohnung für eine mühselige Fingerarbeit, denn die Fäden lassen sich nur schwer festzurren und hinterlassen oft, trotz Lederkappenschutz, auf den Fingern schmerzende Schnittwunden.

Zu den klassischen ›einfachen‹ Frauenarbeiten in der Schuhindustrie zählen Kanten bugen, Knopflöcher nähen, Reißverschlüsse einsetzen, Perforieren, Ösen stanzen, Schäfte schnüren, das Zuschneiden von Schuhfutter, Oberleder schäften, Schäfte steppen, Arbeiten in der Ausputzerei und in der Fertigmacherei.

Arbeiten in der Zwick- und Zuschneiderei, Sohlen stanzen und vernähen, die Bedienung der Hinterkappen-Einstechmaschinen, Modellarbeiten etc. werden hingegen auch 1986 noch vorrangig von Männern verrichtet.

Die Industriekultur

Die Neuzeit schuf ein völlig neues soziokulturelles Bezugs- und Wertesystem. Die Schuhfabrik wurde zum Dreh- und Wendepunkt fast aller individuellen Schicksale in der Region. Die Teilhabe am industriellen Arbeitsprozeß bedeutete finanzielle Besserstellung und sozialen Aufstieg. Denn trotz geringer Löhne, langer und ungewohnter Arbeitsrhythmen (die 40-Stunden-Woche wurde z. B. erst 1965 durchgesetzt), galt die Fabrikarbeit als erstrebenswerte und ›saubere‹ Verdienstmöglichkeit; eröffnete sie doch dem ›Fabrikbauer‹ (nebenbei bestellten sie oder andere Familienmitglieder die kleinen Landparzellen) ganz neue finanzielle und kulturelle Möglichkeiten, die über diejenigen des bäuerlichen Standes weit hinausreichten. Der dumme Bauer aus ›Kuckuckshausen‹ galt dem schlauen Fabrikarbeiter fortan nichts mehr, gesell-

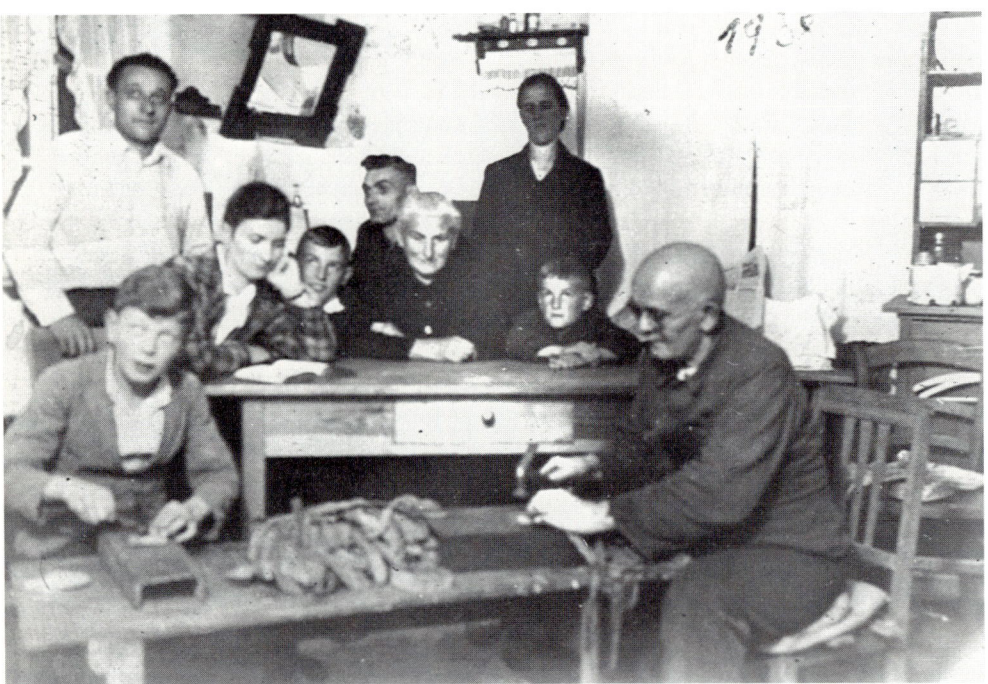

HEIMARBEITER IN HAUENSTEIN 1938 (ARCHIV VERBANDSGEMEINDEVERWALTUNG HAUENSTEIN)

BUSBAHNHOF HAUENSTEIN 1957: 1500 PENDLER TÄGLICH NACH HAUENSTEIN. (ARCHIV VERBANDSGEMEINDE-
VERWALTUNG HAUENSTEIN)

schaftlich anerkannt und sinnvoll schien nur noch das ›Schaffe in de' Fawerik‹. Das tradierte kulturpolitische Weltbild erfuhr dadurch allerdings keine einschneidenden Veränderungen. Die kleinbürgerlichen Werte der Sparsamkeit, des ›Strebens nach eigenem Besitz, der Zähigkeit und Unermüdlichkeit‹, hatten die Hauensteiner Arbeiter laut einer Dorfchronik der sechziger Jahre[5] ›mit den Unternehmern gemeinsam‹.

So betonten die Arbeiter bei ihrer fortschreitenden Anpassung an die industrielle Realität weniger den polit-ökonomischen Interessensgegensatz ihres eigenen Standes zu dem der Fabrikanten, als vielmehr die sozial verbindende, gemeinsame und gemeinschaftsstiftende Interessenslage des dörflichen Lebenszusammenhanges. Er definierte sich über symbolträchtige Substantive wie Biederkeit, Redlichkeit, Treue und moralische Sauberkeit, sowie das Ordnungsgebot als Basis einer friedlichen Koexistenz.

Da die verspätete industrielle Revolution in den deutschen Ländern militärpolitisch gegen die Macht der Feudalfürsten durchgesetzt wurde, kam auch dem Militär im Deutschen Reich eine starke gesellschaftspolitische Bedeutung zu. Anders als in den übrigen Industrienationen prägte das militärische Denken noch um die Jahrhundertwende auch die Leistungs- und Disziplinvorstellungen im industriellen Arbeitsprozeß. Treue und Redlichkeit als ethische Größen der Arbeitsmoral waren immer auch mit militärischen Ordnungsbildern besetzt. Selbst von den Arbeitern anerkannt, herrschte um die Jahrhundertwende die Ansicht vor, daß ein Fabrikunternehmen, welches gedeihen will, militärischer Organisation bedürfe.

Die in den Schuhfabriken ausgehängten Arbeitsordnungen waren autoritäre, erzieherische Disziplinierungsmaßregelungen, die den absoluten ›Herr-im-Haus‹- Standpunkt des Fabrikherrn betonten und die Treuepflicht im industriellen Arbeitsverhältnis einseitig zu Lasten der Arbeiter definierten. Ihrem Selbstbewußtsein als neue Klasse versuchten sie seit 1899 in dem ersten ›Arbeiter-, Bildungs- und Unterstützungsverein‹ Hauensteins Ausdruck zu geben. Mit einer Mischung aus christlichen und biedermeierischen Vorstellungsbildern schulten die Vereinsmitglieder sich für den tätigen Umgang mit der neuen gesellschaftlichen Realität. »Die Pflege der Religiösität, der Sittlichkeit und der wahren Freundschaft«[6] sollte substanzieller Bestandteil des neuen sozialen Verhaltens, ein Akt der kollegialen Solidarität der Schuhfabrikarbeiter sein. Allein schon dieser Versuch, ein Solidaritätsgefühl unter den Arbeitskollegen zu schaffen, wurde von den Fabrikbesitzern bereits als Unterwanderung ihrer autoritär geführten Betriebe verstanden. 180 Mitglieder zählte dieser Verein bis zum Ausbruch des 1. Weltkrieges; einem zweiten, dessen Gründung 1902 erfolgte, gehörten nochmals 42 Arbeiter an. Dieser, der ›Katholische Arbeiterverein Hauenstein‹, empfahl sich dem Schutz des Heiligen Josef (dem Schutzpatron der Handwerker) und schloß, um seine redlichen Absichten gegenüber Kirche und Fabrikanten zu betonen, ausdrücklich jegliche politische Bestrebungen aus. Identitätsstiftendes Selbstbewußtsein versprach er sich vermittels der »Wahrung und Förderung der Religiösität«, der »allgemeinen Geistesbildung«, der »Pflege echter Kameradschaft«, der »veredelnden Unterhaltung und Gesellschaft«. Mit gezielter »Belehrung über staatsbürgerliche Rechte und Pflichten«, aber auch durch den »Schutz und die Förderung der wirtschaftlichen Interessen der Arbeiter«[7] verbreitete der katholische Arbeiterverein die christliche Soziallehre unter den Hauensteiner Schuhfabrikarbeitern.

Die freie Gewerkschaft aus Pirmasens, die jahrelang versucht hatte, in Hauenstein vor und neben der hier 1907 gegründeten christlichen Gewerkschaft Einfluß zu gewinnen, sah sich noch 1927 ohnmächtig angesichts der Dominanz des Dorfpfarrers:

»In einer ganzen Anzahl katholischer Orte, wie besonders in Hauenstein, konnte der Zentralverband noch nicht eindringen; er kann dort keine Mitglieder erhalten, da die katholische Geistlichkeit sehr scharf darüber wacht, daß die freie Gewerkschaft dort keinen Boden faßt. Nicht einmal ein Versammlungslokal kann die Organisationsleitung an solchen Orten erhalten. Es sind Tausende von Arbeitern, an die nicht heranzukommen ist.«[8]

Die öffentliche Erörterung der Dorfprobleme übernahm der Dorfgeistliche während der sonntäglichen Predigt. Diabolisch, fanatisierend und mit göttlicher Bestrafung drohend, verpflichtete er die Gemeinde auf die strenge Einhaltung der bestehenden Moral- und Sittengesetze. Politisch verlangte er Duldung, Hinnahme und Pflichterfüllung gegenüber den patriarchalischen Ordnungs- und Arbeitsprinzipien in der Fabrik. Insbesondere lag ihm das sittliche Leben der Frauen am Herzen. In den Fünfziger Jahren erlaubte er den Mädchen das Schwimmen nur im Badeanzug, nachdem er es ihnen noch 10 Jahre zuvor ganz verboten hatte. Er scheute sich auch nicht, die von ihm überführten Sünderinnen namentlich von der Kanzel herunter zu maßregeln. Ebenso verpflichtete er die Gemeinde von diesem erhobenen Orte aus, bei den Parlamentswahlen christlich zu wählen: Christlich setzte er gleich mit katholisch und ein katholischer Arbeiter hatte selbstverständlich ›schwarz‹ – Zentrum oder später CDU – anzukreuzen. Die Protestanten hingegen wurden als politisch ›Rote‹ und der SPD zugehörig identifiziert.

Hauenstein hatte vor dem 2. Weltkrieg bis in die sechziger Jahre hinein immer etwa 95 % christlicher Wähler. Diese vereinheitlichte politische Ausrichtung aller sozialen Gruppen stabilisierte den mittelständischen Identifikationsprozeß der ortsansässigen, zumeist katholischen Arbeiter, suggerierte er ihnen doch die soziale Zugehörigkeit zu der erfolgreichen Industriellenschicht des Dorfes (zumal sich viele Arbeiter als potentielle Fabrikanten sahen). Ortsansässige protestantische Arbeiter bzw. die vereinzelten Arbeiter, die als SPD-Wähler bekannt waren, hatten keinen leichten Stand.

Nur einmal, zu Beginn der Industrialisierung, wurde dieses Selbstwertgefühl, das ›Wir‹ der Hauensteiner Produktionsgemeinschaft, von innen in Frage gestellt. Noch im Gründungsjahr der christlichen Gewerkschaft, 1907, gab es den ersten und einzigen Arbeitskampf in der Geschichte der Hauensteiner Schuhindustrie, den Kampf um den 10-Stunden-Tag. Im Verlauf dieser Auseinandersetzung hatte der als Gegenblock begründete ›Fabrikantenverein‹ die Arbeiter sieben Wochen lang ausgesperrt. Erst nachdem die Arbeiter ihre Forderungen nach dem 10-Stunden-Tag zurückgenommen und die ›Rädelsführer‹ die einzelnen Schuhfabriken verlassen hatten, ›gewährten‹ die Fabrikanten – vier Jahre später als in Pirmasens – den um eine Stunde verkürzten Arbeitstag, diesmal ›freiwillig‹.

Dies blieb bis heute der einzige Zwischenfall, bei dem Interessensgegensätze von Fabrikanten und Arbeitern in einem politischen Machtkampf ausgetragen wurden. Fortan sollte sich die zitierte Politik der Dorfgeistlichkeit bewähren, Klassenunterschiede im Sinne christlicher Nächstenliebe auszugleichen. Die Fabrikanten imitierten das städtische Bürgertum, bauten sich ›großbürgerliche‹ Herrenhäuser in den Randzonen des Dorfes, stellten sich Dienstmädchen ein und ließen ihre Söhne studieren. Die Arbeiter konnten mit dem Ersparten ihre Häuser ausbessern, modernisieren oder sogar neu bauen. Sozialpolitisch kümmerten sich Geistlichkeit und dörfliche Industrielle um die soziale Vorsorge. So entstanden bis zu den Dreißiger Jahren ein katholisches Gemeinde- und Schwesternhaus, einschließlich Kindergarten, Näh- und Krankenzimmer, eine neue Kirche mit großzügigem Pfarrhaus, eine neue Schule etc. Ebenso unterstützten die Fabrikanten durch Darlehen und Zuschüsse die Erstellung neuer Siedlungen, mit schlichter Ausstattung und billigen Mieten. Dies alles trug zur Zufriedenheit und Identifikation bei. Dies, belegt durch folgendes Zitat aus den Zwanziger Jahren:

»Ein großer Wohlstand schaut in Hauenstein aus allen Ecken und Enden heraus. Der Arbeitslohn von sechs Millionen Mark, der jährlich aus den Schuhfabriken ins Dorf fließt, macht sich überall bemerkbar. Für Hauenstein trifft gewiß nicht zu, was Johann Wolfgang von Goethe in ›Hermann und Dorothea‹ über eine schlecht geleitete Gemeinde schreibt: ›Wo Unrat auf allen Gassen herumliegt, wo der Stein aus der Fuge sich rückt und nicht wieder gesetzt wird, wo der Balken verfault und das Haus vergeblich die neue Unterstützung erwartet, der Ort ist übel regiert.‹ Hauenstein ist nicht ›übel regiert‹, die Ortsverwaltung ist in jeder Beziehung rege und besorgt, und die Leute lassen ihre Häuser keineswegs verkommen.«[9]

Mit dem aufkeimenden Faschismus, der machtstrategisch präzise einkalkulierten Ausnutzung unbewußten Strebens für bewußte Ziele, erlebte diese Schaffensideologie ihre völkische Entsprechung. Freilich wanderte der Pfarrer, der weiterhin auf seiner uneingeschränkten kulturpolitischen Machtstellung beharrte, für kurze Zeit ins Gefängnis. Hauenstein war den Faschisten aufgefallen, da es bei der letzten Mehrparteienwahl 1933 der Ort mit der absolut höchsten Stimmenzahl für eine nicht-nationalsozialistische Partei war – 92,6 % der gültigen Stimmen gingen an die BVP.[10]

Doch unabhängig von diesem Streit um Macht und Herrschaftskompetenz, stellte sich die Ökonomie der Schuhindustrie schnell auf die neuen politischen Realitäten ein. Das Verhältnis von Arbeiter und Betrieb, bisher über patriarchalische Wertigkeiten, die ausschließlich die dörflichen Strukturen betrafen, definiert, erfährt nun eine nationalsozialistische Erweiterung: »Führer und Gefolgschaft des Betriebes bilden zusammen eine nationalsozialistische Betriebsgemeinschaft.«[11]

Die staatlich subventionierte und schon auf Kriegsbedarf eingestellte nationale Nachfrage verhalf der Hauensteiner Schuhindustrie Mitte der Dreißiger Jahre zu einem profitablen Hoch, ähnlich dem der Zwanziger Jahre. Doch mit Beginn des mörderischen Krieges, als die wehrtauglichen Männer eingezogen und die BDM-Jung-Frauen zwangsverpflichtet wurden, konnten die Produktionskapazitäten nicht ausgelastet werden. 1942 wurden alle kleineren Betriebe, die den volksgemeinschaftlichen Zwecken einer militär-politisch zentral gesteuerten Produktion nicht dienlich sein konnten, per Stillegungsverfügung geschlossen. Einige Firmen mußten die Produktion auch wegen »feindlicher Einstellung zum Reich«[12] einstellen. Die restlichen Schuhfabrikanten schlossen sich in der ›Zweckgemeinschaft Schuhindustrie e. V. Hauenstein‹ zusammen, um ihre betriebsökonomischen und national-verpflichteten Interessen effektiver verfolgen zu können. Den ökonomischen Handlungsspielraum und die politischen Machtbefugnisse, die die Faschisten den örtlichen Industriellen einräumten, wurden schnellstens und ohne moralische oder arbeitsrechtliche Bedenken genutzt. Bei den zuständigen SS-Stellen in Berlin besorgte sich der ›Zweckverband‹ die für die Aufrechterhaltung der Produktion nötigen Arbeitskräfte. In einem 1943 verfaßten Antragsschreiben ist folgendes zu lesen:

»Wir weisen darauf hin, daß die hier in Frage kommenden Facharbeitskräfte von den hiesigen Rüstungsbetrieben zur Ausführung von größeren vordringlichen Kriegsaufträgen der Dringlichkeitsstufe ›SS Winter‹ (Filzarktisstiefel, Filspostenschuh, Marschstiefel und Schnürschuh für Fronttruppen) dringendst benötigt werden.«[13]

Die ersten Zwangsarbeiter waren schon im Dezemberr 1941 eingetroffen. Der 2. Transport kam 1942 mit 60 Frauen russischer und polnischer Nationalität im Alter von 15–25 Jahren. Bis 1944 waren insgesamt 146 Arbeitskräfte zwangsverpflichtet worden. 86 polnische und russische Frauen, 25 Franzosen sowie 35 russische Männer. Sie mußten alle in den noch produzierenden Schuhfabriken arbeiten und waren in eigens von der ›Zweckgemeinschaft Schuhindustrie‹ angemieteten Räumlichkeiten – Gasthäusern, stillgelegten Schuhfabriken und einer Turnhalle – untergebracht. Doch nicht nur in den Schuhfabriken, auch in den Privathaushalten kamen diese billigen Arbeitskräfte zum Einsatz. »Bei Bedarf konnten auch ortsansässige Familien einen oder mehrere dieser Arbeiter kurzfristig als Hilfskräfte anfordern«.[14]

Die Arbeit als zentrale gesellschaftliche Vermittlungsinstanz stand auch nach überstandenem Faschismus sofort wieder im Mittelpunkt. Vordergründig legitimiert durch die allgemeine Notwendigkeit des Wiederaufbaus, verstrickte man sich sogleich wieder in der kleinbürgerlich-kapitalistischen Produktionskultur; und der schnell erwirtschaftete, nie gekannte Wohlstand bestätigte sie. Die Vollbeschäftigung und eine weitere Expanison der Schuhindustrie erzeugten eine optimistische Grundstimmung, die von der Beständigkeit der wiedererlangten ökonomischen Stabilität, dem materiellen Fortschritt und dem sozialen Frieden ausging.

Doch schon Mitte der sechziger Jahre zeigten sich die ersten Auswirkungen der deutschen Schuhindustriekrise auch in Hauenstein. Die Probleme wurden durch zwei äußere Faktoren verstärkt, die auch mit der aufopferungsvollsten Bereitschaft zur Arbeit nicht mehr aufgefangen werden konnten: Zum einen drückten die Billigimporte aus Italien und Spanien die Schuhproduktion in der Bundesrepublik unter die Rentabilitätsgrenze, zum anderen konnten die arbeitssparenden Effekte der Rationalisierung in der Schuhherstellung nicht durch arbeitsschaffende kompensiert werden. Beides, die weitere Internationalisierung des Schuhmarktes und die neuen rationaleren Produktionskonzepte stehen heute mehr denn je als Synonym für massenhafte Arbeitsplatzvernichtung im pfälzischen Raum.

Die Arbeitsplätze sind heute in der örtlichen Schuhindustrie knapp bemessen. Bei ungefähr gleicher Produktionszahl wie 1953 – 1,6 Mill. Paar Lederstraßenschuhe werden jährlich hergestellt – benötigt die Schuhindustrie nur noch knapp ein Drittel der damals Beschäftigten, ca. 950 Personen. Davon sind über die Hälfte Frauen.

Die politisch und administrativ Verantwortlichen von Hauenstein haben den Ernst und die Ausweglosigkeit der Lage begriffen. Die Monokultur der hundertjährigen Schuhindustrie erweist sich als Sackgasse:

»Vor allem müssen auch die staatlichen Stellen endlich erkennen, daß ohne spürbare Hilfen zur Selbsthilfe und ohne eine deutliche Veränderung der politischen Rahmenbedingungen ein weiterer Niedergang der Schuhindustrie nicht aufzuhalten ist.« Der Zerfall der dörflichen Produktions- und Sozialgemeinschaft, die kulturelle Stagnation der Verbandsgemeinde – als Folge der allgemeinen strukturellen Krise der deutschen Schuhindustrie – lähmt seit den Siebziger Jahren das einst lebendige Dorfgeschehen. Der nostalgische Appell der politisch Verantwortlichen, den ›unternehmerischen Geist‹ und den ›Mut zum Risiko‹, wie er der Gründergeneration zugeschrieben wird, zum zukunftsweisenden Vorbild zu stilisieren, erscheint in der derzeitigen Lage als fataler Selbstbetrug.

Anmerkungen

1 Hinrichs, Anneliese, Die Entwicklung der Hauensteiner Schuhindustrie von 1886 – 1961 und ihre gegenwärtige Bedeutung, Jubiläumsschrift zum 75-jährigen Bestehen der Schuhindustrie in Hauenstein, Verlag der Gemeinde Hauenstein, 1962, S. 19

2 Die ersten Lederstraßenschuhe waren 1892 – zunächst mit gekauften, später mit selbstangefertigten Schäften – prod. worden.

1927 war man an der bisher höchsten gesamtdeutschen Jahresproduktionsziffer von 78,4 Mill. mit 1,9 % oder 1,44 Mill. Paar beteiligt. Dies bei einer Beschäftigungszahl von ca 1500 in einem Dorf mit gerade 2600 Einwohnern.

1939 lag die Produktion bei 2,27 Mill. Paar – hauptsächlich Herren- aber auch Damen- und Kinderstraßenschuhe, Marschstiefel, Arbeits- und Sportschuhe. Das Verhältnis von Beschäftigungs- zur Einwohnerzahl betrug 2284 zu 2900.

1949 waren sofort wieder ca. 1201 Schuhfabrikarbeiterinnen und -arbeiter tätig. Produziert wurden größtenteils Arbeiterschuhe für die Saarbergwerke, Schuhe für die befreiten Zwangsarbeiter und Militärstiefel für die Alliierten, im ganzen 19 750 Paar.

1949 waren es 840 000 Paar und

1951 1,44 Mill. Paar. 2300 Personen verfügten über einen Arbeitsplatz, das Dorf hatte inzwischen ca. 3540 Bewohner.

1958 lag die produzierte Schuhmenge bei 2,5 Mill. Paar im Jahr. Die Zahl der Beschäftigten betrug 3014, die der Einwohner 4300.

1960 belief sich die Produktion auf 3,57 Paar, Herren-, Damen- und Kinderschuhe. Ungefähr 2891 Personen arbeiteten in den Betrieben. Ab

1965 sind noch keine verläßlichen Statistiken vorhanden. Sicher ist, daß ca. 2000 Arbeitsplätze verloren gingen, 31 Schuhfabriken und 6 Zulieferbetriebe bis heute ihre Produktion eingestellt haben.

1986 sind noch ca. 968 Personen, 550 Frauen und 398 Männer in den Hauensteiner Schuhfabriken beschäftigt. Die Einwohnerzahl beträgt mittlerweile noch ca. 4400, nach einem Höchststand von 4980 im Jahre 1972. Die Produktionszahl dürfte in etwa der von 1985 entsprechen, 1,58 Mill. Paar, primär Herren- dann Damen-, Kinder- und Jugendschuhe. (Stiefel, Stiefeletten, Halbschuhe, Pumps und Sandalen.)

3 Klein, Eugen, 100 Jahre Schuhindustrie in Hauenstein 1886 – 1986, hrsg. v. d. Gemeinde Hauenstein, 1986, S. 18

4 Klein a.a.O., S. 186

5 Hinrichs a.a.O., S. 55

6 Klein a.a.O., S. 41

7 ebda., S. 42

8 ebda., S. 52

9 Kreuter, Karl, Hauenstein im Wandel der Zeiten, Ortschronik, 2. verbesserte Auflage, Verlag Gemeindeverwaltung Hauenstein 1958, S. 155f. 10) Bracher, K. D., Stufen der Machtergreifung, in: Die national-sozialistische Machtergreifung, 1983, S. 175 u. 178

11 Klein a.a.O., S. 76

12 ebda., S. 85

13 ebda., S. 88

14 ebda., S. 88

HAUPTSTRAßE HAUENSTEIN 1986

Schuhverkauf

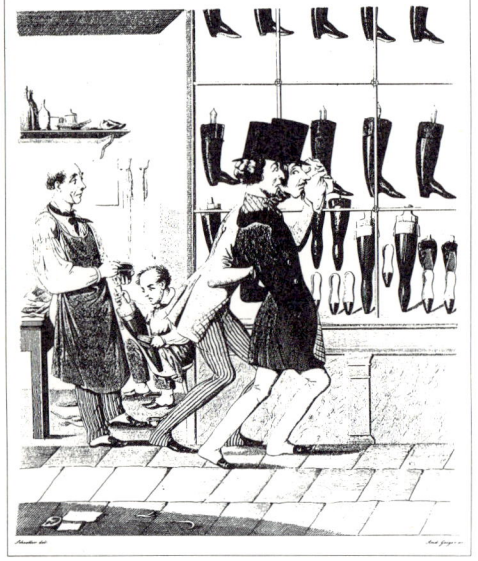

1

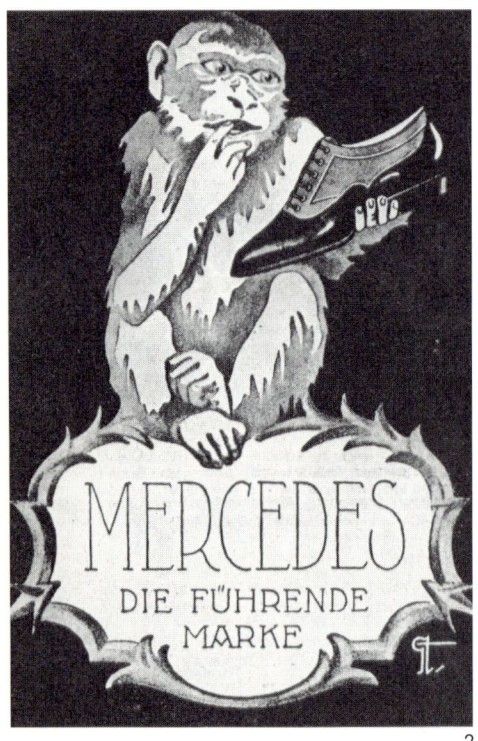

2

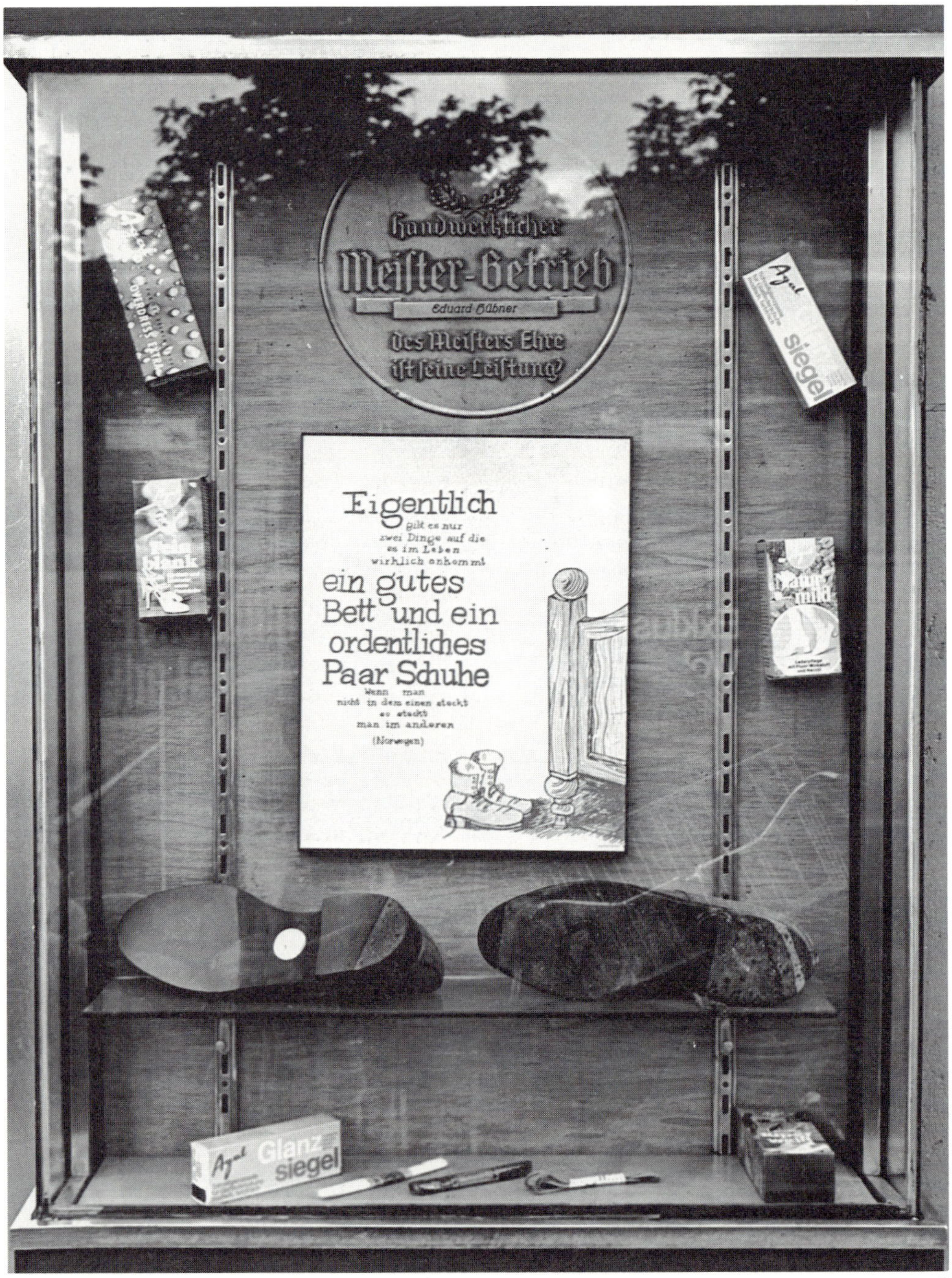

3

1 Wiener Scene 1834
2 Werbung um 1920
3 Foto: Klaus Pohl

4 SCHUHVERKAUF IM KaDeWe.
  FOTO: KEVIN CLARK, 1980
5 FOTO: KLAUS POHL
6 FOTO: KLAUS POHL
7 FOTO: KLAUS POHL
8 FOTO: HANS FINSLER, UM 1930

Das Land der Schlappenflickerei

Vom Aufstieg und Niedergang der Schuhregion Pirmasens in Rheinland-Pfalz

»Der Schuh hat uns hier groß gemacht«, steht auf einem Brunnen mitten in Pirmasens in Stein geschrieben. Tatsächlich war der Aufstieg des westpfälzischen Ortes vom weltvergessenen Flecken zur Industriestadt aufs engste mit der Schlappenflickerei verknüpft. In den 400 Fabriken dieser Metropole und ihres Umlands fertigten, zur Hoch-Zeit in den sechziger Jahren, 30 000 Arbeiter, und zwar vorwiegend Frauen, 60 Millionen Paar Schuhe. Ein Drittel aller Deutschen trug Fußbekleidung aus Pirmasens.

Seit zwei Jahrzehnten aber gehts bergab. Das beste Stück der bundesrepublikanischen Schuhindustrie pfeift bald auf dem letzten Loch. Solange der zusammengeschusterte Boom anhielt, das heißt bevor preisgünstigere ausländische Kon-kurrenz auftrat und die Märkte eroberte, hatte in der Westpfalz niemand danach gefragt, was es bedeutet, von einer einzigen Branche abhängig zu sein.

Aus der Not geboren

Ein Zufall, daß die Schuhindustrie in dem Waldbauerndorf hinter den Bergen einst überhaupt Fuß faßte, denn von irgendwelchen Standortvorteilen fehlt bis heute jede Spur. 200 Seelen zählte Pirmasens, als es Landgraf Ludwig IX. von Hessen-Darmstadt 1741 aus einer Laune zur Residenz und Garnison machte. Er eiferte hier dem preußischen Soldatenkönig Friedrich Wilhelm I. nach und warb überall ›lange Kerls‹ zum Kriegspielen an. Mit seinem Tod 1790 zog der Hofstaat wieder weg, die Grenadiere mit ihren

Familien wurden brotlos – und zu den Pionieren der Schusterei. Not macht erfinderisch: Die fleißigen Leute stellten Wollschuhe her, um sie hausierend abzusetzen. Sie fanden Käufer in Baden, der Schweiz, den Rheinlanden und Frankreich.

Im Lauf der Zeit entwickelten sich Manufakturen und Fabriken. Die ›Bärmesenser Schlabbemacher‹, stets etwas eigenbrötlerisch, überwanden Krisen, expandierten und exportierten. Auch die Stadt, auf sieben Hügeln sich ausbreitend, wuchs schnell (1864: 8000 Einwohner) und wurde zur Schuhmetropole Europas. Selbst das Dasein der Menschen in einiger Entfernung blieb davon nicht unberührt, auch wenn es bis dahin noch

132

seinen seit Jahrhunderten gewohnten Gang gegangen war.

Zum Beispiel Hauenstein

Blicken wir 20 Kilometer weiter östlich, nehmen wir teil an diesem atemberaubenden Wandel in einer Ortschaft im Wasgau, dem ›Armenhaus der Pfalz‹: Hauenstein.! (Vgl. dazu auch den Beitrag von A. Burkhard). Kein Kleinbauer oder Tagelöhner hätte sich träumen lassen, daß die Gründung der ersten Hauensteiner Schuhfabrik 1886 (die erste außerhalb von Pirmasens) wirtschaftliche Umwälzungen einleitete, welche nicht nur innerhalb kürzester Frist ihren Alltag, sondern selbst noch das Leben ihrer Kinder und Kindeskinder prägen sollten. Wo wäre das Wort ›Revolution‹ angebrachter?

Im kleinen Hauenstein schossen Fabrikschornsteine wie Pilze aus dem Boden. Sie zeigten das Ende einer Epoche voller Not und Entbehrung an, symbolisierten etwas Unwiderrufliches: den Aufbruch ins Industriezeitalter.

Die unverhoffte Chance

Es schaute im Wasgau seinerzeit trostlos aus. Die wachsende Zahl der Menschen konnte sich von den geringen Erträgen aus Land- und Forstwirtschaft nicht mehr ernähren. So war mancher gezwungen, sein Glück in der Fremde zu suchen. Ein Beispiel: In sieben besonders mageren Jahren kehrte jeder fünfte Einwohner von Wilgartswiesen, Hauensteins Nachbardorf, dem Ort den Rücken.

Angesichts der offenkundigen Misere brauchte man eigentlich kein großer Prophet zu sein, um, wie damals der Kulturhistoriker Riehl, eine düstere Zukunft für die ›Proletarier‹ in den südpfälzischen Bergen vorherzusagen. Doch der gelehrte Mann sollte sich gründlich täuschen. Im Gegensatz zu anderen deutschen Mittelgebirgen entleerte sich der Wasgau zu Beginn des Industriezeitalters nicht.

Wie wunderbar die wirtschaftliche

Wende war, erhellt schlaglichtartig die Odyssee eines gewissen Matthias Kirsch und seiner Frau Anna Maria. Nachdem der Bauernbursche aus Schwanheim in der Heimat vergeblich ein Auskommen gesucht hatte, überquerte das junge Paar notgedrungen den Atlantik. Aber schon wenige Jahre später – gerade war in der Neuen Welt ihr erstes Kind geboren worden – wagte die Familie die Fahrt zurück. Matthias Kirsch hatte nämlich von seinen Angehörigen in Schwanheim die zunächst kaum glaubliche Kunde erhalten, im nahen Hauenstein warte in den rasch emporwachsenden Schuhfabriken auf jedermann Arbeit und Brot . . .

Pionierfabrik im Stall

Carl-August Seibel und sein Bruder Anton, beide ursprünglich Bilderhändler, wollten es den erfolgreichen Pirmasenser Schuhunternehmern nachtun und gründeten in Hauenstein eine eigene Fertigungsstätte. Diese erste Schuhfabrik auf dem Lande, in der Pantoffeln ›zusammengeschustert‹ wurden, war in einem umgebauten Stall und einer früheren Scheune untergebracht. Dort fand im April 1886 auch die erste (Sohlenstanz-) Maschine

ihren Platz. Der Pionierbetrieb florierte, so daß bald andere dem Seibelschen Beispiel folgten.

Wem eigentlich verdankten die Seibel, Keiser, Feith, Naab, Bock und Co. das Entstehen und Wachsen ihrer Fabriken? Zum einen zweifelsohne ihrem unternehmerischen Gespür und Mut, zum anderen gewiß jenen Frauen und Männern überall aus dem Wasgau, deren Arbeitskraft ehedem brachgelegen hatte, deren Fleiß nun jedoch ein Betätigungsfeld fand, außerdem sicher auch der Verkehrsanbindung durch die 1875 eröffnete Eisenbahnstrecke Landau-Annweiler-Pirmasens-Zweibrücken.

Doch das reicht noch nicht: Was die Fabrikanten der ersten Stunde ebenfalls unbedingt benötigten, war Kapital. Nicht selten genügten ihre bescheidenen Ersparnisse nicht einmal, um die relativ niedrigen Investitionen für die Betriebsgründung aufzubringen. Vor diesem Hintergrund gewinnt an Bedeutung, was der 86 Jahr alte Emil Perret aus Spirkelbach von dem ›reichen Bauern‹ am Ort, dem wohlhabenden Jakob Rapp, zu berichten weiß. Dieser habe Hauensteiner Schuh-Größen in der schwierigen Anfangsphase

ARBEITERSCHAFT DER FIRMA JOSEF KEISER (1897) (ARCHIV SCHWARZMÜLLER)

133

ARBEITERSCHAFT DER FIRMA ANTON SEIBEL, ETWA 1895

manche Mark geliehen, stattliche Geldbeträge, die er alle fein säuberlich aufgelistet habe. »Diese Eintragungen füllten zwei dicke Schuldbücher«, behauptet Perret. Er könne dies so genau sagen, weil Rapp sie ihm Jahre später einmal gezeigt habe.

Berichten von Rapps Nachkommen zufolge gewährte ihr Vorfahr auch nach dem ersten Weltkrieg gutgläubig noch großzügige Kredite an Neu-Fabrikanten. Wesentliche Summen hätten diese aber erst in der Inflationszeit 1923 zurückbezahlt, als die Banknoten nicht einmal mehr das Papier wert waren, auf dem sie gedruckt wurden. Die Bilanz dieses Geldgeschäfts: Jene Schuhunternehmer waren saniert, der Spirkelbacher Bauer ruiniert.

Wie es ganz früher war

Katharina Künzel aus Annweiler, eine kleine, zähe Frau von 93 Jahren, die ihren Haushalt ›natürlich‹ noch selbst führt, kann Geschichten und Geschichte aus eigener Erfahrung erzählen. Am Morgen des 1. Mai 1908 drückte sie 14-jährig zum letzten Mal die Schulbank, am gleichen Mittag fing sie in einer Schuhfabrik in Hauenstein an, arbeitete dort mit Unterbrechungen bis 1964, als sie mit 70 Jahren in Rente ging.

Die ›Künzel Kattel‹ hat nicht vergessen, wie hart sie schon in Kindertagen »g'schafft, g'schafft und g'schafft« hat, von morgens früh bis abends spät, sechs Tage in der Woche, für zehn Pfennige in der Stunde. Am ersten Zahltag erhielt sie 3,60 Mark Wochenlohn, behielt davon aber nichts für sich, sondern lieferte alles zuhause ab, wo viele hungrige Mäuler waren. Wer die Sorgen bei ihrer Familie daheim begreifen will, muß wissen, daß Katharinas Mutter vor und nach ihr noch insgesamt 20 weitere Kinder zur Welt brachte.

Einen Arbeitstag anno 1908 beschreibt Katharina Künzel so: Um pünktlich um sieben Uhr im Betrieb zu sein, mußten sich die Einpendler bei Nacht und Nebel, im Winter trotz Schnee und Eis, auf den 12 Kilometer langen Weg machen; anderthalb Stunden marschierte die ›Kattel‹ zusammen mit den anderen aus Annweiler zu Fuß über Spirkelbach nach Hauenstein. Die Arbeitszeit betrug zehn Stunden: bis abends um sechs, mit einstündiger Mittagspause von zwölf bis eins.

Nach der Fabrikarbeit hatte man noch lange nicht Feierabend. Die Entlohnung war derart erbärmlich, daß niemand allein davon hätte leben können. Daher betrieb man nebenher Landwirtschaft, mußte also abends noch auf dem Feld und im Stall zupacken. Katharina Künzel half außerdem des öfteren ihrem Vater beim Holzmachen im Waldstück am Rindsberg. Denn das lag eh auf dem Nachhauseweg von der Fabrik.

Während sie wegen der weiten Entfernung ihr Essen stets von daheim mitnahm, bekamen es die meisten ihrer Kolleginnen und Kollegen aus näher bei Hauenstein gelegenen Ortschaften zur Mittagsstunde gebracht. Elisabeth Spengler aus Schwanheim, eine heute 88 Jahre alte Frau mit einem geradezu phänomenalen Gedächtnis, erledigte solche Botengänge bereits als kleines Mädchen. Mit dem Korb auf dem Kopf ging sie über den Hülsenberg nach Hauenstein. Sie aß dann, was in den Eßkörben übrigblieb. Es gab Suppe, Gemüse, Kartoffeln in allen Variationen, höchst selten Fleisch. Staunend lief die ›Elies‹ einst durchs alte ›Häschde‹ mit seinen zahlreichen Schuhwerkstätten in Kammern, Kellern und Küchen. »In alle Ecke und Ende hot's do gekleppelt«, verrät sie. Wenn samstags zuhause die Lohntüten auf den Tisch gelegt wurden, hatte die Großfamilie Feiertag. Als ihr ältester Bruder Phillip einmal sogar ein Goldstück ablieferte, hütete es die Mutter wie einen Schatz. »Des war vel Geld«, bedenkt Elisabeth Spengler.

Magnet Schuhzentrum

Immer mehr Menschen strömten ins neue Schuhzentrum: 1914 zählte man 700 Einpendler, 1936 dann 900, 1950 schon 1300 und im Rekordjahr 1958 fast 1900. Weil diese Generation im Gegensatz zu den Ahnen im Lande bleiben und sich hier redlich nähren konnte, versechsfachte nicht nur Hauenstein seine Einwohnerzahl in rund 80 Jahren, auch das nahe Lug wuchs beispielsweise im selben Zeitraum von unter 300 auf über 600, Wernersberg etwa von unter 700 auf über 1000 Bürger an.

Die nunmehr im Wasgau dominierende Schicht der ›Fabrikbaure‹, wie sie laut einer von Emil Perret (Spirkelbach) überlieferten zeitgenössischen Bezeichnung treffend hießen, fühlten sich nie einer ideologischen ›Arbeiterklasse‹ zugehörig.

Ihr Stolz war es, durch Fleiß für sich solide Existenzbedingungen und für ihre Kinder bessere Startchancen geschaffen zu haben. Jakob Glaser aus Lug, sein Leben lang in der Schuhindustrie tätig, verwirklichte den charakteristischen Traum von den eigenen vier Wänden beispielsweise dadurch, daß er die für den Hausbau benötigten Bruchsteine eigenhändig im örtlichen Steinbruch brach. Zusammen mit einem befreundeten Maurer errichtete der heute 82jährige Mann in den Dreißiger Jahren am Ortsrand ein schlichtes aber zweckdienliches Einfamilienhaus – in der Zeit vor oder nach Feierabend.

Oder Theresia Hafner (81) aus Stein: 1935 starb ihr Mann, trotzdem brachte sie ihre drei Töchter ohne fremde Hilfe durch. Wie sie Fabrik, Nebenerwerbslandwirtschaft und Familie unter einen Hut brachte, darüber wundert sie sich heute selber. Und dabei verdiente sie als

KINDER DER GEMEINDE GOSSERSWEILER-STEIN IN DEN 30ER JAHREN. ALLE KINDER IN HOLZSCHUHEN – LEDERSCHUHE WAREN EIN UNBEZAHLBARER LUXUS, TROTZ DER ANSÄSSIGEN SCHUHINDUSTRIE!

Frau weniger, »obwohl wir in den Schuhbetrieben mindestens genauso hart arbeiten mußten wie die Männer«.

Auf neuen Wegen

Theresia Hafner ist noch nach dem Zweiten Weltkrieg den 10 Kilometer weiten Weg von Stein nach Hauenstein auf schmalen Feld- und Waldpfaden zu Fuß gegangen. Seit etwa 1950 beförderten dann Lastwagen, auf deren Ladefläche einfache Holzbänke aufmontiert wurden, die wachsenden Einpendlerscharen. Auch als diese Notbehelfe richtigen Bussen wichen, mußten diese vom Gosserweiler Tal aus noch immer eine sehr umständliche Route über die Bundesstraße 10 nehmen. Eigens um den Anfahrtsweg für ihr annähernd tausendköpfiges Arbeitskräftepotential aus diesen Dörfern zu verkürzen, initiierten Hauensteins Fabrikanten den Bau der sogenannten ›Schuhstraße‹ (1958 bis 1961).

Doch das gelungene Straßenbauprojekt bewirkte unter anderem auch, daß Betriebe aus Hauenstein in die Orte zwischen Lug und Silz umsiedelten, beziehungsweise neue Schuhfabriken und Steppfilialen entstanden. Die Arbeit kam nun zu den Menschen, nicht mehr umgekehrt.

Hatten die alten ›Fabrikbaure‹ stets ihren Acker bestellt und einige Stück Vieh gehalten, so zeigte die nachwachsende Generation dafür kaum mehr Interesse. »Durch den Wohlstand hatten's die Leut' nicht mehr nötig, zusätzlich ihre Felder zu bewirtschaften«, erklärt Hermann Memmer aus Lug. »Früher ist draußen jeder Zipfel umgeflügt worden, heute liegt alles brach«, stellt er fest. Die Zahlen, beispielsweise diejenigen für Erfweiler, geben ihm recht: 90,3 % der Nutzfläche fiel 1976 hier unter ›Sozialbrache‹. Gegen Ende der Sechziger Jahre schlitterte die westpfälzische Schuhindustrie, arg bedrängt von ausländischen Preisbrechern, immer tiefer in die Krise. Jetzt sollte sich rächen, daß die Verantwortlichen die Monopolstellung einer Branche gefördert hatten. Sie meinten, sich nicht sonderlich um die Ansiedlung anderer Industriezweige bemühen zu müssen und versäumten es beispielsweise, Chancen auszuloten, wie etwa eine Anfrage der Firma Siemens sie hätte eröffnen können.

Widerstand kam hier vor allem aus Fabrikantenkreisen, aus Angst vor Abwerbung und Lohnverschiebungen. Sie ›bremsten‹ sogar, als Hauenstein zum Standort einer Höheren Schule werden

1

1 Arbeiterverein Wernersberg, einer der klassischen katholischen Vereine, Mitglieder hauptsächlich Schuhfabrikarbeiter (20er Jahre) (Archiv Schwarzmüller)

2 100 Jahre Hauensteiner Schuhindustrie (Archiv Schwarzmüller)

4 Schuhbrunnen in Pirmasens

Zwischen Rhein und Saar

Hauenstein feiert Schuhjubiläum

Rund 6 000 Menschen bevölkerten gestern die Straßen Hauensteins. Anlaß war der historische Festzug zum 100-jährigen Bestehen der Schuhindustrie in der Wasgaugemeinde. Fast 50 Motivwagen - unser Foto zeigt den „Häschd-ner Riesenschuh" - zogen durch die Gassen. Der Zug sollte Besuchern die Entwicklung Hauensteins vom Schuhdorf zum Luftkurort aufzeigen (mehr darüber auf der Seite „Südwestdeutsche Zeitung").

jo / Foto: Runck

2

sollte. Ein Veto nach dem Motto: »Wir brauchen Arbeiter und keine Studierten«.

›Die Bach 'nab‹

Der Preis für die noch immer große Abhängigkeit der Region von der schrumpfenden Schuhindustrie war und ist hoch. Hermann Memmer zählt zu denen, die ihn bezahlt haben: 1969 machte die ›Süddeutsche‹ dicht, wo er seit 1927 sein Brot verdient hatte (er fand später bis zu seiner Pensionierung immerhin Arbeit in einer Kartonagenfabrik). Wie ihm ist es vielen ergangen. Von 1963 bis 1976 fiel die Zahl der Beschäftigten in den Hauensteiner Fabriken durch Rationalisierungen, Firmenaufgaben und Konkurse von 2600 auf unter 1000. Wo einst 30 Betriebe produzierten, steht heute kaum mehr eine Handvoll mit zusammen gerade noch 500 Belegschaftsmitgliedern. »Wieder einer die Bach 'nab«, wurde Ende der Sechziger und in den Siebziger Jahren eine vielbenutzte Umschreibung für weitere Fabrikstillegungen.

So weist denn heute der einstige Anziehungspunkt Hauenstein mehr Aus- als Einpendler auf. Nicht wenige müssen täglich 100 und mehr Kilometer zwischen Wohn- und Arbeitsstätte zurücklegen. Wie ehedem ziehen viele Junge ganz weg, um dem drohenden Schicksal der Arbeitslosigkeit zu entgehen. Von den wirtschaftlichen Schwächesymptomen sind neben Pirmasens alle Dörfer ringsum im Wasgau erfaßt worden. Fast muß man im Rückblick auf die hier skizzierten 100 Jahre sagen: der Kreis schließt sich. Immerhin, heute gibt's ein Auto, mit dem die auswärts Arbeitenden einigermaßen schnell und bequem die neuen Industriezentren in der Rheinebene (Mannheim-Ludwigshafen, Karlsruhe-Wörth) erreichen können. Da hatten es die Vorväter im Wasgau vor dem Aufkommen der Schuhfabriken schon schwerer: die Alten könnten noch von Familienvätern berichten, die in jener Zeit manchmal noch viel weiter entfernt ihr Auskommen suchen mußten – in den Zuckerfabriken der französischen Hauptstadt Paris.

Noch immer beschäftigt die Schuhindustrie in der kreisfreien Stadt Pirmasens und dem sie umgebenden Landkreis 30% der Männer und 40 Prozent der Frauen, während bundesweit nur 0,66% der sozialversicherungspflichtig Beschäftigten im verarbeitenden Gewerbe in dieser Branche arbeiten. Insgesamt verdienen in den meist mittelständischen Betrieben noch 15 000 Menschen ihr Brot. Mit Zuliefererfirmen sind es 20 000. »Was die Stahlindustrie für die Saar, was die Werften für die Küste, was für andere der Kohlenbergbau, das ist für uns die Schuhproduktion«, sagt ein Lobbyist. Der Ruf der Re-

NR. 195 - DIE RHEINPFALZ

Schädler: Hilfe für die Schuhindustrie

HAUENSTEIN (ter). Die Landesregierung werde nicht tatenlos zusehen, wie in der Westpfalz Arbeitsplätze verloren gehen. Dies betonte der Neustadter Regierungspräsident Paul Schädler in Hauenstein.

In Vertretung von Ministerpräsident Vogel hielt Schädler die Festansprache anläßlich der Jubiläumsfeier „100 Jahre Schuhindustrie in Hauenstein". Für Hilfsmaßnahmen zugunsten der Schuhindustrie stünden in den Jahren 1986 und 1987 rund sechs Millionen Mark bereit. Diese Gelder dienten der Mobilisierung der Selbsthilfe, betonte der Regierungspräsident. Das Land werde die 1985 in London begonnene Praxis eines Gemeinschaftsstandes rheinland-pfälzischer Schuhhersteller auf attraktiven ausländischen Märkten verstärkt fortsetzen. Weiterhin, so Schädler, habe die Landesregierung Zuschüsse für die hohen Kosten der Modellentwicklung gewährt. Nach den neuen Richtlinien könne jedes rheinland-pfälzische Schuhunternehmen für seine Modellentwicklung Zuschüsse bis zu 45 000 Mark pro Jahr erhalten. Um die Konkurrenzfähigkeit zu erhalten, sei der verstärkte Einsatz von computergesteuerten Systemen notwendig. Das Prüfungs- und Forschungsinstitut der Schuhindustrie werde auf Veranlassung und mit finanzieller Unterstützung des Landes noch in diesem Jahr mit einem entsprechenden System ausgestattet, kündigte Schädler an. Diese Einrichtung werde für Dienstleistungen insbesondere zugunsten kleiner und mittlerer Unternehmen, zur Verfügung stehen.

4

gion nach staatlichen Hilfen wurde zuletzt immer lauter.

Die Löhne liegen deutlich unter dem Bundesdurchschnitt. Dennoch sehen die Unternehmer in den international vergleichsweise hohen Löhnen und Lohnnebenkosten den Hauptgrund für den Niedergang. Die Schuhindustrie ist nämlich sehr lohn- und beschäftigungsintensiv. 1986 wurden in der Westpfalz noch 20 Millionen Paar Schuhe hergestellt: 40% der bundesrepublikanischen Produktion. Aber die Importe machen mittlerweile 80 % aus. Und die Konkurrenz erwuchs im eigenen Haus, denn viele Importeure sit-

zen im Pirmasenser Raum. Als in den Sechziger Jahren Schuhe aus Italien in Mode kamen, hatten diese Händler, mit dem traditionellen Schuh-know-how ausgestattet, dorthin ihre ersten Geschäftsbeziehungen geknüpft. Sie lassen heute im Ausland sogar eigene Modelle fertigen. Bei ihren Firmen laufen jährlich vielleicht 50 Millionen Paar Schuhe aus Portugal, Spanien, Taiwan, Ungarn, Polen, Indien, Rumänien, Griechenland ein – und gehen meist wieder hinaus in alle Lande: Pirmasens, eine weltweite Drehscheibe. In der Stadt finden außerdem wichtige Fachmessen statt, Schuhfachschule und Prüf- und Forschungsinstitut haben hier ihren Sitz.

Ausblick

An Hilfen für die Schuhindustrie soll es nicht fehlen, beteuert immer wieder die Landesregierung von Rheinland-Pfalz. Rund 6 Millionen DM stehen dafür 1987 zur Verfügung. Zur Mobilisierung der Selbsthilfe sollen diese Gelder dienen, wie das Regierungspräsidium betont. Aber kann das ausreichen angesichts einer so tiefgreifenden Strukturkrise?

Wer ratlos ist, sucht den Rat der Experten. Also hat man ein Gutachten in Auftrag gegeben. Fünf Monate lang hat die internationale Unternehmensberatungsgesellschaft McKinsey den Raum Pirmasens/Zweibrücken unter die Lupe genommen. Die Situation, so die Quintessenz des Berichts, ist ernster als erwartet.

Sie kann aber weder durch das Hoffen auf ansiedlungswillige Unternehmen gemeistert werden, noch durch eine Weiterentwicklung des Fremdenverkehrs, sondern nur durch eine Stabilisierung der Schuhindustrie. Dieser Prozeß müsse schnell in Gang kommen, wolle man nicht Gefahr laufen, daß in absehbarer Zeit die Arbeitsplatzverluste nur noch protokolliert würden. Schon jetzt habe die Situation im Raum Zweibrücken/Pirmasens einen »krisenhaften Charakter«, stellte der Projektleiter fest. Die Arbeitslosenzahlen seien faktisch höher als offiziell angegeben. Laut McKinsey gibt es für die Schuhindustrie in der Westpfalz eine Zukunft mit markt- und wettbewerbskonformen Mitteln. Der einzuschlagende Weg für die Sanierung sei aussichtsreich, aber er sei auch ungewöhnlich. Zu den Verbesserungsvorschlägen zählt in erster Linie eine Verbesserung der Systemwirtschaftlichkeit. Durch Veränderung der Produktions- und Angebotsrhythmen, insbesondere durch zeitliche Verlagerung der Handelsdispositionen näher an den Verkaufszeitpunkt, und durch eine flexiblere Herstel-

lung könnten die extrem hohen ›Suchkosten‹ für Handel und Hersteller im modegeprägten Schuhmarkt gesenkt werden. Durch ein marktstufenübergreifendes Warenwirtschaftssystem müßten Informationsströme zwischen Handel und Industrie wirksam gesteuert und damit die erheblichen Risiken von Bezugs- und Produktionsentscheidungen gesenkt werden. Heute gebe es kaum Informationen, etwa vom Handel an die Industrie, über den Erfolg eines Schuhmodells. Durch Straffung der Sortimente und Verringerung der Durchlaufzeiten müsse zudem die operative Effizienz auf der Schuhherstellungsseite deutlich gesteigert werden. Aktuell modische Artikel müßten schneller verfügbar werden. Der Vergleich zwischen der Situation in der Schuhindustrie mit der in der Stahlindustrie hinkt nach Auffassung von KcKinsey. Im Gegensatz zum Stahlmarkt sei der Schuhmarkt kein schrumpfender Markt, er nehme mengenmäßig sogar zu. Außerdem sei das Produktionssystem Schuhe bei weitem nicht so ausgereift, wie das Produktionssystem Stahl. Deshalb sei ein Entwicklungssprung nach oben noch möglich. Das Prinzip Hoffnung hat das Land der Schlappenflicker bitter nötig.

Oxford Mail, 1954 (Foto: LIFE 17. 5. 1954)

Josef Walch

Der Kampf der Giganten

Anmerkungen zur Geschichte des Sportschuhs

Vorbemerkungen

Spricht man heute von Sportschuhen, so assoziieren die meisten Mitmenschen, zumindest in der Bundesrepublik, damit zwei Namen: ›adidas‹ und ›Puma‹. Die Markenzeichen, die die Produkte beider Firmen auszeichnen, drei Streifen und ein springender Puma, sind weltbekannt, haben Symbolcharakter erlangt. Was sich dahinter verbirgt, gleicht in Vielem dem amerikanischen Mythos nach dem Muster ›Vom Tellerwäscher zum Millionär‹: Zwei Brüder, Adi und Rudolf Dassler, machen sich nach einer Ausbildung an der Schuhfachschule in Pirmasens (Adi) die Produktion von Sportschuhen zur Lebensaufgabe; aus einfachen Anfängen entwickelt sich im Verlauf von über 50 Jahren ein bedeutendes ›Wirtschaftsimperium‹ im Bereich der Sport- und Freizeitindustrie. Und wie im Märchen zerbricht die brüderliche Eintracht, man trennt sich und baut im gleichen Ausgangspunkt – dem fränkischen Städtchen Herzogenaurach in der Nähe von Nürnberg – je eigene Industrieunternehmen auf, bei denen der Sportschuh durch eine umfangreiche Produktpalette des Sport- und Freizeitbedarfs ergänzt wird. Der Sportschuh bleibt jedoch Symbol für das Image beider Firmen. Neben dem Interesse, wieviel Goldmedaillen mit den Produkten der beiden Firmen bei Weltmeisterschaften oder Olympischen Spielen errungen werden, gibt es auch ein Interesse an ihren Aktien. Der Sportschuh ist auch hier das Symbol, um zu zeigen, welche der beiden

1

Der Sportschuh mit den drei Streifen und dem Puma als Symbol in der Karikatur: Welches der beiden Unternehmen macht das Rennen?

2

Ausschnitt einer Illustration zum Fußballspiel um die Jahrhundertwende: Das Detail zeigt den Beschlag der Schuhe mit Querstollen.

3

Überblick über die Entwicklung des Profils der Sohle von Fußballschuhen von der Jahrhundertwende bis heute (Abb. 3 von links nach rechts) sowie die Entwicklung von Spezialprofilen für Fußballschuhe, z. B. für vereiste Böden.

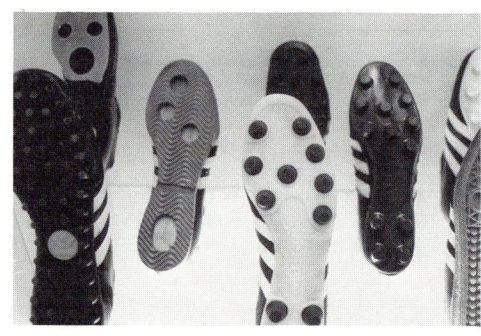

4

5

Werbung für Fußballstiefel in den zwanziger Jahren. Auffallend ist der hohe Schaft der Schuhe und der Schutz der Knöchel.

Firmen in diesem Rennen um Umsatz, Erträge, Gewinne, Marktbeherrschung den Kopf vorne hat (Abb. 1): Der Kampf der ›Giganten‹. adidas liegt nach dieser Karikatur leicht in Führung vor Puma.

Um das Lebenswerk des Firmengründers zu würdigen, hat adidas in Herzogenaurach ein Museum eingerichtet: »Die weit über 200 Exponate im ›adidas-Sportschuhmuseum‹ vermitteln einen Eindruck vom Lebenswerk Adi Dasslers, von dessen Ideenreichtum und Schaffenskraft. Momente aus dem Leben des Firmengründers sind ebenso Bestandteile der Ausstellungsräume wie Ereignisse der Gegenwart, die orthopädischen Gesichtspunkte der Schuhfertigung und Schuhentwicklung ... Als Schwerpunkt werden Olympische Spiele und Fußballweltmeisterschaften herausgestellt. Glanzpunkte setzen die Schuhe von Topstars, deren Namen von Jesse Owens in den 30er bis Ivan Lendl und Edwin Moses in den 80er Jahren reichen.« (Zitat aus dem Museumsprospekt). Wer sich mit der ›Geschichte des Sportschuhs‹ befaßt, kommt an Adi Dassler und seinen Erfindungen und Entwicklungen nicht vorbei.

Aus bescheidenen Anfängen hat sich eine Produktion entwickelt, die heute weit über 200 verschiedene Sportschuhe umfasst, und den Bedürfnissen der unterschiedlichsten Sportarten gerecht wird. Die Firma ›adidas‹ produziert heute täg-

lich über 280 000 Paar Sportschuhe weltweit.

Waren die Anfänge von Adi Dassler eher ›Tüftlerarbeiten‹, so kann man heute von intensiver Forschung sprechen, die der Produktion vorausgeht: »Seit vielen Jahren arbeitet adidas mit namhaften Wissenschaftlern aus dem Bereich der Biomechanik und Orthopädie zusammen. Filmanalysen, Untersuchungen im Labor, und Praxistests haben adidas zu unübertroffenen Erfahrungen verholfen.« (adidas Running Zeitung 1987, S. 10) Kein Wunder, daß der Firmengründer Adi Dassler mit Ehrenbezeichnungen wie ›Schuster der Nation‹ oder der ›Hans Sachs des Fußballs‹ belegt wurde. Aus der Fülle des Materials soll im Folgenden beispielhaft die Entwicklung des Fußballschuhs und des Spikes beschrieben werden. (Aus der Dokumentation der Geschichte des Sportschuhs im ›adidas-Sportschuhmuseum‹)

Nagelstollen und handgeschmiedete Spikes

Eine alte englische Sport-Illustration um die Jahrhundertwende (Abb. 2) zeigt, daß die ersten Fußballschuhe den normalen hohen Schuhen der damaligen Zeit sehr ähnlich sehen. Auf den Sohlen sind sogenannte Nagelstollen angebracht, Lederstücke, die über die ganze Breite der Sohlen laufen. Unter der Ferse befinden sich

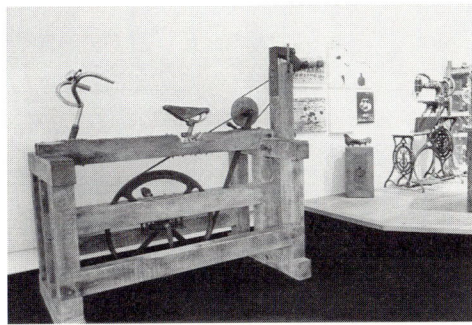

6
Der Arbeitstisch aus der ersten Werkstatt von Adi Dassler aus den zwanziger Jahren.

8
Fußballschuh aus den zwanziger Jahren mit genagelten Rundstollen. Gewicht: 500 Gramm.

9
Die Fußballschuhe der legendären Fußballweltmeistermannschaft von 1954.

7
Aus den Anfängen der Sportschuhproduktion: Eine wie ein Fahrrad betriebene Fräse für die Arbeit ohne elektrischen Strom, angetrieben durch einen Mitarbeiter Adi Dasslers.

drei Rundstollen, die ebenfalls aufgenagelt sind. Auf Abb. 3/4 [Übersicht über die Entwicklung der Sohlen von Fußballschuhen] sind diese Schuhe oben links zu sehen. Die zeitgenössische Werbung (Abb. 5) preist die Fußballstiefel als ›letzte Neuheit‹ an, Handarbeit mit genähten Sohlen. Was auffällt, ist der besondere Schutz des Knöchels.

Adi Dassler beginnt um 1920 mit der Herstellung von Turnschuhen, ab 1925 folgen dann Fußballschuhe mit solchen Nagelstollen. Der Werktisch (Schuhmachertisch), auf dem diese Entwicklungen beginnen, gleicht in vielem (abgesehen von dem Spike auf dem Tisch) dem in einer alten ›Handwerkerstube‹ (Abb. 6). Ähnlich mutet die im Museum ausgestellte ›Schuhfräse‹ (Abb. 7) an, bei der ein ausgedientes Fahrrad als ›Motor‹ dient, ein Gerät, an dem Adi Dassler seinen »ersten Sportschuhen den letzten Schliff gab« (Museumprospekt).

Die selbstgestellten Aufgaben für diese Anfangsproduktionen lauten: Schutz der Gesundheit, Verbesserung der Funktionalität und Haltbarkeit der Modelle. Abb. 8 zeigt Beispiele dieser Produktion. Ein Fußballschuh wog damals ca. 500 Gramm, beinahe eine ›Last‹ im Vergleich zu heute.

Bis zum Ausbruch des 2. Weltkrieges gibt es in der Produktion von Fußball-

schuhen nur geringfügige Änderungen. Die eigentliche, dann aber sehr stürmische Entwicklung, vollzieht sich in den Nachkriegsjahren.

Nachdem man 1945 mit der Produktion von Turnschuhen aus dem Gummi von Treibstofftanks die Produktion wiederaufgenommen hat, erfolgt 1948 die Gründung der Firma adidas, 1949 wird das Firmensymbol, die drei Streifen am Schuh, kreiert.

Die Weiterentwicklung des Fußballschuhs wird durch verbesserte Schuhtechnologien begünstigt, so z. B. durch die Verwendung von vorgefertigten Formsohlen (Gumminockensohle) (siehe Abb. 3/4 Übersicht über Sohlenprofile).

Die ›geniale‹ Erfindung gelang A. Dassler allerdings mit dem System der sogenannten ›Schraubstollen‹, auswechselbaren Stollen an den Sohlen der Fußballschuhe. Mit diesen Schuhen wurde Deutschland 1954 Fußballweltmeister, und die Firma adidas schreibt sich diesen für die Nachkriegspsyche und das deutsche Selbstbewußtsein so wichtigen sportlichen Erfolg mit zugute. Seit dieser Zeit tragen die deutschen Elite-Kicker adidas. »Adi, stoll' auf«, soll eines der berühmten Bonmots des legendären Sepp Herberger gewesen sein. Das Gewicht dieser Schuhe lag nur noch bei rund 300 Gramm. Abb. 9 zeigt die legendäre Weltmeisterschafts-

10

Das letzte Glied in einer langen Entwicklungskette: Das Spitzenprodukt im Bereich der Fußballschuhe, der ›Stratos SL‹, 200 Gramm schwer

11

Der Rennschuh (Spike) von adidas, mit dem A. Jonath 1932 bei den olympischen Spielen in Los Angeles die Bronzemedaille gewann.

12

ADISTAR 2000

schuhe der Fritz Walter, Rahn und Co.

Der nächste bedeutende Schritt in der Weiterentwicklung von Sportschuhen ist die Verwendung von Nylon, ein Material, dessen Haltbarkeit, Elastizität aber auch Leichtigkeit für eine weitere Verbesserung insbesondere der Abrollbewegung des Fußes sorgt. Zudem ist es im Gegensatz zu Leder wasserabweisend. Weitere technologische Neuerungen ergeben sich durch die Verwendung von PVC-Sohlen und den Einsatz des Werkstoffes Polyurethan. Sohlen aus diesem Material konnten direkt an den Schaft angespritzt werden, womit »eine bisher nicht erreichte Festigkeit der Verbindung von Sohle und Schaft erzielt und ein Grundproblem der Fußballschuhproduktion gelöst wurde« (Museumsprospekt). Man rühmt sich, daß bei der Fußballweltmeisterschaft 1966 in England 75 % der Spieler adidas-Fußballschuhe trugen. Erfolgreiche Sportler und solche sportlichen Ereignisse, die mehr und mehr zu Medienereignissen werden, sind die besten Werbeträger für die Produktion, die ihrerseits von dem Fortschritt in der Materialtechnologie, Biokinetik, Orthopädie profitiert. Das heutige Spitzenprodukt im Bereich der Fußballschuhe ›Stratos SL‹ hat kaum noch etwas gemein mit den Fußballschuhen zu Beginn unseres Jahrhunderts. Er wiegt nur noch ca. 200 Gramm (Abb. 10). Mit über

150 verschiedenen Leder- und ebensovielen Sohlenarten aus den verschiedensten Kunststoffen lassen sich für jeden Spielertyp und jeden Boden die richtigen Fußballschuhe ›komponieren‹.

Ähnlich wie bei den Fußballschuhen vollzog sich die Entwicklung der Spikes. 1932 erringt A. Jonath bei den Olympischen Spielen in Los Angeles mit adidas-Schuhen die Bronzemedaille über 100 Meter (Abb. 11). Der legendäre Jesse Owens trägt bei seinem vierfachen olympischen Triumph 1936 in Berlin adidas-Rennschuhe.

Die interessantesten Entwicklungen beginnen aber auch hier nach dem Krieg. Bereits 1952 wendet adidas für seine Rennschuhe das Prinzip der auswechselbaren Dornen an. Es folgen Entwicklungen wie die Nylonhalbsohle für Rennschuhe. Seinen großen Coup landet adidas dann 1964 bei den Spielen in Tokio: Die Presse feiert den deutschen ›Wunderschuh‹, einen nur noch 96 Gramm wiegenden Rennschuh, der auch mit der Bezeichnung ›Flügelschuh‹ versehen wird: »Nylonsohle mit Biegerillen und eingespritzten Gewindeeinsätzen für auswechselbare Dornen waren damals die Sensation der Sportwelt.« (Museumsprospekt).

Wieder ganz neue Entwicklungen werden in den Siebziger Jahren durch die Kunststofflaufbahnen erforderlich. Die

Lösung: »Haifischhaut, Saugnapfsohle, nicht zu tief eindringende Dorne bzw. Elemente mit Katapultwirkung, Dreikantprofile, Stifte . . .

Die Entwicklungsarbeit am Rennschuh ging weiter. Die Stationen Haifischhaut, Kunsthai, Saugnapf- und Sternkranzsohle mündeten in den ADISTAR 2000 mit der berühmten Variosohle im Baukastensystem und »seinen schier unendlichen Möglichkeiten der Einstellung auf Bahn, Witterung, Wettkampfart und Athleten« (Museumsprospekt). Auch dieses Produkt (Abb. 12) hat mit den Rennschuhen aus den zwanziger und dreißiger Jahren nur noch wenig Gemeinsamkeiten. Jeder Bewegungsablauf kann mit filmischen Mitteln und mit den Möglichkeiten der Computertomografie (röntgenologisches Schichtaufnahmeverfahren) bis ins Detail erforscht werden, darauf baut dann die Entwicklung von Sportschuhen auf: sei es, daß die Bobfahrer Schuhe brauchen, mit denen sie beim Anschieben der Schlitten nicht auf dem glatten Eis ausrutschen, sei es, daß Basketballspieler mit der Schuhgröße 62 entsprechendes Schuhwerk benötigen. So wurden Bobschuhe mit Stahlbürstensohlen entwickelt und auch die Baskettballspieler bekamen das gewünschte Schuhwerk. Basketball-Halbschuhe mit Metallgreifern, Radrennfahrschuhe mit Ballenschutz und Lederabsatz,

Computertechnik im Laufschuh: Ein Micro-Computer ist über der Lasche des Schuhs (7) befestigt. MICRO PACER von adidas.

entscheidende Tor beim 3 : 2 gegen Ungarn schoß, belegen dies.

Der ›allwissende‹ Schuh

Für die Zukunft hat adidas einen Schuh in Peto, der laut Firmentext ›alles weiß‹, das adidas-Modell ›Micro Pacer‹, den Schuh mit der künstlichen Intelligenz (Abb. 13): Die Wirklichkeit überholt hier die Phantasie: »Micro-Pacer, der erste Laufschuh mit eingebautem Computer, hält Sie auf Schritt und Tritt auf dem laufenden. Das ›Gehirn‹ des Micro-Pacers sitzt (herausnehmbar) in einer kleinen Lasche über der Schnürung des linken Schuhs. In Verbindung mit einem Sensor in der Schuhsohle hat der Minicomputer alle wichtigen Daten stets parat. Sie können also Ihre Trainingsleistungen kontinuierlich beobachten. Wie lange ist denn nun mein täglicher Waldkurs, die Strecke um den kleinen Weiher oder um die nächsten vier Häuserblocks? In welcher Durchschnittsgeschwindigkeit war ich heute unterwegs? Wie lange habe ich für die letzten zwei Kilometer gebraucht? Wie viele Kilometer habe ich schon in dieser Woche geschafft? Wie viele Kalorien habe ich denn heute so beim Training verbraucht...?« (adidas-Running-Zeitung, S. 9)

Die Turnschuhgeneration

Daß Sportschuhe mehr sind als Schuhe zur Ausübung eines Sports, macht das Schlagwort von der ›Turnschuhgeneration‹ bewußt. Das Tragen von Sportschuhen wird hier zur Ausdrucksgeste eines bestimmten Generationstypus. Man könnte diesen Typus mit den Begriffen ›locker, leicht, lässig‹ bezeichnen. Eine BILD-Schlagzeile macht deutlich, wie wenig der Turnschuh noch mit dem Turnen zu tun hat: »Gottschalk muß die Turnschuhe ausziehen«. Will der Showmaster Thomas Gottschalk, der sich als Turnschuhträger profiliert hatte, in Zukunft ›seriös‹ erscheinen — , muß er bei seinen Fernseh-

Eishockeystiefel mit Fersenschutz und Achillessehnen-Schlagschutz usw. — für jede Sportart gab es eigene Erfindungen.

Da Sport und besonders der heutige Leistungs- und Profisport viel mit ›Heldenverehrung‹ zu tun haben, nimmt es nicht Wunder, daß die Schuhe berühmter Sportgrößen im adidas-Sportschuhmuseum fast wie Reliquien ausgestellt werden. Der ›vergoldete‹ Schuh des ›Bomber der Nation‹ (Gerd Müller) oder der Bronze-Schuh eines Helmut Rahn, der 1954 bei der Fußballweltmeisterschaft in Bern das

auftritten auf die Turnschuhe verzichten.

Auch in der Öffentlichkeitsarbeit der Firma adidas schlägt sich dies nieder: Der Hauszeitschrift ›adidas News‹ ist ein eigener, mit ›pop-adidas-news‹ überschriebener Teil beigeheftet. Hier werden Nachrichten und Neuigkeiten aus dem Bereich der Pop- und Unterhaltungsbranche präsentiert. Und siehe: Alle Pop-Stars von Falco bis Deep Purple tragen adidas-Sportschuhe.

Der ›Tret-Trieb‹ oder die Reaktion des Karikaturisten

Die grassierenden Fußball- und Sportmythen haben dazu geführt, daß sich auch die Karikaturisten mit dem Sportschuh befaßt haben. Pepsch Gottscheber z. B. widmet dem ›Fußballschuh‹ ein ganzes Kapitel seines Buches »Immer schön am Ball bleiben«. (Abb. 14) Es zeigt den anderen Teil der Wirklichkeit: ›Der gerüstete Fuß‹ (J. Schmidt-Grohe) kann zur Waffe werden. Für Fußballfreunde ist dies freilich ein bekanntes Bild: Wird während des Spiels ein Spieler ausgewechselt, so muß der neue Spieler, bevor er auf das Spielfeld darf, dem Linienrichter die Sohlen seiner Schuhe zeigen und der Schiedsrichter selbst unterzieht noch in der Kabine vor dem Spiel die Schuhe der Akteure einer Kontrolle, damit sie nicht zur Waffe werden.

Literatur:

Prospekt des adidas-Sportschuhmuseums, Herzogenaurach
adidas-NEWS, Nr. 40/ 5/87
Running-Zeitung/ Aus dem Haus adidas, 1987
Pepsch Gottscheber: Immer schön am Ball bleiben. Frankfurt 1987

Pepsch Gottscheber, Immer schön am Ball bleiben, Frankfurt 1982

Tanz und Sport

Baseball-Schuh. Foto: Old Edgerton

Foto: Muncacsi (rechts)

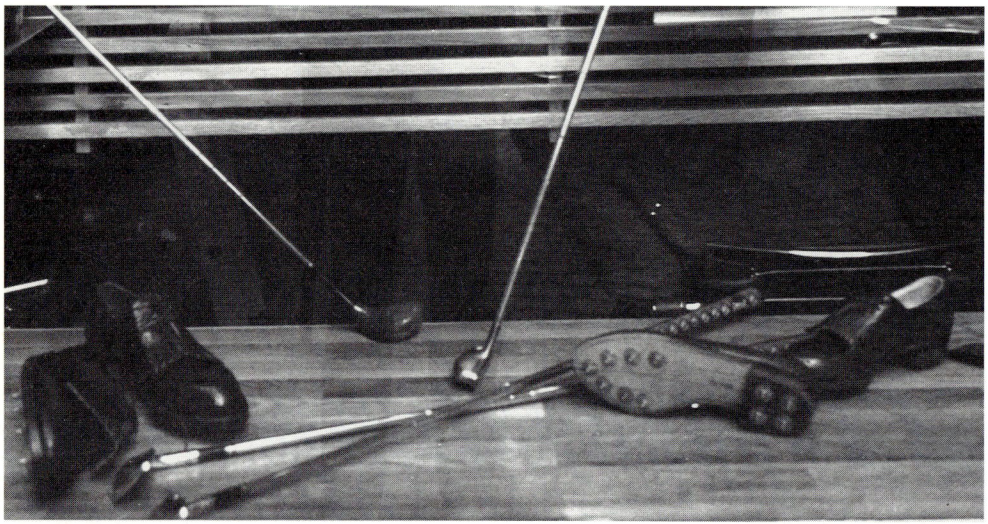

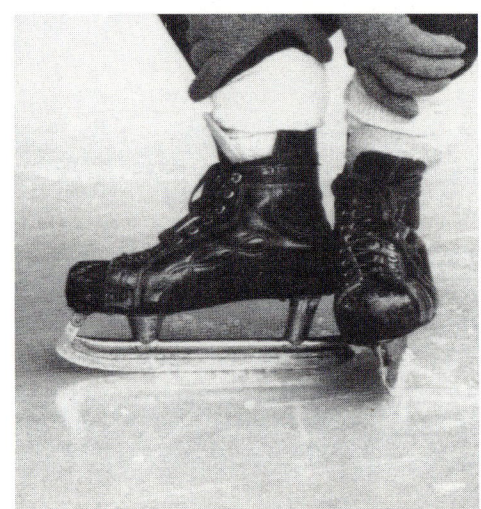

BALLETTSCHUHE VON MOIRA SHEARER IM FILM ›DIE ROTEN SCHUHE‹

FOTO: ANDRÉ KERTÉSZ

FOTO: KLAUS POHL

BEHEIZBARER PILOTENSCHUH

FOTO: KLAUS POHL

(2. WELTKRIEG)

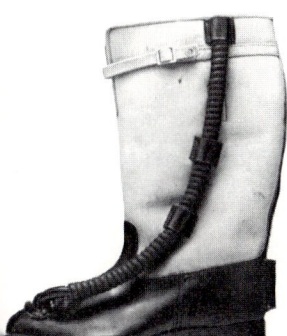

FOTO: KLAUS POHL

147

80 Jahre Schuhmode

VERWENDUNG VON MILITÄRKLEIDERN

1

2

Auch Papierstoffe können in richtiger Verarbeitung elegant aussehen

3

4

1 WIENER MODE, 1919
2 VIER SOMMERKLEIDER, 1917
3 KLEIDER AUS PAPIERSTOFFEN, 1918
4 DAMENSCHUHE 1919 – 1925

1 ANLEITUNG ZUR PRIVATEN SCHUHHERSTELLUNG,
  WIEN 1918
2 WERBUNG UM 1920
3 M. SNISCHEK, ABENDKLEID 1919
  (WIENER WERKSTÄTE)
4 ›WINTERSPORT VON MORGENS BIS MITTERNACHTS‹,
  ZEICHNUNG VON KARL ARNOLD, IM ›SIMPLICISSI-
  MUS‹, 1924/25
5 HERRENSPORTKLEIDUNG, 1927
6 KLEID (WIENER WERKSTÄTTE), 1927

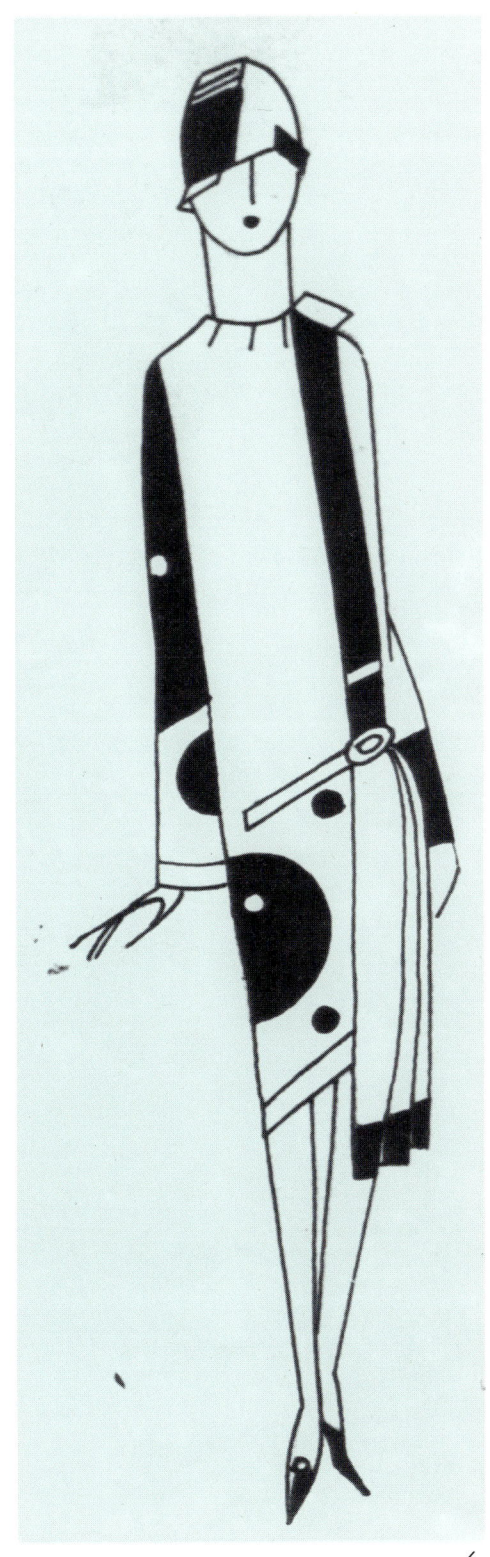

Ankunft   Lever   Lunch

6

5

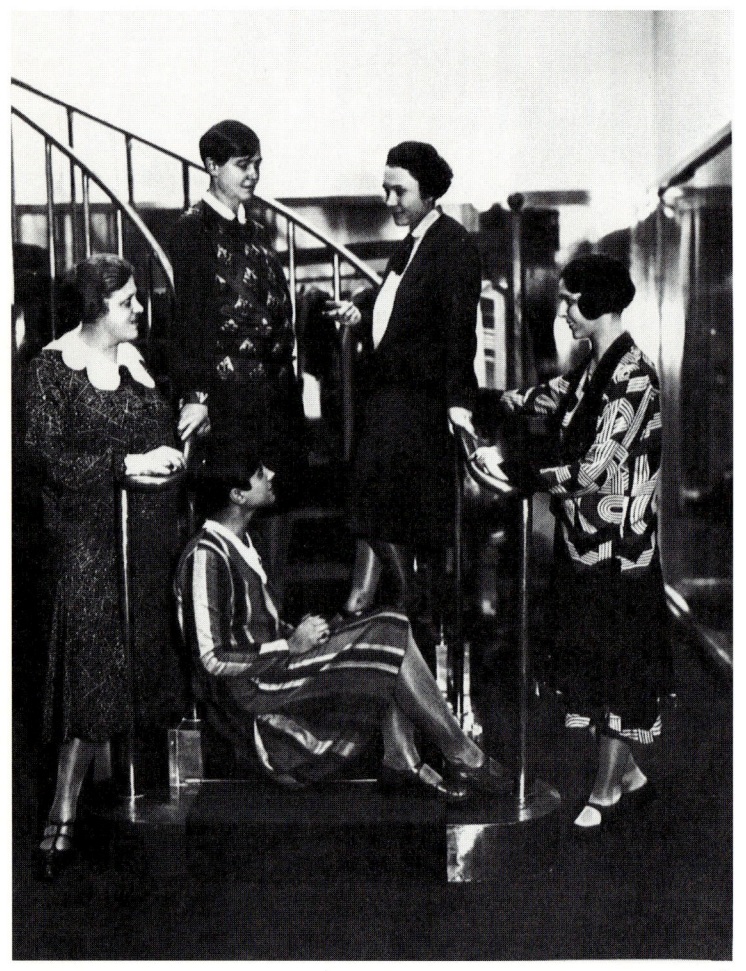

1

2

3

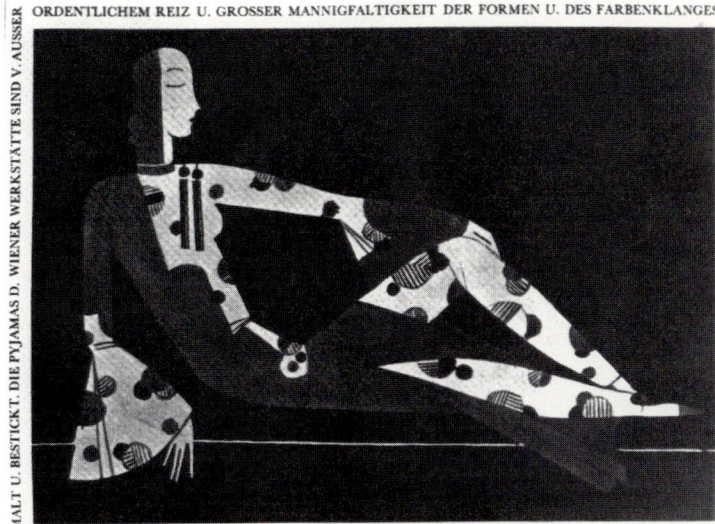

ORDENTLICHEM REIZ U. GROSSER MANNIGFALTIGKEIT DER FORMEN U. DES FARBENKLANGES

MALT U. BESTICKT. DIE PYJAMAS D. WIENER WERKSTÄTTE SIND V. AUSSER

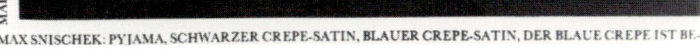

MAX SNISCHEK: PYJAMA, SCHWARZER CREPE-SATIN, BLAUER CREPE-SATIN, DER BLAUE CREPE IST BE-

4

5

1 MITARBEITERINNEN DER BERLINER
  FILIALE DER WIENER WERK-
  STÄTTE, 1929
2 ENTWURF WIENER WERKSTÄTTE,
  1930
3 FOTO: HARPER'S BAZAAR, 1936
4 MAX SNISCHEK, ZEICHNUNG EINES
  PYJAMAS, 1930
5 FOTO: HARPER'S BAZAAR, 1934
6 NACHMITTAGSSCHUH 1930

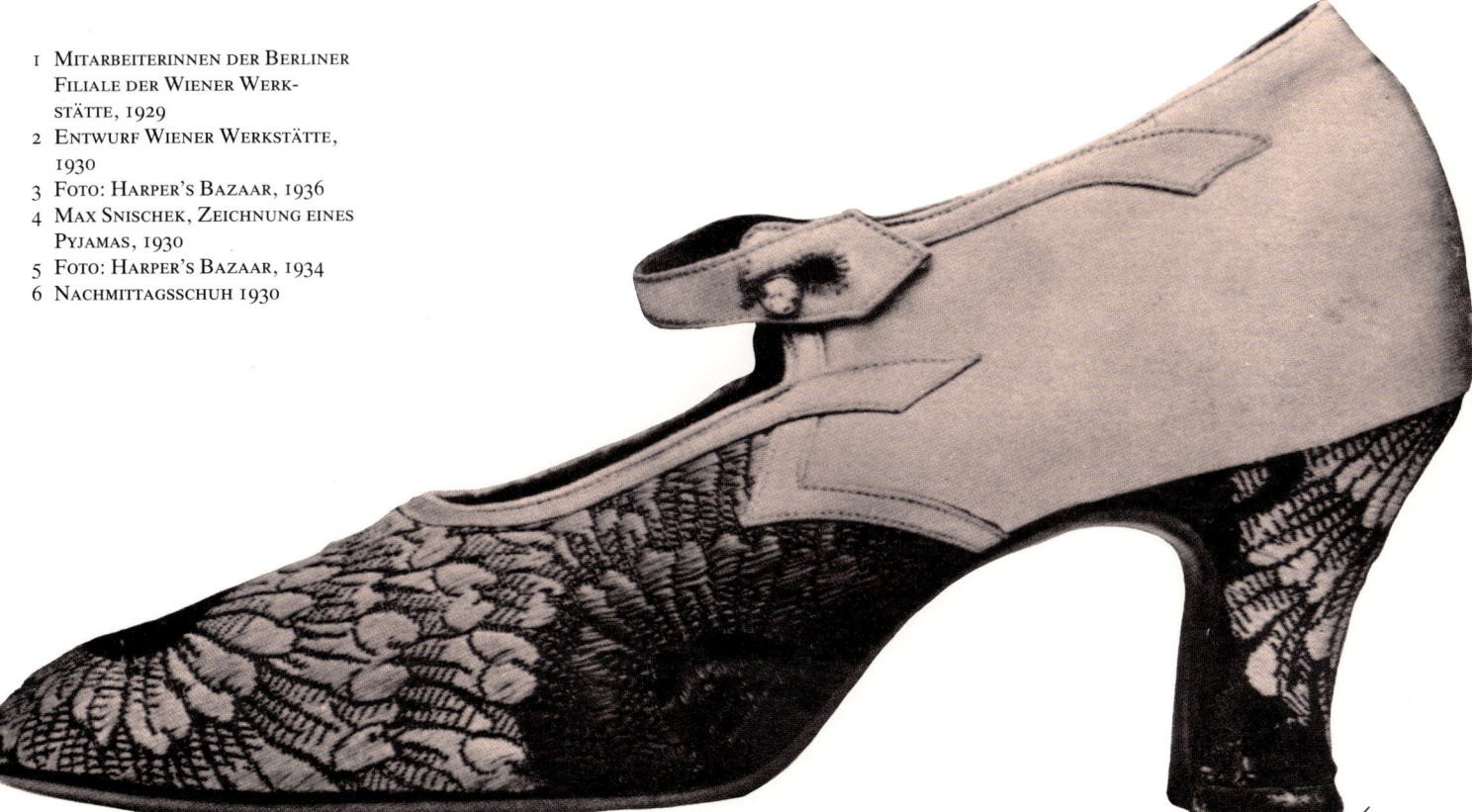

6

1

2

1 Sandalette, Salvatore Ferragamo, Florenz 1938/39
2 Mode 1941
3 Deutsche Soldaten in der Sowjetunion, 1944
4 Mode 1941
5 Damen- und Herrenschuhe, späte Dreißiger Jahre

4   5   3

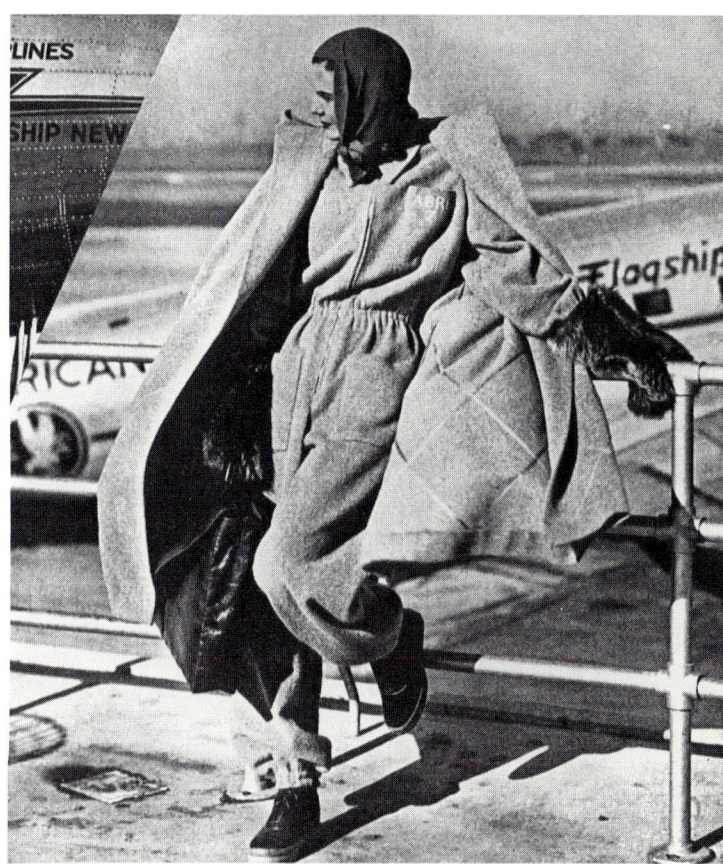

1 John Heartfield, Collage 1929
2 Modefoto von Richard Avedon, Paris 1948
3 ›Winter Air Travelerer‹, Harper's Bazaar,
  Februar 1944

2

3

157

1 ABENDKLEID 1948 FOTO: CHARLOTTE ROHRBACH
2 ›JAZZKELLER‹, 1959 FOTO: F. C. GUNDLACH

1

2

3

4

6

3 – 5 DIE DEUTSCHEN LEBEN WIEDER: DAS REISEN
PRÄGT DIE MODE, DIE SCHUHE SIND »LEICHT,
SCHMAL UND SCHÖN GEFORMT«. (ARCHIV DSI)
6 MODESCHAU ENDE DER FÜNFZIGER JAHRE
(FOTO: ARCHIV DSI)

5

1

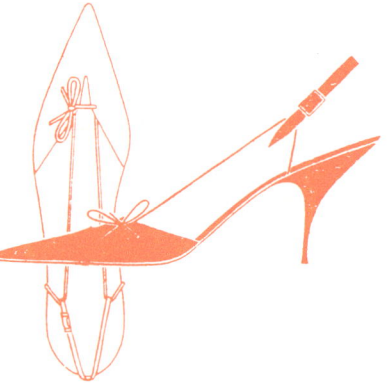

2

3

4

5

6   7

SECHZIGER JAHRE: DIE DAME ZWÄNGT SICH (AUS-
NAHMSLOS) IN SPITZE ELEGANZ, WÄHREND DER HERR
ES DURCHAUS BEQUEM HABEN DARF.
1 FOTO: H. FÖRSTER-HEINSEL
2 HERBST 1966
5 UNTEN: DEUTLICH GESENKTER ABSATZ
6 SCHUHAUSWAHL IM INSTITUT FÜR MODESCHAF-
FEN, FRÜHJAHR 1963
7 »PIROSCHKA-STIEFEL«, HERBST 1962
(ALLE FOTOS: ARCHIV DSI)

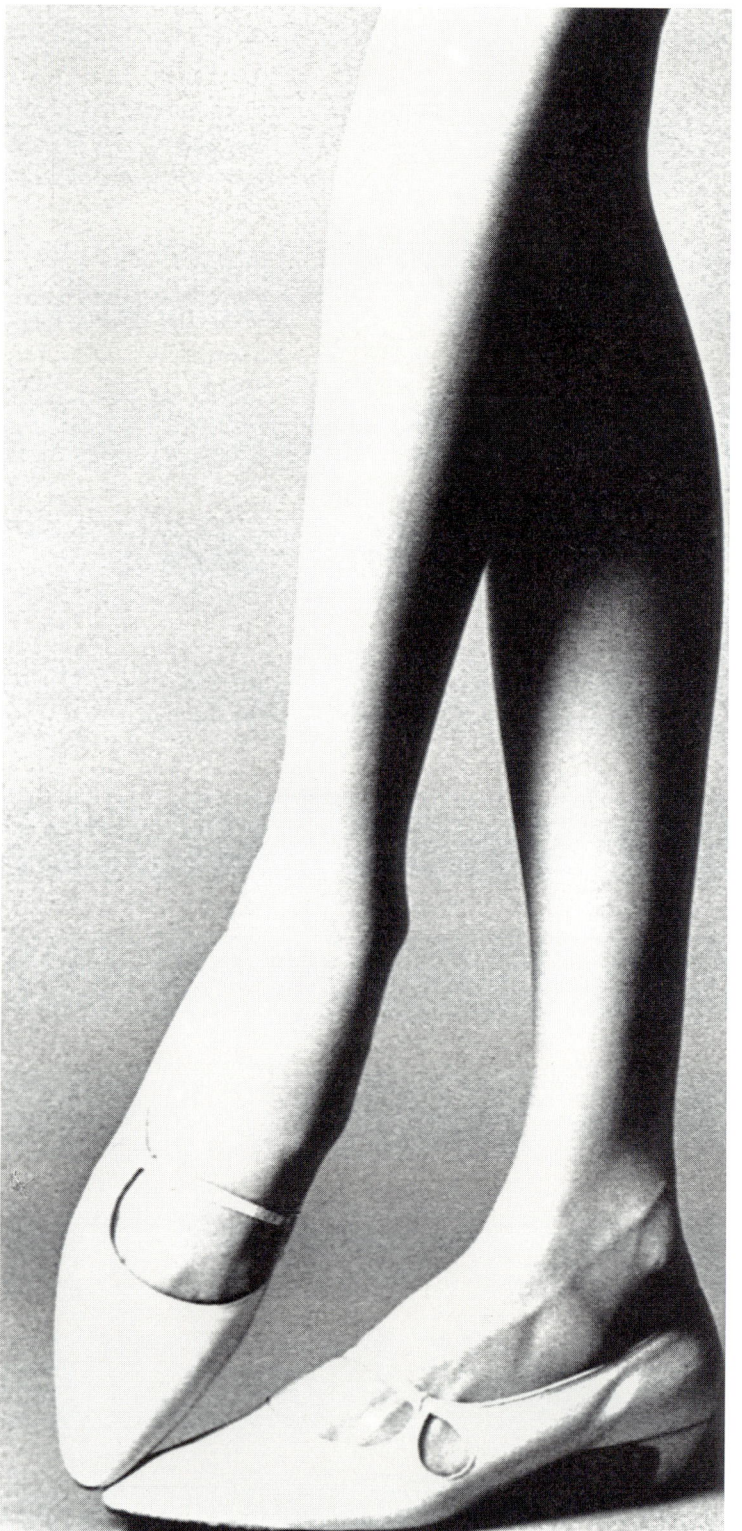

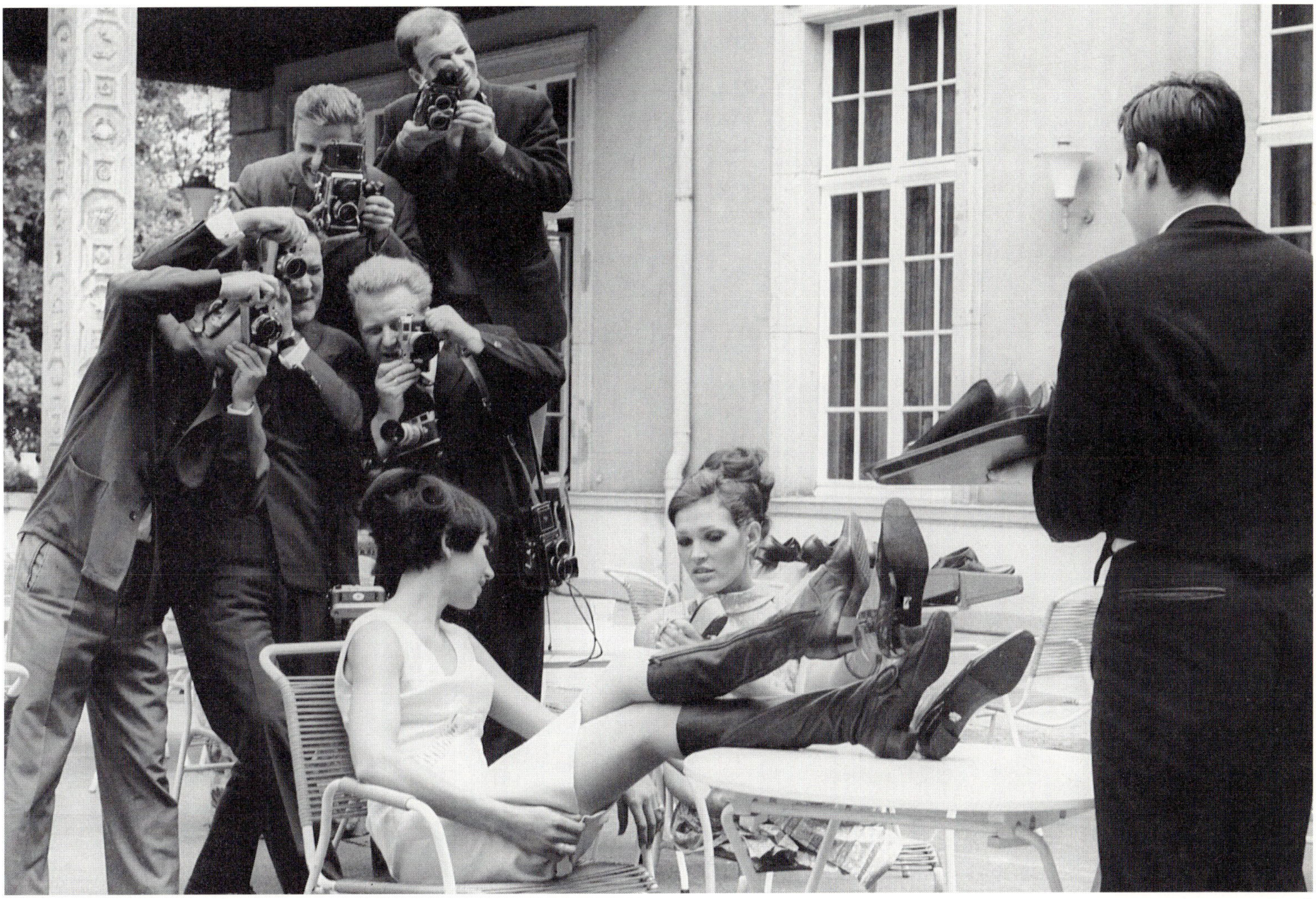

4

1 MODENSCHAU BERLIN 1969
2 1965/66: ES WIRD BEQUEMER, DIE SPITZEN RUN-
    DEN SICH, DER ABSATZ SCHWILLT
3 FOTO: JIMMY MOORE
4 BERLINER PRESSEEMPFANG 1966
5 1965/66
    (FOTOS: ARCHIV DSI)

1 Foto: Henri Cartier-Bresson, 1968
2 Frühjahr 1969
3 Männlich-weiblich: Jeans und ›Hobby-schuh‹, der neue Lebensstil (1969)
4 Mit dem flachen ›Trotteur‹ in die Emanzipa-tion? (1968)
(Fotos: Archiv DSI)

1 Modenschau 1971
2 Maxirock und Maxischuh 1971
3 ›Schöner‹ kann Schuhmode nicht sein . . .
  (1973)
  (Fotos: Archiv DSI)
4 Foto: Christiane Bohm

1 SCHUHSAISON 1973/74
2 FRÜHJAHR 1977: SAISONERÖFFNUNG AUF DEM
  LAUFSTEG
3 1975/76: MODENSCHAU
4 DIE PLATEAUSOHLEN SIND VERSCHWUNDEN:
  PARTNER 1976
  (ALLE FOTOS: ARCHIV DSI)

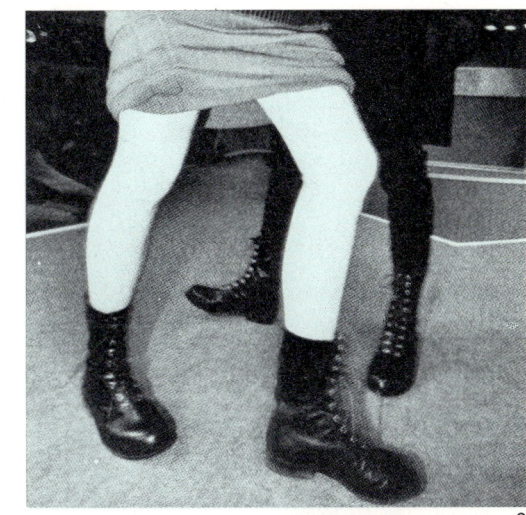

ACHTZIGER JAHRE
FOTOS 1 + 2: BOGEY'S & BOY, VERSANDKATALOG
3 MODELL GIRBAUD
4 MODELL ›MCALLISTER‹

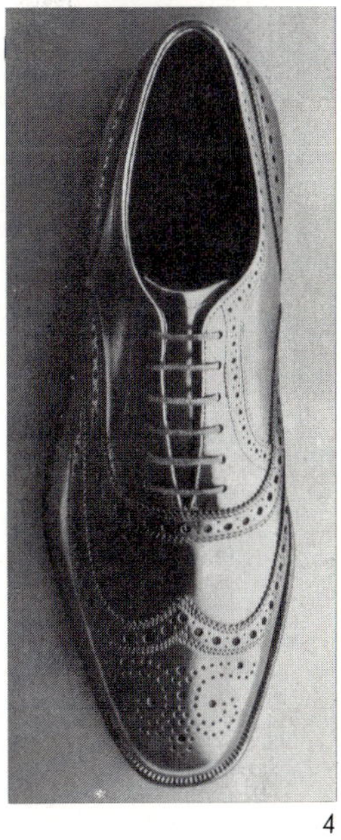

1

2

3

4

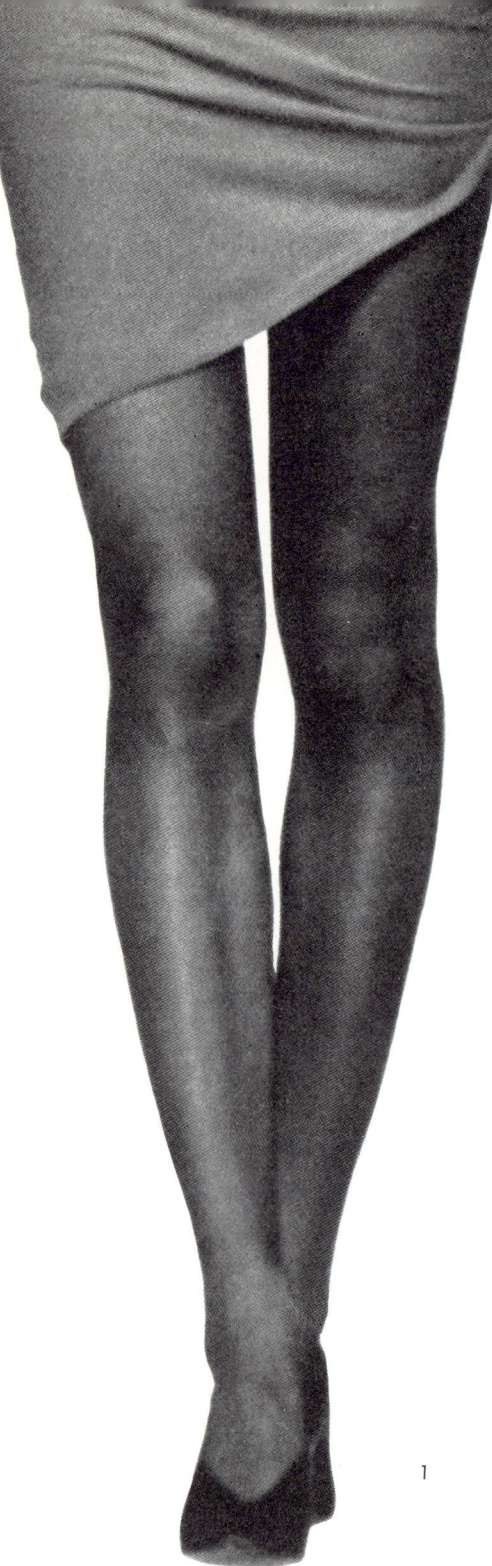

1 DER MINI-ROCK IST ZURÜCKGEKOMMEN
2 BOGEY'S & BOY, VERSANDKATALOG
3 JOGGINGSCHUHE 1987 (ARCHIV DSI)

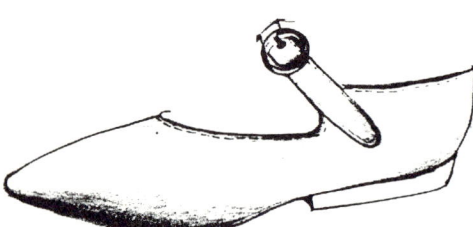

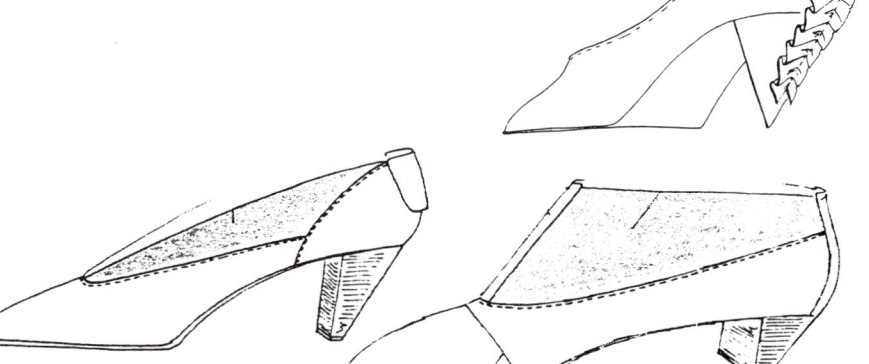

168

Heike Wahnbaeck

Fotoserie

1 »... das gehörte zum Spiel«
2 »... und Divine lag im duftenden Schatten.«
3 »... dann tragen ihre Fersen
Flügel.«
4 »... in Rosen gebettet, eine
Frau aus Licht.«
5 »... wie die gewisser japanischer Akrobaten.«
6 »... das gehörte zum Spiel.«
7 »... sein Leben – ein unterirdi-
scher Himmel.«
8 »... war erfüllt vom Duft un-
sichtbarer Veilchen.«
(Texte: Jean Genet, Notre Dame des Fleurs)

1

2

3

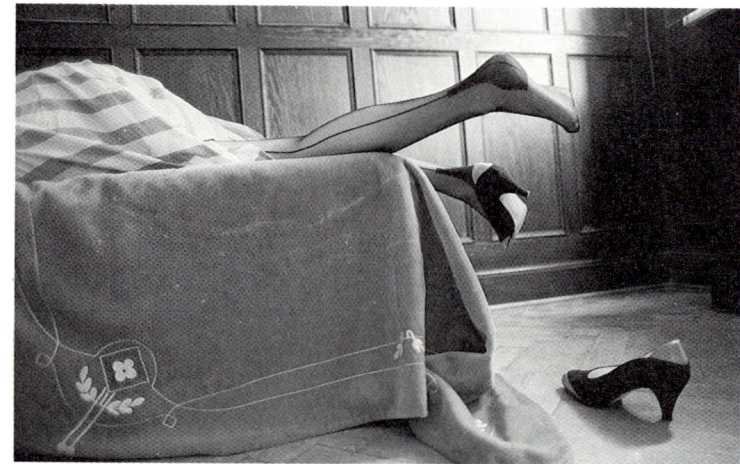

4

5

6

7

8

4

FOTO: CHR. SCHERZ, DSI-FOTO-
WETTBEWERB

Fuss- und Schuh- Symbolik und -Erotik

Fuß-Symbolik und -Erotik

Das Wort Fuß hängt mit der Sanskritwurzel pad = gehen zusammen. Es bezeichnet also das Glied, mit dem der Mensch geht, d. h. sich erhebt und weiter bewegt. Dieses Glied erschien allen Völkern als eins der wichtigsten des menschlichen Körpers, man wünschte ihm eine gute Entwicklung, einen kräftigen Bau vor allen andern; eine ganz besondere Lebenskraft schien ihm inne zu wohnen, so daß schon altersgraue Zeiten die Neigung zeigen, den Fuß bzw. das Bein sogar mit dem Geschlechtlichen, mit der Fruchtbarkeit zu verknüpfen. (. . .)

Man beachte den reichen Schatz von Fuß-Wendungen schon in unserer Sprache, Wendungen, die ein Wohl- oder Übelbefinden, ja die verschiedenartigsten Stufen der Lebenskraft bis zum Tode hin kennzeichnen: keinen Fuß gewinnen, festen Fuß gewinnen, bekommen, halten; auf fremden, eigenen Füßen stehen; auf die Füße kommen (= stark werden), von den Füßen kommen (= schwach werden); auf schwachem, hohem, vertrautem Fuße leben oder stehen; ebenen, trockenen, freien Fußes leben oder gehen; mit einem Fuße, mit beiden Füßen im Grabe stehen; auf dem letzten Fuße gehen usw. (. . .)

Die natürlichste Sinnbildlichkeit ist es, wenn dem Fuße der Begriff des Schreitens, Gehens, glücklichen Wanderns, Pilgerns und Heimkehrens untergelegt wird; einer höheren Kulturstufe entspringt es, wenn der Begriff des Lebens selbst mit ihm verknüpft wird. So auch, wenn sich der Lateiner gradior (schreiten) und cresco (wachsen) sinnverwandt denkt. –

Bereits bei den alten Ägyptern wurde der Fuß zum hochwichtigen Symbol des Fortschreitens, Lebenswanderns, des Lebens überhaupt. Die beiden großen Göttinnen und Schwestern Isis und Nephtys (Nebthat) stehen in engen Beziehungen zu diesem Gliede. Der Nephtys als Leichengöttin wurden die Fußsohlen der Gestorbenen geweiht, indem man den Toten die

BOY MEETS GIRL FOTO: WEEGEE

Sohlen abzog und sie ihnen beilegte; so findet man noch heutigen Tages die abgezogene Epidermis bei den Mumien. Nephtys hatte den Fuß mit der ihr geweihten Sohle im Jenseits wieder zu bekleiden, Isis dagegen hatte die Beine der Verstorbenen zu kräftigen und ihnen die Bewegungsfähigkeit zurückzugeben. (. . .)

Mit dem Fuß auf eine Person oder auf ein Stück Land treten war das bei den germanischen Völkern übliche Zeichen der Besitzergreifung. Im Mittelalter drückt der Tritt des die Belehnung erteilenden Herren, zumal eines geistlichen Herren, mit dem rechten Fuß auf den rechten Fuß des Vasallen die Gewalt über diesen aus. Darum gilt auch der Fußtritt des Bräutigams auf die Braut nach der Trauung noch vor dem Altare als Symbol des An-

tritts der Gewalt und des Rechts des Bräutigams; so schon im XIII. Jhd. bezeugt, im ›Meier Helmbrecht‹ V. 1534: uf den vuoz er ir trat. (. . .)

Es ist eine sehr alte Vorstellung z. B. der Hellenen, daß die Erde die gemeinsame Mutter aller sei. Sie kommt in den Orphischen Mysterien wiederholt zum Ausdruck, und man hielt diese Mysterien für die Meinungen der ältesten Menscheit. Auch Plato leitet im ›Staate‹ (3, 414) die Verwandtschaft aller Bürger von dem gemeinsamen Mutterschoße der Erde ab. Das irdische Weib ist also der großen Urmutter sichtbares Abbild. Die Fruchtbarkeit dieser Urmutter geht auf ihr Abbild über, und der Fuß (Bein) ist das Organ, das diese Fruchtbarkeit überleitet, verbindet, ist das Organ oder der Sitz, in dem die Fruchtbarkeit steckt. So wird der Fuß des Weibes zunächst, später auch der Fuß des Mannes oder des Gottes Segen und Fruchtbarkeit spendendes Symbol. In dem Frauenfuß verkörpert sich also allen Völkern wie auch Naturvölkern ursprünglich das tellurische Fruchtbarkeitsprincip. Und nicht bloß der Fuß, auch die Spur, die der Fuß hinterläßt, die Fußtapfe, auch seine Bekleidung, der Schuh, die Sandale usw. entsenden den Segen, die Fruchtbarkeit. – Auf diese Fußsymbolik geht jener allbekannte Mythus- und Märchenzug zurück, daß den Füßen der Frau, der Göttin wie auch des Mannes, des Heroen, des Gottes Blumen und Früchte entsprießen. (. . .)

Schuh-Symbolik und -Erotik

Der Schuh ist das Symbol des weiblichen Geschlechtsteils. Zunächst aus welchem Grunde? – Alte Volksrätsel offenbaren uns ihn: man fährt in den Schuh, Stiefel, Pantoffel hinein. Diese Fußbekleidungen haben eine Öffnung, ein Loch, oft mit Pelzhaaren umwachsen, dieses Loch wird mit menschlichem Bein und Fleisch ausgefüllt. Das Hineinfahren des Fußes erinnert an das Hineinfahren des penis in die vul-

va. Mit dem Bein wird daher auch der penis verglichen, man nennt ihn das dritte Bein, im Slovenischen heißt er trétja noga, der dritte Fuß. (...)

Ein czechisches Stiefelrätsel heißt: »Du schöne Schwarze, sei mir getreu. Ich habe dich gekauft, um ein Stückchen Fleisch in dich zu stecken.« (...)

Wenn auch Kind (Jahrbuch f. sex. Zwischenstufen IX: Über die Komplikationen der Homosexualität, Separatabdruck S. 31) in seiner Bemerkung wohl Recht hat, daß der prägnante Schuhfetischist den Stiefel zu besitzen trachtet und ihn behandelt, (streichelt, drückt, liebkost, auch in ihn ejakuliert) als hätte er die Trägerin des Objektes vor sich, also daß der Fetisch eigentlich niemals lebloses Objekt ist, sondern daß ihn immer die begehrte Person umschwebt. Man muß aber doch festhalten, daß diesem ganzen Verhältnis des Schuhfetischisten zum Stiefel die dunkle uralte Vorstellung des Stiefels als eines geschlechtlichen Symbols zu Grunde liegt, daß der Stiefel an einem andern Behälter des penis erinnert. Darum reizt auch der nackte Frauenfuß einen prägnanten Schuhfetischisten nicht, da die Vorstellung des Behälters hierbei fehlen muß. Bei homosexuellen männlichen Fetischisten wandelt sich die Vorstellung zur päderastischen. Für den Schuhfetischisten kommen noch andere Momente: Form, Gestalt und Farbe des Schuhwerkes in Betracht, den geschlechtlichen Fetisch zu heben. Die Damenstiefel (Schuhe, Pantoffel) müssen eng, klein, zierlich sein. Es mischt sich alsdann eine sadistische Schmerzvorstellung wie bei eng anschließenden Korsetts, Handschuhen usw. ein. (...)

Oder die Stiefel müssen doppelte Knopfreihen haben oder hochknöpfig sein. Das Schuhwerk muß vor allen Dingen hohe Hacken haben. Der Gang der Frau erregt alsdann noch stärker: er ist hoch, stolz, herrisch oder lüstern, wenn sie mit dem Hinterteil ›schwänzelt‹; andere meinen, er sei ätherischer, weniger energisch, die Frau schwebe wie eine Sylphide, sie sei durch die hohen Hacken dem Schmutze der Erde ferner, sie sei reiner. Wieder andere sagen, durch die hohen Hacken werde der untere Teil des Beines und des Frauenfußes ästhetisch schöner. (...)

Kind meint wohl mit Recht, die hohen Hacken sind für den Damenschuhfetischisten als besondere Abzeichen weiblicher Schuhe bemerkenswert. Vergleicht man etwa einen Offizierstiefel mit dem einer vornehmen Dame, so liegt der charakteristische Unterschied abgesehen vom Größenverhältnis beim männlichen Stiefel im hohen Schaft, beim weiblichen im hohen Hacken. Diese bezeichnende Differenz haben die Schuhfetischisten instinktiv herausgefühlt. (...)

Bei den Stiefelfetischisten, die sich durch Stiefel treten, mißhandeln lassen, ist die masochistische Vorstellung, von dem geliebten Weibe oder Mann gequält zu werden, wohl die Hauptquelle der Lustempfindung, weniger daß es der Stiefel ist. Diese ›Stiefelfreier‹ brauchen auch gar nicht darum an die immissio penis in vaginam zu denken, eben darum bewirkt es großen Reiz auch von dem nackten Fuß eines Weibes gestoßen zu werden. Das Gefühl der hündischen Demut ist die Hauptsache der Wollust, ob dies durch die Füße oder Fäuste oder Hände der Damen bewirkt wird, ist im letzten Grunde Nebensache. Die höchste Wollust der Stiefelfreier ist es eben, nackt an der Erde zu liegen und sich von Mädchen mit eleganten Stiefeln treten zu lassen, am besten je herrischer und stolzer die Mädchen sind und je kräftiger und schmerzvoller die Tritte werden.

Der Schuh kann alsdann wie die Schürze ein Bild des Weibes selbst werden (pars (=vulva) pro toto). Der Latsch (ausgetretener Schuh) ist ein vielgebrauchtes Weib. Auslatschen heißt in Sachsen geschlechtlich ausschweifen, Ehebruch be-

gehen. Eine sprichwörtliche Redewendung, die den Mann vor dem Ehebruch warnt, heißt: Man muß nicht die Füße in fremde Schuhe stecken. Schustern bedeutet, sich mit dem Schuh (= vulva) der Frau beschäftigen, also (...)

Ferner heißt die weibliche Periode der rote Schuster. Der Schuster macht den Laden zu, d. h. die Menses verbieten den Coitus (Schmeller II 392). ›Den Schuster auf der Stör haben‹ heißt die Menses haben, die Frauen und Mädchen beschuhten sich zu dieser Zeit (Höfler, deutsches Krankheitsnamenbuch). Daher: ein Mädchen kommt in die Schuhe = sie ist menstruiert. Das Wort Schuh leitet man von schehen, geschehen, schicken ab. Mit Beziehung auf das Geschehen heißen die Menses ›Geschichte‹ ›Geschüech‹. – ›Sie ist geschickt‹ (geschücht?) heißt auch: Sie ist schwanger, denn die Schwangere ist mit Schuhen versehen wie die Menstruierte. War ein Mädchen defloriert worden, so mußte man ihr dafür einen Schuh geben, sie zur beschuhten Frau machen.

Der alte Schuh dient mit deutlicher Anspielung auf die Vulva (vgl. ›Latsch‹) als Symbol des ehelichen Glücks, der ehelichen Fruchtbarkeit (die vielbenutzte vulva). Jung getraute Eheleute werden in England beim Heraustreten aus der Kirche mit alten Schuhen beworfen, und selbst Mitglieder des königlichen Hauses unterwerfen sich willig dieser Sitte. Manchmal wird auch ein alter Schuh an den Koffer der Braut (nur der Braut!) befestigt. – Auch in Deutschland pflegt man Schuhe nach den Neuvermählten zu werfen; ferner bei den Czechen. – Der alte Schuh wird dann überhaupt zum Symbol des Glücks: Sollte einer in wichtigen Geschäften Glück haben, so warf man beim Verlassen des Hauses alte Schuhe hinter ihm her. Das geschah auch bei Dienstbo-

173

ten, wenn sie sich auf die Suche nach einer Stelle begaben.

Der Brautschuh (Jungfernschuh) ist das Symbol der jungfräulichen Vulva. Den Brautschuh ausziehen ist eine sinnbildliche Handlung wie den Brautkranz durchreißen oder den Brautgürtel lösen, alles sind Symbole für ›Deflorieren‹. Bei den Hochzeiten in der Gegend von Darmstadt sitzt die junge Frau zunächst am Tische der jungen unverheirateten Frauen. Die verheirateten Frauen versuchen ihr den Kranz abzureißen und den Schuh auszuziehen. Gelingt das, so muß sie unter den Verheirateten Platz nehmen, gelingt es nicht, so müssen die Verheirateten sie mit Wein von den Ledigen loskaufen. Es geht bei dem Schuhausziehen oft sehr heftig und mutwillig her. Der Brauch zeigt deutlich, daß der Schuh ein Symbol der Jungfräulichkeit ist. Sie wird der Braut durch den Ehestand ausgezogen. – Ein anderer Brauch mit dem Brautschuh herrscht in Axin bei Brettin; während des Hochzeitsschmauses sucht einer der Junggesellen der Braut den Schuh auszuziehen. Ist es geglückt, füllt er ihn mit Wein und hält eine Ansprache. Darauf trinken die Junggesellen alle der Reihe nach aus dem Schuh, der wird zum Schluß verauktioniert. Den Erlös bekommen die Armen. Es handelt sich offenbar um ein Preistrinken auf die verlorene (oder zu verlierende) Jungfernschaft. (...)

Mit dem sexuellen Symbol des Schuhes hängt es zusammen, daß dieser das Sinnbild des Lebensglückes überhaupt, der Gesundheit, der Lebensmacht ist. Im Schuh concentriert sich die Lebensmacht: Duft, Schweiß, Wärme des Körpers hat er viel mehr als ein anderes Kleidungsstück eingesogen, er hat die Seelenwärme, die Lebenskraft des Menschen in sich. Zudem verbindet er ja den Menschen mit der allmächtigen Erde. Obendrein heißt es: ist der Mensch am Fuße gesund, ist er überhaupt gesund. Daher macht der Aberglaube es vom Schuh abhängig, daß

„Soll ich nicht meinen Ehering an die Schuhbänder hängen, damit die Leute nichts unrechtes denken?"

Sittsam

121. Reznicek. Simplizissimus

man stets gut zu Fuße ist, daß man sogar gesund ist bzw. wird. So läßt man krankes Vieh aus Schuhen fressen, daß es gesund wird, kranken Hühnern (Böhmen), kranken Kälbern gibt man Salz und Wasser aus Schuhen zu trinken (Oldenburg). (...)

Der Schuh (Sandale, Pantoffel usw.) wird wie der Fuß zum Symbol der Macht und daraus gefolgert, des Rechts, des Besitzes. Worauf man den Fuß, Schuh setzt, erklärt man als sich unterworfen, als sein Eigentum wie das, woran man die Hand hält, das man anfäßt, berührt. – Schon bei den alten Ägyptern ist die Sandale das Symbol der Macht, der Herrschaft. In ägyptischen Texten kehrt häufig die Wendung wieder ›Deine Feinde seien unter deinen Sandalen‹. Als Symbole der Herrschaft legte man auch Sandalenpaare in den Gräbern nieder. (...)

Der Schuh hat wie der Fuß, die Fußspur zuletzt auch eine funerale Bedeutung. Der Sterbende schreitet gewissermaßen von dannen. Von seinem Fortgange künden einzig und allein die letzten Fußspuren. (...)

Im Hennebergischen wird das Leichenmahl ›Totenschuh‹ genannt. Ursprünglich hängt dieser Name mit der letzten Ehre zusammen, die man dem Toten widerfahren ließ, nämlich daß man ihm ein paar neue Schuhe mitgab. In manchen Gegenden ist es noch heute üblich, der Leiche neue oder doch die besten ihrer Schuhe oder Stiefel anzuziehen, damit sie auf ihrer weiten Wanderung zum Jenseits gut marschieren könne. Wer der Leiche keine Schuhe mitgibt, muß sie ihr noch zehnfach erstatten. Wer ihr schlechte mitgibt, bei dem läßt sie sich schlürfend hören mit einem auf weitem Wege niedergetretenen, nachschlappenden Schuh.

(AUS: FUSS- UND SCHUHSYMBOLIK UND -EROTIK; FOLKLORISTISCHE UND SEXUALWISSENSCHAFTLICHE UNTERSUCHUNGEN VON DR. AIGREMONT, LEIPZIG 1909)

Der Schuh und die Liebe

Der Schuh spielte eine überaus große Rolle im Leben der meisten Völker. Bibel, Volksmärchen, Dichtung, Musik und das Sprichwort haben sich seiner Rolle des öfteren bedient. Im Liebeszauber und im Hochzeitsbrauch nahm der Schuh einen großen Raum ein. Schon die biblische Zeit kannte den Liebeskult des Schuhs. So ließ zum Beispiel der junge Verehrer einer jüdischen Schönen deren Namen oder Bild auf seine Absätze gravieren. Auf dem weichen Sandboden Ägyptens wird jeder Schritt des Liebenden zum Kupfer- oder Stahldruck des Bildnisses seiner Angebeteten. So hat sich die Geliebte im Sinne des Wortes an die Absätze des Geliebten geheftet.

Ovid, der Liebhaber par excellence, gab den Gentlemen den dringenden Rat, verliebten Damen die Schuhe, sooft sie es wünschten, an- und auszuziehen. Eine entzückende Sitte, die sich leider den Weg zu uns nicht bahnen konnte.

Der zierliche, elegante Schuh römischer Damen übernahm oft und gerne den Dienst des Postillon d'amour. Nur die Liebenden wußten um den versteckten Platz. Die kleinen Billetts lagen wohlgeborgen zwischen den Sohlen der Sandalen und Schuhe.

Eine andere Sitte der Römerinnen erlaubte es, daß ihnen, sobald sie der Schuh drückte, ein Herr, den sie darum baten, die Schuhriemen lösen und wiederum festbinden durfte. Es ist kein Zweifel, daß die liebesbedürftigen Damen just im rechten Augenblick Schmerzen an den Füßchen verspürten.

Amüsant ist, was uns über die Pantoffelsprache der Türkin berichtet wird. Ist eine muselmanische Frau von ihrem Mann beleidigt worden, so geht sie ganz einfach zum Kadi und legt einen Pantoffel (Papusch) verkehrt auf den Boden, so daß die Sohle nach oben steht. Ohne daß sie ein Wort zu verlieren braucht, versteht der Kadi den Sinn der Handlung und die Klägerin erhält ihre gewünschte Trennung.

Will dagegen die Türkin mit ihrem Manne sprechen, so zieht sie ihren Pantoffel aus und schickt ihm denselben durch eine Dienerin. Das heißt für ihn: Komm schnell, mein Herr, deine Geliebte hofft voll Sehnsucht auf dich. Hat die Frau den Besuch einer Freundin erhalten, so stellt sie deren Pantoffel vor das Zimmer, um so ihrem Manne anzuzeigen, daß eine fremde Frau im Harem ist und er deshalb nicht hereinkommen dürfe, ein Pantoffelsignal, gegen welches kein Muselmann zu handeln wagt.

So kann der Ausdruck ›unter dem Pantoffel stehen‹ eindeutig aus dem orientalischen Bereich abgeleitet werden.

Herr von Brântome ist der Ansicht, daß drei Dinge im Reiche der Liebe eine große Macht ausüben: ein schönes weibliches Bein, eine fein geformte Wade, ein hübscher Fuß. All diese verführerischen Reize münden einheitlich in den Schuh der Dame.

(aus. Bäckerblume 34/86)

»Wem der Schuh paßt, der zieht ihn sich an«

Das (traditionale) Alltagsbewußtsein umreißt mit seinen Redensarten, die eine Schuh(an)probe inszenieren, das moralische Problem von Sein und Schein: »Der Schuh soll sich nach dem Fuß richten, nicht der Fuß nach dem Schuh!«. Wer diese Maxime nicht berücksichtigt und sich eine Lebensführung anmaßt, die ihm das große Glück verspricht, für das er sich aber selbst Gewalt zufügen muß, der darf sich nicht wundern, wenn er leidet, denn: »Die schönsten Schuhe drücken am meisten«. Allerdings vermag sich das Alltagsbewußtsein nicht restlos klar darüber zu werden, ob sich die Selbstvergewaltigung – trotz ihrer moralischen Bedenklichkeit – nicht doch lohnen würde; deshalb gibt es auch die Durchhalteparole aus: »Man muß den Schuh drücken lassen!«. Denn erstens: »Wer weiß, wo die Schuhe drücken, kann sie noch nicht flikken«, und zweitens: »Zu enger Schuh drückt, zu weiter schlottert (stolpert)«. Die Redensarten lassen offen, in welchen Fällen sie das moralische Problem von Sein und Schein am ehesten erwarten. Somit sind sie beliebig anwendbar. Indessen legt der Topos der Schuh(an)probe nahe, sich besonders auf die sinnliche Beziehung zwischen den Geschlechtern zu konzentrieren, da das Anmessen von Schuhen in der Kulturgeschichte einen weit verbreiteten sexuellen Sinn hat. Im folgenden soll deshalb die Schuh(an)probe psychoanalytisch und psychohistorisch als Sexualsymbol untersucht werden.

Sexueller Symbolismus

Die klassische Psychoanalyse betrachtet den Schuh in seinen verschiedenen materiellen und ideellen (bildlichen, literarischen) Objektivationen bevorzugt als Sexualsymbol, dessen Sinn im Laufe der Kulturgeschichte mehr oder weniger entstellt zum Ausdruck gebracht worden ist. So führt etwa H. Ellis als kulturhistorisches Paradebeispiel den poulaine an, einen absatzlosen Halbschuh mit aufgebogener

Die Schuh(an)probe als Sexualsymbol

reich verzierter Spitze (Schnabel-Schuh), der vermutlich über die Kreuzritter aus dem Orient in die Oberschicht-Mode des europäischen Mittelalters gelangt ist, wo er zu heftigen Moraldebatten Anlaß gegeben hat:

»Auf den ersten Blick ist es gar nicht so einfach einzusehen, warum diese Schuhe, die in einer Löwenklaue, einem Adlerschnabel, einem Schiffsbug oder einem anderen metallenen Ausläufer endeten, derart skandalös gewesen sein sollen. Die Exkommunikation, die über diese Art der Fußbekleidung verhängt wurde, hat die Erfindung einiger Libertins verschuldet, die poulaines in Form eines Phallus trugen, eine Mode, die auch Frauen übernahmen. Diese Art poulaine ist als maudite de Dieu bezeichnet und von den königlichen Behörden verboten worden. Dennoch fuhren Herren und Damen fort, poulaines zu tragen.«[1]

Betrachtet man das im Beispiel angenommene Verhältnis von symbolischem Ausdruck und symbolisiertem Gehalt, so wird offensichtlich der phallische poulaine als Standard gesetzt, der die sexuellen Phantasien unzensiert darstellt, die immer schon mit Fuß und Schuh verbunden zu sein scheinen, aber nicht zu jeder Zeit in der Kulturgeschichte gleichermaßen eindeutig ausgedrückt werden dürfen. Auf diese Weise standardisiert, be-deuten dann auch etwa der poulaine, der in einer Löwenkralle ausläuft, und schließlich die Spitze eines jeden beliebigen Schuhs den Phallus – einmal mehr, einmal weniger bewußt gestaltet, je nachdem, welches Ausmaß an Sexualverdrängung das herrschende kulturelle Über-Ich erzwingt. Damit aber nicht genug. Denn da Formassoziationen bei diesem Verfahren der

Symboldeutung im Vordergrund stehen,[2] muß der Schuh sexuell ambivalent sein. Bei J. C. Flügel heißt es dementsprechend:

»Wir wissen allerdings, daß diese Kleidungsstücke, wie etwa Schuh, Krawatte, Hut, Kragen und sogar größere und voluminösere Teile wie Jackett, Hosen und Mantel phallische Symbole sein können, während Schuh, Gürtel und Strumpfband ... die entsprechenden weiblichen Symbole sein können.«[3]

Letztlich wird noch der Fuß in die Symboldeutung mit einbezogen, wobei der Schuh – nunmehr bar seiner sexuellen Ambivalenz – als Sinnbild der Vulva und der Fuß als Sinnbild des Phallus gilt, so daß das An- und Ausziehen sowie das Schuhetragen dem vollzogenen Geschlechtsverkehr gleichkommt.

Müssen wir bei derartigen Standarddeutungen des geheimen Sexuallebens unserer Füße und Schuhe nicht skeptisch werden und uns fragen, ob es sich die klassische Psychoanalyse nicht doch zu einfach macht? Diese Frage verweist auf die Geschichte des psychoanalytischen Symbolbegriffs, in der über die Gültigkeit solcher Deutungen oft gestritten worden ist. Bleibt bei Freud die Standardisierung von Symboldeutungen noch marginal, so ist sie von zahlreichen seiner professionellen Nachfolger, und vor allem durch die Popularisierung der Psychoanalyse zum Credo erhoben worden, was zu Symbol-Vokabularen führt(e), die – unter Ausschaltung fallspezifischen assoziationsgeleiteten szenischen Verstehens – einen unzulässigen Reduktionismus forcier(t)en. Die manifeste Sinnmannigfaltigkeit wird dabei auf immer denselben latenten, routinemäßig als verdrängt unterstellten Sinn zurückgeführt, bis sich schließlich dieses Verfahren selbst lahmlegt, weil es mit allen Langformen nurmehr den Phallus und mit allen Rund- und Hohlformen nurmehr die Vulva zu bedeuten vermag.[4]

Es bleibt unbestritten, daß Schuhe, wie andere kulturelle Objektivationen auch, kollektiv und individuell mit sexuellen Assoziationen verbunden sein können, die ihrerseits wiederum inter-individuell und inter-kollektiv nach Umfang und Bewußtseinsgrad variieren. Wie diese Assoziationen ausfallen, läßt sich indessen nicht ohne Analyse des lebensgeschichtlichen und historisch-kulturell-gesellschaftlichen Rezeptionshorizontes bestimmen. Andernfalls müßte man annehmen, daß die Verdrängung immer und überall dieselben menschlichen Lebensäußerungen beträfe und auch immer und überall zu denselben kompromißhaften Ausdrucksformen fände. Dadurch wäre jedoch die menschliche Fähigkeit, Symbole zu bilden, ihrer humanspezifischen Kreativität beraubt und als Reiz-Reaktions-Schematismus verkannt.

P. Ricoeur bestimmt ein Symbol als den Ort komplexer Bedeutungen...,» wo in einem unmittelbaren Sinn ein anderer Sinn sich auftut und zugleich verbirgt«, was »Zeichen voraus(setzt), die bereits einen ersten wörtlichen, manifesten Sinn haben und die durch diesen Sinn auf einen anderen Sinn verweisen«, wobei er herausstellt, daß Symbole überhaupt nur relativ zu einer spezifischen »Interpretations- Arbeit« existieren, die hermeneutisch auf Latenz eingestellt ist.[5] Diese tiefen-hermeneutische Einstellung ermöglicht eine Distanzierung von unmittelbarem (selbstverständlichem) Verstehen, die freilich um ihrer Validität willen die Spannung wahren muß, die ein Symbol aufgrund seiner Dynamik von Entbergen und Verbergen erzeugt, was die einsichtige Vermittlung von manifester und latenter Sinnebene verlangt. Psychoanalytische Symboldeutung zielt dabei mit Hilfe einer assoziationsgeleiteten Erweiterung manifesten Sinns auf die Rekonstruktion von individuellen und kollektiven Sinnpotentialen, die latent gehalten werden, weil ihre Veröffentlichung dem herrschenden

kulturellen Über-Ich widerspricht und deshalb Angst freisetzt, die emanzipatorische Entwicklungsprozesse stillzulegen droht. Eine solche Vermittlung zwischen den Sinnebenen gelingt indessen nicht mittels Standarddeutungen, sondern nur als »praktisch-poietische Tätigkeit« (C. Castoriadis[6])

Schuh-Sex

Zum manifesten Sinn von Schuhen gehört, was ihren Funktionswert bestimmt: die Bekleidung des Fußes zum Zwecke eines umweltangepaßten Gehens, das humanspezifisch allerdings stets eine historisch-kulturell-gesellschaftlich praktizierte Körpertechnik meint.[7] Da Schuhe von den Füssen her den gesamten Körper model-

ALLEN JONES, THE MAGICIAN, 1974

lieren und dadurch zu seiner Konturierung beitragen, die den sinnlichen Grund für alle Phantasien liefert, die sich an ihn heften, kommt es maßgeblich auf ihre individuelle Paßform an, denn diese stellt eine notwendige Bedingung dafür dar, daß sich das in Schuhen materialisierte Potential an Körper-Phantasien auch im Einzelfall in Szene setzt. Schuh(an)proben sind insofern Gebrauchswertproben, die unauflösbar mit probehandelnder Selbstinszenierung verschränkt bleiben; dies gilt um so mehr für ihre (bildlichen und literarisch) Übertragungen.

»Was waren das für Mädchen, mit denen du gestern aus warst, Paul? – Zwillinge, die Töchter von meinem Schuster, sein einziges Paar, das mir paßt!«[8]

Dieser Schuh-Witz entfaltet eine sexuelle Interaktionsszene in dem Ausmaß, wie das ›Paar, das mir paßt‹ auch tatsächlich sexuell ausphantasiert wird. Er bleibt harmlos, solange sich die geweckten Assoziationen nicht über ›zu mir passen‹ und ›gefallen‹ hinauswagen. Solange wird die herausfordernde Symbolik der Schuh(an)probe aber auch nicht angenommen. Wenn Mann sagt, daß ihm Frauen wie Schuhe passen, dann gibt er zu verstehen, daß er sie sexuell besessen hat, wie es sehr viel drastischer ein (Werbe-)Spruch in einer Männertoilette kundgibt:

»Hineinschlüpfen und sich wohlfühlen! Die Romika-Fut«.[9]

Und E. Bornemann notiert in seiner Sammlung ›verbotener‹ Weisheiten der deutschen Kinderkultur den Vers eines 15jährigen Passauer Buben:

»Diandl, wer tuats dir,
Wann i dir s net tua?
Wer putzt dir an Kessel,
Wer schmiart dir de Schuah?«[10]

In allen Beispielen ist sicherlich eine Formassoziation möglich, indessen reicht sie zum Verständnis einer subtilen Pointe, wie der des Schuh-Witzes nicht aus. Über die Formanalogie hinaus sind es zunächst durch den Kontext des Schuhgebrauchs aufgerufene Empfindungsbilder (›schlüpfen‹, ›schmieren‹: mit (Schuh-)›Wichs‹ – ›bürsten‹[11], die es reizvoll machen, sich auf sexuelle Phantasien einzulassen. Aber auch solche Empfindungsbilder reichen wohl nicht aus, das Spezifikum der Pointe zu klären. Die Phantasie, daß die Vulva den Phallus wie ein Schuh umschließt, lockt mit der Inbesitznahme der weiblichen Sexualität: Es sei an die Infibulation erinnert, wie sie einige Stammesgesellschaften (z. B. auf der Somalihalbinsel Afrikas) praktizieren.[12] Hier werden die großen oder kleinen Schamlippen der jungen Mädchen bis auf ein Urinierrohr vernäht, um vorehelichen Geschlechtsverkehr zu verhindern. Erst dem rechtmäßigen Ehemann ist es gestattet, die Schamlippen wieder aufzutrennen, wobei dies in manchen Fällen buchstäblich als ›Maßnehmen‹ geschieht. Dieses läßt sich nicht als einfache Steigerung von (männlicher) Lust bestimmen; vielmehr kommt dieser Lustgewinn über die Abwehr einer Angst zustande. Aufgrund des Maßnehmens wird diese Frau für diesen Mann geschaffen, was ihm zu der selbstwertstabilisierenden Phantasie verhilft, nur er könne sie voll befriedigen, weshalb er weder von männlichen Konkurrenten noch von seiner Frau selbst eine Bedrohung seiner Potenz zu befürchten brauche. Eine solche Bedrohung setzt etwa das Ratespiel zweier 14jähriger Wolfsburger Mädchen in Szene:

»Was ist das?
O Himmel, o Himmel
Mein Loch ist voll Schimmel.
Da hat in sieben Wochen
Kein Kerl mehr reingestochen!
Antwort:
Das denkt der Stiefel«.[13]

Hier wird der (fiktive) männliche Adressat direkt und derb angemacht. Er soll, wenn er ein Kerl sein will, seine Potenz unter Beweis stellen und das Loch stopfen. Aber im gleichen Moment, in dem die Heraus-

forderung ausgesprochen ist (»...reingestochen!« – Rein gestochen!), wird er auch schon depontenziert und zum Stiefel erniedrigt: Fuck you! Mann besorg' es dir selbst! Die derart erfolgte Sexualeinschüchterung (Kastration) läßt das Mädchen in der Position der Frau zwar triumphieren, sie verweist in der Konsequenz allerdings beide Beteiligten auf auto-erotische Befriedigungsformen, die ihnen eine (vermutlich noch) ängstigende Realitätsprüfung ihrer Genitalität erspart. Der eingangs zitierte Schuh-Witz ist auf die Gefahr einer solchen Sexualeinschüchterung bezogen, die aber als bravourös gemeistert dargestellt wird. Der männliche Erzähler gibt – in Identifikation mit einer Witzfigur Paul – seinem (männlichen, weiblichen) Adressaten zu verstehen, daß er gleich bei zwei Frauen erfolgreich Maß genommen hat. Somit verbreitet er den Eindruck selbstgewisser und bewundernswerter Potenz, wobei die Frauen, deren Befriedigung er sich rühmt, aber nicht als eigen-sinnige sinnliche Sexual-Subjekte in Erscheinung treten, sondern als (orthopädische) Sexual-Prothesen, die letztlich nur einen genital maskierten Autoerotismus befriedigen. So stößt die assoziationsgeleitete Erweiterung der manifesten Interaktionsszene der Schuh(an)probe auf einen sexuellen Sinn, der sich indessen als Sexualisierung erweist, die gerade von der latenten Interaktionsszene ablenkt, indem sie eine selbstsichere Genitalität vorgibt, die Angst und Enttäuschungsanfälligkeit im Umgang miteinander zu überspielen sucht.

Aschenputtels Schuh (I)

In dem bislang ausgelegten Interpretationsnetz läßt sich auch die Symbolik der wahrscheinlich weltweit am weitesten verbreiteten Schuh-Geschichte von ›Aschenputtel‹ einfangen. Dieses Zauber-Märchen wird psychoanalytisch meist als Entwicklungsdynamik eines Mädchens

zur Frau gelesen, wobei sich die Aufmerksamkeit besonders auf die Überwindung einer ambivalenten Mutterbindung richtet, die als notwendige Voraussetzung einer erfüllten weiblichen Geschlechts(-rollen)identität gilt. Demzufolge sieht sich das heranwachsende Mädchen vor die Aufgabe gestellt, aus der Abhängigkeit von seiner Mutter loszukommen, ohne dabei selbständigkeitsfördernde Aggressionen zu destruktiven Rachewünschen zu steigern, die sich an die böse Mutterimago fixieren und dadurch verhindern, daß eine Identifikation mit der guten Mutterimago entsteht. Im Rahmen dieses Deutungsschemas interpretiert R. M. Rosenkötter die Schuh(an)probe als genitales Reifungssymbol:

»Der goldene Schuh, der es dem jungen König überhaupt möglich machte, in seinen Bemühungen erfolgreich zu werden, symbolisiert sicher die erreichte sexuelle Reife, das glücklich Frau-sein-können«.[14]

Es bleibt allerdings fraglich, ob der manifeste Sinn des Märchentextes wie selbstverständlich auf den latenten Sinn einer ›vorwissenschaftlichen Entwicklungspsychologie‹ hin expliziert werden darf, die einen universellen Entwicklungsgang unterstellt. Selbst wenn man davon absieht, daß die in Anspruch genommene Universalität empirisch nicht zu halten ist, wenn man nicht nur die Sexualfunktionen, sondern auch sexuelles Erleben berücksichtigt, läßt sich begründet annehmen, daß eine Interpretation, die lediglich auf Universalien abhebt, der Symbolik ihr historisch-kulturell-gesellschaftlich spezifisches latentes Sinnpotential raubt. Dieses erschließt sich erst im psychohistorischen Zugriff. Deshalb ist zu berücksichtigen, daß Aschenputtel, wie es Rosenkötter nach den Gebrüdern Grimm (Kinder- und Hausmärchen: KHM 21) interpretiert, eine von zahllosen Varianten eines über Jahrhunderte und Kulturen hinweg transformierten Komplexes ähnlicher Erzählmotive abgibt, die nicht als deren aller Prototyp mißverstanden werden darf.[15] Vielmehr kommen die Texte der KHM als Verdichtungen aus allen Varianten zustande, die Jakob und Wilhelm Grimm kannten. Deren redaktionelle Bearbeitung schafft dabei (unbewußt) eine über individuelle Eigenheiten der beiden Brüder hinausweisende bürgerliche Symbolsprache, in der die damaligen Herrschaftsansprüche des deutschen (Bildungs-)Bürgertums als ›humanistisch‹ legitimierter Klasse durchscheinen. Diese klassenspezifischen Aufstiegshoffnungen aber sind sinnstiftender Bestandteil des literarischen Rezeptionshorizontes, vor dem die Symbolsprache psychohistorisch zu entschlüsseln ist.

Für die spezifische Märchenvariante der KHM fällt auf, daß die Brüder Grimm die Schuh-Symbolik im Unterschied zu anderen Varianten stark akzentuiert haben. Das zeigt sich in der stilistisch ausgefeilten Opposition von ›schwerem Holzschuh‹ und ›goldenem Pantoffel‹, mit dem der soziale Aufstieg aus der Asche über die Klassenschranken hinweg symbolisiert wird. Hinzu kommt, daß trotz propagierten Ideals von der holzschnittartigen ›Naturform‹ des Märchens der (psychologischen) Beschreibung des bescheidenen und empfindsamen Charakters von Aschenputtel vergleichsweise große Aufmerksamkeit gewidmet wird, so daß dieser Aufstieg letztlich als die konsequente öffentliche Adelung eines (im Gegensatz zur Affektiertheit der Adeligen) ›natürlichen‹ Gesinnungsadels erscheint. Das Innere kehrt sich nach außen und korrigiert die verkehrte Welt. Deshalb wird von den Brüdern Grimm auch gleich zu Beginn des Märchens Aschenputtels Erfolg unmißverständlich, wenn auch noch mit negativen Vorzeichen in den Worten angekündigt, mit denen die bösen (Stief-)Schwestern über die Lumpen des Mädchens spotten: »Seht einmal die stolze Prinzessin, wie sie geputzt ist!«. In denselben assoziativen

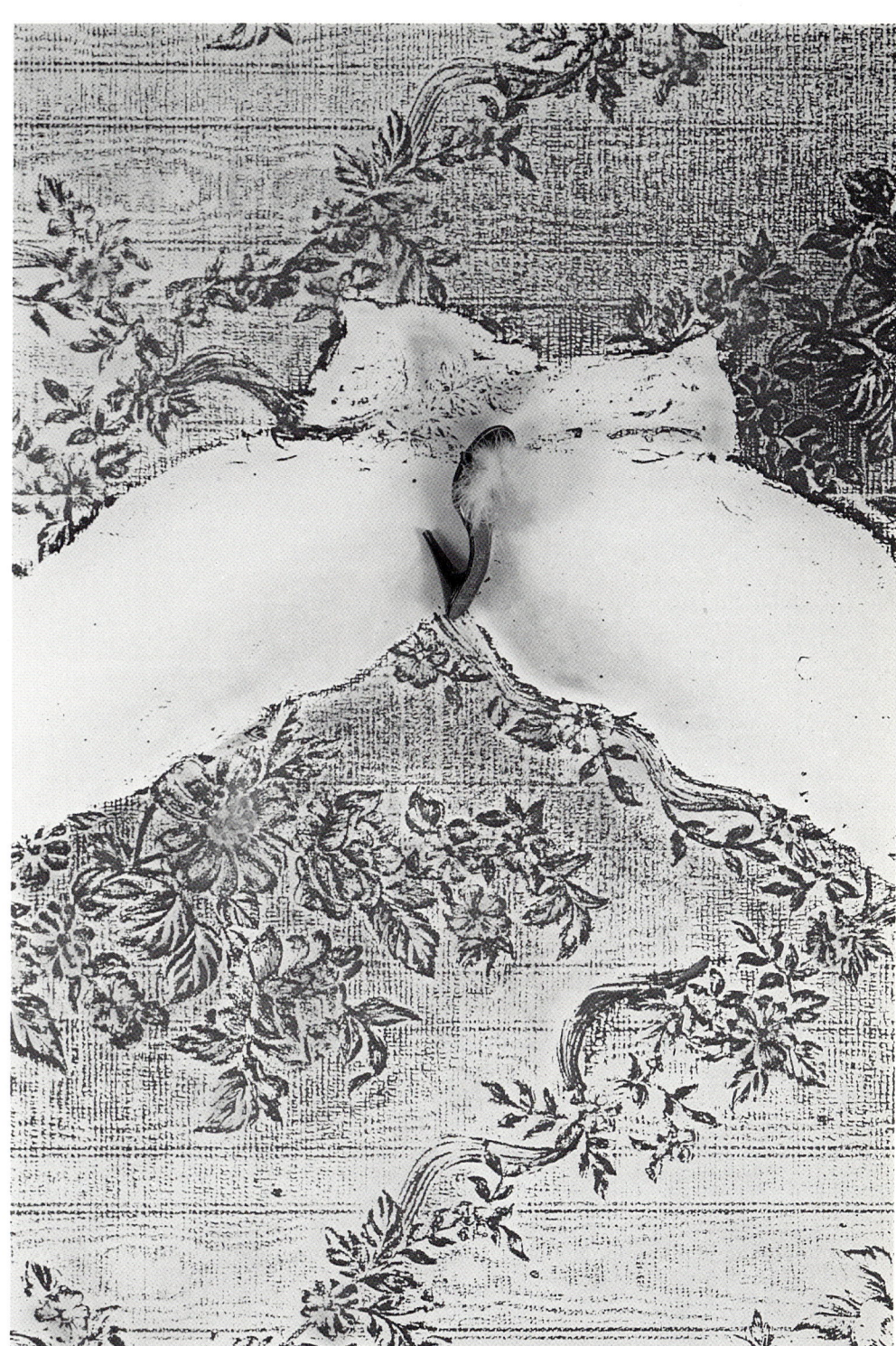

UTE SEIFERT, DAS IST DIE RECHTE BRAUT, FOTOCOLLAGE. S. 180 AUSSCHNITT, KOMPLETTE SERIE IM TEIL V DIESES BUCHES

Kontext läßt sich auch die drastische Darstellung der Selbstverstümmelungen einfügen, die die (Stief-)Schwestern unter dem Einfluß der (Stief-)Mutter an ihren Füßen vornehmen, um sich formal als Braut zu qualifizieren, ohne dafür aufgrund ihrer Gesinnung ausersehen zu sein. Die psychoanalytische Entwicklungspsychologie kann diesen Strang der Geschichte als sinnfälligen Ausdruck für die Konsequenzen mangelnder Ablösung von der Mutter deuten: Solange ein Mädchen noch mit der bösen Mutterimago ringt, sperrt es sich gegen die Lust am eigenen Geschlecht und wird dementsprechend die genitale Vereinigung mit einem Mann als (selbst-)zerstörerischen Gewaltakt erleben, worauf die Fußverstümmelungen bei der Schuh(an)probe hinweist. Unabhängig davon ist manifest aber auch ein mit allen Mitteln geführter Konkurrenzkampf (Geschwisterrivalität) um eine ausgezeichnete soziale (innerfamiliäre) Position dargestellt. Das Märchen führt diesen Kampf wie zur Abschreckung vor, um nachdrücklich zu betonen, daß unlauteren Mitteln kein Erfolg beschieden ist. Erfolg hat einzig und allein der Gesinnungsadel. Die Brüder Grimm machen diesen Aspekt mit der heiligen Wut der Moralisten stark, indem sie es in ihrer Textvariante nicht dabei bewenden lassen, daß die (Stief-)-Schwestern durch ihre Selbstverstümmelungen bereits hart gestraft sind; ihnen müssen am Ende der Geschichte an der Pforte zur Trauungskirche auch noch die Augen ausgehackt werden. Dies läßt sich wiederum psychoanalytisch plausibel als Symbol der Hoch-Zeit einer gelungenen positiven Identifikation mit der eigenen Weiblichkeit deuten, wobei das Erblinden als Empfindungsbild für die Hemmung der auf andere Frauen projizierten eigenen gewalttätigen Konkurrenzphantasien (durch Aufrichtung eines individuellen Über-Ich) gebraucht wäre. Indessen wird auch ein blinder Fleck geschaffen, der sich sogar in der Rezeption des Märchens als psychische Ausfallerscheinung bemerkbar machen kann; nicht selten ist nämlich zu beobachten, daß heutige erwachsene Frauen beim Nacherzählen des Aschenputtelmärchens aus ihrer lebensgeschichtlichen Erinnerung gerade das Schicksal der (Stief-)Schwestern ›vergessen‹ haben. (Dieses Datum ist allerdings nur dann signifikant, wenn sich die Nacherzählung erwiesenermaßen auf die entsprechende KHM-Fassung bezieht und nicht auf eine bereinigte.) Dieses Vergessen unterstreicht Aschenputtels Weg als den moralisch einzig möglichen. Das Märchen ist demnach zwar keineswegs realitätsblind, denn es rechnet mit Gewalt, aber es sieht in der Wirklichkeit das (paternalistische) Prinzip einer unfehlbaren Gerechtigkeit walten, demzufolge letztlich nur der Gesinnungsadel siegt. Dadurch geraten Hoffnung und Illusion in der motivationalen Funktion des Aschenputtel-Märchens aber nahe zueinander. Für Kleinkinder ist diese Nähe lebensnotwendig, da ihr Selbstwertgefühl der ursprünglichen Illusion einer unbedingt fürsorglichen Lebenswelt bedarf. Für den erwachsenen (Bildungs-)Bürger zu Beginn des 19. Jahrhunderts dürfte diese Nähe dementsprechend ideologischen Trost verschafft haben können, indem es ihm half, an einen moralisch tadellosen, weil vorbestimmten friedlichen Siegeszug seiner Klasse zu glauben.

Aschenputtels Schuh (II): Die fetischistische Interaktion

Daß Aschenputtel die einzig rechtmäßige Braut ist, wird von den Brüdern Grimm mit Nachdruck herausgestellt.[16] Heißt es in der Erstausgabe von 1812: »Da streift es den schweren Schuh von dem linken Fuß ab, setzt ihn auf den goldenen Pantoffel und drückt ein klein wenig, da stand es darin, als wär' er ihm angegossen«, so ist dieser Moment der Ungewißheit in der zweiten Ausgabe von 1819 gestrichen :

»Dann setzte es sich auf einen Schemel, zog den Fuß aus dem schweren Holzschuh und steckte ihn in den Pantoffel, der war wie angegossen.«

Beschreibt man vor diesem Hintergrund die Interaktionsangebote des Prinzen so unvoreingenommen wie möglich, kann man es kaum vermeiden, ihn für borniert zu halten. In ihren Nacherzählungen des Märchens kommentieren dies heutige Frauen gelegentlich auch ziemlich ärgerlich. Denn erst glaubt er, daß die eine, dann daß die andere der (Stief-)Schwestern die rechtmäßige Braut sei, ohne von sich aus deren Verstümmelungen zu bemerken, und sogar für Aschenputtel benötigt er die Bestätigung der hilfreichen Tauben, um zu erkennen, daß sie die rechtmäßige ist. Man könnte meinen, der Prinz sei unfähig, aus Erfahrungen zu lernen. In dieser Unfähigkeit zeigt er sich an das Erlebnisschema fixiert, das ihm das Maß von Aschenputtels Schuh vorgibt. Zwar soll der Schuh den Prinzen zu der einzigartigen Frau führen, die er sexuell begehrt und liebt, vorerst aber hält er nur das Ding in den Händen, mit dessen Hilfe er seine Sehnsucht als Erinnerung an das flüchtige Bild von ihr schürt. Offensichtlich wird er bei der Suche nach der Erfüllung seiner Sehnsucht von seinem Erlebnisschema genarrt. Schließlich muß der Verdacht aufkommen, daß sein sexuelles Begehren und seine Liebe womöglich eher dem Schuh als der Frau gelten. Damit wäre der Prinz ein Fetischist! – Neben Slips, Büstenhaltern und Strümpfen gehören Schuhe bekanntlich tatsächlich zu den häufigsten Sexualfetischen. Und wenn man Th. Reiks Charakterisierung des Lustgewinns des Fetischisten folgt, erkennt man den Prinzen durchaus wieder:

»Man sollte erwarten, daß diese Männer, die ein so leidenschaftliches Interesse und eine beinahe religiöse Verehrung für weibliche Kleidungsstücke bekunden, den Körper der Frau lieben. Tatsächlich aber betrifft ihre Idolatrie in den meisten Fällen

das vom Körper losgelöste fetischistische Objekt. Es ist isoliert und unpersönlich. Ein Fußfetischist wird nicht durch die Schuhe sexuell erregt, die eine bestimmte Frau trägt, sondern durch die Schuhe ohne Frau. Seine Leidenschaft für das Objekt gilt nicht der Frau, die es trägt, sondern dem von der Frau getrennten Fetisch«.[17]

Das Märchen korrigiert diesen Eindruck mit keinem Wort. Die Schuh(an)probe wird dadurch, obwohl sie ein pars pro toto zu sein scheint, zu einem pars contra totum. Die beschriebene redaktionelle Bearbeitung der Brüder Grimm erweist hier ihren latenten Sinn: Indem das Moment der Ungewißheit aus der Geschichte schwindet, verliert Aschenputtel auch den letzten Rest an Differenz gegenüber dem Maß, mit dem sie ihr Prinz mißt. Dadurch wird aber unterstrichen, daß sie ein »glückliches Frau-sein-Können« (Rosenkötter) nicht als eigen-sinniges sinnliches Sexual-Subjekt, sondern als Sexual-Prothese erreicht (s. o. die Analyse des Schuh-Witzes)!

Die klassische Psychoanalyse diagnostiziert den Fetischisten als den Mann, der seinen Blick nicht vom fetischistischen Objekt lassen kann, weil er ansonsten die offene Vulva der Frau für wahr nehmen müßte, die ihn aufgrund seiner lebensgeschichtlichen Erlebnisse aber zu Tode ängstigt, da er sie als klaffende Wunde phantasiert, die von einer Kastration zurückgeblieben ist, die ihn selbst jederzeit ereilen kann.[18] Diese Phantasie belegt, daß er in seiner psychosexuellen Entwicklung die Differenz der Geschlechter noch nicht anerkannt hat, die von ihm verlangt, in der Frau nicht einen andersartigen Mann, sondern eine vom Mann prinzipiell verschiedene Frau um dieser Differenz willen sexuell zu begehren und zu lieben. In der Perspektive einer beziehungstheoretisch konzipierten Psychoanalyse kommt ein weiterer Aspekt hinzu, der der ödipalen Psychodynamik vorausliegt: Der Fetisch verweist hier auf die Übergangsobjekte[19] der frühen Kindheit; das sind meist kuschelige Sachen wie ein Tuch, ein Kissen oder ein Teddy, von denen Kleinkinder in ihren ersten beiden Lebensjahren buchstäblich abhängig sein können. Sie vertreten zumeist die Stelle der Mutter, die sie ihnen geschenkt hat oder die sie ihr entwendet haben, und werden vor allem in Situationen des (vorübergehenden) Verlustes ihrer (All-)Gegenwart manipuliert, um sich vor depressiven Reaktionen zu schützen. Ihre Funktion erfüllen Übergangsobjekte dabei nur insoweit, wie sie bedingungslos zur Verfügung stehen und total kontrollierbar sind. Während sie im Regelfall im Laufe der lebensgeschichtlichen Entwicklung entbehrlich werden, sobald ein ausreichend enttäuschungsfestes Selbst- und Selbstwertgefühl verankert ist, benötigt sie der Fetischist weiter, da ihm diese Gefühle abgehen. Als Fallbeispiel für eine fetischistische Interaktion, in der die Funktion des Schuhs als ein potenz- und damit selbstwertstabilisierendes Übergangsobjekt offensichtlich wird, das das männliche sexuelle Begehren unter Ausschluß der Frauen als eigen-sinnigem sinnlichem Sexual-Subjekt überhaupt erst aufrichtet, mag folgende Schilderung dienen:

»Ich unterhalte eine sehr glückliche Beziehung zu einer Dame, die mir dabei geholfen hat, eine Phantasievorstellung zu verwirklichen, die ich vor längerer Zeit hatte. Nachdem sie an meinem Penis geleckt hatte, bis er völlig naß war, zog sie einen ihrer Schuhe (von meinem Lieblingstyp) aus und stülpte ihn mir so über die Eichel, daß diese durch die für den großen Zeh bestimmte Öffnung vorn herausragte. Ich erlebte in ihrem Mund einen wunderbaren Orgasmus, nachdem sie an meiner Eichel gesaugt und dabei den Schuh an meinem Schaft auf- und abbewegt hatte. Dabei empfand ich ein geistiges und körperliches Wohlbehagen. In Erweiterung dieses Phantasiespiels saugt sie nicht an meinem Penis, sondern legt sich auf den Rücken und führt ihren Schuh mit meinem Penis darin an die Lippen ihrer Vagina. Ganz langsam und vorsichtig darf ich ihr den Absatz hineinschieben. Wir sind dann nur durch den Schuh miteinander vereint. Ich kann sie durch Ficken mit dem Schuhabsatz zum Orgasmus bringen. Die nach oben gerichteten Stöße meines Penis durch die Zehenöffnung des Schuhs bringen mich dazu, daß ich im Orgasmus über ihre Brüste und ihr Gesicht komme«.[20]

Das Bizarre an Perversionen wie dem Schuh-Fetischismus läßt leicht verkennen, daß es sich dabei um zutiefst menschliche Phänomene handelt, die gleichermaßen unsere große Verletzlichkeit wie unser nicht nachlassendes Bemühen, reparative Phantasien zu erfinden, zum Ausdruck bringt. Letztlich ist der Fetischist ein heilloser Anhänger der romantischen Liebe.

Romantische Liebe ist sprichwörtlich blind. Sie lebt aus der manifesten Phantasie einer zwanglosen symbiotischen Gemeinschaft zwischen den Liebenden, die füreinander bestimmt sind und deshalb nicht das Beziehungsproblem zu bewältigen haben, ihrer beider (sinnlichen) Eigen-

FOTO: JEAN PAGLIUSO

Sinn, der sie inter-individuell (sexuell) differenziert, konfliktanfällig zu integrieren und somit Gemeinschaft erst aushandeln zu müssen. Mit dieser Phantasie wird latent gehalten, aufgrund welcher Zwangsmaßnahme sich die Beziehungsform der romantischen Liebe tatsächlich konstituiert. Tatsächlich kommt sie nämlich nach Maßgabe eines fetischisierten, weil verdinglichten Erlebnisschemas zustande, dessen Paßform auf Kosten der Anerkennung des/der Geliebten als Subjekt geht und insofern gewalttätig ist, wofür die (Stief-)Schwestern Aschenputtels Zeugnis geben. Diese Zwangsmaßnahme wird im Falle maß-gerechter Eigenschaften, wie sie Aschenputtel aufweist, und somit aufgrund einer Voranpassung unsichtbar, was dann die symbiotische Gemeinschaft als ›natürlich‹ erscheinen läßt.

Zu Zeiten der Herausgabe der KHM propagierte das deutsche (Bildungs-)Bürgertum die romantische Liebe als die heterosexuelle Beziehungsform, die es seinem Gesinnungsadel für angemessen hielt. Das Zueinander von Mann und Frau durch eine wunderbare Fügung, wie sie das Aschenputtel-Märchen in der schicksalhaften Dynamik von verlorenem Schuh und Schuh(an)probe manifest in Szene setzt, ist dieser Liebessemantik[21] kongenial und dürfte damals wie heute dementsprechend aufgefaßt worden sein. Das Märchen stellt es im Erzählrahmen seiner hypothetischen Welt als Vorbild realen Glücks dar und bietet derart ein Projektionsfeld an, in das der lebensgeschichtlich virulente Wunsch eines Rezipienten nach symbiotischer Gemeinschaft eingefangen und als erfüllbar vorgestellt werden kann. Die Frage, inwieweit dieser (narzißtische) Wunsch universale Wurzeln hat, sei dahingestellt. Die Codierung, der er seinen Aufstieg zur Leitsemantik der romantischen Liebe verdankt, ist aber zweifellos an spezifische historisch-kulturell-gesellschaftliche Bedingungen gebunden gewesen. Mit ihr reagiert das (Bildungs-)Bürgertum auf die von der kapitalistischen Ökonomie seiner Klasse eingeleitete gewaltsame Entzauberung der Welt, bei der die – im Rückblick – beschaulichen vormodernen Lebensformen dem Siegeszug des Ökonomismus nach und nach zum Opfer fallen. Dieser Siegeszug setzt einen sozialen Differenzierungsprozeß in Gang, der entsolidarisierend wirkt und so die gesellschaftliche Kohäsion aufzulösen droht. Aufgrund der noch ausstehenden nationalstaatlichen Einheit, ist diese Entwicklung damals in Deutschland offensichtlich als besonders bedrohlich erlebt worden. Vor diesem Hintergrund gewalttätiger Entzauberung spendet die Idee der romantischen Liebe ideologischen Trost, da in der Natur der Beziehung zwischen den Geschlechtern der Vorrang einer ›natürlichen‹ Liebe vor allem zweckrationalem Kalkül gegeben zu sein scheint, der eine zwanglose Einigung auf eine Gemeinschaft verbürgt, in der Mann und Frau differenzlos eins werden. Diese Gemeinschaft entspricht indessen – nunmehr gesellschaftstheoretisch gewendet – dem ›humanistischen‹ Selbstverständnis des (Bildungs-)Bürgertums, das für die eigene Klasse einen ›klassenlosen‹ gesellschaftlichen Lebensentwurf beansprucht, der zwanglos überzeugen und deshalb universalisierbar sein soll, praktisch aber nur als human erachtet, was differenzlos an seinem Maß gemessen paßt. In der Verleugnung solchen gewalttätigen Maßnehmens sind romantische Liebe und romantische Gesellschaftstheorie somit Varianten derselben bürgerlichen Ideologie.

Auch wenn im Märchen der Prinz und Aschenputtel gleichermaßen unbegriffen an das ihnen transzendente, weil überindividuelle im Schuh symbolisierte fetischistische Erlebnisschema fixiert sind, so scheint doch – in Übereinstimmung mit den bürgerlichen Geschlechtsrollencharakteren – der Prinz das Subjekt und Aschenputtel sein Objekt zu sein. Allerdings bedarf der männliche Fetischist einer Frau, die

sich durch sein fetischistisches (sexuelles) Begehren auszeichnen läßt. Die Schuh(an)probe als Symbol »glücklichen Frau-sein-Könnens« (Rosenkötter) zu deuten, steht in der Gefahr, die Rolle einer Frau zu affirmieren, die sich widerstandslos dem an sie herangetragenen Maß fügt. Und so kann dann auch Aschenputtels Glück als » Cinderella-Komplex«[22] reflektiert werden, der Frauen dazu zwingt, scheinbar freiwillig auf ihren (sinnlichen) Eigen-Sinn und damit auf ihren Subjektstatus gegenüber dem Mann, der sie (sexuell) begehrt, zu verzichten. Aschenputtel hätte sich letztlich dann wie ihre (Stief-)Schwestern, wenn auch unblutig, selbst verstümmelt, als sie sich begnügte, den Schuh anzuziehen, nur weil er ihr paßte!

Anmerkungen

1 Dufour, zitiert nach Ellis, H., 1987. Studies in the psychology of sex, Vol. 1. London, S. 25.

2 Vgl. Rudofsky, B., 1947. Are clothes modern? Chicago, S. 126: »Jedes Kleidungsstück kann mit Sexualität aufgeladen werden, indem man es einfach in spezifischer Weise gestaltet. Die Form, die sich dabei ergibt, kann das jeweilige Geschlecht bestimmen . . .«.

3 Flügel, J. C., 1930/1986. Psychologie der Kleidung. In: Bovenschen, S. (Hrsg.) Die Listen der Mode. Frankfurt/Main (auszugsweise Übersetzung des Originals), S. 217.

4 Vgl. das Referat empirischer Untersuchungen über Formassoziationen in der Sexualsymbolik: Neumann, E., 1980. Herrschafts- und Sexualsymbolik. Stuttgart, S. 79 – 90.

5 Ricoeur, P., 1969. Die Interpretation. Frankfurt/Main, S. 19, 23, 25.

6 Castoriadis, C., 1983. Durchs Labyrinth. Seele, Vernunft, Gesellschaft. Frankfurt/Main, S. 35.

7 Vgl. Mauss, M., 1934/1978. Die Techniken des Körpers. In: Ders. Soziologie und Anthropologie, 2. Band. Frankfurt/Main-Berlin-Wien, S. 199 – 220.
Eine auf Körpertechnik bezogene Deutung von Schuhen findet sich bei Th. Veblen, der bestimmte Modelle wie Männer-Lackschuhe und hochhackige Damenschuhe als Ausdrucksmittel demonstrativen Müßiggangs betrachtet, das anzeigen oder den Schein erwecken soll, daß jemand konsumiert, ohne zu produzieren: »Neben dem Glanz als Zeugnis erzwungener Muße weist der Damenschuh außerdem den sogenannten französischen Absatz auf, und dieser hohe Absatz gestaltet nun offensichtlich jede, auch die einfachste und notwendigste Handarbeit äußerst schwierig. (...) Der hohe Absatz, der Rock, der unpraktische Hut, das Korsett und die Verachtung für jede Bequemlichkeit, die ganz offensichtlich alle zivilisierten weiblichen Kleider kennzeichnet, beweisen durchweg, daß die Frau auch im modernen Leben . . . wirtschaftlich noch immer vom Mann abhängt, daß sie . . . noch immer Hab und Gut ihres Mannes ist« (Theorie der feinen Leute. (1899) Frankfurt/Main 1986, S. 167f., 177). Auf »Erschwerung« hebt auch T. Sellers, eine professionelle

Domina, ab, wenn sie ihre Erfahrungen mit »high heels« beschreibt: »Ein bemerkenswerter Aspekt der Verehrung des weiblichen Fußes in hochhackigen Schuhen ist die Tatsache, daß die Frau auf solchen Schuhen nicht sehr gut zu Fuß ist – der Gang auf diesen Stelzen macht sie sich doch recht verletzlich. Geht sie auch noch so ›schwankend‹ und sind ihre Beinmuskeln auch noch so gespannt – in diesem Augenblick ist sie besonders groß an Gestalt, und tückisch. Ihre Pfennigabsätze werden zu Waffen, die sie beschützen; ein gut gezielter Tritt kann zur Kastration führen« (Der korrekte Sadismus. Die Memoiren der Angel Stern. Berlin 1985, S. 83). Obgleich beide Beschreibungen von unterschiedlichen Perspektiven her gegeben werden, ergänzen sie sich doch. Veblen betont, daß der gestelzte Gang der Frau Ausdruck ihrer haltlosen ökonomischen Situation sei, in der sie auf die Unterstützung durch den Mann lebensnotwendig angewiesen ist, der von ihr als Gegenleistung verlangt, seiner eigenen »Selbstreklame« (Veblen) zu dienen. Indem er den Schein seiner Unproduktivität fördert, gerät sie ihm zu einem scheinbar selbst nicht produzierten Wesen, an dessen Erhöhung sich nunmehr Grandiositätsphantasien über den Besitz der (lebensgeschichtlich frühen) großen Frau Mutter heften können. Damit droht allerdings das ödipale Drama wiederbelebt zu werden, wovon Sellers Beschreibung Zeugnis gibt. (c›f120‹Fetischismus)

8 »Neue Post« vom 8. August 1986.

9 Bahnhofstoilette Gießen im Herbst 1979.

10 Bornemann, E., 1980. Studien zur Befreiung des Kindes, 2. Band. Frankfurt/Main-Berlin-Wien, S. 233.

11 A.a.O., S. 252:
»Ich möcht mal bürsten,
Ich möcht mal bürsten,
Ich möcht mal bürsten meine Stiefel ab.
Berlin West 1960, K 14,9.«

12 Vgl. Braun, I. et al., 1979. Materialien zur Unterstützung von Aktionsgruppen gegen Klitorisbeschneidung. München.

13 Bornemann, S. 252.

14 Rosenkötter, R. M., 1980. Das Märchen – eine vorwissenschaftliche Entwicklungspsychologie. Psyche 34, S. 176f.

15 Vgl. Wehse, R., 1977. Cinderella. In: Ranke, K. (Hrsg.) Enzyklopädie des Märchens. Handwörterbuch zur historischen Erzählforschung, 1. Band. Berlin, S. 39 – 57.

16 Dem Schuh im Aschenputtel-Märchen kann auch eine rechtssymbolische Bedeutung beigemessen werden. »Im altgermanischen Recht war der Schuh überhaupt ein Rechtssymbol. Das Ausziehen des Schuhs war Symbol für die Auflassung von Gut und Erbe . . . Aschenputtel gewinnt so folgerichtig ihr Gut durch Anziehen des Pantoffels« (Eisler, A., 1982. Recht im Märchen. Neophilologus 66, S.422).

17 Reik, Th. 1949/1985. Von Liebe und Lust. Frankfurt/Main, S. 259f.

18 »So verdankt der Fuß oder der Schuh seine Bevorzugung als Fetisch . . . dem Umstand, daß die Neugierde des Knaben von unten, von den Beinen her nach dem weiblichen Genitale gespäht hat; Pelz und Samt fixieren . . . den Anblick der Genitalbehaarung, auf den der ersehnte Anblick des weiblichen Gliedes hätte folgen sollen; die so häufig zum Fetisch erkorenen Wäschestücke halten das Moment der Entkleidung fest, den letzten, in dem man das Weib noch für phallisch halten durfte. (Freud, S. 1927. Fetischismus. GW XIV, S. 314).

19 Vgl. Winnicott, D. W., 1969. Übergangsobjekte und Übergangsphänomene. Psyche 23, S. 666 – 681; Dorey, R. 1972. Psychoanalytische Beiträge zur Untersuchung des Fetischismus. In: Pontalis, J.-B. (Hrsg.) Objekte des Fetischismus. Frankfurt/Main, S. 37 – 61.

20 Friday, N., 1980. Traumland der Lust. Bern-München, S. 154f.; eine aufschlußreiche Fallgeschichte, in der auch der Geruchssinn in die Fetischisierung einbezogen ist, berichtet Abraham, K., (1912). Bemerkungen zur Psychoanalyse eines Falles von Fuß- und Korsettfetischismus. In: Ders. Gesammelte Schriften, 1. Band. Frankfurt/Main, S. 255 – 266.

21 Vgl. Luhmann, N., 1982. Liebe als Passion. Frankfurt/Main (Kapitel 13: Romantische Liebe).

22 Vgl. Dowling, C., 1982. Der Cinderella-Komplex. Frankfurt/Main.

SCHUHFETISCHISMUS

Domenico Gnoli, Lady's Feet, 1969

Roy

Ich bin ein Fußfetischist. Ich liebe nackte Füße, Schuhe, hochhackige Stiefel, überhaupt alles, was zum weiblichen Fuß gehört. Angefangen hat die Geschichte so: Zu meinen frühesten Erinnerungen gehört, daß meine Mutter, eine schöne Frau im Anfang ihrer vierziger Jahre, mich auf ihrem Fuß wippen und reiten ließ. In jenem Alter hatte ich dabei keine sexuellen Eindrücke, doch gab es mir gute Gefühle. Als ich dreizehn oder vierzehn Jahre alt geworden war, erlaubte sie mir immer noch diese Ritte auf ihrem Fuß. Heute bin ich sicher, sie hat damals gewußt, daß es für mich nicht nur eine Spielerei war. Mir kam es dabei immer in die Pyjamahose. Das ist mir deshalb so klar, weil dem »Reiten« immer ein Nachspiel folgte. Mit beiden Füßen, die meistens in den schönen, spitzen, hochhackigen Schuhen steckten, kitzelte sie mich mit leichten Tritten zwischen den Hinterbacken und am Hodensack. Zum Schluß rieb sie mit beiden Füßen an meinem Pimmel, wobei es mir zum zweitenmal kam. Dann mußte ich zu Bett. Meine Phantasievorstellungen haben die Anwesenheit von vier Frauen in meinem Zimmer zum Inhalt. Ich ziehe mich nackt aus und rolle mich auf dem Teppich umher. Die Frauen treten mir absichtlich in alle meine verletzlichen Stellen, bis sie mir so viele Höhepunkte verschafft haben, wie ich nur verkraften kann. Hört sich das merkwürdig an?

Es ist wahr.

Norbert

(...) Seit meiner Kindheit haben mich Frauenschuhe besonders angezogen. Eine meiner frühesten sinnlichen Regungen äußerte sich, als ich im Kleiderschrank meiner ältesten Schwester inmitten ihrer Schuhe saß und den exotischen Frauenduft nach Parfum, Puder und feinem Leder einsog. Ich erinnere mich nicht, etwas anderes getan zu haben, als einfach dazusitzen in diesem finsteren, mir halb und halb verbotenen Ort, um mich stimulieren zu lassen. Während ich heranwuchs, verstärkte sich die Attraktion, nachdem ich die Masturbation beim Anblick von Bildern aus Aktmagazinen als ein erregendes Ventil für meinen wachsenden Sexualdrang kennengelernt hatte, das ich täglich öffnete. Wie man wahrscheinlich weiß, trugen die Modelle in diesen Aktmagazinen fast immer herausfordernde Unterwäsche mit den unvermeidlichen Hüftgürteln, schwarzen Nylonstrümpfen und hochhackigen Schuhen. Als Teenager bekam ich der Mode entsprechend überwiegend spitze, hochhackige Schuhe mit den sogenannten Pfennigabsätzen zu sehen. Ich habe mich mit dem Thema des Fetischismus befaßt und immer wieder gelesen, daß diese einfach geschnittenen Pumps mit den hohen, spitzen Hacken auf die meisten Fetischisten immer noch erregend wirken. Bei mir ist das ein wenig anders. In der Oberschule wurde ich von Mädchen mächtig angezogen, die Kniestrümpfe und billige braune Segeltuchschuhe oder halbhohe Stiefeletten trugen. Ferner übt der Schuh selbst bei mir im Gegensatz zu dem, was ich über andere Fetischisten las, nicht die wesentliche Wirkung aus. Mein Interesse gilt der Dame. Es wird aber durch modisches Schuhwerk verstärkt. (...)

In dem sehr femininen Schlafzimmer einer Frau – überall ist Tüll- und Spitzenzeug zu sehen – ist ein Mann auf einen Stuhl gefesselt. Manchmal bin ich dieser Mann, manchmal ein Zuschauer. Er ist entweder nackt oder er trägt weibliche Unterwäsche mit Strümpfen. Eine schöne Frau, manchmal eine Negerin, sitzt vor ihm auf einem Diwan und probiert Schuhe aller Art an: klassische Straßenschuhe, Pumps, auffällig hurenhafte Schuhe mit Plateausohlen und himmelhohen Hacken, aber auch billige Segeltuchschuhe oder Holzpantinen. Während der Anprobe stichelt die Frau den Mann andauernd, indem sie etwa sagt: »Gefällt dir dieses Paar? Würdest du gern diesen Schuh ablecken? Wie würde es dir gefallen, wenn man dir diesen Absatz in den Hintern schiebt?« Der Mann windet sich in seinen Fesseln. Hin und wieder reibt die Frau einen Schuh an ihrer offenen Vagina. Endlich erlöst sie ihn. Er fällt ihr zu Füßen, stößt den riesigen Stapel aufgehäufter Fußbekleidungen um und bedeckt ihre in Schuhen steckenden Füße mit Küssen. (...)

(AUS: NANCY FRIDAY, DIE SEXUELLEN PHANTASIEN DER MÄNNER, REINBEK 1984)

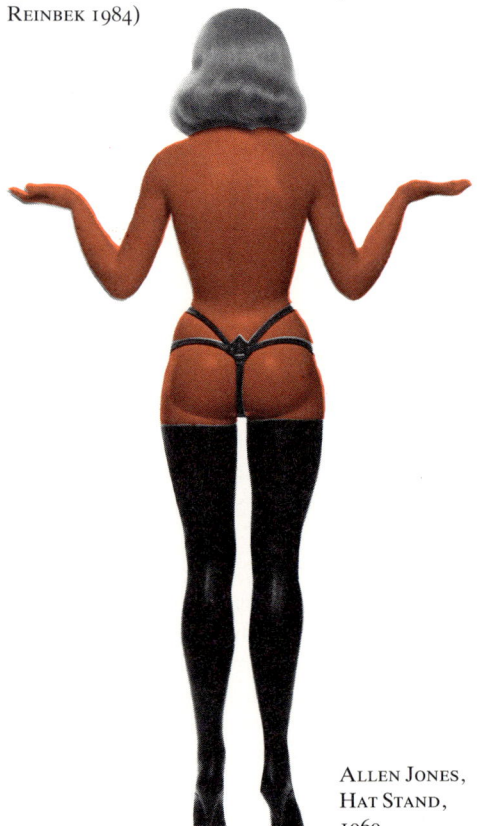

ALLEN JONES, HAT STAND, 1969

Raubüberfall eines »Schuh-Fetischisten«

Ungewöhnliche Beute machte ein Mann, der in einer Kasseler Fußgängerunterführung eine Frau überfiel. Er griff zunächst, wie ein Polizeisprecher mitteilte, die 28-jährige Frau von hinten an, würgte sie leicht und riß sie schließlich zu Boden.

Die Frau war auf das schlimmste gefaßt, doch die Befürchtung, der Überfall werde ein noch ärgeres Ende nehmen, bewahrheitete sich nicht. Der gewalttätige Mann hatte es offenbar nicht einmal auf die Barschaft der Kasselerin abgesehen: Er riß der jungen Frau, als sie am Boden lag, lediglich ihre roten hochhackigen Pumps der Größe 38 von den Füßen und verschwand damit unerkannt.
(FR 8. 10. 86)

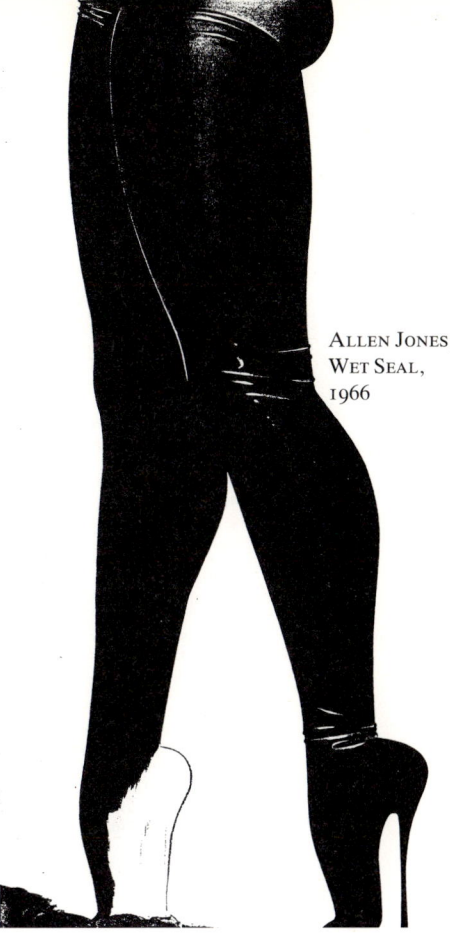

ALLEN JONES,
WET SEAL,
1966

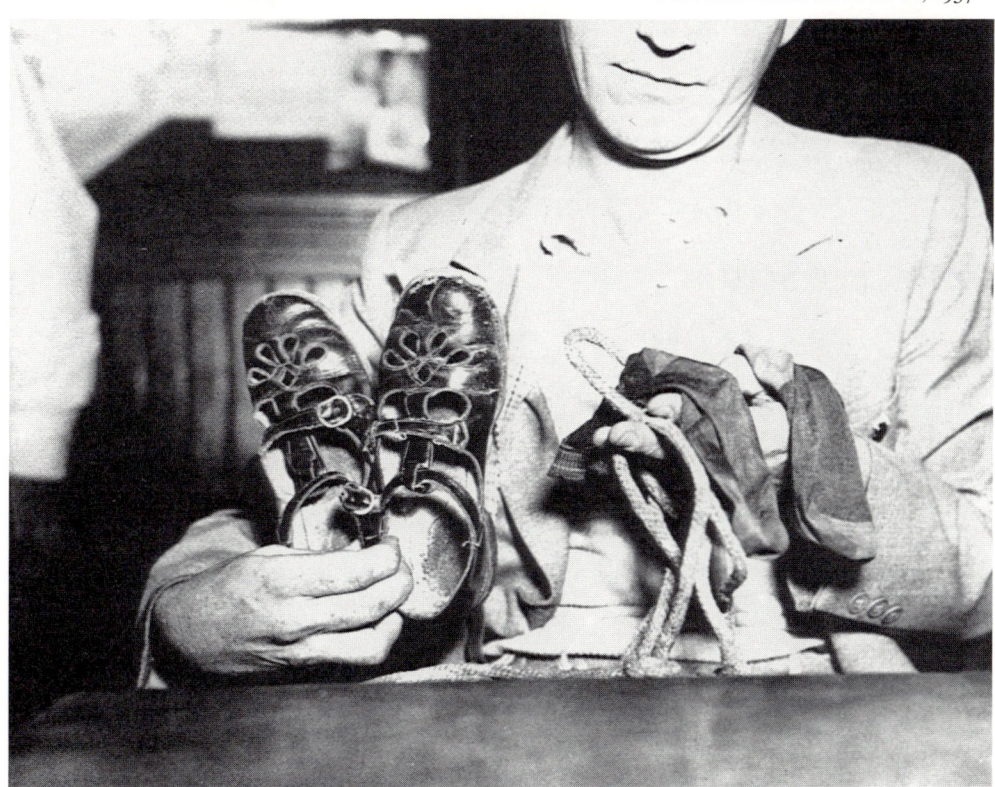

ALLEN JONES,
SHOE BOX,
1968

József Horváth, ungarischer Steinmetz, meißelte aus einem Block einen fünf Tonnen schweren Schuh (3,65 Meter lang, 2 Meter hoch), der damit rekordverdächtig ist.

FOTO AUS: DAILY NEWS N. Y., 1937

Jeanny

Jeanny, komm, come on
Steh auf bitte
Du wirst ganz naß
Schon spät, komm
Wir müssen weg hier
Raus aus dem Wald
Verstehst du nicht?
Wo ist dein Schuh?
Du hast ihn verloren,
Als ich dir den Weg zeigen mußte
Wer hat verloren?
Du, dich?
Ich mich?
Oder
Wir uns?
Refrain:
Jeanny, quit livin on dreams
Jeanny, life is not what it seems
Such a lonely little girl in a
cold, cold, world

(Aus einem Song des österr. Popstars FALCO. Jeanny endet vergewaltigt und ermordet im Wald. Trotz Sendeverbot in vielen Rundfunkanstalten wurden in kürzester Zeit 500 000 Singles und 400 000 LPs mit diesem Song verkauft. Bericht in der FR vom 6. 2. 1986)

15jährige Schülerin spurlos verschwunden

Staatsanwaltschaft vermutet Verbrechen / Wer kann Hinweise geben?

Lindenfels. Aufgrund sämtlicher Umstände geht die Staatsanwaltschaft davon aus, daß die 15jährige Schülerin Jutta Hoffmann aus Lindenfels das Opfer einer Straftat wurde. Seit Sonntag, 29. Juni, wird sie vermißt und wurde zuletzt gegen 17.45 Uhr gesehen, als sie das Schwimmbad verließ und auf einen Waldweg einbog, um zur Ortsmitte von Lindenfels zu gehen.

Jutta Hoffmann ist 1,75 Meter groß und schlank, sie wiegt 53 Kilogramm und hat mittelblondes, kurzes Haar. Sie trug eine Unterkieferzahnspange. Beim Verlassen des Schwimmbades war sie mit einem mittelblauen Baumwollstoffkleid der Größe 158, dessen Armbündchen und Krageneinsatz hellgelb abgesetzt waren, einem gelben Kunstledergürtel mit Nieten und weißen Halbschuhen bekleidet. Unter dem Kleid trug sie möglicherweise einen weißen Bikini mit rosa Punkten. Sie führte eine Adidas-Sporttasche vom Typ „Ancona" mit sich, in der sich ein Badetuch, ein schwarzer Badeanzug sowie ein Schlüsselmäppchen mit drei Schlüsseln befand.

Gegen 18.20 Uhr fand eine Zeugin im oberen Drittel des Waldweges einen weißen Damenhalbschuh, der jedoch bei späteren Fahndungsmaßnahmen nicht mehr gefunden werden konnte. Eine neben dem Schuh liegende Bademattte, welche auch der Vermißten gehören soll, wurde von der Zeugin mitgenommen. Etwa 70 Meter vom Fundort der Bademattte entfernt in Richtung der neuen Friedhofshalle, bemerkten Zeugen gegen 18 Uhr einen weißen Schuh, der ebenfalls der Vermißten gehört haben könnte. Auch dieser war kurze Zeit darauf verschwunden.

Zu diesem Zeitpunkt hielten sich zwei Männer auf dem Parkplatz neben der Friedhofshalle auf, die wie folgt beschrieben werden: Etwa 30 bis 35 Jahre alt, schlank, gepflegte Erscheinung, dunkles, kurzes und krauses Haar, einer mit grobporiger oder narbiger Haut. Diese Männer benutzten einen dunklen Kraftwagen Ford Taunus oder Ford Granada, der im Kreis Alzey (AZ) zugelassen war. Außerdem sind die unten abgebildeten Männer, die ähnlich beschrieben werden, in der Nähe gesehen worden.

Zur Aufklärung des Verbrechens ist die Beantwortung folgender Fragen von Bedeutung: Wer hat Jutta Hoffmann nach dem 29. 6. 1986 um 17.45 Uhr noch gesehen, kann Angaben über den Verbleib der beschriebenen Gegenstände machen? Hat am 29. 6. 1986 – dem Tag des Fußball-Weltmeisterschaftsendspiels – Auffälligkeiten in der Nähe des Schwimmbades oder des Friedhofs in Lindenfels festgestellt? Wer hat das Fahrzeug oder ein ähnliches in Lindenfels oder Umgebung gesehen, hatte eventuell Besuch aus Alzey, kennt die beschriebenen Personen und die beiden unten abgebildeten Männer, die als Zeugen in Betracht kommen können? Wer hielt sich am 29. 6. 1986 zwischen 17.30 Uhr und 18.30 Uhr auf dem Friedhof in Lindenfels oder in der Nähe auf? Wer war die Anhalterin, die gegen 18 Uhr in der Nähe der Gaststätte Ludwigshöhe eine Mitnahmemöglichkeit suchte und Beobachtungen gemacht haben könnte?

Für Hinweise, die zur Klärung des Schicksals der Vermißten und zur Aufklärung des Verbrechens führen, wird eine Belohnung von 5000 Mark ausgesetzt.

Hinweise nimmt die Staatsanwaltschaft bei dem Landgericht Darmstadt, Tel.-Nr. (06151) 70 71, das Kriminalkommissariat Heppenheim, Tel.-Nr. (06252) 7 10 91 oder jede andere Polizeidienststelle entgegen. -ut-/pol

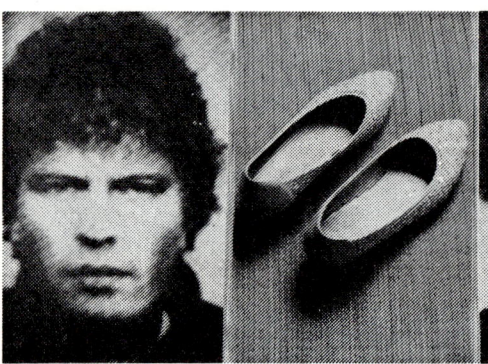

Zwei Männer werden gesucht, die als Zeugen in Betracht kommen könnten: Etwa 30 bis 35 Jahre alt, schlank, gepflegte Erscheinung, dunkles, kurzes und krauses Haar, einer mit grobporiger oder narbiger Haut. Das mittlere Foto zeigt die Schuhe der Vermißten.

ESKALATION PER SCHUH

ALLEN JONES, CONCERNING MARIAGES, 1964

IM PARLAMENT DES OSTINDISCHEN STAATES WEST-BENGALEN GAB ES JETZT EINE HANDFESTE PRÜGELEI, NACHDEM DER KONGRESS-POLITIKER S. PANDEY SEINE KOLLEGINNEN VON DER REGIERENDEN KOMMUNISTISCHEN PARTEI AM MONTAG ALS PROSTITUIERTE BESCHIMPFT HATTE. WIE DIE »INDIA TIMES« AM DIENSTAG BERICHTETE, EILTEN DIE IN SARIS GEWICKELTEN PARLAMENTARIERINNEN SOFORT UNTER DEM JOHLEN DER KONGRESS-FRAKTION ZUM PRÄSIDENTEN UND FORDERTEN EINE FORMELLE ENTSCHULDIGUNG. WUTENTBRANNT ZOG EINE DER DAMEN IHRE SANDALE AUS UND DEUTETE DAMIT AUF DEN SÜNDER. DIESE FÜR INDER UNGEHEUERLICHE BELEIDIGUNG WIEDERUM WOLLTE DER ABGEORDNETE PANDEY NICHT AUF SICH SITZENLASSEN. ER ZOG EBENFALLS DEN SCHUH AUS UND ERWIDERTE DIE GESTE.

ALS SICH PANDEY NACH DREIMALIGER AUFFORDERUNG DES PRÄSIDENTEN UND DREIMALIGER VERTAGUNG DER SITZUNG NICHT ZU EINER UNEINGESCHRÄNKTEN ENTSCHULDIGUNG BEREITFAND, EILTEN DIE FRAKTIONSFÜHRER IN DAS ZIMMER DES PRÄSIDENTEN, UM SICH ZU BESCHWEREN, WAS ZUR SCHLÄGEREI GERIET, BEI DER ZWEI ABGEORDNETEN DIE BEINKLEIDER ZERRISSEN WURDEN. PANDEY WURDE FÜR DEN REST DER SITZUNGSPERIODE AUS DEM PARLAMENT VERBANNT. (FR 27. 5. 87)

Schuhspezialist als Meisterdetektiv

Durch einen alten Schuh wird Mörder überführt

Kurz vor Geschäftsschluß war ein gutangezogener junger Mann in das Schuhgeschäft der Frau Hockfield gekommen. Er suchte und suchte und fand scheinbar nicht die Schuhe, die er wollte. Frau Hockfield war sich im klaren, daß der junge Mann Zeit gewinnen wollte. Aber Zeit, wofür?

Als er endlich ein Paar elegante Tanzschuhe anprobiert hatte und sich scheinbar anschickte, zu bezahlen, zog er statt der Börse eine Pistole, ließ sich den Inhalt der Tageskasse aushändigen und schoß Frau Hockfield nieder, als diese einen Schritt zur Tür tat. Der Schuß alarmierte einige Passanten. Doch ehe sie wußten, worum es sich handelte, war der junge Mensch im Dunkel der Straßen verschwunden.

Als die Mordkommission der Polizeibehörde von Cincinnati, wo sich dieses Verbrechen abspielte, in das Geschäft kam, lag Frau Hockfield im Sterben. Sie war nicht mehr in der Lage, eine genaue Beschreibung des Mörders zu geben. Sie vermochte nur mit einer mühsamen Anstrengung und hinweisenden Handbewegung zu lispeln: „Das sind seine Schuhe. Die hat er zurückgelassen!"

Man sah ein Paar alte, ausgetretene, schiefgelaufene und abgenützte Schuhe neben einem Probierschemel stehen. Die Polizei hatte also außer diesen Schuhen nicht den mindesten Anhalt über die Persönlichkeit des Täters. Die Schuhe hatten nichts Besonderes an sich, sie waren so wie man sie in jedem Geschäft kaufen kann. Wie sollte man mit einem Paar alter Schuhe einen Mörder fangen?

Die Polizei von Cincinnati erinnerte sich, daß der Leiter einer Schuhfabrik vor Jahren einmal seine Dienste für gegebene Fälle angeboten hatte. Man zog ihn also zu Rate und lernte so zum erstenmal die Wissenschaft des Schuhspezialisten Charles Zanger kennen.

Er zerlegte vor den Augen der Polizei mit einem scharfen Messer den Schuh, prüfte die einzelnen Teile mit einer Lupe und einem Mikroskop und machte dann die folgenden verblüffenden Feststellungen, die für die Polizei vorerst natürlich lose Behauptungen zu sein schienen:

„Der Träger dieses Schuhes ist ein Mann von etwa 180 Zentimeter Größe. Er ist jung, keinesfalls über vierundzwanzig Jahre alt. Sein Gewicht dürfte siebzig Kilogramm betragen. Er war längere Zeit nicht in Cincinnati. Ferner muß der Träger dieser Schuhe Alkoholiker sein. Hergestellt wurde das Schuhwerk vor etwa acht Monaten. Erworben wurde es von dem Träger der Schuhe vor etwa sechs Monaten. Vier Monate hindurch dürfte er die Schuhe ununterbrochen getragen haben. Sie wurden dann von jemandem repariert, der sich nicht besonders gut auf sein Handwerk verstand!"

Ehe die Polizei ihren gesamten Apparat in Bewegung setzte, verlangte sie von Charles Zanger die Beweise für seine Behauptungen.

Zanger konnte ohne weiteres mit ausreichenden Belegen dienen. Aus der Größe des Schuhwerks und aus der Art, wie die Schuhe abgelaufen worden waren, ließen sich an Hand allgemeingültiger statistischer Berechnungen Größe, Statur und Gewicht des Trägers eines Schuhpaares feststellen. Der Beweis dafür, daß der Träger der Schuhe Alkoholiker war, ergab sich aus folgendem Umstand: Unter den Schuhen, und zwar in der Mitte zwischen Absätzen und Sohlen, hatte Zanger die Abdrücke jener Metallstangen gefunden, die man in einigen umliegenden Staaten in den Alkoholbars findet, um den Gästen gewissermaßen einen Ruhepunkt für die Füße zu geben.

In Cincinnati hatten sich diese Stangen nicht eingeführt. Das ließ weiterhin den Schluß zu, daß der Täter längere Zeit nicht in Cincinnati selbst geweilt hatte.

Ferner wies Zanger darauf hin, daß die Schuhe mit einer Steppmaschine repariert worden waren, von der es nur sieben Exemplare in ganz Cincinnati gab. Man begann also jenen Laden ausfindig zu machen, in dem ein „Neuling" tätig war, der das Geschäft von der Witwe eines verstorbenen Schuhmachers übernommen hatte.

Dieser Mann konnte auch einen interessanten Hinweis liefern. Vier Tage später hatte man Norman Peacock verhaftet. Er war zweiundzwanzig Jahre alt, 1,78 Meter groß, wog 70 Kilogramm und gab nach kurzem Leugnen die Tat zu.

Sein Leugnen wurde vor allem durch das lückenlose Indiziengebäude, durch das engmaschige Netz erschüttert, das Zanger um ihn gewoben hatte. Ohne den Schuhspezialisten von Cincinnati wäre der Mord an Frau Hockfield wahrscheinlich ungesühnt geblieben. So aber starb vor einigen Tagen Norman Peacock auf dem elektrischen Stuhl — ein alter Schuh hatte ihn verraten...

Schuhe – Amulett und Talisman

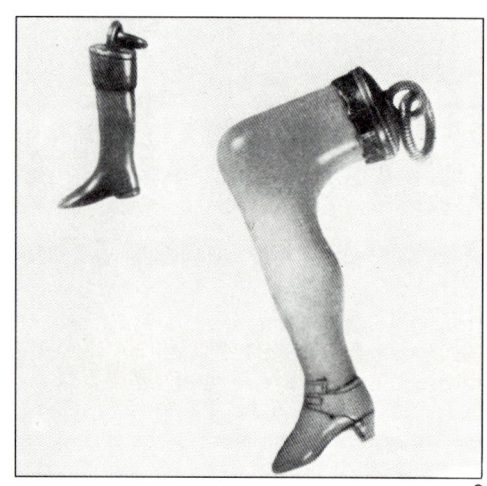

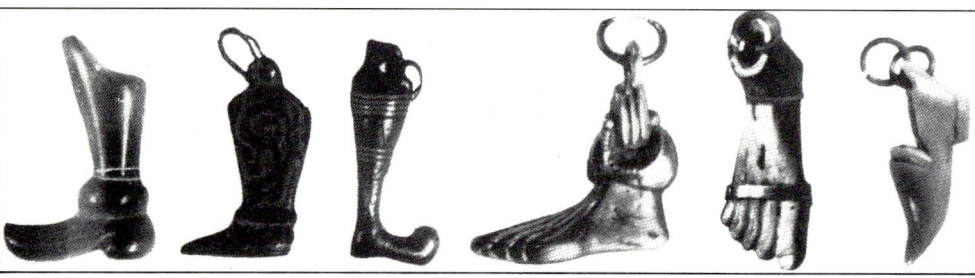

Es ist eine Beobachtung, die man häufig machen kann: Am Innenspiegel eines Autos baumeln vergoldete oder versilberte Miniaturschuhe (Abb. 1), wahrscheinlich die Schuhe der eigenen Kinder: Der Schuh als Amulett und Talisman, als Glücksbringer oder als Gegenstand, dem gefahrenabwehrende Kräfte zugeschrieben werden, eine Form des Fetischismus, die Geschichte hat.

Bis heute noch werden vor allem in den orientalischen und romanischen Ländern Stiefel-, Fuß- und Schuhamulette getragen: »Schuh- und Fußanhänger sind in eurasischen und afroasiatischen Kulturen seit dem Neolithikum epochenweise immer wieder gebräuchlich. Seit der Antike wird die sexuelle Bedeutung immer wieder offenkundig ... In Italien werden sie Kindern gegen den bösen Blick umgehängt. Von Erwachsenen scheinen sie mitunter als Aphrodisiaka geschätzt zu werden.« (Hansmann/Kriss-Rettenbeck, S. 197) Ab-

bildungen 2 und 3 zeigen verschiedene Beispiele solcher Schuh- und Stiefelamulette, die an einem Kettchen um den Hals getragen werden. Beim Amulett wird ein einzelner Fuß häufig als Phallus interpretiert, ein Schuh oder Pantoffel als Vulva. Solche magische Vorstellungen um den Schuh kennt man auch aus anderen Zusammenhängen: So war es im Mittelalter üblich, daß der Bräutigam aus dem Schuh der Braut bei der Hochzeitsfeier den ersten Schluck Wein nahm, »einerseits ein Liebes- und Treueversprechen, andererseits entspricht dieser Brauch der Überlieferung, daß die Frau mit dem nackten Fuß den Lebenssaft der Erde aufnimmt.« (Jenny, S. 12) Eine Vielzahl erhaltener Trinkgefäße in Schuhform gehen auf solche animistischen Vorstellungen zurück, die man bis in die Antike zurückverfolgen kann: Grabgefäße aus Ton oder Bronze waren im antiken Griechenland, in Persien oder Mexiko in Schuhform gestaltet als Wein-

kannen, Behälter für Öl oder Salz, vor allem aber als Öllampen (Abb. 4) im alten Rom. »Mit seinen Füssen und Schuhen hat dieser Mensch der Urzeit nicht nur den Boden dieser Erde berührt, mit ihnen hat er sozusagen die ganze Unterwelt durchmessen. Die Schuhe haben ihm nicht nur Schutz gewährt gegen vielfältige Gefahren von außen (Nässe, Kälte, Schlangenbisse usw.), sie galten ihm auch als wirksame Waffe gegen die im Erdboden hausenden und ihn bedrohenden bösen Mächte. Dem Schuh hat er die Macht zugeschrieben, den Sinn erboster, strafender Götter zu wandeln.« (P. Weber)

Diese Vorstellungen und Überlieferungen von der ›magischen Kraft‹ des Schuhs werden in der ›galanten‹ Zeit des Barock und vor allem des Rokoko wieder lebendig. In Miniaturschuhen aus Glas, Elfenbein, Porzellan und Fayence sandte man dem oder der Angebeteten die berühmten ›billet doux‹, zärtliche Nachrichten, wobei sich die alte Vorstellung des Schuhs als Symbol der Liebe und Sexualität mit den spielerischen und kapriziösen Reizen einer ›Genußkultur‹ (A. Hauser) des Rokoko verbanden. Abbildung 5 zeigt Beispiele solcher zierlicher, kleiner Schuhe, wobei der ›amouröse‹ Charakter durch die Bemalung des Inneren des Deckels noch unterstrichen wurde. Weitverbreitet waren zu

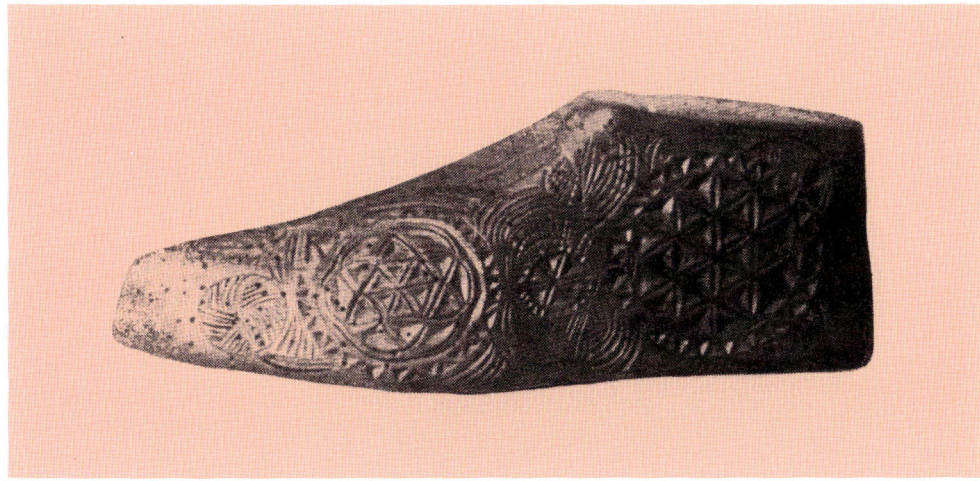

7

5

6

dieser Zeit um die Mitte des 18. Jahrhunderts auch die glückverheißenden Fayence-Pantoffel aus Delft (Abb. 6). War die Liebe besonders groß und wollte man den Angebeteten unbedingt zum Mann haben, dann bestickten Mädchen und Frauen Pantoffel und schickten sie dem Geliebten. Zog dieser das Geschenk an, so war dies ein deutliches Zeichen.

Als Amulett und Talisman dienten aber auch mit Schnitzereien verzierte Leisten. Abbildung 7 zeigt eine Schuhleiste aus Nordfriesland mit Sechsstern, Wirbelrad und Zirkelschlagrosette. Heil, Segen und Schutz soll von diesen magischen Zeichen ausgehen.

1 KINDERSCHUH ALS TALISMAN
2 STIEFELAMULETT AUS ROTER KORALLE (LINKS) UND DAMENFUß (ELFENBEIN) MIT SILBERNEM SCHUH, ANFANG 18. JH.
3 DIE 3 AMULETTE LINKS SIND PERSISCHE STIEFELAMULETTE AUS DER ZEIT 12. JH. BIS HEUTE (OFFENBACH, DEUTSCHES LEDERMUSEUM), RECHTS ZWEI FUßAMULETTE AUS OBERBAYERN (17./18. JH.), GANZ RECHTS EIN SCHUHAMULETT AUS ROM (ROTE KORALLE)
4 RÖMISCHE HÄNGELAMPE IN FORM EINES FUßES MIT SANDALE AUS DEM 1./2. JH. N. CHR. AUF DEM DECKEL IST EINE TAUBE MODELLIERT (BRONZE, BALLY-SCHUHMUSEUM)
5 PORZELLAN-SCHUHE ALS DOSEN: DAS BEISPIEL O. LKS. IST UM 1750 IN MEISSEN ENTSTANDEN, DAS BEISPIEL R. IST AUS CHINESISCHEM PORZELLAN (UM 1750), DER PORZELLAN-SCHUH UNTEN STAMMT AUS MENNECY (UM 1760) (BALLY-SCHUHMUSEUM)
6 FAYENCE-PANTOFFEL MIT BLAU-WEIßEM DEKOR AUS DELFT (MITTE 18. JH.) ALS GLÜCKSBRINGER. (BALLY-SCHUHMUSEUM)
7 SCHUHLEISTE AUS NORDFRIESLAND MIT KERBSCHNITZEREIEN, DATIERT 1794 (HOLSTEINISCHES LANDESMUSEUM)

FOTO: ROBERT HÄUSSER

Literatur:

Liselotte Hansmann/Lenz Kriss-Rettenbeck: Amulett und Talisman. Erscheinungsform und Geschichte. München 1966
Paul Weber: Schuhe. Drei Jahrtausende in Bildern Aarau 1980
Paul Weber: Informationsblatt des Bally- Schuhmuseums, Schönenwerd/Schweiz. o. J.
Esther Jenny: Zeigt her Eure Schue... In: Basler Magazin, Nr. 25, Juni 1987

TRINKEN AUS DEM SCHNABELSCHUH

FOTO: ROBERT HÄUSSER

TRINKGEFÄSSE IN FORM VON GOTI-
SCHEN SCHNABELSCHUHEN (15./16.
JH.)
(ARCHIV BALLY-SCHUHMUSEUM)

Zu den wertvollsten und eigenartigsten Stücken der Schönenwerder Sammlung (der Firma Bally, Anm. d. Red.) gehören die zu Schnabelschuhen geformten spätgotischen Trinkgefäße. Die Frage drängt sich auf: Warum und wozu?

Blendet man in die Zeit der Spätgotik (Ende des 15. Jahrhunderts) zurück, so wird man sich nicht wundern, daß Schuhmacherzünfte, denen vielerorts der Schuh als Zunftemblem diente, Ehrengeschirre in Form von Schuhen besaßen. Diese Geschirre konnten aus Leder oder Zinn sein, des öftern auch aus dem edleren Silber gearbeitet, ja sogar vergoldet sein. In der Zunftstube wurde es innerhalb der Tafelrunde herumgereicht. Bei besonderen Anlässen, wie bei Aufnahmen in das Zunftrecht, bei der Ledig- oder Meistersprechung, wurde daraus getrunken. Der Berufsstolz des Schuhmachermeisters, seine Freude an frohen Festlichkeiten und sein schalkhafter Humor haben sich in diesen Gefäßen ein kleines Denkmal geschaffen.

Verschiedene Einzelheiten, die man nicht nur bei den spätgotischen, sondern auch bei den viel älteren und den jüngeren Trinkschuhen beobachten kann, machen einen stutzig. So ist es unter anderem sehr auffällig, daß die meisten gotischen Trinkschuhe in Größe und Form Frauenschuhe imitieren. Vom einen oder andern ist sogar bekannt, daß der Schuh erst nach dem Tod der Frau, die ihn einst getragen hatte, zum Trinkbecher umgestaltet worden ist.

Überraschend ist auch der Wortlaut einer Inschrift, die auf dem breiten, silbervergoldeten Reifen der Mündung eines Trinkgefäßes eingraviert ist. »Ne veult aultre« ist da zu lesen, zu deutsch: »Ich will keine andere.« Merkwürdig ist außerdem die Tatsache, daß man für diese Gefäße der Spätgotik die reichlich ausgefallene und moralisch verpönte Form des Schnabelschuhes wählte und dabei die ihm zugeeignete Fruchtbarkeitssymbolik sehr wohl kannte. Dies alles legt die Vermutung nahe, daß der Schuh als Trinkgefäß auch seine besondere Bedeutung im Liebesleben der Menschen von damals hatte. Wie es scheint, hatte er gerade in der Gotik auch seinen besonderen Platz im Minnedienst, im Liebesleben höfischer Kreise. Er wurde zum Liebes- und Freundschaftssymbol, so daß ein Edelmann mit dem Trinken aus dem Schuh seiner Geliebten die Gefühle der innigen und ewigen Treue beteuern konnte. »Ich will keine andere« ziert darum wohl auch einen Becher, der als Brautgeschenk anläßlich des Heiratsantrages eines Edelmannes zu dienen hatte.

Populäre Spielformen des Schuhmotivs

Seit ich zum ersten Mal vom Schuh als Thema einer Ausstellung hörte, begegneten mir auf Schritt und Tritt ungewöhnliche Schuhe. Natürlich – man achtet plötzlich darauf, wie die Mitmenschen beschuht sind, und da sieht man neben dem Turnschuh-Einerlei auch allerhand Bizarres. Was ich aber meine, sind andere Schuhe, Schuhe als Nicht-Schuhe sozusagen, Schuhe als verspielte Objekte, als Miniaturen, die im allgemeinen Urteil zwischen Kitsch und Kleinkunst rangieren. Nur so en passant hat sich in einem freigeräumten Fach meines Bücherregals eine ansehnliche Sammlung von solch skurrilen Schuhskulpturen zusammengefunden. Die Erwerbsgeschichte dieser Sammlung ist schon eine Merkwürdigkeit für sich, und nicht weniger merkwürdig sind die Objekte selbst.

Wie man zu einer Sammlung von Miniaturschuhen kommt

Bevor ich mit dem Thema in Berührung kam, waren schon in meinem Besitz: eine Kinderbrosche aus Venezuela mit einem Paar goldener Pantöffelchen als Anhänger; ferner zwei aus Leder und Leinenstoff gearbeitete Schuhnachbildungen, die an einem farbigen Schuhband als Kettenanhänger getragen werden können – eines dieser Exemplare ist ein rotes Babystiefelchen, das andere ein Turnschuh. Ich kaufte sie vor etwa 10 Jahren an einem Stand vor einem Kaufhaus in der Schweiz. Der Miniaturturnschuh war offensichtlich ein Hit bei Jugendlichen – gerade begann die Turnschuhwelle ihren Siegeszug. Einige Jahre später kam eine weitere Turnschuhskulptur zur Sammlung: der exakte Abguß eines Kinderturnschuhs der kleinsten vorstellbaren Größe in rohgebranntem Ton mit himmelblauen, echten Schuhbändern – er stammt aus einer Geschenkboutique und trägt den Herkunftsstempel Portugal.

Diese Sammlung erweiterte sich mit Beginn des Schuhprojekts explosionsartig:

Beim Metzger auf der Theke stand ein blauglasiertes Keramikstiefelchen, einen zerknautschten Vagabundenschuh darstellend, mit Zahnstochern gefüllt. Der Laden für Schwarzwaldspezialitäten bot einen kleinen strohgeflochtenen Pantoffel, verziert mit einem Wollpompon, wie man ihn vom Schwarzwälder Bollenhut her kennt, im Pantoffel stak ein Fläschchen mit Schwarzwälder Obstwasser – eine wahre Häufung von Schwarzwaldsymbolen in einem solch kleinen Objekt. Zur Alternative konnte man das Obstwasser auch abgefüllt in einen kleinen Glasstiefel kaufen. Ein ähnliches Glasstiefelchen fand sich auf einem Flohmarkt als Vase, und es gibt wohl keine namhafte deutsche Stadt, deren Wahrzeichen nicht als Klebebild auf einem Souvenierglasstiefelchen prangt. Sie alle sehen aus wie Kleinausgaben ihres großen Bruders, des Bierstiefels, den es in jedem seriösen Haushaltswarengeschäft zu kaufen gibt.

Fast jeder Einkaufsgang brachte Neues: den schwarzglasierten Kinderlackschuh aus Keramik aus dem Bastelladen, aus der Parfümerie einen Damenstöckel-

schuh in grellgrün glasierter Keramik, aus dem Korbgeschäft ein Paar winziger strohgeflochtener Pantoffeln, aus der Geschenkboutique eine Spardose in Form eines eleganten Herrenhalbschuhs in poppig blauglasierter Keramik, aus dem Süßigkeitenladen verschiedene Lollis in Schuhform und bunte Schuhe aus Fruchtgummi.

Auch im Urlaub riß die Kette nicht ab: im österreichischen Bergdorf gab es exakte Miniaturnachbildungen eines Bergstiefels,

aus echtem Leder gearbeitet mit Haken, Ösen und Metallbeschlägen, zu verwenden als Schlüsselanhänger. In der italienischen Töpferei stand neben den Nachbildungen etruskischer Öllampen und Amphoren das schon bekannte Vagabundenstiefelchen aus Ton, mit Blümchen bemalt. Die Straßburger Andenkenläden boten den altmodischen Damenknöpfstiefel mit Pinetabsatz in vielerlei Variationen, meist aus weißem Porzellan, blumenbemalt oder gar mit plastischen Porzellanrosen verziert.

Zu meinem Erstaunen stellte ich fest, daß sehr viele Leute Miniaturschuhe in irgend einer Spielart zu besitzen scheinen, denn wer meine Sammlung sah, der berichtete auch sofort von Exemplaren aus seinem Besitz oder brachte sie mir sogar: etwa holländische Holzklumpjes en miniature, einen bulgarischen Tonschuh mit Zigarettenablage, ein winziges silbernes Kettenanhängerstiefelchen oder einen antiken silbernen Damenknöpfstiefel der Jahrhundertwende als Nadelkissen.

Wozu diese lange Aufzählung? Weil, wie ich meine, die Sammlung und auch ihre Erwerbsgeschichte bereits das ganze Spektrum des Miniaturschuhs vor Augen führen und dessen Merkwürdigkeiten und Eigenarten beispielhaft widerspiegeln.

Überall und schon immer Miniaturschuhe

Auffallend ist zunächst die Allgegenwart der kleinen Schuhskulpturen. Die Herkunftsländer sind bereits in solch einer kleinen Sammlung über Venezuela, Portugal, Österreich, Schweiz, Italien, Bulgarien, Frankreich und Deutschland international gestreut. Allgegenwart auch bei den Vertriebsstellen: Schuhminiaturen gibt es eben nicht nur in den Andenkenläden und Kiosken, in deren Repertoire man sie mit Recht vermutet, sondern auch in ›seriöseren‹ Läden. Auch im Schmuckgeschäft oder im Antiquitätenhandel, in der Konditorei oder in Geschenkboutiquen rechnet man offenbar mit ihrer Popularität. Wo die kleinen Schuhe zum Angebot solcher Geschäfte gehöre, sind sie in gewisser Weise vom Ruch des Kitsches befreit und zu Kleinkunstwerken arriviert.

Der Universalität der gegenwärtigen Erscheinung entspricht auch eine historische Ubiquität[1]. Immerhin sind die hier vorgestellten Exemplare in einem Zeitraum entstanden, der bis zur Jahrhundertwende zurückreicht. Aber der Schuh als kleines Abzeichen oder Gefäß taucht schon viel früher auf. Schon vor über zweitausend Jahren steckten sich die Kelten goldene Schuhfibeln an die Kleidung oder benutzten Tongefäße, die exakt die bei ihnen übliche Schuhform widerspiegelt [2]. Noch vorher gab es im hethitischen und

altpersischen Kulturraum (etwa 2000 bis 1000 v. Chr.) eine regelrechte Blüte des Miniaturschuhs. Die Archäologen fanden Tonstiefelgefäße, Dreifußschalen oder zweifüßige bauchige Kannen, deren Füße jeweils als Schuhe ausgebildet waren, ferner die unterschiedlichsten Schuhamulette aus Ton oder Bronze. Miniatursandalen als Grabbeigaben fanden sich vor dreitausend Jahren bei den Ägyptern, die Römer hatten Öllampen in Form eines sandalenbekleideten Fußes und stiefelförmige

Parfümamphoren. All diese antiken Miniaturen werden im Schuhmuseum in Offenbach gezeigt, und ein Gang durch dieses Museum macht die Ubiquität des Miniaturschuhs in allen Epochen und Kulturen deutlich. Die japanische Geta-Sandale, die türkische silberbeschlagene Holzstelzsandale, der russische Birkenrindengeflecht-Pantoffel, die holländischen und brabantischen Holzklumpjes mit der typischen aufgebogenen Spitze, griechische Opankenschuhe oder südamerikanische Espadrillos – all diese Schuhtypen finden sich auch jeweils in der exakten Miniaturwiedergabe, liebevoll präzise kopiert, in den Offenbacher Vitrinen.

Zu einer neueren Blüte brachten die Schuhmacher-Zünfte den Miniaturschuh, vor allem im 17. und 18. Jahrhundert. Der Schuh oder Stiefel als Zunftzeichen tauchte nicht nur als gemaltes oder metallgestanztes Emblem auf Haus- und Stubenschildern, auf Humpen und Pokalen auf, sondern wurde auch in besonders schön gearbeiteten Miniaturnachbildungen zum geeigneten Beweis handwerklicher Kunstfertigkeit. Daneben gab es im Zünftemilieu auch freiere Schuhskulpturen: Trinkgläser, Pfeifenköpfe, Tabaksdosen, Tintenfässer – für die Schuhmacher mußte ein solches Gefäß allemal die Form eines Schuhs annehmen [3]. Die Zünfte verloren um 1800 ihre wirtschaftliche und soziale Bedeutung, lebten aber in der Mitte des 19. Jahrhunderts als gesellige Institutionen wieder auf und damit auch ihr Bestand an Zunftzeichen. Es ist anzunehmen, daß viele der heute bei uns produzierten Schuhminiatu-

ren ihre Wurzeln noch in dieser Zunfttradition haben.

Die historischen Beispiele verdeutlichen, daß man mit Fug und Recht von der Ubiquität der Schuhminiatur sprechen kann. Fast könnte man sagen: immer da, wo die Menschen Schuhe machten, machten sie auch Schuhminiaturen. Freilich, auch das zeigt der historische Überblick: diese Schuhminiaturen sind in ihrer Form so verschieden wie die Kulturen, aus denen sie stammen, und verschieden sind sicher auch ihre Bedeutungen. Die Funktion eines altpersischen Schuhamuletts ist wohl kaum mit der einer römischen Fuß-Öllampe oder eines Zünftetrinkstiefels zu vergleichen. Je weiter der Blick in die Geschichte zurückreicht, um so deutlicher tritt die kulturelle Einbindung des Miniaturschuhs hervor. Tonschuhe als Öllampe oder Parfümamphore etwa passen exakt ins Gefäßspektrum der römisch-griechischen Welt, und nur hier konnte eine derartige Variante des Miniaturschuhs entstehen. Viele der antiken Miniaturen bleiben dem Betrachter, der über kein archäologisches Spezialwissen verfügt, allerdings rätselhaft. Um ihre Funktion zu verstehen, bräuchte es Informationen über gebräuchliche Gefäßformen und Gefäßzwecke, bräuchte es Hintergrundwissen über magisch-mythische Vorstellungen der jeweiligen Herkunftskultur.

Besonders beliebte Schuhmotive
Bereits nach kurzer Zeit beginnen sich, wenn man heute eine Sammlung zusammenträgt, die Motive zu wiederholen. Besonders beliebt sind für die Miniaturisierung offenbar der Kinder- oder Babyschuh, der Stiefel, der Turnschuh, der zierliche Damenstöckelschuh, ferner folkloristische Schuhmotive und last not least der zerknautschte Vagabundenstiefel. Der Grund, warum gerade diese Motive aufgegriffen werden, liegt bei einigen deutlich auf der Hand: Der Kinder- oder Babyschuh, an sich schon eine Miniaturausga-

be des Erwachsenenschuhs, wird durch nochmalige Verkleinerung doppelt verniedlicht und zieht wohl am spontansten gerührte und rührselige Gefühle auf sich. Sicher knüpft dieses Motiv an die Tradition an, den ersten Schuh eines Kindes in Bronzeguß zu konservieren.

Daß auch der Damenstöckelschuh – jene erotischste Version unter allem denkbaren weiblichen Schuhwerk – sich als Motiv der Verkleinerung gut eignet, ist ohne Frage, wird doch seine zierliche, schmale, geh-akrobatische Form in der Verkleinerung eher noch gesteigert. Auch hier gibt es eine Traditionsparallele, den Brauch nämlich, Brautschuhe zu galvanisieren. Wird ein solches Objekt noch mit Pralinen gefüllt oder als Nadelkissen ausgestopft, so erfahren die weiblichen Rollenklischees eine weitere Steigerung.

Es ist sicher kein Zufall, daß gerade der hohe Schaftstiefel im Verlauf der Geschichte und in den unterschiedlichsten Kulturen immer wieder als Miniatur auftaucht – als altpersischer Tontrinkstiefel etwa oder als gläserner Zunfthumpen –, und daß dieses Motiv in der Beliebtheit auch heute ganz vorn rangiert. Mit dem hohen Schaftstiefel wird ein sehr markanter Schuhprototyp aufgegriffen, der gebührende Achtung verlangt. Gleichwohl ist die Verkleinerung dieses Motivs problematischer: dieses ursprünglich rein männliche Bekleidungsstück kann einer unpassenden Verniedlichung nur dann entgehen, wenn es als Miniatur wiederum angemessene ›männliche‹ Nutzungen erhält. So werden dann die Glasstiefel mit Schnaps gefüllt oder kreisen als Bierstiefel an den Stammtischen. Oder aber man nimmt die Verniedlichung bewußt in Kauf, wie dies bei dem mit Süßigkeiten gefüllten roten Pappmaché-Nikolausstiefel der Fall ist, der zum Requisit einer kindertümelnden Brauchtums-Inszenierung geworden ist.

Die vielerlei verschiedenen folkloristischen Motive haben eine gemeinsame

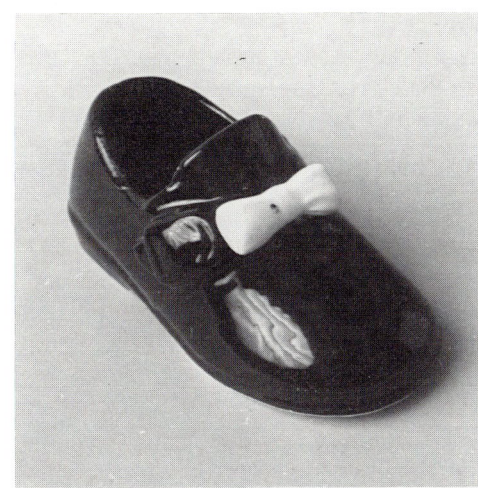

Wurzel für ihre Beliebtheit, und das ist ihre Abzeichenqualität für ihre Herkunftskultur. Der bäuerliche Strohschuh aus dem Schwarzwald, die bulgarische Opanke, der holländische Holzpantoffel – das sind augenfällige und bekannte Bestandteile historischer Trachten, die nun als einzelne Teilstücke den ganzen folkloristischen Hintergrund mit vor Augen führen. Verkürzt zum Klischee, eignen sie sich gut als Souvenirs oder Gruppensymbole, und gerade diese Stücke sind es denn auch, die bevorzugt über die Andenkenkioske vertrieben werden. Ähnliches gilt für den Kletterstiefel oder für den Turnschuh: auch diese Exemplare werden als Teile einer speziellen Ausrüstung oder eines modischen outfits zu Symbolen einer komplexen Gesamtsituation – hier der Gebirgswanderwelt bzw. der Jugendkultur.

Schwieriger zu verstehen scheint das so häufig auftretende Vagabundenstiefelmotiv. Warum wird ein häßlicher alter Schuh mit all seinen Knautschfalten, mit der vom Tragen nach oben gebogenen Spitze abgebildet, warum wird ein solchermaßen extrem unappetitlicher Schuh mit Bonbons oder Zahnstochern gefüllt? Wir stoßen hier auf einen der interessantesten Aspekte der Schuhminiatur überhaupt, den Schuh als Gefäß. Er erscheint von solch zentraler Bedeutung, daß ihm ein späteres gesondertes Kapitel gewidmet sein soll. Zuvor aber noch einen Blick auf weitere formale Besonderheiten des Miniaturschuhs.

Miniaturschuhe zwischen handwerklicher Feinpräzision und freier Skulptur

Sowohl vom Material her als auch von der Formgebung lassen sich zwei Gruppen von Miniaturschuhen deutlich gegeneinander abgrenzen: das sind die material- und formtreuen Kopien auf der einen und die freien Kleinplastiken auf der anderen Seite.

Das ›geschrumpfte‹ Original

Bei den Kopien nach dem Original – ob es sich um Holländerklumpjes, Bergstiefel oder Turnschuhe handelt – meint man oft tatsächlich eher einen vielfach verkleinerten Originalschuh vor sich zu haben als bloß eine Nachbildung. Es scheint der besondere Ehrgeiz der Hersteller zu sein, daß Schnitt, Material und Verarbeitung bis ins Detail stimmen. Da gibt es winzige metallene Ösen und Beschläge, echte Schuhbänder und Ziernähte, da gibt es Innenfutter, Zungen und Laschen, lederne Sohlen und Absätze. Echtes Leder, echtes Strohgeflecht, echte Holzschnitzerei, echt genäht, genietet, genagelt, gebunden – diese authentischen Markenzeichen garantieren die eindeutige folkloristische oder modische Zuordnung. Was den Betrachter aber in erster Linie anrührt, ist eben der durch die Schrumpfung entstehende Verniedlichungseffekt. Dazu kommt die Freude an der handwerklichen Präzision, denn etwa steifes Naturleder zu einer Sandale von gerade 5 cm Länge zu verarbeiten, das setzt handwerkliches Geschick und Fingerfertigkeit voraus. Schon zur Zeit der Zünfte dienten solche Stücke als Ausdruck besonderen Könnens.

Der zur Skulptur erstarrte Schuh

Die Schuhe der zweiten Gruppe sind gerade nach den entgegengesetzten formalen Prinzipien gearbeitet: nicht Form- und Materialtreue sind ihre Kennzeichen, sondern die freie Variation des Vorbilds oder die Verwendung schuhuntypischer, starrer Materialien. Der Turnschuh als Tonabguß, der Stiefel aus Glas, das Pantöffelchen aus Gold – das sind Widersprüche in sich, Widersprüche zwischen Motiv und Material. Schon die Verkleinerung an sich löst den Schuh aus seinem üblichen Nutzungskontext; wird nun dazu das für einen Schuh unerläßliche, biegsame, bequeme, sich Fuß und Tritt anpassende Material durch starre Werkstoffe wie Glas, Keramik oder Metall ersetzt, so geht die Ablösung vom

Vorbild noch einen Schritt weiter: Die Künstlichkeit des Materials weist den Weg in Richtung Kleinkunstwerk, der Schuh erstarrt zur Miniaturskulptur. Bei manchen Exemplaren wird diese ästhetisierende Formauffassung noch durch dekorative Zutaten verstärkt, etwa durch Bemalung mit Blümchen, durch kräftige Farbgebungen oder ziselierte Muster. Die Spekulation auf eine schmückende, ästhetische Wirkung ist solchen Stücken eindeutig mit auf den Weg gegeben.

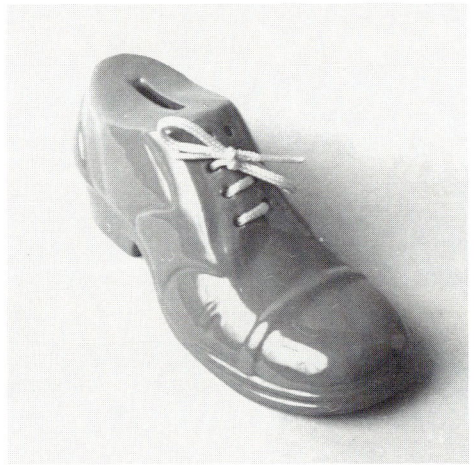

Zur Skulptur wird der erstarrte Schuh aber nicht nur durch Materialverlagerung, sondern auch durch Motivverschiebung: Man trifft in dieser Gruppe durchaus recht freie Auffassungen, die von der ursprünglichen Schuhform abweichen. Der gläserne Trinkstiefel etwa stellt nur noch einen stark stilisierten Schuhprototypen vor, der exakte Abguß nach dem Modell bleibt eher die Ausnahme.

Der Schuh als Gefäß

Der Tübinger Dichter Christof Stählin erzählte an einem seiner Liederabende, wie er einmal ein Döschen von einem Freund geschenkt bekam, ein sehr hübsches Döschen: »nur, ich wußte nicht, was ich reintun

sollte«. So stand das Döschen einfach rum, und siehe da: »nach drei Wochen, ohne daß ich da irgendwas reingetan hätte, war es voll von Gummiringen, ausgerissenen Briefmarken, Kreidestückchen, Bleistiftstummeln, einem ausgekämmten Haarbüschel und Reiskörnern – ich weiß nicht, wie die da reingekommen sind. Das Döschen hatte sie angesaugt kraft seines Hohlraums«.[4]

Und genau das ist der Schuh, wenn er nicht gerade mit einem Fuß ausgefüllt ist: ein Hohlraum, der Füllungen geradezu in sich einzusaugen scheint. Schon wenn ein Paar Schuhe nur einige Tage nicht getragen wird und unaufgeräumt in der Wohnung stehenbleibt, können sich allerlei Kuriositäten in ihm ansammeln: Kinderspielzeug, Schlüssel, Münzen oder auch Abfälle, die Schuhe werden zum Papierkorb oder Versteck. Daß man platzsparend Koffer packen kann, indem man auch die miteingesteckten Schuhe noch mit Kleingepäck ausstopft, ist sicher schon manchem Verpackungskünstler eingefallen. Neben solchen Zufallsnutzungen gibt es fest durch Brauchtum geregelte Nebenbenutzungen des vom Fuß gezogenen Schuhwerks: In manchen Gegenden stellen die Kinder in der Adventszeit am Abend ihre Schuhe auf die Fensterbank und hoffen darauf, sie am nächsten Morgen mit Süßigkeiten oder kleinen Spielgeschenken gefüllt wiederzufinden. Aus Gesellschaftsromanen des 19. Jahrhunderts kennt man den Brauch, daß in Nachtlokalen die Tänzerinnen dadurch geehrt wurden, daß die Herren Sekt aus den Ballerinaschuhen tranken. Von ähnlich erotischer Bedeutung war wohl die Sitte, aus den Brautschuhen zu trinken[5]. In all diesen Beispielen hat der Schuh fremde Dinge in sich hineingesogen, er wird zum Gefäß für allerlei ihm ursprünglich nicht zugedachte Inhalte.

Mehr noch als beim Originalschuhwerk funktioniert die Ansaugkraft der Hohlform Schuh bei den Miniaturnachbildungen.

Dort ist der Schuh als Gefäß auffallend häufig und in den unglaublichsten Variationen vertreten. Gerade der aus starren Materialien gearbeitete kleine Schuh bietet sich als Hohlform, die etwas in sich aufnehmen kann, wie selbstverständlich an. Was man hineintun könnte in solch ein kleines Schuhgefäß, das legen die Hersteller oft schon vorsorglich fest: da wird der Schuh als Vase oder Pflanztopf, als Zahnstocherdose, als Trinkstiefel oder Flasche, als Bonnnière, als Aschenbecher, Spardose oder Nadelkissen angeboten. Manches davon mutet schon eher sehr gesucht an, anderes hat durchaus Tradition: der Schuhaschenbecher beispielsweise erinnert an die schuhförmigen Rauchutensilien wie Pfeifenköpfe oder Tabaksdosen aus den Schuhmacherzünften, die Herrenschuhspardose ist eindeutig eine Parallele zum Sparstrumpf, und der Pappmaché-Nikolausstiefel knüpft an den Brauch an, echte Schuhe oder Strümpfe mit Süßigkeiten zu füllen.

Am meisten ins Auge fallen die vielen Schuhgefäße, deren Zweck in irgendeiner Form mit Essen, Trinken oder dem Aufbewahren von Nahrungsmitteln verknüpft ist. Warum ein gläserner Stiefel als Schnapsflasche oder Bierhumpen, warum ausgerechnet der unappetitliche Vagabundenschuh, warum Babyschuh oder Damenpumps als Bonbondose, warum – extremstes Paradox – Schuhe als Lutschbonbons zum totalen Verzehr? Gerade die am abwegigsten erscheinenden Nutzungen haben aber offensichtlich die längste Tradition. Schon vor 3000 Jahren taucht der Trinkstiefel, aus Ton geformt, im altpersischen Kulturraum auf, und die heutige Version des gläsernen Trinkstiefels läßt sich bis ins 16. Jahrhundert zurückverfolgen, zunächst als Weintrinkgefäß, als Bierhumpen seit dem 18. Jahrhundert [6]. Daß eben der Stiefel immer wieder zum Motiv für ein Trinkgefäß wurde, läßt sich immerhin vom formalen Gesichtspunkt her einigermaßen nachvollziehen, denn der hohe Stiefelschaft und die Zylinderform von Becher, Humpen oder Flasche haben durchaus parallele Erscheinungsformen. Doch diese formale Entsprechung allein kann nicht ausschlaggebend dafür gewesen sein, daß der Trinkstiefel auch außerhalb der Zünfte, in deren Inventar er fest verankert war, so beliebt war und es bis heute blieb. Zum Stiefel kommen ja noch viele andere, sich formal nicht so eindeutig anbietende Schuhgeschirre. Ihr Reiz liegt heute wohl vor allem im Kontrast zwischen Gefäß und Inhalt, das Publikum amüsiert

sich darüber, zwei einander so fremde Dinge wie den Schuh und das Essen und Trinken zusammengekoppelt zu sehen. Bei den heutigen Maßstäben für Hygiene, bei der geringen Toleranz für unangenehme Gerüche, muß ein Schuh eigentlich als unappetitlich empfunden werden. Ihn dennoch, wenn auch nur in der symbolischen Nachbildung, zum Essen und Trinken zu benutzen, das ist irgendwo im Bereich zwischen derbem Scherz, Witz, Brauchtumspersiflage, Parodie und feiner Ironie angesiedelt.

Sich mit Schuhen schmücken

Schmuck ist untrennbar mit dem Schuh verbunden. Der Schuh selbst wird geschmückt, und er schmückt den Träger.

Immer wieder laufen die Schmuckabsichten gesundheitlichen Erfordernissen oder bequemen Trageeigenschaften zuwider: ein Schuh wird je nach modischem Geschmack zu spitz, zu schmal, zu hochhackig gearbeitet. Der Miniaturschuh bedient sich gern der dekorativen Möglichkeiten des Originalschuhs, überträgt die ästhetische Aussage aber auf eine andere Ebene. Vollends losgelöst vom Zweck der Fußbekleidung, kann der Miniaturschuh zum reinen Schmuckstück werden, bei dem die Schönheit des Schuhs selbst zum alleinigen Thema wird. Schuhschmuckstücke können in vielerlei Variationen getragen werden: als Anhänger an Hals- und Armketten oder an Schlüsselringen, als Brosche, als Ohr- oder Fingerring. Beliebt war solcher Schuhschmuck wohl schon immer und überall. Das zeigen die keltischen Schuhfibeln, das zeigen chinesische holzgeschnitzte Schuhpaare als Gürtelschnallen[7] oder auch sandalenförmige Goldgewichte an Fingerringen aus Ghana[8]. Zu den Stücken, die aus den traditionellen Schmuckwerkstoffen wie Gold, Silber und (früher) Bronze gefertigt sind, kommt heute Modeschmuck aller Art.

Gern trägt man die geschrumpften Originalnachbildungen am Halsband, z. B. einen Cowboystiefel als Feuerzeugetui um den Hals gehängt, passend zum modischen Western-Look.

Die kleinsten Schuhminiaturen, oft nur wenige Millimeter groß, sind die wertvollsten unter den Schuhschmuckstücken. Ursprünglich mögen die kostbaren Werkstoffe mit der Kostbarkeit des Schuhs überhaupt korrespondiert haben. Solange der Schuh noch in mühsamer Einzelanfertigung hergestellt wurde und nicht immer allen erlaubt oder erschwinglich war, konnte man mit einem Schuhschmuckstück seine Kostbarkeit noch einmal betonen. Dieser Aspekt spielt im Zeitalter der Massenproduktion, wo der Schuh allgemein verfügbar geworden ist, vielleicht keine große Rolle mehr, dennoch hat der Schuh nichts von seiner Attraktivität eingebüßt. Gewürdigt wird heute im Schuhschmuckstück allerdings, wie gesagt, primär der ästhetische Aspekt. Wie mit dem getragenen Schuh kann man auch mit dem Schuhschmuckstück den persönlichen Stil unterstreichen oder – etwa mit dem Turnschuhanhänger – Gruppenzugehörigkeit demonstrieren.

Schuhamulette – Schuhmaskottchen

Vom Schuhschmuck zum Schuhamulett ist es nur ein kurzer Weg, ja, im Grunde sind beide ursprünglich identisch. Wo an die magische Bannkraft von Amuletten gegen Dämonen, Krankheit, Unheil, Bedrohung geglaubt wurde, da erfuhren diese Amulette immer auch verschönernde Gestaltungen und wurden wie Schmuckstücke am Körper getragen. Das gilt zumindest für die vielen altpersischen und altanatolischen Schuhamulette, die aus Silber und Bronze kostbar und kunstvoll gearbeitet sind und jeweils Ösen haben, damit man sie an Ketten tragen konnte.

Daß gerade der Schuh zum Motiv für Amulette wurde, ist ein Gedanke, der sich auch ohne Detailwissen über die konkreten magisch-mythischen Vorstellungen jener Völker nachvollziehen läßt. Der Wunsch nach unversehrter Sicherheit läßt sich in vielfältiger Weise mit Fuß, Gang und Schuh assoziieren: ob man Unheil und Gefahr entrinnt, kann davon abhängen, daß der Fuß gesund bleibt, daß man sicher auftritt, nicht stolpert oder strauchelt, daß man schnell und leichtfüßig die Flucht ergreifen kann oder nicht vom Wege abkommt. Kurz: das Schuhamulett bietet ein symbolisches Bild dafür an, daß sein Träger so geschützt bleiben möge wie der Fuß durch den Schuh.

Amulette wird man in unserer Kultur in den Bereich des Aberglaubens verweisen. Ganz frei von magisch-mythischen Vor-

stellungen sind aber die Zeitgenossen wohl doch nicht, die sich Miniaturschuhe als Maskottchen beispielsweise an den Autospiegel hängen. Ist es nur das Erkennungszeichen eines Fußballfans, wenn am Autospiegel ein Miniatur-Paar von Fußballschuhen samt Ball baumelt, oder wird hier nicht auch der Wunsch nach sportlichem Erfolg beschworen? Noch eindeutiger als Glücksbringer gedacht ist der Kinderschuh am Autospiegel, der dem Fahrer immer wieder sagt: »Fahr vorsichtig und komm gut heim«.

Andenkenschuhe

Man bekommt sie fast an jedem touristischen Brennpunkt: kleine Schuhe als Reisesouvenir, oft mit aufgedrucktem Ortsnamen; im Schwarzwald den Strohschuh, im Gebirge den Kletterstiefel, in Italien Sandalen, in Holland Holzklumpjes. Diese landschaftsgebundenen Schuhtypen werden – es war schon davon die Rede – gerne als Wahrzeichen angeboten. Wenn in einem griechischen Restaurant neben der handgewebten Athentasche mit Akropolismotiv ein Paar kleiner rotlederner Opanken mit Wollpompons hängen, so genügt dieser Wandschmuck allemal als unmißverständliches, milieubeschwörendes Signal für den Gast: »Hier bist du beim Griechen«. Dabei stört es den Reiz des Souvenirs offensichtlich keineswegs, wenn die Schuhmotive historische Modelle abbilden, die Teil einer überholten örtlichen Tradition sind. Im Gegenteil, gerade die historischen Modelle haben etwas zu bieten, was man heute meist vergeblich sucht: eine eigene, örtlich gebundene Formensprache und alte Handwerkstechniken wie Holzschnitzerei oder Strohgeflecht, die sonst für Schuhe nicht mehr angewandt werden. Und häufig kommt ja der Tourist mit dem Wunsch an seinen Urlaubsort, dort noch das Echte, Altertümlich-Volkstümliche zu finden, etwas jedenfalls, das im Gegensatz zu seinem Alltag exotisch wirkt. Eben diesen Wunsch bedienen die

folkloristischen Schuhminiaturen mit, wobei es manchmal sogar nicht einmal so sehr auf die Vermittlung echter lokalgeprägter Traditionen anzukommen scheint, sondern nur auf die Tatsache, daß es sich überhaupt um etwas erkennbar Historisches handelt: Hauptsache alt, aus bäuerlich-handwerklicher Fertigung stammend, Hauptsache pittoresk. Ein solches international akzeptiertes Folklore-Requisit scheinen die holländischen Holzschuhe zu sein, die auch als Schwarzwald- oder Elsaß-Souvenir angeboten werden.

Den Augenblick konservieren

Schuhe sind für ihre Träger Begleiter auf Zeit. Am deutlichsten wird dies bei Kinderschuhen, denen die Kleinen so sprichwörtlich schnell entwachsen. Wenigstens ein Andenken an wichtige Entwicklungsstufen möchten da viele Eltern behalten, und dazu eignen sich die Erstlingsschuhe offensichtlich ganz besonders. Diese winzigen, meist sehr fein, weich und liebevoll gearbeiteten Schuhe werden den Kinder oft angezogen, bevor sie gehen können; es sind also eher Schmuckstücke denn Gebrauchsschuhe. Als Schmuck hängt man sie denn auch auf, manchmal sogar noch durch Bronzeguß in eine regelrechte Skulptur verwandelt. Im Pendant dazu greifen die Hersteller von Miniaturschuhen dieses Motiv des Erstlingsschuhs sehr häufig auf, weil sie sich der anrührenden Wirkung sicher sein können.

Auch der Schuh des Erwachsenen ist kein Gegenstand für die Dauer, zu schnell wird er, ganz abgesehen vom schnellen modischen Wandel, durchs Tragen zerschlissen. Immer dann, wenn ein Schuh gut eingelaufen ist, wenn er sich Fuß und Gang seines Trägers durch Falten, in Form gebogene Sohlen oder weichgetretenes Leder so richtig angepaßt hat, ist der Zeitpunkt auch nicht mehr weit, wo man ihn ablegen wird. Denn ein lange getragener Schuh ist nicht mehr schön, er hat Glanz und Glätte verloren. Daß er im Gegenzug

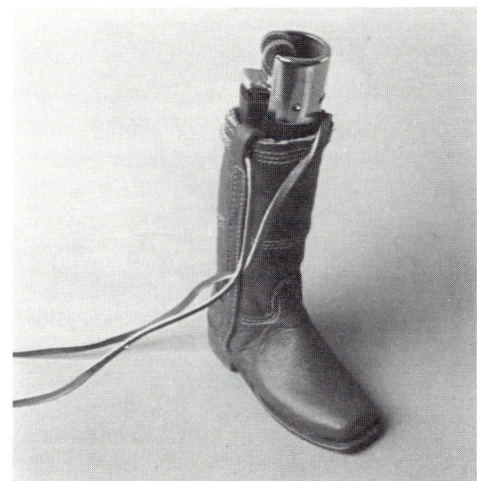

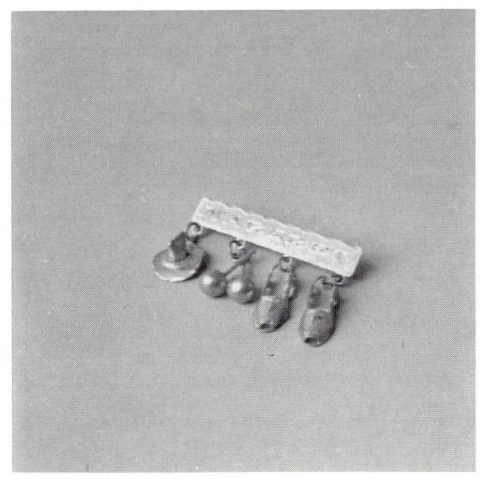

dazu Charakter bekommen hat, ist Anlaß für eine wehmütige Bindung an einen solchen Schuh. Und dies ist wahrscheinlich eine der Wurzeln für das Vagabundenstiefelmotiv. Vom Publikum wird dieses Modell akzeptiert, weil hier einem persönlich gewordenen Schuh ein Denkmal gesetzt wird, das sich gegen die glatten, unpersönlichen Modelle im Schaufenster abhebt.

Wie die kleinen Schuhe beim Publikum ›ankommen‹

Wenn Besucher meine Miniaturschuhsammlung entdecken, so sind sie erstaunt, fragen nach, lachen, sind halb verlegen amüsiert, nehmen die Stücke in die Hand, beschreiben Exemplare, die sie schon mal gesehen haben oder gar besitzen, finden Urteile wie niedlich, nett, süß, lustig, kunstfertig, unglaublich – und haben alsbald ihr Lieblingsstück auserkoren. Kinder, die zu Besuch kommen, freuen sich ungeniert, freuen sich daran, daß ein Schuh ein Schuh bleibt, auch wenn er noch so klein ist, erfinden Spiele, für die sie einzelne Exemplare gut gebrauchen könnten.

Diese Reaktionen, so will es scheinen, geben eine weitere Antwort auf die Frage, die immer wieder zwischen den Zeilen auftauchte, auf die Frage: »Warum gerade Schuhe als so überaus verbreitete und populäre Miniatur, warum gerade Schuhe zum Essen und Trinken, als Souvenir, Maskottchen oder Schmuck?«

Die Erkennbarkeit des Zeichens Schuh

Die Reaktion der Kinder vor allem zeigt: der Schuh in seiner verkleinerten Spielform ist ein Gegenstand, mit dem jeder auf Anhieb etwas anfangen kann, weil er für jedermann erkennbar und nachvollziehbar eines der selbstverständlichsten Alltagsdinge abbildet. Der Realismus des Motivs stellt sicher, daß ihm Aufmerksamkeit und Wohlwollen auf breiter Ebene entgegengebracht werden, garantiert Universalität und Ubiquität. Es ist freilich nicht nur platte Wiederholung, sondern schon der Realismus eines bewußt seinen Zwecken entfremdeten Objekts, eines künstlichen Werkes mit einer eigenen, neuen Aussage. Das wird schon allein durch die Verkleinerung erreicht; hinzu kommt, daß die Schuhskulpturen auffallend oft nicht als Paare, sondern einzeln auftreten. Nicht die Assoziation mit dem Schuh als Bekleidungsstück eines linken und eines rechten Fußes wird gesucht, ebensowenig seine funktionale Bedeutung fürs Stehen oder Gehen. Wichtig ist vielmehr: der Schuh als davon losgelöste Form gewinnt ein ästhetisches Eigenleben, gewinnt Gewicht als Symbol.

Was sind es für Aussagen, für die der Schuh als Zeichen symbolisch eintritt? In erster Linie sind es Gefühle und Empfindungen, für die er sich anbietet, und nur in sehr geringem Umfang sind es intellektuelle Äußerungen: dies Fazit läßt sich eindeutig ziehen. Schuhschmuck – die formale Vielfalt, die liebevollen Detailgestaltungen – spricht das ästhetische Empfinden an, löst Lustgefühle beim Betrachten und Anfassen aus. Amulett und Maskottchen rühren an tiefliegende, oft sogar uneingestandene Ängste, Glückserwartungen oder abergläubisch-irrationale Gefühlsströmungen. Die Andenkenschuhe knüpfen an persönliche Erinnerungen an, die ebenfalls mit Gefühlen verbunden sind, wie Freude, Wehmut, Sehnsucht. In den Emblemen der Zünfte spiegelt sich Gruppengefühl und handwerklicher Stolz. Der Empfindungsreichtum bei den paradoxen Schuhgefäßen ist vielleicht am ehesten mit allerlei gesuchten Parodien intellektuell gefärbt, gleichwohl zielen auch diese Exemplare darauf, Spaß und Freude ohne viel Nachdenken auszulösen.

›en miniature‹ muß es sein

Von Schuhen als Miniaturen war bisher fast ausschließlich die Rede, und dabei wurde unterschlagen, daß es Schuhskulpturen auch in anderen Formaten gibt. Da tauchen zum einen gelegentlich originalgroße Folkloreschuhe als Andenkenschuhe auf, und auch die galvanisierten Brautschuhe konservieren einen Originalschuh; zum andern trifft man auch auf den überdimensionierten Schuh, z. B. auf übergroße Schuhe als Mülltonnen, Schirmständer, Reklameaushang, auf den Riesenschuh als Haus oder auf sehr stark vergrößerte Modellschuhe, wie sie im Offenbacher Schuhmuseum als handwerkliche Meisterstücke gezeigt werden. Die Gattung der Riesenschuhe ist nicht annähernd so stark verbreitet wie die der verkleinerten Schuhe, und das hat seine guten Gründe. Die Herstellung eines übergroßen Schuhs ist weit aufwendiger und kostspieliger als die einer Miniatur, sie muß schon deshalb die Ausnahme bleiben. Ein solch überdimensionierter Schuh entzieht sich auch dem unproblematischen ›Konsum‹ für jedermann, er kann nicht überall Platz finden, kann nicht mit herumgetragen werden. Auch erscheinen die Schuhe durch die Vergrößerung regelrecht ›aus der Form geraten‹, sie rühren nicht so unmittelbar an wie das Miniaturbild, das auf ›natürlichere‹ Weise an das Urbild Schuh anzuknüpfen scheint.

Es muß schon ›en miniature‹ sein, soll eine Schuhskulptur für ein breites Publikum genießbar werden. Und das ist nicht nur beim Schuh so, das hat anderswo Parallelen, denn die Miniatur ist ein ungeheuer verbreiteter Topos innerhalb der populären Gestaltungsmuster. Man denke an Flaschenschiffe und Modelleisenbahnen, an Gartenlauben, Schrebergartenparzellen und Miniaturlandschaften, an Architektenmodelle, historische Dioramen, an Stadt- und Landschaftsreliefs bis hin zu Kunstgattungen wie der Miniatur-Porträtmalerei.

Von der handwerklichen Feinpräzision, die in der Miniatur bewundert wird, war schon die Rede. Bleibt noch hervorzuheben das so wichtige Element des Spielerischen, das in jeder Verkleinerung steckt. Nicht umsonst sind die kleinen Schuhe bei Kindern so beliebt, denn die sind es gewohnt, die große Welt in Spielzeug und Spielaufbauten als kleine Welt nachzuerleben. Doch auch Erwachsene können sich gerade dem Spielerischen kaum verschließen. Spaziert ein kleines Paar Selbstläuferschuhe, das mittels Uhrwerk und Kurbelwelle angetrieben wird, über den Tisch daher, so löst das allemal ungetrübte Heiterkeit auch bei Erwachsenen aus, ohne daß Gewissensfragen nach der Legitimation eines solchen Stücks erhoben würden, ohne daß die leidige Kitsch-Kunst-Alternative zur Sprache käme. Das Stück wird eben als reines Spielzeug akzeptiert ohne viel Fragen nach Sinn und Zweck – und eine idealere Voraussetzung kann es zur Begegnung mit den kleinen Schuhen kaum geben, die doch alle bis zu einem gewissen Grad Spielformen des ernsthaften Urbilds Schuh darstellen.

Anmerkungen

1 Der Begriff der Ubiquität wird von Hermann Hausinger benutzt, um das Auftauchen derselben kulturellen Erscheinungen in unterschiedlichen Kulturen und Epochen zu kennzeichnen. Hermann Bausinger: Formen der Volkspoesie. Berlin 1968 (Grundlagen der Germanistik Bd. 6), S. 60f.
2 Die Kelten in Mitteleuropa. Salzburger Landesausstellung 1. Mai bis 30. September 1980 im Keltenmuseum Hallein Österreich, Salzburg 1980, S. 234 bzw. 237.
3 Eine ausgiebige Dokumentation der Zunftschuhminiaturen findet sich in: Deutsches Ledermuseum, Katalog Heft 6, Deutsches Schuhmuseum. Offenbach 1980, Kapitel 6.40
4 Christof Stählin: Mag denn keiner die Bundesrepublik? Schallplatte NOMEN und OMEN Verlags GmbH, Tübingen 1984, Seite A, Nr. 5.
5 Katalog Deutsches Schuhmuseum, a.a.O., Kapitel 6.40. 67
6 ebd.: zu den altpersischen Miniaturen vgl. Kap. 6. 76
7 ebd. Kap. 6. 83. 145 – 146
8 Ein solcher Ring wird gezeigt in der Afrika-Vitrine des Offenbacher Schuhmuseums.

SCHUHE ALS HERRSCHAFTS- UND WIDERSTANDSSYMBOL

Foto: Robert Häusser

1

2

DAS BUNDESVER-
FASSUNGSGE-
RICHT hat am Diens-
tag der Verfassungs-
beschwerde von 15
Landwirten gegen
die geplante Test-
strecke der Daimler-
Benz AG in Boxberg
stattgegeben. Nach
dem Urteilsspruch
zeigte Beschwerde-
führer Gustav Elles-
ser stolz den „Bund-
schuh", das Symbol
der „Bundschuh"-In-
itiative, in der die 15
beschwerdeführen-
den Landwirte orga-
nisiert sind.
(Bild: dpa)

3

4

1 MARIA KOHL + WERNER LEPPER,
  GROSSPLAKAT, 1981
2 FOTO: WOLFGANG WUNDERLICH
  DSI-FOTOWETTBEWERB (ARCHIV DSI)

3 SYMBOL   DER   ›BUNDSCHUH-INITIATIVE‹
  GEGEN DIE TESTSTRECKE DER DAIMLER BENZ
  AG IN BOXBERG
  (FOTO: DPA, FR. 25. 3. 87)
4 FOTO: JAN GREUNE, DSI-FOTOWETTBEWERB
  (ARCHIV DSI)

1 FOTO: ROBERT HÄUSSER

2 + 3 ERZIEHUNG ZU SAUBERKEIT UND ORDNUNG
›IM DRITTEN REICH‹: SCHUH- UND STIEFEL-
APPELLE IM JUGENDLAGER

4 SCHUH AUS DEM KZ BERGEN-BELSEN:
DIE FERSENKAPPE VON EINEM ARMEESTIEFEL
WURDE WIEDERVERWENDET, UNIFORMRESTE FÜR
DAS OBERTEIL, SOHLE AUS HOLZ, METALLÖSEN
UND BINDFADENSCHNUR. DER SCHUH IST ERST-
AUNLICH ROBUST UND GUT GEARBEITET UND WUR-
DE VON EINEM REPORTER DER ›PICTURE POST‹
NACH 1945 AUS DEM KZ MITGENOMMEN.

Frauenschuhe: Spannungen, Paradoxien, Entwicklungen in der Inszenierung von Weiblichkeit

Foto: Gisbert Bauer, DSI-Foto-Wettbewerb, (Archiv DSI)

Schuhe und Geschlecht:
Was die Geschichte dazu erzählt

Immer schon war mit Schuhen symbolischer Sinn verwoben. Zwar wissen wir nicht mehr, wie die Urschuhe aussahen, aber für die Antike gibt es gesichertes historisches Wissen über Schuhe. Das Schuhwerk der Griechen und Römer war die Sandale. Es gibt keine Hinweise darauf, daß diese Sandalen in ihrer Form geschlechtsspezifisch differenziert waren. Ein spezifisch weiblicher Schuh, der sich markant und eindeutig von männlichen unterscheidet, taucht erst in jüngerer Zeit auf. In der bürgerlichen Gesellschaft des 19. Jahrhunderts mit ihrer zunehmenden sozialen Differenzierung und ihrer sich durchsetzenden Geschlechterseparierung erhielten die Schuhe ihr jeweils spezifisch weibliches und männliches Gepräge. All die Jahrhunderte zuvor war den Schuhen primär der ständische Rang seines Trägers, seine gesellschaftliche Stellung abzulesen, erst in zweiter Linie, wenn überhaupt, sein Geschlecht. Ein kurzer Streifzug durch die Historie des Schuhs soll diese Besonderheiten ins Blickfeld rükken.

Seit dem Ende des 12. Jahrhunderts sind zwei Grundtypen von Schuhen bekannt: der absatzlose Schnabelschuh, der von Adel, Patrizier (beiderlei Geschlechts) und Klerus getragen wurde, und die derben Halbstiefel, die das Schuhwerk der Bäuerinnen und Bauern und der Handwerker war. Der Schnabelschuh war ein Schuh der oberen Stände, ein Rangabzeichen, den zahlreichen Kleiderordnungen des Mittelalters entsprechend bis ins Detail und bis in die vorgeschriebene Länge der Schnäbel festgelegt. Die Schnäbel konnten sich als Zeichen der Besonderheit, des Herausgehobenseins aus der Masse zu solch bizarren Längen ausformen, daß zügiges Gehen unmöglich wurde und nur noch gravitätisches Schreiten die diesem Schuhwerk angemessene Gangart war. Diese Schuh-

JARDIN DES TUILLERIES, PARIS FOTO: ELLIDOTT ERWITT

konstruktion entsprach dem Bedürfnis nach repräsentativer Gesamtdarstellung, gesellschaftlicher Machtposition und extremem Gehabe.

Um 1600 taucht der Absatz auf. Warum und Woher? Dies ist nicht eindeutig geklärt. Vielleicht, wie einige meinen, ist er zuerst Bestandteil des Soldatenschuhs, des Stiefels gewesen und hat seinen Siegeszug von den Schlachtfeldern in den Zivilbereich der Salons angetreten. Der Absatz ist ein vorzügliches Mittel, die Haltung des Körpers zu verändern, die Spannung der Glieder zu erhöhen, den Körper aufzurichten, ihn zu erheben und ihn mit neuer Symbolik zu umgeben. Und diesen Effekt wußte nicht nur der Soldat zu nützen, sondern er kam ebenso einem ausgeprägten Repräsentationsbedürfnis des weltlichen und geistlichen Absolutismus jener Zeit entgegen.

Schon wenige Jahre später war der Absatz vom Schuh nicht mehr wegzudenken und daran hat sich im wesentlichen nichts mehr geändert. Die Variationen beziehen sich im Laufe der Zeit auf seine Gestalt und seine Höhe, die in der zweiten Hälfte des 20. Jahrhunderts abenteuerliche Ausmaße annehmen sollte und damit ein Novum in der Geschichte des Schuhs und seines Absatzes werden sollte.

Eine historische Sonderform stellt die Chopine der Venezianerin des 15. und 16. Jahrhunderts dar: 50 cm hoch konnte der Sockel unter dem Fuße werden, der dem Kothurn eines griechischen Tragöden ähnlicher war als einem Absatz. Die Kurtisanen und Patrizierinnen, die diese Schuhe trugen, waren sich ihrer exponierten Stellung bewußt und hatten hohes gesellschaftliches Ansehen. Und für das Vorwärtskommen standen ihnen ausreichend Dienstboten und Galane stützend zur Seite.

Im 17. Jahrhundert löst der französische Hof das strenge spanische Hofzeremoniell ab. In der höfischen Gesellschaft wird Dame und Kavalier gespielt, Accessoires und Attribute, die dieser Selbst-in-Szene-Setzung dienen, werden in verschwenderischer Fülle genutzt. Die Männer kleiden sich in kniekurze Beinkleider und, unterstützt durch Kratzfüße und tänzerische Bewegungen, gerät der Fuß und damit der Schuh ins Blickfeld. Die Schuhe sind zierlich, verziert und überreich geschmückt, der männliche Schuh in gleichem Maße wie der weibliche, der immer noch unter dem Kleid mehr oder weniger verborgen bleibt. Auch die Frauenschuhe haben Absätze und mit ihnen verändert sich auch die Haltung der Frau: das Dekolleté, die weibliche Brust, wird zum Blickfang und löst damit den betonten Unterleib der mittelalterlichen Frau ab, die mit eingezogenen Schultern und vorgeschobenem Bauch auf den Gemälden der Zeit beinahe brustlos erscheint.

Bei diesem kursorischen Gang durch das feudale Zeitalter finden sich also durchaus erkennbare Unterschiede zwischen Frauen- und Männerschuhen. Aber sie bleiben den Unterschieden zur Kennzeichnung der ständischen Hierarchie gegenüber zweitrangig. Erst im bürgerlichen Zeitalter bekommt die Geschlechterstilisierung als Geschlechterpolarisierung ihre bestimmende Bedeutung.

Das bürgerliche Zeitalter trennt die Lebensbereiche in Männerwelt – Beruf und Öffentlichkeit – und Frauenwelt: Familie und Privatsphäre. Mit der Spaltung der Lebenswelten geht auch die Dominanz der protestantischen Ethik einher. Für die Männer bedeutet dies, bezogen auf ihre eigene Selbstdarstellung: Verinnerlichung der Werte und Zurücknahme aller auffälligen Äußerlichkeiten. Sie legen alle Attribute männlich-modischen Verhaltens ab und hüllen sich in ein unauffälliges zweckdienliches Alltagskleid. Ihr Wohlgefallen gründet nicht in der schillernden Selbstdarstellung, sondern in den erfolgreichen Zahlen der Geschäftsbilanzen. Den Frauen war es nun vorbehalten, als das schöne

Geschlecht den sinnlich-farbigen Ausgleich zu dieser stumpfen und strengen Gegenwelt zu entwerfen. Da sie in der ›Welt der Männer‹ keine Rolle spielten, entfalteten sie sich kompensatorisch als schmückendes ›Beiwerk‹. Die moderne ›Weiblichkeit‹ war entstanden. Als Element dieser Gesamtkonstruktion von Weiblichkeit erhielten zwangsläufig auch Schuhe ihre ›weibliche‹ Bedeutung.

Stöckelschuh und Feminismus

Die Haltung, die engagierte, frauenbewegte Frauen den Schuhen mit ihren spezifisch weiblichen Sonderheiten (sprich: vor allem den Schuhen mit hohen Absätzen) gegenüber eingenommen haben, zeugt von einem wechselvollen Prozeß kritischer Auseinandersetzung mit einem Kleidungsstück, das von Feministinnen zunächst als Utensil weiblicher Unterdrückung ausgemacht wurde. Zu der Zeit – sie ist noch gar nicht lange her – als weibliche Schuhe in ihrer patriarchalen Funktion erkannt wurden, kursierte ein – hier aus dem Gedächtnis zitierter – Satz von Simone de Beauvoir: Eine emanzipierte Frau läßt sich an ihrem Schuhwerk erkennen... Welche Epoche von Bewußtseinsänderung und Revisionsarbeit bereits wieder ins Land gegangen sein muß – eben seit jener goldenen Zeit der Kritik, wo jederfrau klar war, wo und wie der Feind sich maskierte-, das läßt sich daran ablesen, daß heute in jeder feministischen

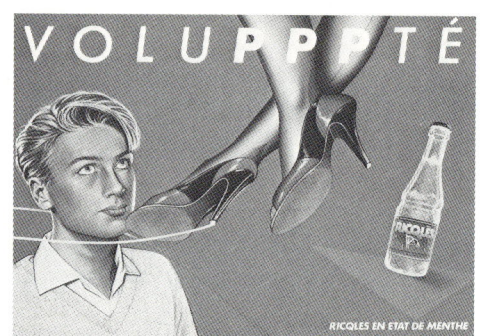

ILLUSTRATION VON MORILLON FÜR RICQLES- WERBUNG (POSTKARTE)

Gruppe deutlich wieder die Lust an der Weiblichkeit, also auch am Herzeigen zierlicher und verzierter Schuhe, sichtbar ist. Die ›weiblichen‹ Schuhe sind wieder da, sind mit Motiven und Bewertungen neu besetzt; sie dienen nicht mehr als Lockvögel auf dem Weg zu den Männern, sondern sind der Schmuck der Frauen ›für sich selbst‹, sind Teil einer Selbstinszenierung, die selbstbewußten Frauen Spaß macht.

Tempora mutandur! Aber so schnell und warum? Ist alles vielleicht nicht gründlich durchdacht und sind Korrekturen an einem vorschnell veränderten Bild nötig?

Die Vorstellung von Emanzipation und entsprechenden ›befreiten‹ Schuhen ist eine Sichtweise, die sich eindringlich von dem offiziellen Erscheinungsbild der fünfziger und sechziger Jahre abhebt. Symbol für diese Zeit: der hochhackige und spitze Schuh, der bei besonderen Gelegenheiten sich zu schwindelerregenden Höhen aufschwingen konnte und geradezu groteske Situationen der Unbeweglichkeit provozierte. Gewiß, um 1500 standen die venezianischen Damen und Kurtisanen auf hohen Chopinen, aber es war dem 20. Jahrhundert vorbehalten, die Frauen auf Schuhe zu stellen, die sie in die verwirrendsten und unsichersten Situationen brachte, sie in Widersprüchlichkeiten verwickelten und verwackelten, das Gehen zu einem Risiko werden ließen, das die meisten weiblichen Kräfte zur Wiedergewinnung des eigenen sicheren Standes forderte.

»In den fünfziger und sechziger Jahren trugen Frauen ganz nadeldünne Absätze, ganz spitze Schuhe. Es war Mode, und wenn man heute mit fast 70 Jahren an diese Zeit denkt, denk ich mir: wie hat man so was Verrücktes jemals anziehen können? Überall – im Theater, beim Ausgehen, bei Festen, selbst auf der Straße – hat man solche Schuhe getragen. An ganz flache Schuhe kann ich mich gar nicht erinnern, es ist schon möglich, daß es die

F. W. Bernstein

gab, vielleicht für die älteren Frauen, die aber Moden sowieso nie mitmachen. Du konntest oft Frauen in der Innenstadt sehen, die ihre Schuhe in der Hand trugen, weil sie nicht mehr damit gehen konnten. Ich weiß es ja selber. Ich hab mich ja auch damit abgequält, genau wie die anderen Frauen auch, aber es war einfach Mode. Wir wollten das so, die Männer wollten das. Je höher der Absatz war, desto toller war Dein Bein, vorausgesetzt, Du hast einigermaßen dafür Beine gehabt. Es war einfach Zwang. Aber die Mode ist ja immer Zwang, dem man sich kaum entziehen kann. Aber es stimmt schon, es sind gerade die Frauen, die sich so absolut dem Modediktat unterwerfen. Von den Männern braucht man gar nicht reden, die haben sich nie so nach der Mode gestreckt.«

(Frau L., 66 Jahre, die wohl für die Mehrheit der Frauen ihres Jahrgangs stehen kann).

Erstaunlich, daß im Rückblick von nur dreißig Jahren vieles in unserer jüngsten Vergangenheit als Verrücktheit, Modetorheit oder Anpassung an patriarchal-männliche Zuschreibungen beurteilt werden kann, was damals unverbrüchliche und alle glücklich machende Maxime der Inszenierung von Frauen war. Als in den fünfziger Jahren Frauen in der Bundesrepublik auf hohe Schuhe gestellt wurden, war damit das Ende ihrer Aufbauleistung für den neuerstandenen Staat angekündigt. Die Generation dieser Frauen – versinnbildlicht in der Trümmerfrau, die oftmals eingehüllt in die zurückgebliebenen Arbeitshosen ihres Mannes, Außergewöhnliches leistete, wurde nun von den in großer Zahl an die Hebel der Macht drängenden Männern an ihren ›natürlichen‹ Platz zurückverwiesen: in das Heim, das Haus, die Privatsphäre.

Sprachen auch die Zahlen der Erwerbsstatistik eine andere Sprache: unaufhörliche Zunahme der Erwerbstätigkeit von verheirateten Frauen und Müttern, hohe Ausbildungsquoten von Mädchen usw., so

schien doch lange Zeit das offizielle Bild von Frauen das zu sein, was eine emsige Werbung unermüdlich zu vermitteln suchte: die adrette, strahlende Hausfrau im ständigen Kampf gegen Bakterien und Schmutz verstrickt und mit den zwei Lebensfragen einer Frau beschäftigt (O-Ton eines Werbespots!): »Was soll ich anziehen und was soll ich kochen«. Fürsorglich wurden ihr Schuhe angepaßt, mit denen sie dieser sauber zu machenden Schmutzwelt nicht entlaufen konnte – und sie ließ es geschehen.

In den sechziger Jahren, der Dekade des aufkommenden Protestes, sind auch diese Werte – für alle sichtbar – zusammengebröckelt. Die Frauen fanden sich am Ende dieses Jahrzehntes wieder in einer Befreiungsbewegung, für die sogenannte ›weibliche Anliegen‹ und ›Frauenthemen‹ ein Motor waren. Das bis dahin gültige Schönheitsideal wurde als ein von Männern den Frauen aufgezwungenes entlarvt und vom Sockel gestürzt: Nur eine Frau, die sich selbst gehört, kann schön sein und dies in ihrer Haltung und Körperlichkeit zum Ausdruck bringen.

»Während Schönheit in der Vergangenheit nur exemplarischen Modellen zugestanden wurde, hat die Photographie inzwischen aufgedeckt, daß Schönheit überall ist. Den Unattraktiven und Unzufriedenen wird die Schönheit ebenso zugestanden wie jenen, die sich für die Kamera hübsch machen.« (Susan Sontag, in taz, 3. 4. 85, S. 10)

Eine Fassade, dem männlichen Voyeurismus dargeboten, widerspreche weiblichem Selbstbewußtsein. Der Feind war erkannt, er war auszumachen in der Gestalt des Mannes oder seiner erbarmungswürdigen Opfer: nämlich all der Vorgestrigen, all der Frauen, die des Protestes der feministischen Avantgarde zum Trotz oder von ihm unerreicht weiterhin die Utensilien der Unterwerfung wie Strümpfe, Strapse, Make-up und Stöckelschuh allein zum Gefallen des Mannes trugen.

Was immer auch in der Vergangenheit den Frauen in der patriarchal-männlichen Gesellschaft an Stilisierungen ihres Selbst, ihrer Darstellungs- und Handlungsweisen zugewiesen worden ist: es ist nicht zu bezweifeln, daß sie sich in diesen Zurichtungen auch aktiv eingerichtet haben, und zwar durch eine Reihe von Frauengenerationen hindurch. Bei aller Beschränkung der gesellschaftlichen Möglichkeiten von Frauen, bei aller Zuschneidung von Frauen zu einem Stück lebendiger Dekoration für den patriarchalen Männerblick oder für das Ziel patriarchaler Männerwünsche – Frauen selbst haben ›weibliche‹ Schuhe unter diesen Umständen auch zu ihrem Ausdrucksmittel erkoren und zu einem zentralen Symbol von ›Weiblichkeit‹ gemacht. Unabhängig noch von aller Analyse der patriarchalen Produktion von Unbewußtheit, in der der ›Frauenschuh‹ seine sadistisch-masochistische Rolle spielt, läßt sich sagen: Mit Hilfe der spitzen und hochhackigen Schuhe waren Frauen zwar noch nicht objektiv ›wer‹, aber sie konnten sich subjektiv ›als wer fühlen‹. Sie konnten sich wenigstens in ihrem durch die Schuhe gespannten Körper fühlen und wahrnehmen. Frauen sind für die Beziehungen mit anderen und sich selbst auf eine spezifische Körpersprache und eine spezifische Körperbewußtheit verwiesen und eingeschränkt worden. Selbstbewußtsein als politisches Subjekt durften sie lange Zeit nicht erreichen, dafür aber ein Scheinbewußtsein durch zu hohe oder zu enge, auf alle Fälle aber nicht zum sicheren und selbständigen Gang bestimmte Schuhe. Noch der unspektakulärste ›weibliche‹ Schuh bietet sich in den meisten Fällen als Quelle des (falschen) Bewußtseins für Frauen an. Welche Käuferin solcher Schuhe hätte sich nicht schon oft in einer ähnlichen Situation befunden, wie sie Anita Pichler beschreibt?

»Es war gestern gewesen, im Haus. Ich, die Geliebte des Zufalls, auf neuen Schuhe, die gegen die Fersen scheuerten, dieser kleine Schmerz, der mich wachhielt, dieses Lächerliche, Dasein provozierend aus zwei Zentimetern Haut, die sich gegen die Knochen rieb (...)«

(Neue Rundschau 96, S. 66)

Die ehemals klaren Abgrenzungen, auch die feministischen, sind heute – in den ausgehenden achtziger Jahren – aufgeweicht. Die radikalen Eindeutigkeiten konnten zugunsten der Widersprüchlichkeiten, der ambivalenten Sichtweisen Abschied nehmen. Kurzum: Es ist alles wieder komplizierter geworden. Heute gilt: Stöckelschuh ja und nein. Frau trägt sie wieder, um ihr eigenes Bedürfnis nach Schönheit zu befriedigen. Scheinbar losgelöst von den Bindungen patriarchaler Verstrickungen wird der Stöckelschuh zum Medium einer Wiederaneignung spezifisch weiblicher Selbstdarstellungskunst, nur diesmal selbstgewählt und freiwillig. Das schließt nicht aus, daß ein Rechtfertigungszwang vorhanden ist und somit die Möglichkeit zu kritischer Auseinandersetzung und Entscheidungsfreiheit. Hohe Absätze können heute sein: ein Zeichen gelebter Ambivalenz.

Gleichheit und Verschiedenheit

Frauen haben sich in die Welt der Produktion eingegliedert, in den Büros eingerichtet, erheben ihre Stimmen in den politischen Arenen, sind auf die Straße gegangen, sind selbstbewußter Teil der Öffentlichkeit geworden. Diese immensen Veränderungen finden ihr äußeres Bild in einer Kleiderästhetik, die mehr Gleichheit postuliert. Auch Begriffe wie ›Androgynität‹ und ›Unisex‹ machen klar, daß in der Mode von Frauen und Männern in vielen Bereichen nahezu Übereinstimmung herrscht. Die Freizeitkleidung mit ihrer Vom-Kopf-bis-zum-Schuh-Ausstattung hat in einem Riesenschub diese Egalisierung vorangetrieben. Den Jeans und Pullovern, den Sakkos und Hosen sind die zugehörigen Geschlechter nicht mehr unbedingt

abzulesen. Auch die Schuhe, die Frauen und Männer tragen, werden einander immer ähnlicher ... Die Dauerwelle und das Deodorant, bunte Farben und luxuriöse Stoffe, selbst der raffinierte Schnitt der Unterhose, wurden vom modernen Mann nach langen Jahren der ›Enthaltsamkeit‹ wieder entdeckt und in sein eigenes Repertoire der Selbstdarstellung übernommen. Schon immer war es explizite Möglichkeit für Männer südlich- romanischer Länder, eine extrovertierte Körpersprache und -inszenierung zu benutzen. Die Internationalität der Schwulenbewegung ebenso wie der allgemeine internationale Tourismus haben zur Verbreitung einer Männermode auch in kühleren Ländern beigetragen, die ehemals als Utensil von Fremden oder diskriminierten Außenseitern angesehen wurde. Bleiben noch die wenigen Ausnahmen, die heute allein Frauen zustehen und sie so von den Männern scheiden: der Rock, die Seidenstrümpfe, Lippenstift und Lidschatten – und der Stöckelschuh.

Sicherlich ist die Dominanz dieser dysfunktionalen Schuhform für Frauen letztendlich das Ergebnis eines dialektischen Prozesses von Fremd- und Selbstbestimmung. Wahrscheinlich ist aber auch das Ausmaß der ›freien Wahl‹, der Bejahung und Darstellung von ›Weiblichkeit‹ mit Hilfe solcher Schuhstelzen nur denkbar, weil die Frauen in der modernen Gesellschaft kaum andere denn Körperbotschaften senden können. Je mehr sich ihre gesellschaftlichen Möglichkeiten erweitern, desto mehr dynamisiert und relativiert sich das, was ›Weiblichkeit‹ heute heißen kann, desto weniger sind Frauen für ihre Weiblichkeit auf die Eindimensionalität ihrer Ausdrucksmittel als Frau angewiesen.

Daß traditionell Männlichkeit symbolisierende Schuhe innerhalb eines gesellschaftlich akzeptierten Bildes von Weiblichkeit auftauchen, ist historisch neu. Ein Beispiel dafür sind die jungen Frauen in

FOTO: WOLFGANG KOTTER
DSI-FOTOWETTBEWERB (ARCHIV DSI)

Andrea Horakh
Der Pumps fehlt nirgends

den Großstädten, die sich mit schweren army-boots ausstaffieren und sich gleichzeitig unmißverständlich als Frauen zu erkennen geben. Sie verbinden spielerisch die Utensilien aus dem klassischen Männerfundus mit Insignien demonstrativer Weiblichkeit: klobige Stiefel gepaart mit Mini-Rock und leuchtend rotem Mund. Die bisherigen ›Männerschuhe‹ können jetzt Teil der neuen Weiblichkeit werden; sie markieren nicht als solche schon ›Unweiblichkeit‹.

Pluralisierung und Individualisierung erweitern die Möglichkeiten, das Anderssein der Geschlechter auszudrücken. Anderssein als der Mann und traditionelle Weiblichkeit müssen heute nicht mehr identisch sein. Anderssein wird nicht mehr absolut, sondern relativ verstanden und sichtbar gemacht. Das ›Andere‹ ist nicht eindeutig, sondern unterliegt der konkreten Gestaltung. Das gilt auch für das ›Andere‹, das sich in Schuhen ausdrückt: Der Schuh der Frau kann flach sein, wenn er nur etwas schmaler ist, er kann breiter sein, wenn er nur etwas bunter ist als der eines bestimmten Mannes. Und eine Frau kann sich heute sogar wieder auf Schuhe mit hohem und allerhöchstem Absatz stellen, nur wird dadurch nicht mehr ein allgemeinverbindliches Signal gesetzt, sondern es bleibt ihr privates, allenfalls subkulturelles Vergnügen.

Foto: Siegfried Wallner
DSI-Fotowettbewerb (Archiv DSI)

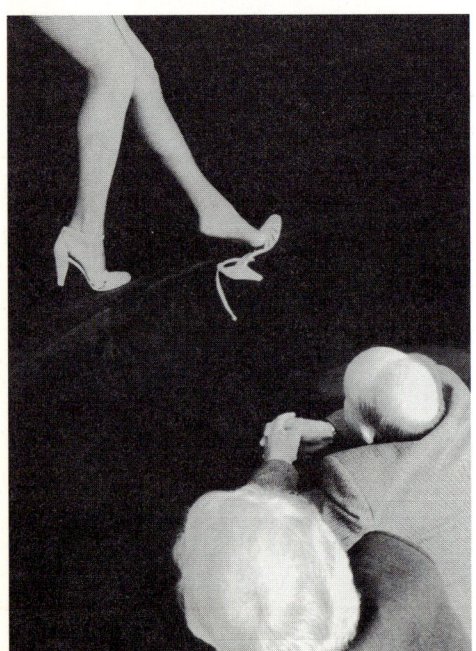

Der Pumps fehlt nirgends.

Er ist dabei, wenn M. M. mit ihrer Ukulele über den Bahnsteig schwingt, und es ist offensichtlich, ohne Pumps wäre sie nicht an diesem Ort, nicht in diesem Film.

Er ist dabei, wenn auf dem Plakat der Filmfestspiele die Frau, dem Manne hinterher, auf dem Wege zur Kultur, kokett aus ihm herausstolpert und dadurch zu Fall gebracht wird. Er ist dabei in den Sado/Maso-Szenen, in denen er in seinem Zwittergeschlecht als Vulva und Penis Anwendung findet. Die Domina unterwirft mit ihm den Mann, der ihn ihr zuvor angezogen hat.

Und die Frau ist in der Pornographie völlig entblößt, aber barfuß ist sie nie und auch nicht in Turnschuhen! Der Stöckelschuh war dabei als Initiationsinstrument, wenn er nach der Konfirmation zum ersten Mal angelegt werden durfte und die jungen Frauen von ihm begleitet hinaus in die Öffentlichkeit des Tanzcafé gingen (aber ich gebe ja zu, dies ist schon etwas länger her).

Es wird deutlich, diese Schuhspezies kommt entweder in Situationen vor, die von vornherein sexuell sind, oder in Szenen, die durch sie erst sexualisiert werden.

Sie wird gedeutet als bewußte oder unbewußte sexuelle Bereitschaft der Trägerin. [...]

Der Pumps stellt sich dar als ein Atom eines Unterwerfungssystems.

Aber denk ich an die stöckelnde Frau, so fallen mir auch völlig andere Dinge ein. Das harte, aggressive Knallen der Absätze auf dem Pflaster, die Schärfe der Absätze und Schuhspitzen, das Höherstehen, der entschlossene Gesichtsausdruck und die Fotografie von Helmut Newton »Sie kommen«.

Es gibt zwei Möglichkeiten, diese Assoziationen zu interpretieren. Entweder, [...] als die herrschende, grausame Frau, die den Mann unterwirft, aber deren Freiheit genau an der Grenze seines Willens aufhört, da sie Produkt seines Willens ist, oder

als die Möglichkeit von Unterdrückten, die Bilder/Zeichen der Herrschenden zu verwandeln, sie in das Gegenteil zu verkehren, wobei die entscheidende Frage ist, inwieweit sie diese dadurch unterlaufen und entmachten.

Die Frauenbewegung [...] sprach über die Sexualisierung der Frau, indem sie Pornoläden und Peepshows zerstörte, das Verhalten der Männer auf der Straße analysierte und zurückpfiff, wurde ihr nachgepfiffen, indem sie Kampagnen startete gegen den Warencharakter der Frauen in der Werbung und ganz direkt, indem sie sich dem [...] Mode- und Schönheitszwang der Männer verweigerte.

Aber sie setzte an dessen Stelle eine völlige Negierung der geäußerten Sexualität, sie entsexualisierte die Frau nun äußerlich und baute ein Tabu auf, das lautete: du darfst nicht begehrt werden wollen.

Der Wunsch der Frauen nach Sexualität und das aktive Verlangen und Äußern derselben durch diese spielhafte, lustvolle Form der Reize wurde verneint.

Vielleicht war dieser Schritt, als erster, notwendig.

Nun ist aber eine andere Strategie denkbar. Eine Strategie, die die Trennung aufhebt. Reize, die von mir als solche gemeint sind und die bei mir als solche ankommen. Ich spreche in ihnen von meiner Sexualität und habe mir dies im Moment gewählt. Diese Strategie sagt nichts aus über die Form der Reize. Es können ganz neue, unerprobte und individuelle sein, oder auch die alten, Stichwort Stöckelschuh.

Ist es das, was in den sich äußerlich veränderten Frauen vorgeht, ungeachtet der gesellschaftlichen Bedingungen, dann wäre es berechtigt, von einem neuen Selbstbewußtsein zu sprechen. Ein Selbstbewußtsein gegen die Repression der Frauenbewegung, innerhalb derselben.

(Andrea Horakh, Phänomenologie der Pumps, ASTA- Frauenmagazin, Berlin o. J.)

208

Die Rolle des Absatzes am Schuh

So untergeordnet der Absatz am Schuh im Rahmen der körperlichen Bekleidung auf den ersten Blick erscheint, so stellt er nichtsdestoweniger eine der revolutionärsten Errungenschaften auf diesem Gebiete dar. Er leitete eine ganz neue Epoche der Präsentation des Körperlichen ein, eine Epoche, in der wir heute noch leben und mit deren Wirkungen wir immer noch arbeiten (. . .)

Durch den Absatz am Schuh wird die gesamte Körperhaltung verändert, der Bauch geht hinein, die Brust geht heraus. Um das Gleichgewicht zu erhalten, muß der Rücken eingezogen werden, dadurch markiert sich aber ganz von selbst das Becken, seine bevorzugte Schwellung wird auffälliger, weil die Knie durchgedrückt werden müssen, wird die gesamte Haltung gleichzeitig jugendlicher und unternehmender, der vorgedrängte Busen erscheint strotzender; ebenso wird die Linie der Schenkel straffer und dadurch deren Formen plastischer und klarer. Dem ist noch hinzuzusetzen: Alle diese Reize erscheinen im Zustand der Aktivität. Weil aber diese Aktivität bei mehreren dieser Reize, so vor allem beim Busen, in erster Linie mit der Geschlechtsbetätigung zusammenhängt, so ist ihre Wirkung auf die Sinne in diesem Zustand am provozierendsten (. . .)

Mit der Einführung des Absatzes ist das Hauptproblem der Zeit, die Auflösung der Harmonie und die Pointierung der verschiedenen Einzelreize, geradezu glänzend gelöst. Das künstliche Herauspressen von Busen und Lenden ist gleichbedeutend mit ostentativer Demonstration dieser erotisch wirkenden Körperteile. Diese Reize bekommen für sich Plakatwirkung: Du sollst speziell dieser meiner Vorzüge gewahr werden, sagt jede Frau in dieser Haltung zum Manne. Das ist das Interessanteste an mir, das ist, was ich dir vor allem zeigen will, darauf sollst du deine Aufmerksamkeit richten, damit soll sich deine Phantasie ständig und mit Eifer be-

schäftigen, schau wie stolz, wie pikant, und so weiter. Die Folge von alledem ist, daß der Mann wirklich in erster Linie diese Reize sieht, sie sind der Angelpunkt aller seiner Blicke, und er sieht sogar häufig nichts weiter von einer Frau als gerade diese besonderen Einzelheiten (. . .)

Der Absatz ist zwar von Anfang an sowohl dem Männer als dem Frauenschuh eigentümlich, denn er entsprach den Interessen beider. Aber es bedarf doch keiner besondern Beweisführung, um dazutun, daß seine Rolle beim Frauenschuh ungleich wichtiger war. So übertrieben seine Höhe mitunter auch am Männerschuh wird, am Frauenschuh allein erlebt er die vorhin geschilderte groteske Höhe. Und hier ist er vor allem der Gegenstand des ständigen Experimentierens (. . .)

Gerade darin aber, daß der Absatz vorzugsweise im Dienste der Interessen der Frau stand und daß wiederum die Orgien seiner Herrschaft zusammenfallen mit dem Zeitalters des Absolutismus, dokumentiert sich deutlich, daß er das oberste Mittel und das bezeichnende Symbol des Zeitalter der Frau repräsentiert. Die jeweils allgemein gültige Höhe des Absatzes ist geradezu Beweis und Maßstab der Herrschaft der Frau. Seine Höhe nahm in gleicher Weise zu, in der die Herrschaft der Frau – der Frau als angebetete erotische Macht – im gesellschaftlichen Sein siegreich in Erscheinung trat. Seine schwindelndste Höhe erreichte er, als die Herrschaft der Frau allumfassend war und ihre wildesten Orgien austobte, – das war, wie gesagt, im Zeitalter Ludwig XV., wo das ›genießen wir‹ und das ›après nous le déluge‹ die einzige Religion der herrschenden Klassen geworden war. Angesichts dieser augenfälligen Tatsachen ist nicht zu viel behauptet, wenn man sagt: Für die Erfindung des Absatzes am Schuh ist die gesellschaftliche Inthronisation der Frau als oberste Gottheit die Voraussetzung gewesen. Weiter kann man sagen: als Mittel ihrer Herrschaft wurde er zu-

gleich zum Beweis für die Niederlage des Mannes, der sich seinen auf die Wollust konzentrierten Begierden als Sklave unterwirft (. . .)

Dort, wo die Frau in erster Linie die Funktion des Geschlechtswerkzeuges zu erfüllen hat oder wo ihr daran liegt, diese Funktion in gesteigertem Maße zu erfüllen, dort ist der grotesk hohe Absatz stets ihr untrennbarer Begleiter. Die Dirne und die Kokotte, beide wandeln nie auf einem großen und stets auf einem sehr hohen Fuß. Sowie dagegen die Frau, sei es als Individuum oder als Klasse, bewußt zum Menschen wird, erniedrigt sie den Absatz. Denn nur dadurch wird sie auch äußerlich wieder ein Ganzes und hört auf, eine Dreieinigkeit von Busen, Schoß und Lenden zu sein, das heißt, der ständig auf Stimulanz der männlichen sexuellen Begierde eingestellte Geschlechtsapparat.

aus: Eduard Fuchs
»Illustrierte Sittengeschichte«
Band 2
München 1910

Dennis Noble, Illustration im Toronto Life Magazine

LILIENFÜßE ODER: SIND WIR HYPERCHINESEN?

JOHN THOMSON, DER ENTBLÖßTE LILIENFUß, CA. 1868 (COLL. BERND LOHSE, LEVERKUSEN)

Im Jahre 1911 berichtete der ›Docent an der Berliner Handelshochschule‹ Doktor Paul Rohrbach von einer Reise nach China.

»In Shantung hatte ich einmal mit einem gebildeten Chinesen über die Fußfrage ein Gespräch. Der junge Mann sprach Deutsch und war mir als Dolmetscher mit-gegeben. Ich fragte ihn, was er von der Fußverkrüppelung dächte. Er lächelte et-was und sagte, die meisten Männer in Chi-na finden die kleinen Füße schön. Ich frag-te weiter: ›Finden es denn die Frauen auch schön? ‹ ›Die Frauen tun es, weil sie den Männer gefallen wollen. Das ist ihre Pflicht.‹ Nach einer kleinen Weile fuhr mein Begleiter dann mit einem Anflug von Verlegenheit fort: Verkrüppeln sich die Frauen in Europa nicht auch, wenn nicht an den Füßen, so doch in der Mitte des Lei-bes, um den Männern zu gefallen. . . .«

Auf jeden Fall steht fest, daß die ver-krüppelten, ›Lilienfüße‹ genannten Fußge-stelle heute für das durchschnittliche chinesische Empfinden ein ästhetisches Ideal sind. Uns Europäern freilich kommt die Sache unglaublich vor, wenn wir uns die abschreckende Gestalt eines solchen verkrüppelten Fußes vergegenwärtigen.

Ein Chinareisender begegnet heute noch Frauen auf ›Lilienfüßen‹. Es sind alte, meist schwarz gekleidete Frauen, die sich, gestützt auf einen Stock, geführt von einem Enkel oder einem ihrer Kinder, fortbewegen. Hilflos wirken sie. Wie soll man diesen Gang beschreiben? Nein, es ist kein Gehen, eher ein Trippeln, ein unsicheres und schwankendes Tänzeln.

Der Beobachter hat das Gefühl, diese Frau empfindet bei jedem Schritt Schmerzen und hält sich nur mühsam auf den kleinen Füßen. Er überlegt: Wie kann sie überhaupt Schritte machen ohne umzufallen, wie können die Un-Füße überhaupt einen Körper tragen? Auch wer schon von den gebundenen Füßen gehört hat, wird überrascht und erschrocken sein, wie klein diese klumpförmigen Füße wirklich sind, wie verkrüppelt sie wirken. Er sieht die Füße noch genauer, wenn die Frauen aus dem alten China von Familienangehörigen auf dem Gepäckträger eines Fahrrades durch die Straßen Pekings gefahren werden, ›im Sitz verwundeter Amazonen‹. Die Füße stecken in winzigen schwarzen Schuhen aus Cord oder Samt, die ganz spitz zulaufen, Puppenschuhe mit Pappsohlen, manche gerade 15 Zentimeter lang.

Der Beobachter glaubt, in den Augen der Frauen zu lesen, wieviele Qualen sie durch diese Verstümmelung erduldet haben. Beschämt und entsetzt wendet er sich ab. Im alten China gab es aus gutem Grund den Volksspruch: »Für jedes Paar gebundener Füße ein Eimer voll Tränen.«

Wurde ein Mädchen fünf Jahre alt, begann die Tortur. Die Mutter band ihrer Tochter die vier kleinen Zehen unter die Fußsohle, sie bog die Zehen etwa bis zum ersten Fußgelenk. Mit meterlangen Bandagen umwickelte sie den abgeklemmten Fuß, dessen Blutzirkulation abgeschnürt wurde. Oft führten diese gewaltsamen Prozeduren zu Wunden und Eiterungen, die den Fuß vollständig verunstalteten.

Frau Ning, im Jahre 1867 in Peking geboren, erinnerte sich noch genau an die Qualen des Füßebindens. In den Dreißiger Jahren erzählte Frau Ning, die ihr Leben lang als Dienerin gearbeitet hatte, einer amerikanischen Wissenschaftlerin ihre Lebensgeschichte. Bei Frau Ning unterbrach eine Krankheit das Füßebinden. Es wurde wieder aufgenommen, als sie neun Jahre alt war:

»Nun mußten sie die Bandagen viel fester ziehen, meine Füße taten so weh, daß ich zwei Jahre lang nur auf Händen und Füßen krabbeln konnte. In der Nacht schmerzten die gebundenen Füße manchmal so arg, daß ich nicht schlafen konnte. Ich steckte sie dann im Bett unter den warmen Körper meiner Mutter. Wenn sie sich darauflegte, tat es nicht mehr so weh und ich konnte einschlafen. Als ich elf Jahre alt war, taten meine Füße dann nicht mehr so weh und mit dreizehn waren sie fertig. Die Zehen waren so verdreht, daß ich sie auf der inneren Fußseite sehen konnte. Sie hatten sich unter der Fußsohle nach oben gedreht und gerade noch zwei Fingerbreit paßten in den Zwischenraum von Zehen und Ferse. Meine Füße waren wirklich sehr klein geworden. Die Schönheit und Anziehungskraft eines Mädchens wurden mehr durch die Größe ihrer Füße als durch ein hübsches Gesicht bestimmt. Eine Heiratsvermittlerin fragte damals nicht: ›Ist sie schön?‹, sondern: ›Wie groß sind ihre Füße?‹ Man sagte, ein durchschnittliches Gesicht wird vom Himmel gegeben, aber schlecht gebundene Füße sind ein Zeichen von Faulheit.«

Im Märchen ›Aschenputtel‹ der Gebrüder Grimm ließ der Königssohn die Treppe seines Schlosses mit Pech bestreichen. Der linke Pantoffel des unbekannten Mädchens blieb hängen. Der Königssohn hob ihn auf, und »er war klein und zierlich und ganz golden«. Der Königssohn verkündete: »Keine andere soll meine Gemahlin werden als die, an deren Fuß dieser goldene Schuh paßt.«

Der Brauch des Füßebindens soll in China im Zehnten Jahrhundert entstanden sein. Über seinen Ursprung wird manches erzählt. Eine Sage berichtet, daß eine Kaiserin mißgestaltete Füße, wahrscheinlich Klumpfüße, und einen unschönen Gang hatte. Deshalb befahl ihr Ehemann allen weiblichen Untertanen, sich auf dieselbe Weise zu verstümmeln. Am häufigsten hört man jedoch folgende, wahrscheinlichere Geschichte: Der Kaiser und Dichter Li Yu aus der Dynastie der Südlichen Tang (961–975) ließ für seine Geliebte, die Tänzerin Yau-ning, eine goldene Lotusblüte anfertigen. Damit sie im Mittelpunkt dieser Lotusblüte für ihn tanzen konnte, zwang er sie, die Füße mit weißer Seide zu bandagieren, sie sollten aussehen wie Halbmonde. Die Damen am Hof eiferten der Favoritin des Kaisers nach.

Die gebundenen Füße wurden zunächst in den oberen Gesellschaftsschichten zum Schönheitsideal. Für diese adligen Frauen war es nicht so tragisch, daß sie kaum noch gehen und stehen konnten. In schönen Sänften ließen sie sich leicht schaukelnd durch das Reich der Mitte tragen.

Große Füße galten fortan als Zeichen niedriger Abstammung. Sogar die Mädchen und Frauen, die auf dem Feld arbeiten mußten, unterwarfen sich nach und nach dieser zehn bis fünfzehn Jahre dauernden Tortur, die sie bei der Arbeit behinderte. Der ›goldene‹ oder ›duftende Lotus‹ wurde langsam zum allgemeinen Schönheitsideal. Die Bauern zögerten das Füßebinden oft hinaus, damit die unverkrüppelte Arbeitskraft der Tochter möglichst lange erhalten blieb. Die Zehenknochen mußten dann, wenn die Mädchen schon älter waren, künstlich gebrochen werden. Nur mit ›Lilienfüßen‹ hatten sie überhaupt eine Chance geheiratet zu werden.

Schuhe zu tragen, die das Gehen unmöglich machten. Hier mag ein Fußfetischismus des chinesischen Mannes vorgelegen haben, aber selbst in der patriarchalischen Gesellschaft des damaligen Chinas war es kaum glaubhaft, daß der Mann die Frau zu einer Verschneidung oder Wicklung ihrer Füße zwingen konnte, wenn die Frauen nicht selbst von dem sexuellen Wert besessen gewesen wären. Überall, in allen Ländern der Welt, bringen Frauen dem Schuh schmerzliche Opfer, und dieses Opfer (...) hat ohne Zweifel fetischistische Bedeutung.«
(Aus: Bornemann, Lexikon der Liebe)

Um die Jahrhundertwende regte sich Widerstand unter Chinas Frauen. Durch den Kontakt zu ausländischen Missionaren entstand der ›Bund der natürlichen Füße‹, auch Liga gegen die Fußverkrüppelung genannt. Chinesische Reformer, die eine Schulbildung für Mädchen forderten, lehnten das Füßebinden ab.

Die im Jahre 1875 geborene Qiu Jin, die mit einer kleinen Armee gegen die herrschende Mandschu-Dynastie gekämpft hatte, klagte in Aufsätzen die Frauen an, die nicht gegen ihr Schicksal rebellierten.

Die böse Stiefmutter riet ihren Töchtern, deren plumpe Füße nicht in den kleinen, zierlichen Goldschuh von Aschenputtel paßten: »Hau die Zehe ab, hau ein Stück von der Ferse ab! Wann du Königin bist, brauchst du nicht mehr zu Fuß zu gehen!« Das Mädchen hieb die Zehe ab, zwängte den Fuß in den Schuh, verbiß den Schmerz und ging heraus zum Königssohn.

Je kleiner die Füße waren, desto untrüglicher bewiesen sie im alten China den Gehorsam und die Leidensfähigkeit der Ehefrau und Schwiegertochter. Die Verstümmelung verwandelte die Chinesin erst in ein Liebesobjekt. Ihre Füße erstarrten zum Fetisch. Die Lilienfüße wurden von der höfischen Literatur zum erotischsten Organ des weiblichen Körpers erhoben, den unbeholfenen, tänzelnden Gang priesen die Dichter als ›vollendete Anmut‹. Der verstümmelte Fuß war immer bedeckt. Es gab für ihn mit der Mode wechselnde, oft

kunstvoll bestickte Beinkleider, die auch während des Liebesaktes nicht abgelegt wurden.

›Gefangene auf Lilienfüßen‹ wurden die Chinesinnen genannt, da sie ohne fremde Hilfe kaum das Haus verlassen konnten. Die Sitte kam auch den damaligen Moralvorstellungen entgegen, die verheirateten Frauen verboten, sich außerhalb des Hauses aufzuhalten.

»Die masochistische Komponente des Schuhfetischismus sitzt (...) außerordentlich tief. In allen Ländern sind Frauen, die in jeder anderen Hinsicht durchaus gesunde sexuelle Gefühle hegen, in eigentümlicher Weise auf den schmerzbereitenden Aspekt ihrer Schuhe fixiert. Das Tragen zu enger, hochhackiger Schuhe als reine Eitelkeit zu betrachten, genügt hier nicht als Erklärung. Man bedenke, daß die chinesische Frau jahrhundertelang eine Verkrüppelung ihrer Füße in Kauf nahm, um

Mit 32 Jahren wurde Qiu Jin in Shaoxing, einer kleinen Stadt im Osten des Landes, geköpft. Sie hatte die chinesischen Frauen so beschrieben:

»Sie sitzen den ganzen Tag unbeweglich herum wie eine Tonfigur, und in Gefahrensituationen sind sie ohnmächtig wie ein Gefangener, denn sie können nicht fliehen, weil sie sich ja nicht bewegen können. (...) Es gibt auch Frauen, die überhaupt keine Selbstachtung besitzen. Sie lieben die kleinen Füße ebenso wie ihre Ehemänner, sie schnüren die Bandagen, die sie zusammenhalten, immer noch enger, und können sich auf diese Weise schmeicheln, es geschafft zu haben, daß ihre Füße einer dreizollgroßen Lotusknospe gleichen. Wenn sie gehen, sehen sie aus, wie die Zweige einer Trauerweide, und sie bilden sich ein, daß das sehr schön ist. Wenn sie sich an ihre Tür anlehnen müssen, so halten sie sich für schön und anziehend. Anstatt sich zu wehren gegen ihre Lebensbedingungen, sind sie zufrieden und begnügen sich damit, die Sklavinnen ihrer Söhne und Ehemänner zu sein ... Ihr solltet euch gegenseitig davon überzeugen, daß Ihr ebenfalls vier Gliedmaßen und fünf Sinne besitzt und daß Ihr genau so klug seid wie Männer.«

Im Jahre 1902 erließ die Kaiserinwitwe Ci Xi (1835–1908) ein Edikt, das das Füßebinden verbieten sollte. Der Brauch war jedoch in der Bevölkerung so tief verwurzelt, daß er sich nicht einfach und schnell durch ein Gesetz abschaffen ließ. Doch die ›Fußreform‹ war eingeleitet. Anfang des Jahrhunderts schrieb ein aufgeklärter Mandarin einen Brief, der in der chinesischen Presse Aufsehen erregte. Er forderte, daß sich »gebildete und modern gesinnte Männer« weigern sollten, eine Frau mit verkrüppelten Füßen zu heiraten. Waren sie bereits mit einer Chinesin auf Lilienfüßen verheiratet, müßten sie die Frau auffordern, die Bandagen abzunehmen. Lehnte die Frau dieses Ansinnen ab, sollte der Mann sie fortschicken.

ALTE CHINESIN MIT EINGEBUNDENEN FÜSSEN

Die politischen Umwälzungen in China, die von der Ausrufung der Republik China (1911) zur Gründung der Volksrepublik China im Jahre 1949 führten, machten nach und nach der alten feudalen Sitte des Füßebindens den Garaus, auch weil immer mehr Frauen lernten, arbeiteten und mitkämpften, weil sich die Frauen auf ihre Menschenwürde besannen und demokratische Rechte forderten. Anfang der Fünfziger Jahre zogen die allerletzten Frauen die Bandagen fest.

Hat Sigmund Freud recht, wenn er in dem chinesischen Brauch der verstümmelten Füße die Kastration der Frau sieht, eine Kastration, die nur die chinesische Zivilisation offen zugegeben hat? War und ist die westliche Zivilisation einfach geschickter?

Wir sind mit dem Stöckelschuh, dem spitzen Schuh, dem Schuh mit Plateausohlen und immer wieder mit dem Stöckelschuh schon lange ›auf du und du‹. In seinen ›Hypochondrischen Plaudereien‹ riet ein Herr von Amyntor (1831–1910), den unbekleideten Fuß einer schönen jungen Frau auf einen Bogen Papier zu stellen und

den Umriß mit einem Bleistift zu ziehen. Danach solle man »diese Kopie eines normalen menschlichen Fußes« mit dem Werk eines Schuhkünstlers vergleichen. Nur schwerlich werde man »Ähnlichkeit zwischen der natürlichen und der Kunstform« entdecken. Herr von Amyntor entlarvte das scheinheilige Entsetzen der Europäer über die Barbarei der gebunden Füße:

»Wir lachen über die Unnatur, mit der die chinesischen Damen ihre Füße zu verkrüppeln pflegen, und wir vergessen, daß bei uns weder Männer noch Frauen noch größere Kinder jemals einen unverkrüppelten Fuß aufzuweisen vermögen. Es ist wahrhaft teuflisch, mit welchem Raffinement, mit welcher Ausdauer wir mit der Verunstaltung der kleinen Zehe beginnen, um mit (...) eingewachsenen Nägeln, geschwollenen Ballen und Druckstellen auf dem Spann das Werk der Mißbildung zu krönen: Wir sind Hyperchinesen.«

Quellen:

Gebrüder Grimm
Aschenputtel
zitiert nach: Ausgabe des Nord-Süd-Verlags, Hamburg 1977

Charlotte Kerner, Ann Kathrin Scheerer
Jadeperle und großer Mut – Chinesinnen zwischen gestern und morgen
Ravensburg 1980

Julia Kristeva
Die Chinesin – Die Rolle der Frau in China
München 1976

Kunsthalle Nürnberg (Hrsg.)
Schuhwerke – Aspekte zum Menschenbild
Ausstellungskatalog Nr. 32, Nürnberg 1976

Anton Lieb, Unter dem Pantoffel der Mode – Schuhgeschichtliche Betrachtungen eines Arztes
München 1951

Paul Rohrbach, Der chinesische Fuß
in: Volksschrift des Allgemeinen Evang.-Protestantischen Missionsvereins
Nr. IX, Heidelberg 1911

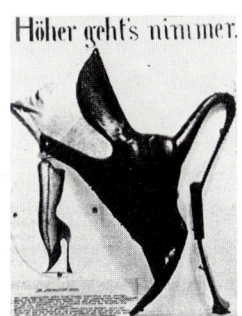

Cinderellas Schuhe

Man kann die Geschichte drehen und wenden wie man will, das Märchen von Cinderella behandelt das Problem der Schuhgröße, sagt Rudolfski. Seiner Meinung nach ist Cinderella ein Märchen, das ein glänzendes Beispiel für die Psychopathologie der Kleidung gibt; eine ganze Menge Motive sind in ihm enthalten.

Es wird von Cinderella bewiesen, was ohnehin feststeht: Es gibt eine besondere Vorliebe für Frauen mit kleinen Füßen. Das ist aus dem Glauben erwachsen, Frauen mit kleinen Füßen hätten auch kleine Geschlechtsorgane. Ohne weiter nachzudenken, zwängen Frauen ihre Füße ständig in zu enge Schuhe, in Schuhe, die kleiner sind als der natürliche Zustand ihrer Füße. Unbewußt sind wir alle mehr oder weniger wie Cinderella. Wenn wir in weiblichen Schuhen laufen, gleicht eine seltsame Müdigkeit der Füße dem Schmerz der Schwestern, die die große Zehe beziehungsweise die Ferse abgeschnitten haben. Wenn das stimmt, stellt sich für uns die Frage, welcher Mann für uns der Prinz ist. Solange es den Prinzen gibt, können wir uns nicht vom Fluch der Schuhe befreien. Übrigens gibt es für uns japanische Frauen nicht nur einen, sondern wenigstens zwei Prinzen. Einer der beiden ist der ›Westen‹. Weil wir, bevor wir die westliche Kleidung kennenlernten, keine Schmerzen kannten, die durch Schuhe verursacht sind. Um sich der Seiyo genannten westlichen Kleidung anzupassen, mußten die japanischen Frauen auch ihre Füße an westliche Schuhe gewöhnen; und das nur, um von dem Seiyo genannten Prinzen anerkannt zu werden. Der Fluch unserer Schuhe hat deshalb einen doppelten Boden. (...)

Rudolfski hat sich auch in Japan aufgehalten, er schätzt Kimonos und traditionelle Beinkleider sehr. Sowohl japanische Oberbekleidung (Kimono) als auch japanisches Schuhwerk (Hakimono) haben ursprünglich nur eine Größe. Die Zehen können sich im traditionellen Schuhwerk frei bewegen, ganz im Gegensatz zu den in die Schuhe hineingepreßten Zehen.

Nur weil es den heutigen Japanern selbstverständlich ist, Schuhe anzuziehen, können sie sich nicht vorstellen, daß es früher anders war, damals ist es den Leuten sehr schwer gefallen. Vor dem Krieg gab es noch sehr viele Japaner, die in Schuhen nicht laufen konnten. Meine Mutter, die Meiji 36 (1903) geboren wurde, starb, ohne auch nur einmal Schuhe angezogen zu haben. Zwar sollte sie, wenn sie eine Art europäisches Kleid trug, Schuhe anziehen, aber sie konnte es nicht.

Schuhe kann man nicht tragen, ohne geübt zu haben, das habe ich aus der Nähe beobachtet. Mein Vater, der im Meijijahr 35 geboren wurde, konnte Schuhe tragen, weil er es wahrscheinlich als Soldat bei der Armee gelernt hatte. Es muß eine unvorstellbare Qual gewesen sein, ein Leben, bei dem man die Zehen bewegt hatte, plötzlich zu verbieten. Chikatabi, in denen man die Zehen bewegen kann, sind eine großartige Erfindung der Japaner, man verwendet sie beispielsweise, wenn man zu gefährlichen und hochgelegenen Orten hinaufklettert. Selbst heute wird die Gehweise japanischer Frauen, die hohe Absätze tragen, oft als ungeschickt bezeichnet. Man sieht oft Leute, die beim Gehen die Knie nicht durchdrücken und die, übertrieben ausgedrückt, nicht nur mit hohen Absätzen leicht stampfend oder schleppend zu gehen scheinen. Diese Gehweise ist ein Überrest des Nanba. Nanba-Gehen bedeutet, daß die rechte Hand und das rechte Bein beim Gehen gleichzeitig nach vorne gebracht werden. Man nimmt an, daß das von der Arbeitshaltung der Ackerbauern herkommt. Die Suri-ashi, die schlurfenden Füße der traditionellen japanischen Künste, haben hier ihren Ursprung. Das heißt, indem das Nanba zur Grundlage des Gehens gemacht wurde, war es nicht mehr möglich, Sprünge zu machen. Als man mit der Meijizeit eine

moderne Armee aufstellte und die Bauern zu Soldaten ausbilden wollte, soll es große Schwierigkeiten bereitet haben, alle ›eins-zwei-eins-zwei‹ gehen zu lassen. Denn sie konnten nur im Nanba gehen. Takechi Tetsuji erläutert, daß, um das Nanba bewußt wegfallen zu lassen, ursprünglich dort, wo es ›eins-zwei-eins-zwei‹ heißen sollte, mit ›und-eins-und-zwei-und-eins-und-zwei‹ die Stufe ›und‹ extra notwendig war.

So benötigten die Japaner, ob Mann oder Frau, Zeit, sich daran zu gewöhnen, ihre Fußzehen zusammen in Schuhe genannte Gefäße zu zwängen und damit zu laufen. (...)

Was den Prinz, der der ›Westen‹ ist, angeht, so waren in Japan Frauen wie auch Männer Cinderellas. Die Modernisierung bedeutete partiellen körperlichen Schmerz. Wie ich schon am Anfang erwähnte, ist es tatsächlich so, daß Frauen, die mit Männern zusammenarbeiten, besondere Schmerzen ertragen müssen, weil sie den unzumutbaren Angeboten dieser zwei Prinzen genügen müssen. Wenn die japanischen Frauen ihre eigene Befreiungsbewegung entwickeln wollen, so müssen sie außer der Nachahmung der Frauenbefreiungsbewegungen der amerikanischen und europäischen Fortschrittsländer überlegen, warum eigentlich die körperliche Vormoderne verändert werden mußte. Es gibt schon eine Tendenz im Bereich der modischen Veränderungen der Kleidung, die so etwas in ihr Blickfeld aufnimmt, aber bis zum Bereich der Schuhe ist das noch nicht vorgedrungen, es gibt noch keinen Schuhmodeschöpfer, der die Befreiung von Schuhen fordert. Immerhin ist die Mehrheit der Modeschöpfer europhil. Sie schimpfen auf die Gehweise der Japanerinnen, die sehr ungeschickt sei. Und für die japanischen Modeschöpfer waren traditionelle Kleidung und Schuhwerk bis jetzt nur unter dem Blickwinkel des westlichen Ethnologen interessant.

(Taeko Tomioka, geb. 1935, ist eine der erfolgreichsten Lyrikerinnen Japans. ›Cinderellas Schuhe‹ sind Auszüge aus einem Essay, übersetzt vom Lektürekurs im Fach Japanologie, FU Berlin, zuerst erschienen in der Taz vom 2. 3. 1985)

Schuhe im Märchen

Ein Müller hatte drei Söhne, seine Mühle, einen Esel und einen Kater. Die Söhne mußten mahlen, der Esel Getreide holen und Mehl forttragen und die Katz die Mäuse wegfangen. Als der Müller starb, teilten sich die drei Söhne in die Erbschaft, der älteste bekam die Mühle, der zweite den Esel, der dritte den Kater, weiter blieb nichts für ihn übrig. Da war er traurig und sprach zu sich selbst: »Ich hab es doch am allerschlimmsten gekriegt; mein ältester Bruder kann mahlen, mein zweiter kann auf seinem Esel reiten. Was kann ich mit dem Kater anfangen? Laß ich mir ein paar Pelzhandschuhe aus seinem Fell machen, so ist's vorbei.« – »Hör«, fing der Kater an, der alles verstanden hatte, was er gesagt, »du brauchst mich nicht zu töten, um ein paar schlechte Handschuh aus meinem Pelz zu kriegen; laß mir nur ein paar Stiefel machen, daß ich ausgehen kann und mich unter den Leuten sehen lassen, dann soll dir bald geholfen sein.« Der Müllerssohn verwunderte sich, daß der Kater so sprach; weil aber eben der Schuster vorbeiging, rief er ihn herein und ließ ihm ein paar Stiefel anmessen. Als sie fertig waren, zog sie der Kater an, nahm einen Sack, machte den Boden desselben voll Korn, oben aber eine Schnur daran, womit man ihn zuziehen konnte; dann warf er ihn über den Rücken und ging auf zwei Beinen, wie ein Mensch, zur Tür hinaus. (...)

Der arme Müllerssohn aber saß zu Haus am Fenster, stützte den Kopf auf die Hand und dachte, daß er nun sein Letztes für die Stiefel des Katers weggegeben, und was werde ihm der großes dafür bringen können. Da trat der Kater herein, warf den Sack vom Rücken, schnürte ihn auf und schüttelte das Gold vor den Müller hin: »Da hast du etwas für die Stiefel, der König läßt dich auch grüßen und dir viel Dank sagen.« Der Müller war froh über den Reichtum, ohne daß er noch recht begreifen konnte, wie es zugegangen war. Der Kater aber, während er seine Stiefel auszog, erzählte ihm alles, dann sagte er: »Du hast zwar jetzt Geld genug, aber dabei soll es nicht bleiben; morgen zieh ich meine Stiefel wieder an, du sollst noch reicher werden, dem König hab ich auch gesagt, daß du ein Graf bist.« Am andern Tag ging der Kater, wie er gesagt hatte, wohl gestiefelt, wieder auf die Jagd, und brachte dem König einen reichen Fang. So ging es alle Tage, und der Kater brachte alle Tage Gold heim, und ward so beliebt wie einer bei dem König, daß er aus- und eingehen durfte und im Schloß herumstreichen, wo er wollte. (...)

(Aus: Der gestiefelte Kater.
Nach den Brüdern Grimm).

(...) Sie tanzten da bis drei Uhr am andern Morgen, wo alle Schuhe durchgetanzt waren und sie aufhören mußten. Die Prinzen fuhren sie über das Wasser wieder zurück, und der Soldat setzte sich diesmal vorne hin zur ältesten. Am Ufer nahmen sie von ihren Prinzen Abschied und versprachen in der folgenden Nacht wieder zu kommen. Als sie an der Treppe waren, lief der Soldat voraus und legte sich ins Bett, und als die zwölf langsam und müde herauf getrippelt kamen, schnarchte er schon wieder so laut, daß sie's alle hören konnten, und sie sprachen: »Vor dem sind wir sicher.« Da taten sie ihre schönen Kleider aus, brachten sie weg, stellten die zertanzten Schuhe unter das Bett und legten sich nieder. Am andern Morgen wollte der Soldat nichts sagen, sondern das wunderliche Wesen noch mit ansehen, und ging die zweite und die dritte Nacht wieder mit. Da war alles wie das erstemal, und sie tanzten

ILLUSTRATION ZU »DER GRABHÜGEL« VON PAUL HEY, 1939

jedesmal, bis die Schuhe entzwei waren. Das drittemal aber nahm er zum Wahrzeichen einen Becher mit. Als die Stunde gekommen war, wo er antworten sollte, steckte er die drei Zweige und den Becher zu sich und ging vor den König, die zwölfe aber standen hinter der Türe und horchten, was er sagen würde. Als der König die Frage tat: »Wo haben meine zwölf Töchter ihre Schuhe in der Nacht zertanzt?«, so antwortete er: »Mit zwölf Prinzen in einem unterirdischen Schloß«, berichtete, wie es zugegangen war, und holte die Wahrzeichen hervor. Da ließ der König seine Töchter kommen und fragte sie, ob der Soldat die Wahrheit gesagt hätte, und da sie sahen, daß sie verraten waren und Leugnen nichts half, so mußten sie alles eingestehen. Darauf fragte ihn der König, welche er zur Frau haben wollte. Er antwortete: »Ich bin nicht mehr jung, so gib mir die älteste.« Da ward noch am selbigen Tage die Hochzeit gehalten und ihm das Reich nach des Königs Tode versprochen. Aber die Prinzen wurden auf so viel Tage wieder verwünscht, als sie Nächte mit den zwölfen getanzt hatten.

(Aus: Die durchtanzten Schuhe.
Nach den Brüdern Grimm)

(...) Zu dem Fest wurde aber auch Schneewittchens gottlose Stiefmutter eingeladen. Wie sie sich nun mit schönen Kleidern angetan hatte, trat sie vor den Spiegel und sprach:

Spieglein, Spieglein an der Wand,
wer ist die Schönste im ganzen Land?
Der Spiegel antwortete:
Frau Königin, ihr seid die Schönste hier,
Aber die junge Königin ist tausendmal schöner als ihr.

Da ward dem bösen Weib so angst, daß es sich nicht zu lassen wußte, und sie wollte zuerst gar nicht auf die Hochzeit kommen; doch ließ es ihr keine Ruhe, sie mußte fort und die junge Königin sehen. Als sie aber in den Saal trat, da erkannte sie Schneewittchen, und vor Angst und Schrecken konnte sie sich nicht rühren. Aber es waren schon eiserne Pantoffeln über ein Kohlenfeuer gestellt, die wurden nun mit Zangen hereingetragen, und sie mußte in die rotglühenden Schuhe treten und so lange darin tanzen, bis sie tot zur Erde fiel.

(Aus: Schneewittchen. Nach den
Brüdern Grimm)

Der gläserne Schuh

Es war einmal ein Bauer, der fand eines Tages auf einem Berge, wo die Wichtelmänner bei Nacht zu tanzen pflegten, einen gläsernen Schuh. Er steckte ihn flugs ein und lief weg damit und hielt die Hand fest auf der Tasche, als habe er eine lebendige Taube darin, denn er wußte, daß er einen Schatz gefunden hatte, den die Unterirdischen teuer wiederkaufen müßten. Darum hat er sich auch um Mitternacht zu dem Berg zurückgeschlichen und ein paarmal, so laut er konnte, gerufen: »Ich habe einen schönen gläsernen Schuh daheim, will mir den keiner abkaufen?« Der Wichtelmann nämlich, der seinen Schuh verloren hat, der muß den Fuß so lange bloß tragen, bis er ihn wieder bekommt: das ist sehr arg für ihn, denn die kleinen Leute müssen immerzu auf harten und steinigen Boden treten.

Es dauerte auch nicht lange, so erschien eines Nachmittags der Wichtelmann, der den Schuh verloren hatte, als ein zierlicher Kaufmann verkleidet, vor des Bauern Türe und klopfte an. Er fragte, ob hier nicht gläserne Schuhe zu verkaufen seien, denn die seien jetzt eine seltene Ware.

»Ich habe einen sehr hübschen kleinen Schuh aus Glas«, antwortete der Bauer, »er ist so zierlich, daß er sogar noch einem Wichtelmann den Fuß drücken könnte, aber ich glaube nicht, daß jeder Kaufmann ihn bezahlen kann.«

Der Kaufmann besah ihn eine Weile, dann sagte er: »Es ist mit den gläsernen Schuhen doch nichts so Seltenes, als ihr hier auf einem Dorfe glaubt, weil ihr nicht in die Welt hinauskommt. Aber weil ich gerade Lust auf ihn habe, will ich Euch tausend Taler dafür geben.«

»Tausend Taler ist Geld, pflegte mein Vater zu sagen, wenn er fette Ochsen zum Markt trieb«, antwortete der Bauer, »aber für den lumpigen Preis kommt er mir nicht aus der Hand. Auch habe ich von den gläsernen Schuhen so ein Liedchen singen hören. Kann er nicht die Kunst, mein lieber Herr, daß ich in jeder Furche, die ich aufpflüge einen Dukaten finde, so bleibt der Schuh mein, und er muß anderswo nach gläsernen Schuhen fragen.«

Der Kaufmann machte noch allerlei Versuche und Wendungen hin und her. Als er aber sah, daß der Bauer nicht nachließ, schwur er ihm zu, was er verlangte. Da bekam er den Schuh, und war sogleich verschwunden.

Der Bauer aber eilte in seinen Stall, spannte die Pferde vor den Pflug und machte sich damit hinaus auf das Feld. Dort suchte er sich ein Stück mit der allerkürzesten Wendung aus, und kaum hatte der Pflug die erste Scholle gebrochen, so sprang auch schon der Dukaten aus der Erde und so ging es bei jeder neuen Furche. Da ist des Pflügens bald kein Ende mehr gewesen. Der Bauer kaufte sich acht neue Pferde zu den achten, die er schon im Stall hatte, und ihre Krippen sind nicht mehr leer geworden vom Hafer, damit er ja alle zwei Stunden zwei frische Pferde anschirren könnte. Oft ist er schon vor Sonnenaufgang ausgezogen, und hat nach Mitternacht noch gepflügt. Er hat aber immer allein gepflügt und nicht gelitten, daß jemand mit ihm gegangen ist. Darum ist er weit geplagter gewesen, als seine Pferde, welche den schönen Hafer fraßen und immer miteinander abwechselten, und er ist immer bleicher und magerer geworden. Seine Frau und seine Kinder hatten keine Freude mehr an ihm, denn er ist stumm und in sich gekehrt so für sich hingegangen und des Tages hat er auf seine Dukaten gearbeitet, und des Nachts hat er sie zählen und darauf grübeln müssen, wie er einen noch geschwinderen Pflug erfände. Die Nachbarn aber bejammerten ihn wegen seines wunderlichen Tuns und wegen seiner Stummheit und Schwermut, und glaubten, daß er närrisch geworden sei. Sie bedauerten auch seine Frau und seine Kinder, denn sie fürchteten, daß er sich bald um Haus und Hof bringen werde. So ist es aber nicht gekommen, wenn er auch keine vergnügte Stunde mehr gehabt hat, seit er die Dukaten aus der Erde pflügte. Er hat es nämlich doch nicht lange ausgehalten mit dem Laufen in den Ackerfurchen bei Tag und Nacht. Als der zweite Frühling kam, ist er eines Tages tot hinter seinem Pfluge hingefallen, obwohl er doch ein sehr starker und lustiger Mensch war, ehe er den gläsernen Schuh in seine Gewalt bekam. Seine Frau aber fand nach seinem Tode in dem Keller des Hauses zwei große vernagelte Kisten voll blanker Dukaten. Davon haben sich seine Söhne später große Güter gekauft und sind Herren und Eheleute geworden. So macht der Teufel zuweilen auch große Herren. Aber dem toten Bauern hat das nicht mehr gefrommt.

<small>NACH E. M. ARNDT</small>

(...) Auch am dritten Tag ging Aschenputtel wieder zu seiner Mutter Grab und sprach ein Verslein her, und diesmal warf ihm der Vogel ein Kleid herab, das war so prächtig von Gold und Silber, wie es noch keines gehabt, und die Pantoffeln waren von purem Golde. Als es in dem Kleid an den Königshof kam, da wußten alle nicht, was sie vor Verwunderung sagen sollten, und wieder tanzte der Königssohn mit keiner anderen außer ihr.

Als es nun Abend war, wollte er es begleiten, aber es entsprang ihm so geschwinde, daß er nicht folgen konnte. Doch diesmal hatte er eine List gebraucht und die ganze Treppe mit Pech bestreichen lassen: da war Aschenputtels linker Pantoffel hängengeblieben. Am nächsten Morgen ging der Königssohn mit dem goldnen Pantoffel zu Aschenputtels Vater und sagte zu

ihm: »Welcher dieser Schuh paßt, die soll meine Gemahlin werden.«

Da freuten sich die beiden Schwestern, und die ältere ging sogleich mit dem Schuh in die Kammer und wollte ihn anprobieren. Aber sie konnte mit der großen Zehe nicht hineinkommen. Da reichte ihr die Mutter ein Messer und sprach: »Hau die Zehe ab; wenn du Königin bist, so brauchst du nicht mehr zu Fuß zu gehen.« Das Mädchen tat wie ihr geheißen, zwängte den Fuß in den Schuh, verbiß den Schmerz und ging heraus zum Königssohn, und er nahm sie aufs Pferd und ritt mit ihr davon. Sie mußten aber an dem Grab vorbei, da saßen die zwei Täubchen auf dem Haselbaum und riefen:

»Rucke di guck, rucke di guck,
Blut ist im Schuck,
Der Schuck ist zu klein,
Die rechte Braut sitzt noch daheim.«

Da blickte er auf ihren Fuß, und als er sah, wie das Blut herausquoll, wendete er sein Pferd um und brachte die falsche Braut wieder nach Hause. Da ging die andere Schwester in die Kammer und kam mit den Zehen glücklich in den Schuh, aber die Ferse war zu groß. »Hau ein Stück von der Ferse ab«, sprach die Mutter, »wenn du Königin bist, brauchst du nicht mehr zu Fuß zu gehen.« Das Mädchen tat wie ihm geheißen, verbiß den Schmerz und ging heraus zum Königssohn, und er nahm sie aufs Pferd und ritt mit ihr fort. Aber als sie an dem Haselbäumchen vorbeikamen, saßen die zwei Täubchen darauf und riefen abermals:

»Rucke di guck, rucke die guck,
Blut ist im Schuck
Der Schuck ist zu klein,
Die rechte Braut sitzt noch daheim.«

Er blickte nieder auf ihren Fuß und sah das Blut an ihrem weißen Strumpf. Da wendete er sein Pferd und brachte die falsche Braut wieder nach Haus. »Das ist auch nicht die Rechte«, sprach er, »habt ihr keine andere Tochter?« – »Nein«, sagte der Mann, »nur von meiner verstorbenen Frau ist noch ein kleines Aschenputtel da: das kann unmöglich die Braut sein.« Er wollte es aber durchaus haben und Aschenputtel mußte gerufen werden. Da wusch es sich erst Hände und Angesicht rein, ging dann hin und neigte sich vor dem Königssohn, der ihm den goldnen Schuh reichte, und siehe da, er paßte wie angegossen. Und als es sich in die Höhe richtete, da erkannte er auch das schöne Mädchen, das mit ihm getanzt hatte, und rief: »Das ist die rechte Braut!« Dann nahm er Aschenputtel aufs Pferd und ritt mit ihm fort. Als sie an dem Haselbäumchen vorbeikamen, da riefen die zwei weißen Täubchen:

»Rucke die guck, rucke die guck,
Kein Blut im Schuck:
Der Schuck ist nicht zu klein,
Die rechte Braut, die führt er heim.«

Dann kamen sie herabgeflogen und setzten sich dem Aschenputtel auf die Schultern, eine rechts, die andere links, und blieben da sitzen.

Als die Hochzeit mit dem Königssohn sollte gehalten werden, da kamen die falschen Schwestern und wollten sich einschmeicheln und gingen mit den Brautleuten zur Kirche, die Ältere zur Rechten, die Jüngere zur linken Seite: da pickten die Tauben einer jeden das eine Auge aus. Hernach, als sie herausgingen, war die Ältere zur Linken und die Jüngere zur Rechten, da pickten die Tauben einer jeden das andere Auge aus. Da waren sie also für ihre Bosheit und Falschheit auf ihr Lebtag bestraft.

(AUS ASCHENPUTTEL. NACH DEN BRÜDERN GRIMM)

ROLAND TOPOR, DIE TRAGISCHE GESCHICHTE VON ASCHENBRÖDEL, 1974

DIE SCHNELL ERWORBENEN STIEFELN

Zwei sehr anständig gekleidete junge Männer erschienen kürzlich bei einem Schuhmacher in Valenciennes. »Mein Herr«, sagte der Eine, »ich bin ein Fremder, und wünsche ein Paar Stiefeln zu kaufen. Da mir nun mein Freund da gesagt hat, Sie wären der beste Schuhmacher in der Stadt, so wende ich mich an Sie. Ich muß in einigen Stunden wieder abreisen, und möchte die Stiefeln sogleich haben.« Der Schuhmacher führte unter vielen Bücklingen die jungen Herren in ein Nebenzimmer, und zeigte ihnen mehrere Paare Stiefeln.

Der Fremde versuchte einige; endlich entschied er sich für eins, das ihm sehr eng war, »Lieber Freund«, sagte der Begleiter, »in einigen Stunden sind wir am Ziele unsrer Reise, warum willst Du noch Stiefeln kaufen, die nicht für Dich gemacht sind?«

»Sie passen mir vollkommen.«

»Ich sage Dir, sie passen nicht, Du kannst ja gar nicht darin gehen, bist schon ganz heiß geworden.«

»Kein Wunder bei dieser Wärme: machen Sie doch die Thür ein wenig auf.«

Der Schuhmacher that es.

Der Freund des Käufers fuhr unterdeß immer fort, die Stiefeln zu tadeln; und der Andere zog die Börse, um den Schuhmacher zu bezahlen, als sein Freund ausrief:

»Es ist thörigt von Dir, Du wirst hinken. Die Stiefel sind abscheulich gemacht.«

»Das lügst Du«, antwortete der Käufer.

»Sage das noch einmal!« Und eine kräftige Ohrfeige begleitete diese Worte; der Andere blieb ihm Nichts schuldig, der Erstere lief dem Zweiten nach, und so kamen Sie die Treppe hinunter, aus dem Hause hinaus und bis an das Ende der Straße.

Der Schuhmacher sah ihnen nach und murmelte: »Abscheulich gemacht! Er wird ihn einholen!«

Wohl möglich, daß der Käufer den Andern einholte, sie waren aber Beide bald um die Ecke gekommen und verschwunden. Der Schuhmacher erkannte nun erst, daß man ihm einen Streich gespielt, und ein Paar Stiefeln gestohlen hatte.

(AUS: HUMORISTISCH-KOMISCHES WITZ- UND CARRICATUREN- PFENNIG-MAGAZIN MIT ZEICHNUNGEN VON GRANDVILLE, DAUMIER, SEYMOUR, NORMANN, ALOPHE, FOREST, CHAM, JANET-LANGE, LORENTZ, MONNIER, VERNIER, CRUIKSHANK, GAVARNI, EMY UND ANDEREN, BD. 4., LEIPZIG 1844).

5

Foto: Peter Gerlach
DSI-Fotowettbewerb
(Archiv DSI)

A propos Magritte

Während die bildkünstlerischen Schuh-Themen in den ersten drei Jahrzehnten unseres Jahrhunderts vordergründig der realistischen Tradition des 19. Jahrhunderts verhaftet blieben, eröffnete René Magritte mit seinem Gemälde ›Das rote Modell‹ (Le modèle rouge) aus dem Jahre 1935 auch für das Schuhwerk des Menschen als Gegenstand seiner künstlerischen Reflexion und Sinnlichkeit neue imaginative Ausdrucksbereiche. Das Gemälde (Stockholm, Moderna Museet), von dem es ein halbes Dutzend, nur im Detail geringfügig veränderte Varianten geben soll, zeigt, vor einer Bretterwand auf steinigem Erdboden stehend, ein grobes, schwärzliches Schnürstiefelpaar mit fleischlich ausgebildeten Zehen. Die Einfachheit dieser verblüffenden Metamorphose in einem zwar recht kahlen, aber natürlich und eindeutig festgelegten Bildraum – ein Grundzug des Magritteschen Oeuvres – gibt den Interpreten immer wieder Rätsel auf, ihre Vermutungen bewegen sich zwischen der »offenen Doppeldeutigkeit« des »unverborgenen Rätsels« und dem auch nicht sehr hilfreichen Hinweis auf eine von Magrittes Freund Paul Nougé schon 1936 übermittelte »unbestimmte Sozialkritik«: »Das rote Modell stößt einen Warnruf aus.« Doch befindet sich ein solches Werk gar nicht so sehr außerhalb der einsichtigen und verständlichen Bildtradition und einige Künstler der jüngeren Generation wie Jim Dine, André Thomkins und Clive Barker haben die eindringliche Realitätsbezogenheit des ›Modèle rouge‹ in ihrer Magritte-Hommage, ohne Scheu vor dem Geheimnis, reflektiert und für ihr eigenes Werk nutzbar gemacht.

Zweifellos ist auch ›Das rote Modell‹ nicht ganz unabhängig von den Schuh-Bildern van Goghs, besonders naheliegend sind die Vergleichbarkeiten mit seinem bekanntesten Stiefelstilleben im Amsterdamer Van-Gogh-Museum (De la Faille Nr. 255): der Blick auf die Stiefel hinab, die Primitivität der Schuhmodelle, die Iso-liertheit der Stiefel auf ihrem tristen, erdigen Standplatz und schließlich das braungelbe Gesamtkolorit sind vergleichbare Eigenschaften der beiden Gemälde des Belgiers und des Holländers. Neben der Zwittergestalt der Schuh-Füße erfand Magritte die Ausweglosigkeit der Bretterwand hinzu, dieses Mit-dem-Rücken-an-der-Wand-Stehen seiner Zehen-Stiefel.

Trotz des düsteren Gesamteindrucks dieser Bilderfindung glaubte André Breton, daß Magritte sich hier den Luxus leiste, die in den Dingen schlummernden Kräfte mit seinem ›Zauberstabe‹, nicht ohne den nötigen Funken Humor, zu befreien und ihrer ›relativen Wirklichkeit‹ zu entkleiden.

Die psychoanalytische Symbolforschung (C. G. Jung u. a., Olten 1968) betonte in der surrealistischen Assoziation dieses Bildes nur das Disparate seiner Elemente, das Absurde, Irrationale und Traumhafte.

Ein Blick auf die sprachlich-literarische Symbolgeschichte der Schuh-Metapher, auf ihre sinnbildliche Aussage über den Schuh als leibliches Seelenkleid des Menschen, als Symbol seiner körperlichen Lebenswirklichkeit und ihrer Vergänglichkeit (Vanitas) (vgl. unseren Beitrag über literarische Schuh-Symbole), läßt aber erkennen, daß Magritte sich mit seiner durch automatische Assoziation gewonnenen Bildidee gar nicht außerhalb des vorhandenen ›Sprachschatzes‹ bewegte. Ob bewußt oder unbewußt, übertrug der Künstler nur ein altes, aus der religiösen Erfahrung des Menschen abgeleitetes und in sein Unterbewußtsein eingedrungenes sprachliches Symbol in eine, von ihm freilich individuell gestaltete, sinnlich-anschauliche Bildform. In der Bildsprache des religiösen Schuh-Symbols sind ja gerade der Körper des Menschen und sein Schuhwerk die vergleichbaren Elemente, deren tautologische Überschneidung die symbolische Aussage erst tragfähig macht: daß nämlich der Körper des Menschen als Schuh-werk seiner Seele zu betrachten sei und daß folglich der Mensch beim Betrachten seiner abgetragenen Schuhe an die Vergänglichkeit seiner leiblichen Existenz erinnert werde.

Ohne Magritte auf die christliche Schuh-Metapher festlegen zu wollen, kann man doch wohl sagen, daß er an die aus dieser Metapher im 19. Jahrhundert entwickelte Emblematik des Réalisme anknüpfte: ›Le modèle rouge‹ hat mit der menschlichen Lebenswirklichkeit zu tun und ist, als surreal erschlossene Bildmetapher des unterbewußten Sprachgebrauchs, ein Sinnbild für die existentiellen Bedingungen des Menschen. Der etwas melancholische, meditative Charakter des Bildes läßt zudem vermuten, daß etwas von der Vanitasbedeutung des älteren Schuhstillebens auch in diese Bildschöpfung eingegangen ist.

Konsequenterweise hat Magritte diese metamorphe Körpersymbolik auch in das erotische Schuhbild seiner, einen Text des Marquis de Sade zitierenden, ›Philosophie dans le boudoir‹ von 1947 übernommen. Hier sind ein Paar weibliche Schuhe mit hohen Absätzen an den Fußspitzen entsprechend umgeformt.

Als 1965 André Bretons Buch ›Le Surréalisme et la Peinture‹ erschien, stattete Marcel Duchamp, zusammen mit Enrico Donati, das Schaufenster einer Buchhandlung mit surrealistischen Objekten aus: auf einer Draperie stand die plastische Ausformung des ›roten Modells‹, und ein wenig tiefer lagen, mit den Sohlen nach oben, die beiden Frauenschuhe mit ihren ›fleischlichen‹ Zehen.

Auch für Salvador Dali ist der Schuh »ein Gegenstand, höchstbefrachtet mit realistischen Kräften« (l'objet le plus chargé de vertus réalistes), was sich sowohl in seinen erotisch-fetischistischen Schuhobjekten erweist, als auch in den ausgetretenen ›Adams‹-Schuhen des ›Péché originel‹ von 1941. Selbst Joan Miró griff auf eine, von ihm stilistisch

RENÉ MAGRITTE, LA PHILOSOPHIE DANS LE BOUDOIR, 1947

längst überwundene Naturnähe seiner Malerei zurück, als er 1937 während des spanischen Bürgerkriegs das rustikale Stilleben eines alten Bauernschuhes mit Brot, Ginflasche, Apfel und Gabel unter einem finster flackernden Himmel malte, sozusagen als Alégorie réelle der Leiden seiner verarmten spanischen Landsleute.

André Thomkins hat die psychologisch aufschließende bildnerische Leistung René Magrittes, dieses Überschreiten unseres alltäglichen Wahrnehmungshorizontes, in einer 1956 entstandenen Zeichnung gewürdigt, deren Titel ›Bonjour Monsieur Magritte‹ auf ein bekanntes Gemälde des französischen Realismus im 19. Jahrhundert anspielt, Gustave Courbets ›Bonjour Monsieur Courbet‹ . Thomkins setzt die statischen Schuhfüße Magrittes, ihre Nature morte ignorierend, in Bewegung und zeigt sie beim Überschreiten einer Horizontlinie, hinter der einige typische Magritte-Motive auftauchen, besonders der bekannte männliche Hinterkopf, freilich ohne seine obligate Melone.

Der 1940 geborene Engländer Clive Barker, der auch eines der Stuhl-Porträts von Vincent van Gogh ins chromverkleidete Bronzeobjekt transponiert hat, löste 1969 Magrittes ›Rotes Modell‹ aus der zweidimensionalen Ebene und setzte die rundplastischen Schuhfüße als ›Hommage à Magritte‹ auf einen Sockel. Schneede (1973) hielt diese plastische Verwirklichung für ein Mißverständnis der Magritteschen Vorlage, doch muß man genauer hinsehen, um zu erkennen, daß Barker keineswegs abklatschgetreu die zehenfüßigen Schuhe Magrittes übernahm, sondern – von seinem skulpturalen Standpunkt aus – sich der bildlichen Metamorphose nur zitierend näherte. Während die Bildvorstellung Magrittes offensichtlich von einem Stiefelstilleben ausging, dessen Schuhspitzen er in Zehen umwandelte, liegt Barkers Ausgangspunkt eher in einer statuarischen Vorstellung: er modellierte den schlanken Fußtorso einer unbekleide-

René Magritte, Le modèle rouge II, Öl auf Lwd., 1937

ten menschlichen Figur in symmetrischem Stand der Füße dicht beieinander und gestaltete nur die oberen Stümpfe dieser verchromten Bronzefüße als Stiefelschäfte mit ihren herabhängenden Schnürriemen.

Selbst wenn Barker die körperliche Metamorphose des ›Roten Modells‹ unmittelbar ausgeformt hätte, läge das wohl kaum außerhalb der Vorstellungen Magrittes und seiner Freunde, wie die Schaufensterdekoration von Marcel Duchamp 1965 in New York zu bestätigen vermag. Magritte selbst hatte Ende der 60er Jahre das nahe verwandte Motiv seines Gemäldes »Der Brunnen der Wahrheit« (Le puit de vérité) von 1963 zu einer Bronzeskulptur verarbeitet. In verwandter stofflicher und kompositioneller Auffassung zeigt dieses Gemälde ein einzelnes in Schuh und Hose steckendes Männerbein, als körperlicher Torso auf steinigem Erdboden stehend, vor einer Quaderwand mit einem kleinen Rasenstreifen, also in einer ›landschaftlichen‹ Situation. Magritte beabsichtigte offenbar das Kernstück seiner Bildidee herauszugreifen, als er 1967 dieses einzelne Männerbein zur rundplastischen Bronze von annähernd Lebensgröße machte.

Wie Clive Barker seine Magritte-Hommage, so formulierte auch Dieter Kraemer (geb. 1937) seine 1972 in Eitempera gemalte ›Hommage à Gnoli‹ nicht kritiklos als Übernahme Gnolischer Stilmerkmale und seiner unausweichlichen Gegenständlichkeit. Zwar zeigt sein kleines Bild in Profilansicht einen Damenschuh, so wie er als Modell bei Gnoli durchaus zu finden ist, aber Kraemer transponierte ihn in die Formensprache seiner eigenen, in zahlreichen Gemälden bereits erarbeiteten, persönlichen Wirklichkeit mit ihrer polemischen Einstellung zur Verrottung unserer Großstadtumwelt. Vor einem (nur angeschnittenen) Mauerblock mit Metallbügel steht der einsame Schuh auf einem für Kraemer typischen Schauplatz, der mit Spuren des Konsums und des Verschleißes übersät ist: Zigaretten-

schachtel und Kippen, Streichholzschachtel und abgebrannte Hölzer, ein ausgeleiertes Scharnier und ein weggeworfenes Metallgestänge.

Die manisch vergrößerte, leblose Dingwelt Gnolis, die den Betrachter fetischhaft bedrängt und in jedem Zentimeter ihrer Oberflächenkunst den Horror vacui erkennen läßt, ist bei Kraemer überhaupt nicht anwesend, sondern in einer gelasseneren, kritisch-distanzierten Wirklichkeitsschilderung aufgehoben. Auch bei Kraemer ist der Schuh eine auf die existentielle Realität des Menschen konzentrierte und keine modisch-dekorative Bildmetapher.

Die seit der Bataille du réalisme des 19. Jahrhunderts mit dem Stilleben des großen Stiefels und Holzschuhes verbundene Realismus-Emblematik ließ das menschliche Schuhwerk offensichtlich besonders geeignet erscheinen für die bildnerische Ausdrucksform der Künstler-Hommage. Auch Peter Nagel hatte mit dem, einer Kunstpostkarte entnommenen, eingangs bereits genannten Stiefelstilleben Vincent van Goghs gewiß nicht nur ein populäres Kunstklischee im Sinn, sondern bezog sich in seinem Temperagemälde ›Stiefel (nach van Gogh)‹ von 1965 bewußt und seine eigenen künstlerischen Ziele erwägend auf eines der herausragenden ›Wappenbilder‹ des künstlerischen Realismus.

Am Abend des 29. Dezember 1972 setzte sich der in Köln lebende Kanadier Robin Page (geb. 1932) in der ARD-Fernsehsendung ›Titel, Thesen, Temperamente‹ für zwei Minuten ruhig vor die Kamera und animierte Tausende von Zuschauern, ihn zu porträtieren. Währenddessen zeichnete er seinerseits die auf ihn gerichtete Kamera, deren Objektivfassung er durch die Inschrift ›Your Photo‹ zum runden Bildrähmchen für ein photographisches Bildnis des ihm ›gegenüber‹ sitzenden Zuschauers erklärte. Allen Teilnehmern dieser Sitzung, die bereit waren, ihr spontan geschaffenes Robin-Page-Porträt dem Künstler zuzu-

schicken, versprach er eine signierte Grafik seiner eben entstehenden Kamerazeichnung. Auch dieser kommunikative Akt beiderseitigen Konterfeiens stand sozusagen im Zeichen des Künstlerstiefels, denn Robin Page balancierte während des zweiminütigen ›Tête-à-tête‹ einen seiner Stiefel auf dem Scheitel, den anderen hatte er auf das Kameraobjektiv und damit auf das projektierte Zuschauerbildnis gestellt. Erst aus zwei Stiefeln wird – wie der Volksmund sagt – ein Paar!

Robin Page, in fröhlichen Eulenspiegeleien wie in hintergründigen und zum Teil rabiaten Demonstrationen gleichermaßen bewandert, hatte im selben Jahr 1972 mit seinen Schuhen bereits den Aktionsradius des Künstlers symbolisch ausgemessen. Sein multiples Objekt ›Artist's Boots‹ zeigt auf einer Plinte die Stiefel in Schrittstellung voneinander getrennt, der rechte ist an einen Steinbrocken gekettet, der linke trägt seitlich den Federflügel des Hermes/Merkurius: der Künstler im unlösbaren Zwiespalt zwischen lähmender Verpflichtung und schöpferischem Aufschwung. Man fühlt sich angesichts dieser mythologisierenden Allegorie an »des Menschen schauerlich Symbol« von Christian Morgenstern erinnert:

»..., ein Fuß aus
grobem Leder, nicht Natur mehr,
doch auch noch nicht Geist
geworden,
eine Wanderform vom Thierfuß
zu Merkurs geflügelter Sohle.«

(Aus: SCHUHWERKE. Aspekte zum Menschenbild, Katalog zur gleichnamigen Ausstellung; Kunsthalle Nürnberg, 1976. Mit freundlicher Genehmigung des Autors.)

SCHUHBILDER ODER MODERNE UND POSTMODERNE

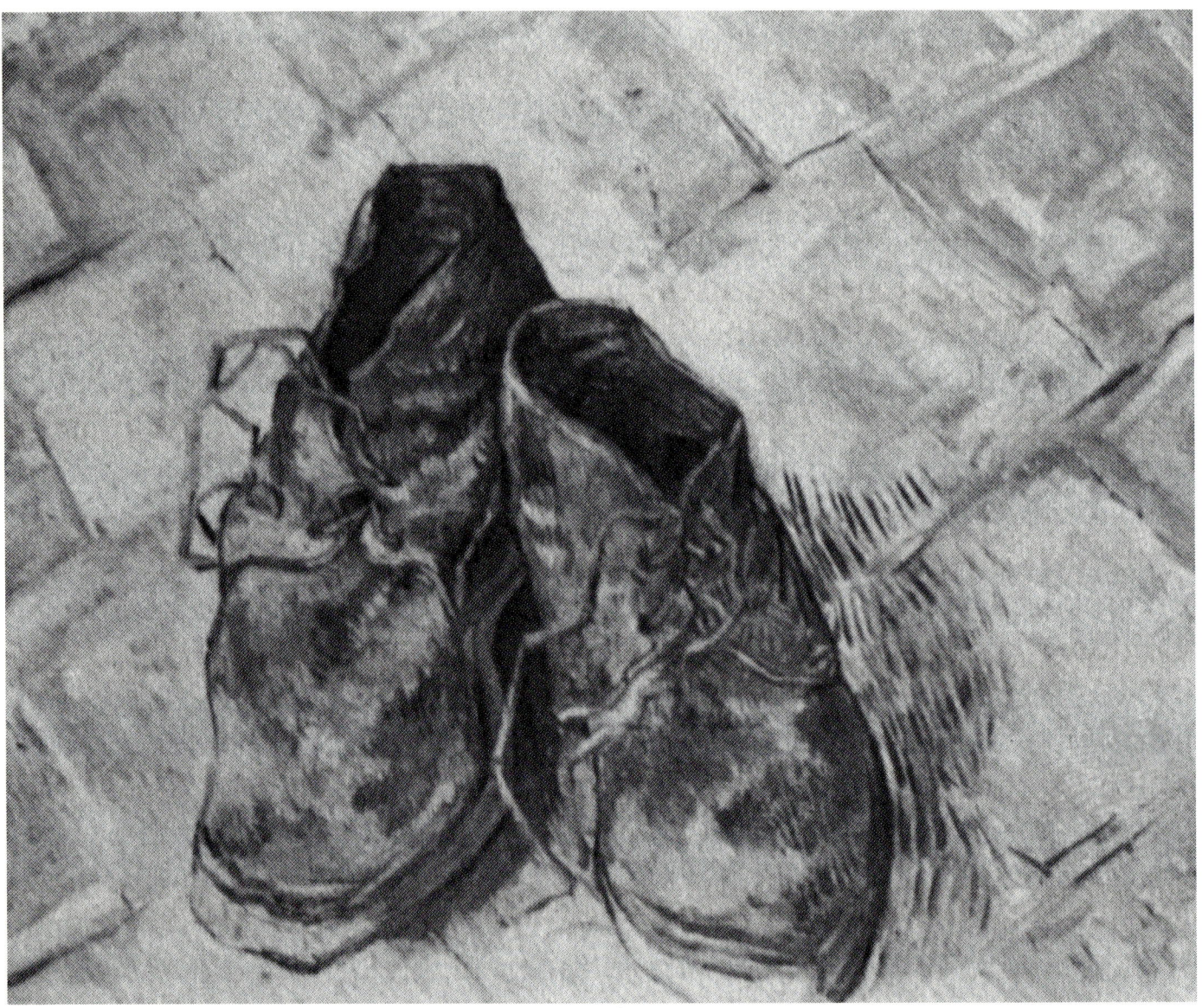

Ein Paar Schuhe

Beginnen wir mit einem Standardwerk der modernen Malerei, mit van Goghs Gemälde der Bauernschuhe. Zwei Rezeptionsarten dieses Bildes sind möglich, mit denen der Rezeptionsprozeß auf zwei Ebenen zu rekonstruieren ist. Soll dieses unendlich oft reproduzierte Bild nicht zu reiner Dekoration verkommen, so wäre zunächst die Ausgangssituation zu ermitteln, aus der das fertige Werk hervorgegangen ist. Wird diese historische Situation nicht bewußtseinsmäßig aufgearbeitet, so bleibt das Bild ein ›träges‹ Objekt (im Sinne Sartres), ein verdinglichtes Endprodukt und verliert so den Anspruch, als eigenständige symbolische Handlung, als Praxis und als Produktion verstanden zu werden.

Der Begriff Produktion verweist auf eine mögliche Methode, die historische Ausgangssituation zu rekonstruieren. In den Vordergrund zu stellen ist dabei das Rohmaterial und der ursprüngliche Inhalt, mit dem das Werk sich auseinandersetzt, den es bearbeitet, transformiert und sich aneignet. Inhalt und Ausgangsmaterial lassen sich bei van Gogh fassen als die

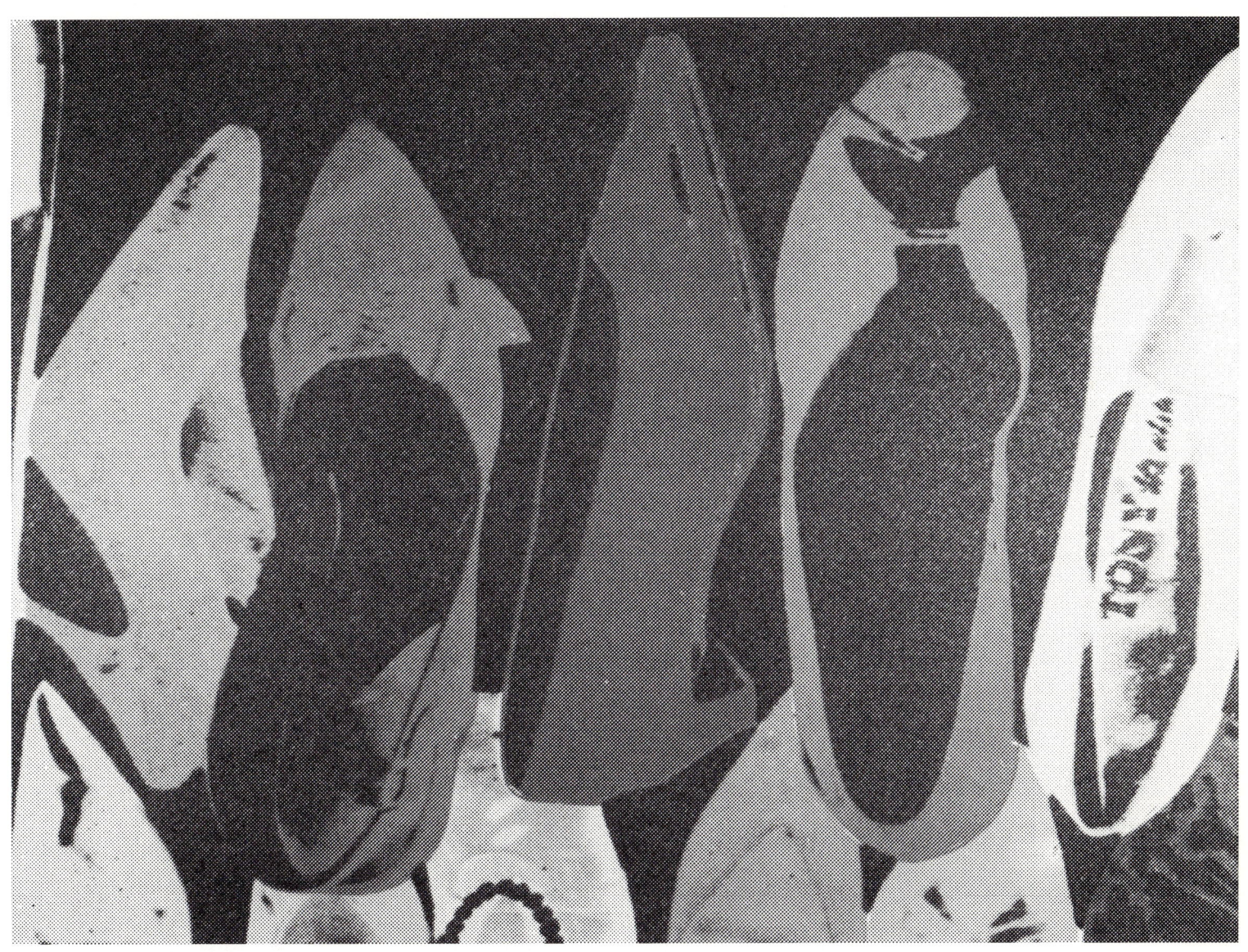

ANDY WARHOL, DIAMOND DUST SHOES

gesamte Objektwelt der Verelendung der Landbevölkerung: als elementare Welt zermürbender Landarbeit, eine Welt, die selbst brutal ist und von außen bedroht, zurückgeblieben und an den Rand gedrängt.

In dieser Welt sind die Obstbäume uralte und verbrauchte Stöcke, die aus unfruchtbarem Boden ragen. Die Bewohner des Dorfes haben ausgezehrte Gesichter, sie sind die Zerrbilder einer geradezu grotesken Typologie elementarer menschlicher Züge.

Dem gegenüber steht eine zweite Van-Gogh-Lesart, die mit Heideggers ›Der Ursprung des Kunstwerkes‹ in Verbindung gebracht werden kann. Im Mittelpunkt von Heideggers Interpretation der van-Goghschen Bauernschuhe steht die Idee, daß das Kunstwerk in dem ›Streite‹ zwischen Erde und Welt seinen Ursprung hat oder, wie man sagen könnte, in der Spannung zwischen der sinnlosen Materialität von Körper und Natur einerseits, der Sinnverleihung durch Geschichte und Gesellschaft andererseits. Diese Kluft, dieser Riß ist weiterhin zu beachten. Vergegenwärti-

225

gen wir uns zunächst einige der berühmten Sätze, in denen Heidegger den Prozeß beschreibt, in dem die bekannten Bauernschuhe allmählich um sich herum die gesamte abwesende Objektwelt entstehen lassen, die einst ihr lebendiger Kontext war: »In dem Schuhzeug«, sagt Heidegger, »schwingt der verschwiegene Zuruf der Erde, ihr stilles Verschenken des reifenden Korns und ihr unerklärliches Sichversagen in der öden Brache des winterlichen Feldes... Zur ›Erde‹ gehört dieses Zeug und in der ›Welt‹ der Bäuerin ist es behütet... Van Goghs Gemälde ist die Eröffnung dessen, was das Zeug, das Paar Bauernschuhe in Wahrheit ist. Dieses Seiende tritt in die Unverborgenheit seines Seins heraus.« Dies geschieht in der Vermittlung durch das Kunstwerk, das die abwesende Welt und die Erde um sich herum zur Offenbarung treibt und damit auch den schweren Schritt der Bäuerin, die Einsamkeit des Feldweges, die Hütte in der Lichtung, die verbrauchten und zerbrochenen Arbeitsgeräte in der Ackerfurche und am häuslichen Herd. Heideggers Ansicht wäre zu ergänzen durch den Hinweis auf die besondere Materialität des Kunstwerks, seine Transformation der einen Form von Materialität (die Erde, ihre Pfade und ihre physische Gegenständlichkeit) in die andere Materialität des Ölgemäldes, die das Bild nach eigenen Gesetzen konstituiert: in einem nur ihm eigenen visuellen Wohlgefallen.

Diamond Dust Shoes

Die beiden Lesarten des Van-Gogh-Bildes sind hermeneutisch angelegt: Das Werk wird in seinem ›trägen‹ Objektcharakter zum Schlüssel oder Symptom für eine umfassendere Realität genommen, die für eine letzte Wahrheit bürgt. Sehen wir uns nun ein anderes ›Paar Schuhe‹ an, deren Darstellung wir einem der wichtigsten Vertreter der Kunst der Gegenwart verdanken. Andy Warhols ›Diamond Dust Shoes‹ sprechen uns gewiß nicht mehr mit der bei

van Gogh gegebenen Unmittelbarkeit an. Vielleicht muß man sogar sagen, daß dieses Bild überhaupt nicht mehr zu uns spricht. Da ist absolut nichts in diesem Bild, was dem Betrachter einen bestimmten Standpunkt oder Standort zuweisen würde. Dieser sieht sich vielmehr im Museum oder in einer Galerie ganz plötzlich mit der Kontingenz des Bildes, mit seinem unergründlichen, natürlichen Objektcharakter konfrontiert. Auf der Inhaltsebene haben wir es bei diesem Bild – das muß man sehen – mit einem Fetisch zu tun, sowohl im Sinne Freuds als auch im Sinne von Marx. (Derrida bemerkte einmal zum Heideggerschen ›Paar Bauernschuhe‹, daß van Goghs Schuhe ein heterosexuelles Paar seien, das weder Perversion noch Fetischbildung zulasse.) Bei Warhol finden wir im Unterschied zu van Gogh eine wahllose Ansammlung toter Objekte, die auf der Leinwand hängen wie ein Bündel Rüben. Sie sind genauso ihrer ehemaligen Lebenswelt beraubt wie der in Auschwitz zurückgebliebene Berg Schuhe oder die Überreste und Andenken einer unbegreiflichen und tragischen Brandkatastrophe in einem überfüllten Tanzlokal. Es ist nicht mehr möglich, diese Überbleibsel in Warhols Bild hermeneutisch auf die lebendige Umgebung des Tanzlokals oder die des Balls, die Modewelt des Jet-set oder der Hochglanz-Illustrierten zurückzubeziehen. Denkt man dabei an die Biographie des Künstlers, so verschärft sich das Paradox; denn Warhol begann seine Karriere als Werbeillustrator für Schuhmoden und als Dekorateur von Schaufenstern, in denen Pumps und Slipper ausgestellt waren. Schon hier stoßen wir auf ein zentrales Problem der Postmoderne und deren mögliche politische Implikate. Andy Warhols Arbeiten drehen sich im wesentlichen um nichts anderes als um diese Warenwelt. Die großflächigen Reklamebilder der Coca-Cola-Flasche oder der Campbell's Soup-Can verweisen ausdrücklich auf den Warenfetischismus im Übergang zum

Spätkapitalismus und müßten doch eigentlich zu einer kraftvollen und kritischen politischen Aussage in der Lage sein. Wenn sie das aber nicht sind, wüßte man natürlich gern, warum nicht. Anlaß genug, die Möglichkeiten einer politischen bzw. kritischen Kunst im postmodernen Zeitalter des Spätkapitalismus energischer zu bedenken.

Es gibt aber noch andere signifikante Unterschiede zwischen der Hochmoderne und der Postmoderne, zwischen den Schuhen van Goghs und den Schuhen Andy Warhols. Der erste und auffälligste Unterschied ist das Hervortreten einer neuen Flachheit oder Seichtheit, einer neuen Oberflächlichkeit im wortwörtlichen Sinne, die das vielleicht auffälligste formale Charakteristikum aller Spielarten der Postmoderne ist. Des weiteren wäre die Rolle der Fotografie und des fotografischen Negativs/des Negativen in der Gegenwartskunst zu klären. Denn gerade dies verleiht dem Warhol-Bild seine tödliche Qualität, seine gelackte Röntgenbild-Eleganz, die den vergegenständlichten Blick des Betrachters auf eine Art und Weise erstarren läßt, die allein auf der Inhaltsebene noch nichts mit Tod, Todesbesessenheit oder Todesangst zu tun hat. Es ist tatsächlich so, als hätten wir es hier mit der Umkehrung von van Goghs utopischer Geste zu tun. Bei van Gogh wird die schmerzgebeugte Welt vermittels eines nietzscheanischen Machtwortes und Willensaktes in grelle utopische Farbe transformiert. Bei Warhol dagegen scheint die durch die Angleichung an glänzende Reklamebilder von vornherein korrumpierte und kontaminierte bunte Oberfläche der Dinge abgestreift zu sein, um so das tödliche Schwarz-Weiß des darunterliegenden Fotonegativs zur Geltung zu bringen.

(AUS: FREDERIC JAMESON, POSTMODERNE – ZUR LOGIK DER KULUR IM SPÄTKAPITALISMUS. IN: HUYSSEN/SCHERPE (HRSG.), POSTMODERNE, REINBEK 1986)

»Wir wählen als Beispiel ein gewöhnliches Zeug: ein Paar Bauernschuhe. Zu deren Beschreibung bedarf es nicht einmal der Vorlage wirklicher Stücke dieser Art von Gebrauchszeug... Wir wählen ein bekanntes Gemälde von van Gogh, der solches Schuhzeug mehrmals gemalt hat. Aber was ist da viel zu sehen? Jedermann weiß, was zum Schuh gehört. Wenn es nicht gerade Holz- oder Bastschuhe sind, finden sich da die Sohle aus Leder und das Oberleder, beides zusammengefügt durch Nähte und Nägel. Solches Zeug dient zur Fußbekleidung. Entsprechend der Dienlichkeit, ob zur Feldarbeit oder zum Tanz, sind Stoff und Form anders. Solche richtigen Angaben erläutern nur, was wir schon wissen. Das Zeugsein des Zeugs besteht in seiner Dienlichkeit...

Solange wir uns... nur im allgemeinen ein Paar Schuhe vergegenwärtigen oder gar im Bilde die bloß dastehenden leeren, ungebrauchten Schuhe ansehen, werden wir nie erfahren, was das Zeugsein des Zeugs in Wirklichkeit ist. Nach dem Gemälde von van Gogh können wir nicht einmal feststellen, wo diese Schuhe stehen. Um dieses Paar Bauernschuhe herum ist nichts, wozu und wohin sie gehören könnten, nur ein unbestimmter Raum... Und dennoch.

Aus der dunklen Öffnung des ausgetretenen Inwendigen des Schuhzeuges starrt die Mühsal der Arbeitsschritte. In der derbgediegenen Schwere des Schuhzeuges ist aufgestaut die Zähigkeit des langsamen Ganges durch die weithin gestreckten und immer gleichen Furchen des Akkers, über dem ein rauher Wind steht. Auf dem Leder liegt das Feuchte und Satte des Bodens. Unter den Sohlen schiebt sich hin die Einsamkeit des Feldweges durch den sinkenden Abend...

Durch dieses Zeug zieht das klaglose Bangen um die Sicherheit des Brotes, die wortlose Freude des Wiederüberstehens der Not, das Beben in der Ankunft der Ge-

VINCENT VAN GOGH, SCHUHE MIT SCHNÜRSENKELN, 1886

burt und das Zittern in der Umdrohung des Todes...

Aber all dieses sehen wir vielleicht nur dem Schuhzeug im Bilde an. Die Bäuerin dagegen trägt einfach die Schuhe. Wenn dieses einfache Tragen so einfach wäre. So oft die Bäuerin am späten Abend in einer harten, aber gesunden Müdigkeit die Schuhe wegstellt und im noch dunklen Morgendämmern schon wieder nach ihnen greift..., dann weiß sie ohne Beobachten und Betrachten jenes. Das Zeugsein des Zeuges besteht zwar in seiner Dienlichkeit. Aber diese selber ruht in der Fülle eines wesentlichen Seins des Zeuges. Wir nennen es die Verläßlichkeit...

Das Zeugsein des Zeuges, die Verläßlichkeit, hält alle Dinge je nach ihrer Weise und Weite in sich gesammelt. Die Dienlichkeit des Zeuges ist jedoch nur die Wesensfolge der Verläßlichkeit. Jene schwingt in dieser und wäre ohne sie nichts. Das einzelne Zeug wird abgenutzt und verbraucht; aber zugleich gerät damit auch das Gebrauchen selbst in die Vernutzung, schleift sich ab und wird gewöhnlich. So kommt das Zeugsein in die Verödung, sinkt zum bloßen Zeug herab. Solche Verödung des Zeugseins ist das Hinschwinden der Verläßlichkeit...

Das Zeugsein des Zeuges wurde gefunden. Aber wie? Nicht durch eine Beschreibung und Erklärung eines wirklich vorliegenden Schuhzeuges; nicht durch einen Bericht über den Vorgang der Anfertigung von Schuhen; auch nicht durch das Beobachten einer hier und dort vorkommenden wirklichen Verwendung von Schuhzeug, sondern nur dadurch, daß wir uns vor das Gemälde van Goghs brachten. Dieses hat gesprochen. In der Nähe des Werkes sind wir jäh anderswo gewesen, als wir gewöhnlich zu sein pflegen...

Was geschieht hier? Was ist im Werk am Werk? Van Goghs Gemälde ist die Eröffnung dessen, was das Zeug, das Paar Bauernschuhe, in Wahrheit ist... Im Werk ist, wenn hier eine Eröffnung des Seienden geschieht in das, was und wie es ist, ein Geschehen der Wahrheit am Werk... So wäre denn das Wesen der Kunst dieses: das Sich-ins-Werk-Setzen der Wahrheit des Seienden.«

(AUS: MARTIN HEIDEGGER, DER URSPRUNG DES KUNSTWERKES, 1936 GESCHRIEBEN, ERSTMALS 1950 ALS ERSTES STÜCK DER SAMMLUNG ›HOLZWEGE‹ VERÖFFENTLICHT. ZITIERT NACH DER RECLAM-EDITION NR. 8446/47, STG. 1960[1]).

Der letzte Ritter aus Spandau

Kunst im öffentlichen Raum –
Mit Siebenmeilenstiefeln durch die Bürokratie

»In der Hitliste der Vandalen rangiert die Kunst gleich hinter Telefonhäuschen, Parkbänken und Autoantennen«, schreibt Walter Grasskamp. »Obwohl aufschlußreiche Ergebnisse für die Geschichte und die Kunst davon zu erwarten wären, gehört die Geschichte der Kunstzerstörung nicht gerade zu den Steckenpferden der Kunsthistoriker.« Am Beispiel des Reiterstandbildes von Luis Touallon auf dem Steubenplatz, dem unlängst jemand ein Paar Stiefel anzog (siehe Foto), sollen hier die Hintergründe eines »aktiven Umgangs mit Kunst im Außenraum« ausgelotet werden. Durch Zufall konnten wir den Urheber dieser Aktion ausmachen: Georg-Werner Ritter, geboren in Posen, aufgewachsen am Prenzlauer Berg, seit 26 Jahren in West-Berlin lebend, von Beruf Techniker. Er erzählte uns die Geschichte, wie die Stiefel an die Füße des Reiterstandbildes kamen:

»Ja, aber wie soll ich beginnen? Zur Ledertechnik bin ich eher zufällig gekommen, das war in Afrika. Sie sehen es hier im Zimmer – das hat sich entwickelt, seit 20 Jahren wohn' ich hier, das war erst ein Wohnzimmer, es ist dann eine Werkstatt draus geworden, um diese Stiefel zu fertigen. Ich bin aber kein Schuhmacher und auch keine Heimschuhindustrie. Das ist eine Innovation, was Neues also. Ich wollte eine neue Art von Schuhen herstellen: paßgenaue – individuelle – Schuhe, zugleich sollten sie aber reproduzierbar sein. Heutzutage gibt es fast nur noch Schuhe, die nach dem Mondo-Pointsystem hergestellt sind, das ist die DIN- Norm: die Größen für die Konsumschuhe. Und jetzt kommt das Entscheidende: Ich habe ein neues System entwickelt. Die Ausgangsfrage dabei war: Welche Maßeinheit ist die angenehmste für das Material und am praktischten für die Mechanik? Das Mondo-Pointsystem geht von Fußlänge und -breite, im Spann gemessen, aus. Also so ähnlich wie man ein Fenster vermißt: Länge mal Breite. Ich habe dagegen versucht, den Fuß erst einmal vom Konstruktiven her in den Griff zu bekommen – eine symmetrisch-asymmetrische Form. Es werden dabei Kurven gleicher Länge angewendet, die im Rasterlochabstand mathematisch vermessen werden, das sind Kreisberechnungen. Und jetzt kommen wir zu der Zahl Sechs. Die habe ich dabei nämlich durchgängig als Maß verwendet. Um es kurz zu machen: Es ist mir gelungen, einen Schuh – nein, einen Stiefel herzustellen. Ein Schuh ist im Germanischen nicht eindeutig definiert, ein Handschuh höchstens: Der ist halt für die Vorderfüße von homo sapiens, und dieser Gegenstand hier, das ist jetzt eine Bekleidung für seine Hinterfüße. An dem wird nichts mehr über einen Leisten gezogen oder festgenagelt. Zwei wichtige Punkte – auch im Leben: Ich möchte selber weder übern Leisten gezogen noch festgenagelt werden. Und beim Schuheherstellen muß man das

auch nicht machen. Angefangen habe ich mit Schnittmodellen aus Pappe, im letzten Jahr hatte ich es dann raus. Da ist es mir gelungen, aus Halbfabrikaten die Hacken, die Frontpartie, überhaupt den ganzen Stiefel herzustellen, ohne Verschlußelemente (Reißverschlüsse oder dergleichen). Nachdem ich das erste Paar fertig hatte, kam mir durch Zufall ein Schreiben von der Berliner ›Technologie- und Vermittlungs-Agentur‹ zu Gesicht, in dem über den Wettbewerb ›Innovation 86‹ informiert wurde. Da habe ich dran teilgenommen mit einem Schreiben: ›Kurzbeschreibung der Innovation: Im Rasterlochabstand vermessener geschraubter Maßlederschuh. Konstruktion: Entwicklung und handwerkliche Herstellung eines Musterstiefels (hoch). Mit einem Cat-Cam-Rechnersystem kann dieser Schuh modern, individuell den Abmessungen und Wünschen der menschlichen Füße angepaßt werden.‹

Das habe ich am 1. September abgeschickt. Den Poststempel habe ich noch. Ich hatte das nicht als Patent angemeldet, auch keinen Gebrauchsmusterschutz beantragt. Meins ist ein geschmackloses Gebrauchsmuster. Man muß nur nach den Berechnungen die Löcher ins Leder stanzen, und dann kann sich jeder solche Schuhe selber basteln. 300 Teile hat so ein Stiefel. Mit Computer ließe sich nach meiner Methode jetzt der Maßschuh industriell herstellen. Und der hält mit meinen Fertigungsmethoden ewig. Sowas will die Industrie aber natürlich nicht haben. Für mein erstes Stiefelpaar

228

Georg-Werner Ritter, ›Der letzte Ritter aus
Spandau‹, Stiefel Aktion am Reiter-Denkmal
Steubenplatz, Berlin, 15. 9. 1987
(Fotos: Archiv Georg-Werner Ritter)

habe ich mir noch extra einen auswechselbaren Absatz mit Rück-
strahlern, einen batteriebeleuchteten Absatz, gebaut. Das ist was
für die Disco oder für Schulkinder auf der Landstraße. Zur Sicherheit unter Umständen ganz interessant. Sonst ist es nur Spielerei.
Bei der ›Innovation 86‹ habe ich die natürlich nicht mit eingereicht.
Dann habe ich gehofft, daß sich da mal was bewegen würde!«
(. . .)

Doch es bewegte sich nichts. Und nach einer Odyssee durch
die Welt der Patentverwaltung, nach monatelangem vergeblichem
Bemühen, die Behörden wenigstens zur Kenntnisnahme seiner Erfindung zu veranlassen, »da fiel mir dieser arme Reiter ein, mit den
schönen Füßen, an dem ich seit 18 Jahren vorbeifahre. Er heißt
›Der Sieger‹, gegossen ist er 1902, stehen tut er am Steubenplatz
seit 1961. Ist das möglich, dem ein paar Stiefel anzupassen? Erst
mal vom Technischen her: Der kann ja die Füße nicht grade machen, er hat ungefähr Größe 54. Ich habe dann mit Bändern und
Schnallen gearbeitet.« (. . .)

Auch hier wieder: monatelange Rennereien wegen einer Genehmigung, vom Tiefbauamt zum Hochbauamt, vom Hochbauamt
zum Gartenbauamt und zurück zum Tiefbauamt. Endlich:» Ein
Brief vom Stadtrat für Volksbildung: ›Sie haben mich gebeten, Ihnen die Erlaubnis zu erteilen, in einer einmaligen Aktion dem Rei-
terdenkmal auf dem Steubenplatz für kurze Zeit Ihre einmaligen
Stiefel überstreifen zu dürfen. Nach Rücksprache mit dem zuständigen Gartenbauamt bin ich bereit, eine solche Aktion zu geneh-
migen, unter der Voraussetzung, daß ich oder ein anderer von mir
benannter Behördenvertreter dabei ist, bei dieser Aktion das
Denkmal selbst und auch nicht seine Patina verletzt wird und diese
Aktion nicht länger als eine Stunde dauert. Bitte setzen Sie sich für
weitere Absprachen rechtzeitig mit mir in Verbindung.‹

Nachdem Stadtrat Mudra mir die Genehmigung erteilt hatte,
machte ich mich daran, die Stiefel für den ›Sieger‹ anzupassen.
Hier sind die Fotos davon. Ich bin nicht mit drauf. Das war mir
wichtig: Es geht mir bei der Sache nicht um mich, sondern um die
Stiefel. (. . .)

30 000 Mark hat mich der Gegenstand bisher gekostet. Das Patentamt wollte noch mal 3000 fürs deutsche beziehungsweise
30 000 für das Weltpatent haben, auch die in der DDR wollten
3000, und es durfte vorher nichts veröffentlich werden.

Ich kann den Gegenstand auf Dauer aber so oder so nicht
schützen. Wenn den jemand – in Hongkong zum Beispiel – nach-
baut, wie soll ich das verhindern? (. . .)

Beim Patentamt, wo ich jetzt schon öfter war, und auch alte Pa-
tente mir angeschaut habe, bin ich mehrmals mit einigen kleineren
Angestellten ins Gespräch gekommen, sie konnten mir nicht helfen, aber die haben auch gesagt: »›Ja, so wie Ihnen, so geht das
vielen, daß Sie nicht verstanden werden.‹«
(Der Bericht erschien ungekürzt in der TAZ vom 22. 8. 87)

ARNDT VI

 Folgendes war geschehen: Nach einer ausgesprochen betriebsamen, jedes überlegte Bewußtsein hämisch hinwegwuselnden Woche, aus der sich freizudenken Arndt beinah den gesamten Samstag brauchte, war ihm gegen Abend endlich das Gefühl gekommen, er könne sich dem Sonntag auf gewohnte Weise widmen, – als ihn, schon auf dem Heimweg, etwas bannte. Es eignete diesem eine derartige Macht und zwang Arndt auf so nachdrückliche Weise in seine Imaginationen, daß ihm, selbst wäre er gewarnt gewesen, keine Chance blieb, sich zu entziehen. Gleichzeitig aber weigerte sich sein mentaler Wahrnehmungsapparat, dies auch so zu konstatieren – er verdrängte also –, und nun wußte Arndt kaum zu begreifen, was es denn sei, das einen solchen Besitz von seinem Inneren ergriffen hatte. Die Vorstellung war ihm recht zuwider, es könne sein intellektueller Ionisierungsgürtel noch nicht undurchlässig genug sein, um die angestrebte gedankliche Freiheit und ergo die Möglichkeit von Wahrheitserkenntnis zu garantieren. Vielmehr schien er einen Rückfall zu erleiden, wenn sogar schon an den Wochenenden, die er bereits nachhaltig von aller Reproduktionsheteronomie freizuhalten verstand, das Außen in ihn hineinbrach, zumal (wie er später erschrocken sah) in solch fast mystischer Präsenz. Kaum nämlich (folgendes war geschehen:) hatte er die Fahrbahn der Alten Zeil betreten, nachdem er etwas gestolpert war, da fror es ihn fest: so sehr, daß er sogar nicht eben mitten im Schritt, aber doch im Schreitvorgang einhielt und einhalten mußte. Die Probleme, die die Gravitation seinem Gleichgewichtssinn hierbei bereitete, registrierte er hingegen nicht; anderenfalls wäre er umgefallen.

Was ihn erstarren ließ, war ein ins Gehege seines flanierenden Blicks geratenes Objekt, das aufgrund seiner nicht Fremdheit-an-sich aber doch wegen der Absurdität seines derzeitigen Aufenthaltsortes sich Arndts Aufmerksamkeit erschlich. Nun blieb ihm keine Möglichkeit mehr, die Gegenstände seiner Wahrnehmung zu separieren. – Es hatte sich bereits die Dämmerung über die Straße gelegt; nur wenige Wagen raunten durch die feuchte Spätendluft, und die Pneus knirschten fast zaghaft über den Rollsplit. Um die Straßenlampen rotierten Flektionsringe, die auf die feuchten tintigen Pfützenflächen ein Schimmern legten. Kühl war es geworden, zu kühl für die Jahreszeit. (So hatte der Sprecher des Wetterberichts morgens im Radio betont.) Arndt fror und zog sich in seinem Trench zusammen; aber er konnte sich darüber hinaus nicht bewegen. Denn anderthalb Meter von ihm entfernt (folgendes war geschehen:) und wie von einer Schutzhülle umgeben, die einerseits ein eigenartiges Irisieren, wie Strahlung, andererseits den Umstand verursachte, daß die wenigen Autos, wie unbewußt oder ferngelenkt, ihm in kleinen Bögen auswichen, um ihn nicht zu überfahren, lag ein Schuh und evozierte Arndts Erstaunen sowie alle die späteren Reflexionen. Es war eine hell-

braune knöchelhohe Lederstiefelette für den linken Fuß, mit beinahzuhohem Absatz und vorn an der Sohlenspitze goldschimmerndem Metallbeschlag. Im Anblick dieser deplazierten Lederware vergaß Arndt völlig den Verkehr, starrte den Schuh an wie eine leibhaftig gewordene Erinnerung. Einer gewissen Erregung zudem konnte er sich nicht erwehren, gleichwohl es ja nicht einmal ein Frauenschuh war, den jedoch seine wie aus einem Reißwolf krumpelnden Assoziationen sofort imaginierten. Nicht einmal mehr eine Gewalt- und Schutzidee, geradezu spontan produziert, war imstande, die Vorstellung zu zensieren, es habe möglicherweise etwas Erotisches hier stattgefunden; im Laufe dieses Prozesses sei der Schuh verlorengegangen. Weiterhin war denkbar, ein Auto habe hier im Stau gestanden, und durch die geöffnete Beifahrertür, in der sich womöglich ein Rocksaum verfangen hatte, sei der Schuh auf die Straße gelangt. Nun schienen Staubildungen aber gerade hier sehr unwahrscheinlich zu sein, und, daß jemand geparkt habe hier, kam aus anderem Grund nicht in einsichtigen Betracht. War etwa auch nur entfernt denkbar es habe ein Spaziergänger den Schuh hier verloren und sei so in seinen Gedanken verfangen gewesen, daß er dies einfach nicht gemerkt habe? An einem naßklammen Abend wie diesem, dachte Arndt, werde der Verlust eines Schuhes jedoch ganz sicher und gleichsam schon automatisch realisiert, gewissermaßen instinktiv, im Wege der Nervenbahnen und Synapsen, winzige elektromagnetische Impulse, die auf sicherlich chemische Weise das Bewußtsein alarmierten: ein hochkomplexer Zusammenhang, dachte Arndt. Man sei ihm ausgeliefert, dachte Arndt. Er entsann sich mit einem ungewissen Neid buddhistischer Versenkungsformen, in denen der Geist sich vom Körper so sehr trenne, daß er sich sogar über solche erniedrigenden, wenngleich lebenswichtigen Mechanismen erhob.

Über derartigen Erwägungen faszinierte Arndt die Vorstellung seines unvermerkt einen Schuh verlierenden Spaziergängers so sehr, daß er die einfacheren Erklärungen zwar bedachte, aber doch schnell verwarf, denen zufolge etwa jemand seine Schuhe von der Reparatur geholt und den einen aus der Tüte verloren haben könne. Freilich waren die Geschäfte seit Mittag geschlossen und es hatte in Strömen geregnet seither; der Schuh hingegen glänzte noch und war wie fleckenlos; nur oberhalb der Sohle und an dieser selbst war er beschmutzt. Daß jemandem gelungen sei, so sehr sich von aller materiellen Bestimmtheit und also aller Fremdherrschaft zu lösen, daß er einen Schuh finden und ihn irritiert betrachten könne, ohne aus anderem denn allenfalls deduktivem Grund zu bemerken, es sei der eigene, – dieser Gedanke ergriff Arndt sehr.

Er lächelte. Obgleich er nun wenn nicht Lust, so wenigstens eine Neigung hatte, sich zu bücken und den Schuh aufzunehmen, gelang es ihm nicht, diesen Impuls gegen die Kontrolle seines

Geistes durchzusetzen; vielleicht sorgte dieser, es breche jene darunter zusammen. Zudem genoß Arndt den Zustand, in den er gefallen war, noch sehr: Was anderes sonst wäre in der Lage gewesen, ihn endlich der grauenhaften Arbeitswoche und der Erinnerung an sie wie auch ihrem Nachklang zu entfremden? War nicht gerade jemand wie er angewiesen auf solche gleichsam das Maß des Alltäglichen durchbrechenden, wenn auch in ihr selbst verborgenen Erlebnisse? Hierum nämlich, dachte Arndt im Staunen über den Schuh, gehe es schließlich: Zu einer Freiheit und Ferne zu gelangen, ohne sich fremden Einflüssen ergeben zu müssen (was dem ja, dachte Arndt, widerspräche); gleichwohl jedoch im Rahmen der Empirie. Alles andere wäre Fantasterei, dessen war er sich jederzeit bewußt. Mißfallen tat ihm jetzt nur, nicht aus eigenem Entschluß ein solches Abenteuer geschaffen zu haben, sondern daß der absurde Aufenthaltsort des Schuhs ihm nachgerade die Füße unter den Gedanken weggezogen hatte, und zwar so sehr, daß er nur widerwillig registrierte, es fordere ihn das Signalhorn bereits des dritten Wagens zum Weitergehen auf; schrill. Verloren und etwas wie meditierend stand Arndt im Regen und dachte über den Schuh nach. Er wußte ihn als Vermittler zwischen Subjekt und Welt. Nicht von ungefähr schien ihm zu sein, daß eben dieses Kleidungsstück es war, dem eine so außerordentliche erotische Attraktion eignete, indem er, wie ein Huf, die Verbindung von Anorganik und Organik, Geist und Materie schuf und zum Sinnbild wurde von Potenz und Begehrlichkeit, Unterdrückungsstiefel zugleich, Lederfantasie und Zeichen höchster Beweglichkeit. Ganz zufällig war es sicher nicht, dachte Arndt, daß er selbst sogleich einen Frauenschuh assoziiert hatte; natürlich war ihm dies – ganz wie der sexuelle Trieb selbst, weil er eben Trieb war und nicht freie Entscheidung – sehr peinlich. Die erotische Raserei, in die der Geruch des Lederstücks, zumal wenn getragen, die gesunde Animalität versetzte, hatte etwas Eigenes und Widerspenstiges; dem stellte sich Arndts Bewußtsein (und er selbst dachte es, im Anblick des rötlich schimmernden Objekts, das längst nicht mehr so absurd plaziert zu sein schien) einzig deshalb entgegen, weil gerade jemand wie er anderenfalls sehr in Gefahr war, der Ekstase schutzlos ausgeliefert zu sein und also in die Fesseln des natürlichen Systems zurückverschlagen zu werden, denen er durch permanente Geistesanstrengung eben entweichen wollte und, dachte er, ein großes Stück schon entwichen sei. Daß ihn nun allerdings ausgerechnet ein banales Ding wie dieser Schuh in seiner freien Entscheidung so heftig und gelungen untergrub, daß der sorgsam beiseitegesteckte erotische Impuls aus einem verschwiegenen Hintertürchen in Arndt nicht hervorbrach, nein, aber doch hervorrieselte, – dies erniedrigte ihn etwas. Und je weiter er grübelte, desto weniger konnte er noch sagen, auf welcher Saldoseite er nun den Vorfall abbuchen solle: ob als Haben, nämlich Befreiung von natürlichem Hemmnis

(dafür sprach der Verlust des unmittelbaren Sinns), oder ob als Soll, nämlich eben Rückfall dahinein (dafür sprach die kulturell präformierte Chiffre ›Schuh‹, deren Einfluß er erlag).

Jemand sprach ihn an, forderte ihn zum Beiseitetreten oder Weitergehen auf; ob er denn nicht merke, daß er den Verkehr behindere? Er hörte die Frage gar nicht, reagierte aber, mechanisch; allerdings ging er nicht zurück, sondern sogar noch ein Stückchen weiter in die Fahrbahnmitte. Nun mußte der nächste Wagen nach rechts ausweichen, um nicht mit dem Gegenverkehr zu kollidieren; er befuhr also ein wenig den Bürgersteig hinter Arndt. Da er der irisierenden Umhüllung nicht gewahr werden konnte, wich er dem Schuh nicht aus, sondern preßte ihn mit dem rechten Hinterreifen in den Schmutz. Die Lederfläche platzte von der Brandsohle. Arndt hatte das Gefühl, er liege nun selbst auf der Straße, mit abgequetschtem Oberschenkel; eines früheren Bildes entsann er sich. Vom Reifen war die Stiefelette in die breiige Pfütze gedrückt worden, die sich am Fuß der Bürgersteigkante angesammelt hatte. Endlich hörte es zu regnen auf, und Duft stieg von der Erde hoch, aus dem Park gegenüber roch es nach Pollen und süßem Parfüm. Arndt fror und begab sich endlich weiter, das Geräusch im Ohr, daß der in die Pfütze schmatzende Schuh von sich gegeben hatte. Allerdings war nur seinem Platzen zu danken, daß Arndt zu sich gekommen war aus einer beinahe hypnotischen Versenkung; es hatte ihn zur Gedankengegenwart befreit. Doch bekümmerte ihn etwas weiterhin und gleichwohl; er wußte aber nicht, was.

Den Weg zurück und ohne sich um Nässe und Kälte zu scheren, die vom Boden ihm in den linken Oberschenkel stiegen und ein ganz unangenehmes Ziehen darin verursachten, auch ohne noch Verkehr zu gegenwärtigen, dachte Arndt dem Schuh nach und suchte nach einem interpretatorischen Schlüssel, der ihm erlaubt hätte, der, so dachte er, völligen Realität des Vorfalls einsichtig zu werden. Noch, glaubte er, war ihm der rechte Zugriff verwehrt. Es schien dem Geschehen etwas ganz Eigenes und Unangenehmes zugrundezuliegen, das sich seiner Wahrnehmung aber noch völlig, und mit boshafter Hartnäckigkeit, entzog.

Deswegen verpaßte er den Heimweg und fand sich (kurzfristig aus grübelnder Versenkung gekrochen, weil eine herabgelassene Bahnschranke seinen Weg behinderte) in Nähe des Ostparks wieder. So sehr er nun aber hätte mit Recht triumphieren können, es habe seine Konzentration alle Witterungsunbill zu ignorieren vermocht, so sehr warnte ihn doch etwas, sich vorsehen zu müssen, nicht etwa versehentlich die Stadt zu verlassen und schließlich, ermattet, unterkühlt, auf einer Landstraße aufgegriffen zu werden. Je weiter, dachte Arndt, einer sich entferne vom empirischen Grundbau, mithin von der Physis, um so mehr sei er auf permanente Präsenz angewiesen, auf Bewußtsein und dauernde intellektuelle Bereitschaft: Was vormals nämlich quasi-instinktiv und gleichsam selbstregulativ sich vollzogen habe, müsse nun kontrolliert unternommen werden. Hierin aber gründe sich einzig die Hoffnung auf eine wirkliche, eine freie Moralität. In die Folgerungen, die sich im Laufe dieses Gedankengangs ergaben, mischte sich jedoch ständig wieder der Schuh, und es bereitete Kopfschmerz, dem inneren Zwist von logischen Schließen und ständigem Einbruch der Assoziationen nahezu wehrlos ausgeliefert zu sein. Kehrtgemacht, strengte Arndt sich an, nun auf möglichst direktem Weg nach Haus zu gelangen, und als er dort, nahezu zwei Stunden später, matt und zerworfen eintrat, den Mantel auszog und auch die Schuhe abstreifen wollte, erschrak er tief; im selben Moment schoß ihm Schmerz das Bein herauf. Sein linker Schuh war verlorengegangen, die Socke völlig durchlaufen, der Fuß blutete. Der große Zehennagel war eingerissen, der des kleinen Zehs völlig verschorft und wie weggerissen. Beim Auftreten hinterließ Arndt schmutzig blutige Spuren. – Die in ihm aufsteigende Übelkeit überwand er, spülte den Fuß sauber, verband ihn. Seinem Impuls, zum Café zurückzukehren, um die Stiefelette von der Fahrbahn aufzulesen, sie über die Woche zum Schuster zu bringen, um zu sehen, was sich noch machen lasse, – diesem Impuls gestattete er keine Eskalation. Er erwog, es würden die Schmerzen beim Gehen – jetzt, wo er von ihnen wußte – zu groß sein. Also setzte er sich in den Sessel neben dem Fenster, schaute hinaus, lauschte einer sentimentalen Musik aus dem Radio und lachte schließlich sehr über den Streich, dem er des Kompetenzgerangels wegen von Körper und Geist anheimgefallen war.

VERKEHRSUNFALL FOTO: WEEGEE, CA. 1938

Ferdinand Scholz

Panegyrikus an den Schuh

Proömium

Schuh, der Du da bist, den Fuß zu umhüllen in lederner Zähe,
gleichwohl geschmeidig, behutsam und sicher bei jeglichem Wetter –
Dich will ich feiern in scheuer Verehrung, Dein Ruhm soll erschallen!
Kräftiger als der Karthaunen Getös, der Posaunen Geschmetter,
lieblicher als des Zephyrs Gesäusel, des Zeisigs Gezilpe,
freudevoll trunkener als der Bacchantinnen mutwillige Scharen,
Schuh!, will ich Dich in heißester Inbrunst hier innig besingen.
Froh gräbt der Griffel die Worte ins weiche Papier meiner Kladde,
Wort fügt an Wort sich, Vers folgt auf Vers zu dem schwellenden Lobpreis,
sorgsam beschirmt von Kalliopens freundschaftlich segnenden Händen.
– Da aber drängt sich die Frage auf, ob es gerechtfertigt wäre,
hier nun gerade das Fußkleid so lauthals und wuchtig zu rühmen!
Klebt nicht der Schuh meist im Schmodder, im Mülm unsrer Straßen?
Sackt er nicht knöcheltief ab in den Kot, in den Matsch, in die Scheiße?
Wird er zudem nicht durchsiebt von der Ausdünstung schwitziger Füße?
Ist es nicht ekelhaft, wenn man sich vorstellt, wie kleistrige Socken
lautlos verrottend verschmelzen mit rissigem, stockigem Leder?

Steigt da nicht säuernd die Kotze empor aus des Magens gereizter
Wölbung in mächtigem Schwall, unruhvoll pulsendem Druck?

Ist es der Schuh denn überhaupt wert, hier gepriesen zu werden?
Ja und abermals ja! All diesem Ekel zum Trotz!!

Sicherlich ließen sich endlos die täglichen Banalitäten
leicht zum unendlichen Reigen abscheulichen Einerleis reihen,
denn es ist wahr, daß gerade der Schuh ja am tiefsten im Dreck steckt,
daß er entstellt von trostlosen Falten, von mißfarbnen Flecken
ausgelatscht, ranzig und ungeputzt seinen erbärmlichen Dienst tut.
Doch das ist nichts als der trügende Schein, den die trüben Gesetze,
welche das Reich der Notwendigkeit bildet und prägt, involvieren.
Hebt sich der menschliche Geist erst empor in das Reich der Ideen,
wird er schon merken, wo's langgeht, und daß der Schuh noch was ganz was
anderes ist, als er sich – also der Geist, nicht der Schuh – so gedacht hat,
nämlich nicht einfach so'n Ding zum Diefüßereintun aus Leder . . .
Weia! Der Satzbau zerbröselt, der Sinn, er verweht, und das Metrum macht auch nicht
mehr mit, gerade jetzt, wo ich lobmäßig voll zur Sache kommen wollte!
Herrje!
. . .
?
!

Das Leben

Schuh! Nicht nur Schutz bist Du, wärmend und stützend und füßeverwöhnend.
Jenseits der Zweckmäßigkeiten entfaltest Du nachgrade Glorie,
Glanz und Gepränge, betrachtet man Dich mal entspannt und in Ruhe.
Hartglänzend funkelnd und dennoch samten und schmiegsam elastisch
sehen wir Dich und bewundern den Schwung Deiner prachtvollen Linien.

Hinreißend schön ist Dein Anblick für uns, so erhaben-erhebend,
wenn Du gefettet und blank üppig und gleißend erstrahlst.

Leise und speichelnd, geröteten Auges steht fiebernd und bebend
der Fetischist Dir bei schummrigem Lichte erregt gegenüber,
seines Glückes genießend, denn straff, doch geschmeidig wölbt sich,
neckend mit Schnallen und Laschen verziert, linde duftend Dein Oberleder dem klammen Zugriff der gierenden Hände entgegen.
Der Fetischist, er betastet die federnde Härte der Kappen,
schaudernd, doch lüstern erforscht er mit unstetem Griff der Hacke
kraftvolles Rund, um dann endlich die aufreizend starrende Spitze
lechzend umgreifen zu können, bevor jetzt sein Blick in das Dunkel
selig entgleitet, welches den Schaft so verlockend durchglutet,
während die Greifhand der unruherfüllten Hose sich nähert.

Wer außer Dir, Schuh, einigt Gefühl so harmonisch mit Härte,
gleichsam umschlungen vom Band heimlich empfundenen Glücks?

Nicht nur den heimlich genossenen Trost des vereinsamten Träumers
spendest Du, der schalen Alltäglichkeit einmal entrissen.
Nein! Zur volleren Pracht erst entfaltest Du Deine Erscheinung,
wenn sie Gemeinschaften stiftet und Menschen verbindet mit Menschen.
Wer denn da wem sich traulich gesellen und gatten wohl möchte:
Vor unsren Blicken entfaltest Du hilfreich die Vielfalt der Formen,
völlig zu schweigen von jener der Farben, denn nicht bloß in braunen
schwarzen, vielleicht auch noch grauen Nuancen erfreust Du das Auge;
fliedern, royal, sahara, antarctic, auch fuchsia, malven,
überdies cognac, bordeaux, selbst champagner und whisky und sherry
(wenn auch nicht apfelkorn, scharlachberg, eierlikörn und sechsämtern)
flimmert es farbenfroh vor dem entzückten, beglückten Betrachter.
All diese Buntheit, vereint mit der Vielfalt der Formen und Stoffe,
fügt es, daß Menschen sich finden und scheiden zum allseitigen Vorteil:
Lyragelocht elegant und in klassischer Schwärze erglänzend
offenbart sich die Sehnsucht nach Pumps, dezent und geschmackvoll,
welche nun ihrerseits preiswerten Slippern mit praktischem Klettver-
schluß eine deutliche Abfuhr erteilen, genau wie dem Turnschuh;
der wiederum stiftet die Einheit der jugendlich-sportlichen Menschen. –
Haferlschuh, Adidas, Docksteppers, Langschäfter, Birkenstock, Slipper,
Nike, Pantoffeln, Lackstiefel, Stöckelschuh, Keilballerinas . . .
Glück, Harmonie und Zufriedenheit wahren sie alle zusammen.
Schuh, so ordnest diskret Du und sinnreich die Buntheit des Lebens! –
Segensreich wirkst Du indessen nicht bloß im alltäglichen Dasein,
segensreich wirkst Du fürs köstliche Große, umfassende Ganze,
lichtvoll Erhabene: unseren Staat, unser aller Erhalter!
Eindringlich führst Du vor Augen, wer dies komplexe Gebilde
willig und tätig befürwortet, der nämlich, welcher vermittels
hochglanzgewienerten Schuhwerks dezent sein Vertrauen in diese
alleserquickende Ordnung beweist und zudem so den Schmutzfink,
der sein Schuhwerk vernachlässigt, unförmig, fleckig und stockig

werden läßt, als querulatorischen Saunickel bloßstellt,
wenn nicht am Ende sogar als linksextremistisches Dreckschwein.

Schuh! Verhinderer Du der Anarchie und Verwirrung!
Sichrer sozialen Gefügs, Fördrer und fester Garant!

Befruchter der Künste

Das Leben ist gut, die Kunst ist schön,
Schuh, nur Du kannst in beiden bestehn.
Du lockst die kregele Künstlerschar
mit Deiner Schönheit – ist doch arschklar!

Die Philosophie
Selig von süßem Entzücken erlebt es die fühlende Seele,
wie Du die Künste beflügelst, sogar die erhabene Dichtkunst.
Jäh aber wirft bald die Philosophie ihre kühlenden Schatten:
Dichtkunst ist zwar die höchste der Künste, da sie prinzipiell im
inneren Raume, der inneren Zeit der Empfindungen und der
Vorstellung stets sich ergeht. Doch gerade dieser, der höchsten
Stufe nun steigt die Kunst eben über sich selbst sozusagen
pfeilgrad hinaus, indem sie rapide aus der Poesie der
Vorstellung stramm in die Prosa des Denkens hinübertritt. (Hegel)
Sollte hier Schluß sein für Dich, ist die Philosophie Dir verschlossen?
Nein! Auch in deren Bereichen entfaltest Du fruchtbares Wirken:
Jenes Hinübertritts sinnfällig klares Symbol zum Exempel,
mehr noch sein Inbegriff, seine Verkörperung – Du bist dies alles.
Fortschreitend Nutzen in Schönheit aufhebend, hebst Du – zugleich auch
deren Moment – Dich selber empor in die Sphären der Wahrheit.
Außerdem führst Du zudem dem erstaunten Betrachter vor Augen,
wie Du den uralten Widerstreit zwischen der Form und dem Inhalt
dauerhaft auf das Verblüffendste aufhebst, indem Du als Fußkleid
nichts bist als Form, die des füllenden Inhalts, des menschlichen Fußes,
gar nicht wirklich bedarf, da Du selber Dir Inhalt genug bist.
(Höchstens dem Sack und der Socke, vielleicht noch dem Schnupftuch vergleichbar,
neigten nicht die eo ipso zu unförmig beuliger Schlappheit.)

Vielfältig dienst Du der Philosophie, ihrem Drang nach Erkenntnis.
Wie lohnts die Philosophie? Schofel mißachtet sie Dein!

Heidegger immerhin, er erwähnt Dich an wichtiger Stelle,
darlegend, wie denn *erst durch das Werk und nur im Werk des Zeuges
Zeugsein eigens zu seinem Vorschein kommt.* – Aber da geht es
eigentlich gar nicht um Dich, sondern bloß um ein Bild, wo Du draufbist.

Schade. Jedoch wie die restliche Philosophie Dich seit ewig
schändlich verkennt und brüskiert, ist doch wohl echt ein Skandal!

Apotheose
Schuh!
Verkannter! Epochanter!
Freudenbringer!
Menschenverbinder!
Befruchter der Künste!
Knecht voller Demut
der herrlichen
Philosophie!
Du!

Du vermählst den Menschen dem Boden,
dem Grund,
der mütterlich duftenden Erde. –
Doch Du reißt auch
steil hinauf
des Menschen Geist
in die klarblauen Demanthöhn
des GUten
SChönen
WAhren
!

Aufragt
der Mensch
erdenverhaftet
himmelwärts wölbend kühn die Stirn
aus Dir.

Er entquillt Dir quasi.

Immer-
zu!

Du die Basis –
der der Überbau ...
Hach – !
Schuuuuhh!!

UTOPIEN ALS ZEITZEICHEN

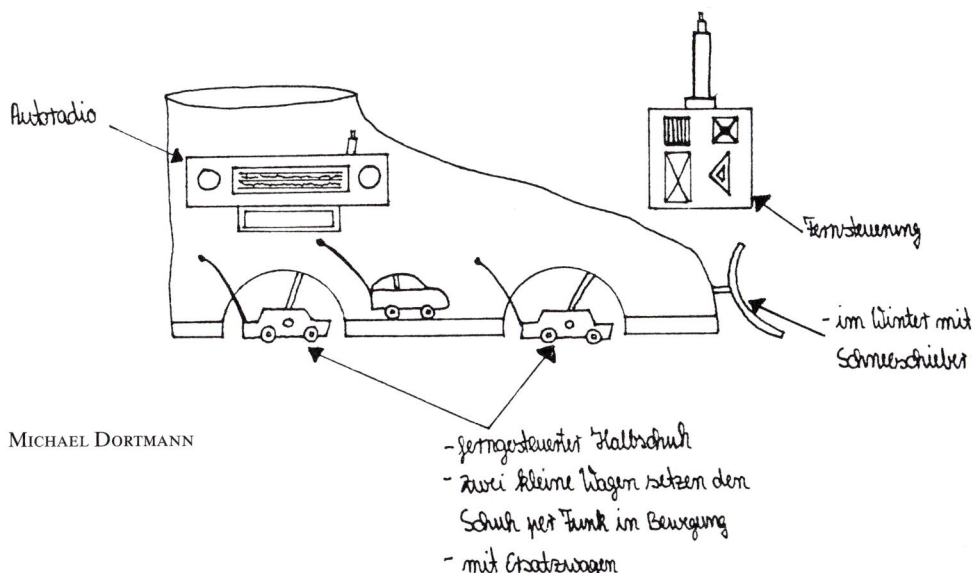

Autoradio

Fernsteuerung

– im Winter mit Schneeschieber

MICHAEL DORTMANN

- ferngesteuerter Halbschuh
- zwei kleine Wagen setzen den Schuh per Funk in Bewegung
- mit Ersatzwagen

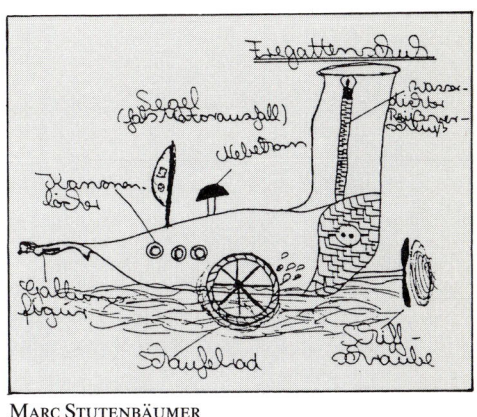

MARC STUTENBÄUMER

Unsere Schuhe: selbstverständliche Alltagsgegenstände, fast schon Körperteile, jedem vertraute spiegelbildliche Zwillinge, mit uns gewachsen von Kindsbeinen – besser Kindsfüßen – an. Werden·sie sich in Zukunft verändern? Schließlich hat sich ihre Zweckform in der Vergangenheit wenig gewandelt. Warum sollte sie auch, wo doch der zu bekleidende menschliche Fuß gleich blieb? Was sich wandelte, war die den Zeitgeist spiegelnde Mode, und die störte eher die Funktion, als sie zu verbessern. — Was also geschieht mit dem Schuh in Zukunft, in hundert, in tausend Jahren?

Wie sich junge Menschen diese Entwicklung der Fußbekleidung vorstellen, das zeigen die Ergebnisse einer Aufgabe, an der vierzehn- bis sechzehnjährige Schüler und Schülerinnen im Kunstunterricht arbeiteten.*)

*) Theodor-Schwann-Gymn. Neuss, 1986

SCHÜLERTRÄUME VOM ZUKUNFTSSCHUH

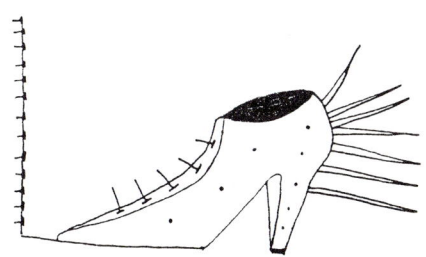

Der Tanzschuh für Damen die Abstand wünschen. Die Nägel an der Vorderseite, die Stachel an der Rückseite, perfect zur Verhinderung von Zudringlichkeiten oder anderen, ungeschickten Tänzern

FRIELE

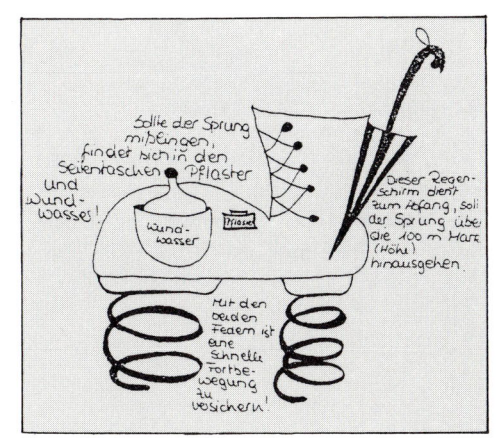

NICOLE NEUHAUS

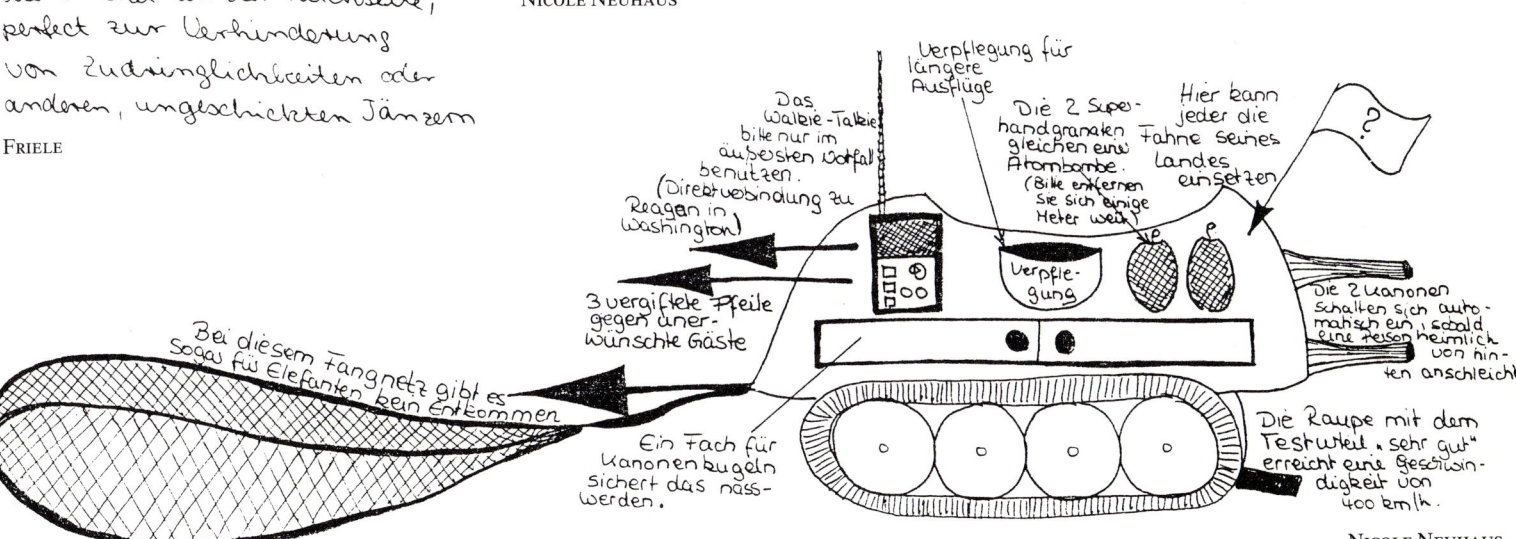

NICOLE NEUHAUS

Der Schuh als Science-fiction

Vom ungebrochenen Glauben an den technischen Fortschritt

ATOM-SCHUH / DÜSEN-SCHUH / RÄDER-SCHUH / SCHIENEN-SCHUH / RAUPENFAHRZEUG-SCHUH / AUTO-SCHUH / SOLARZELLEN-SCHUH / RAKETEN-SCHUH / TRAGFLÜGEL-SCHUH / FLUGZEUG-SCHUH / LUFTKISSEN-SCHUH / FALLSCHIRM-SCHUH / KAMERA-SCHUH / FERNGESTEUERTER SCHUH/

Während ringsum die heile Wohlstandswelt zerbröckelt und die ökologischen Grenzen industriellen Fortschritts allerorten sichtbar werden, predigen die kommerziellen Heilsboten weiter von den Segnungen des Wirtschaftswachstums und den unendlichen Möglichkeiten technischer Entwicklung. Während in der Schule oft genug unkritisch das geistige Rüstzeug hierzu eingeübt wird, entzündet sich jugendliche Begeisterung in der Freizeit an zahllosen Science-fiction-Romanen, -Comics und -Filmen, jenem kulturellen Überbau, in dem technische Gegenwart blauäugig hochgerechnet wird. Wen wundert es noch, wenn die so bearbeiteten Schüler diese Weltanschauung bedenkenlos bejahen? Viele ihrer Schuhentwürfe entlarven bis in die Einzelheiten ein ungetrübtes Einverständnis mit dieser computergesteuerten Roboterwelt. Sei es, daß

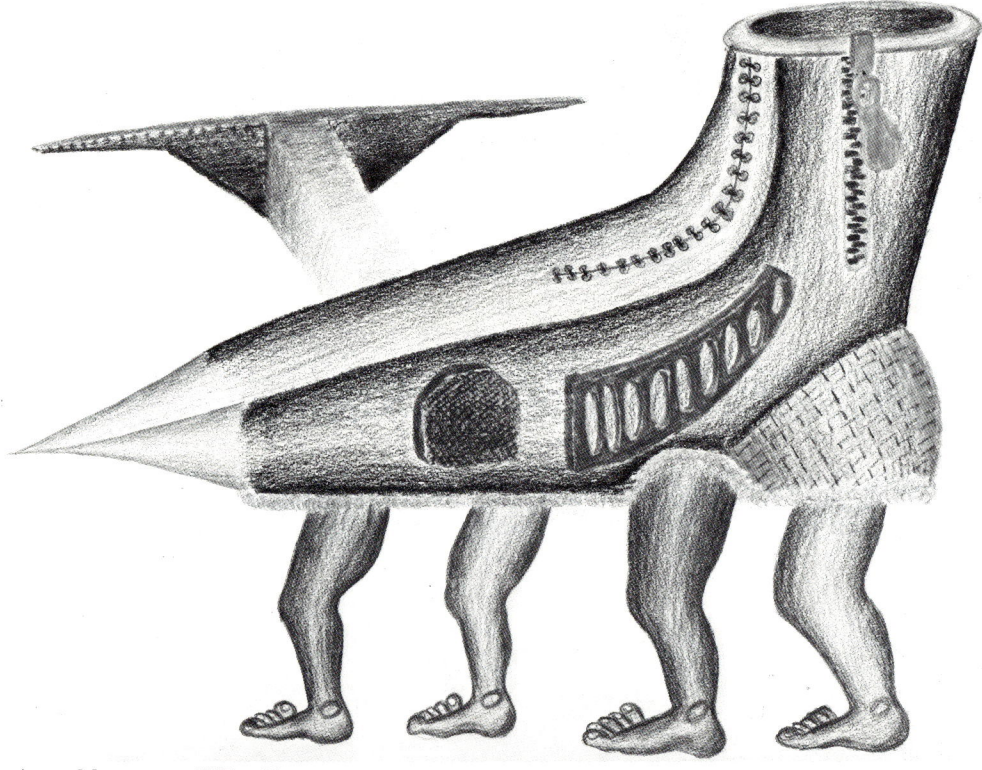

ACHIM MEKDORF, 25N8E29 MOVING

man auf ferngelenkten Raupen atomkraftgetrieben durch Mondlandschaften kraxelt oder wie Fantomas mit Düsen-Schuhen blitzschnell durch die Lüfte saust: man ist nicht nur Herr der Erde, man ist jetzt Beherrscher des Weltraums. Ist es Zufall, daß diese Entwürfe durchweg von Jungen stammen?

Der Schuh als Waffe

Von der Aggressivität als Ventil der Machtlosen

MESSER-SCHUH / KANONEN-SCHUH / HANDGRANATEN-SCHUH / AGENTEN-SCHUH / PANZER-SCHUH / STACHEL-SCHUH / SPOREN-SCHUH / MILITÄR-SCHUH / RAKETEN-SCHUH / SELBSTVERTEIDIGUNGS-SCHUH / TRETSPITZEN-SCHUH / MASCHINENGEWEHR-SCHUH / STAHLZAHN-SCHUH / TRETDORNEN-SCHUH / HARPUNEN-SCHUH / REVOLVER-SCHUH / PFEIL-SCHUH / STAHLSPITZEN-SCHUH / KAMPF-SCHUH

Betrachtet man die vielen Kampfschuhe mit ihren geschliffenen Messern und Stahlzähnen, den spitzen Dornen, Sporen und Stacheln, den Pfeilen und Harpunen oder – in modernerer Version – mit eingebauten Revolvern, Kanonen und Maschinengewehren, so erschrickt man über die hier schlummernde Aggressivität. Spiegelt sich in diesen Entwürfen die Machtlosigkeit gegenüber den immer noch autoritären Eltern und Erziehern? Oder sind sie Produkte der Hilflosigkeit gegenüber der wenig erfreulichen Zukunftsperspektive eines arbeitslosen Akademikers: No-Future-Mentalität ohne Lebenssinn? Sind es schon die unbewußten Ängste eines Lebens auf dem Pulverfaß inmitten einer zugrundegehenden Welt, die hier in Aggression umschlagen? Wird doch diese Haltung vorgelebt in den begeistert kommentierten

Filmen, in denen ein Einzelner auf eigene Faust in der verkommenen Gesellschaft endlich aufräumt, oder den mit ›liebevoll‹ veranschaulichten Einzelheiten geschilderten zukünftigen Weltraumkämpfen ganzer Sternenvölker. Dazu gehört selbstredend auch das passende Schuhwerk, das als Detail zum Ganzen stimmt. So wird der friedliche Schuh unversehens zum brutalen Hilfsmittel blutigen Kampfes. Nach dem Vorbild mittelalterlicher, aktueller oder utopischer Waffen und Folterinstrumente wird er bestückt mit abschreckend auffälligen oder geheim versteckten Arsenalen sinnig erdachter und konstruierter Tötungswerkzeuge. So bekleidet besiegt man dann nicht nur die bedrohliche Welt, sondern auch die verborgenen Ängste der eigenen Seele.

MARK PILHOFER, ADIDAS 5000

DER SCHUH ALS MODEGAG

Von der Auflehnung des Individuums gegen die Gleichförmigkeit des Alltags
DISCO-SCHUH / SCHLANGEN-SCHUH / FEDER-SCHUH / KROKODIL-SCHUH / HERZ-SCHUH / BLUMEN-SCHUH / WOLKEN-SCHUH / SCHNECKEN-SCHUH / RÜSSEL-SCHUH / SPIEGEL-SCHUH / KAROTTEN-SCHUH / WICKEL-SCHUH / SEGEL-SCHUH / SOCKEN-SCHUH / FLOSSEN-SCHUH / SCHLITZLAPPEN-SCHUH / OBST-SCHUH / CHAMÄLEON-SCHUH / KÜNSTLER-SCHUH / FEUERSALAMANDER-SCHUH / PUNK-SCHUH

Fremdbestimmt und gleichgeschaltet im reglementierten Schulalltag, streben die Schüler nach sich absetzender Individualität. Eingezwängt in das Korsett scheinbar unverrückbarer Strukturen sehnt man sich nach verrückter Originalität. Umgeben von grauer Langeweile erdenkt man eine bunte Vielfalt. So entstehen Entwürfe lustiger oder schockierend auffälliger, wenn auch unpraktischer Fußbekleidungen. Doch richten sich Fantasiereichtum und Schöpferkraft nicht gegen das einengende System, sondern entfalten ihre Energie im unverbindlichen und ›freien‹ Reich der Mode. Schuh nicht als praktische Kleidung, sondern als Modeattribut.

Man flüchtet in die eigene Welt der Subkultur, schöpferisch zwar, aber in sich

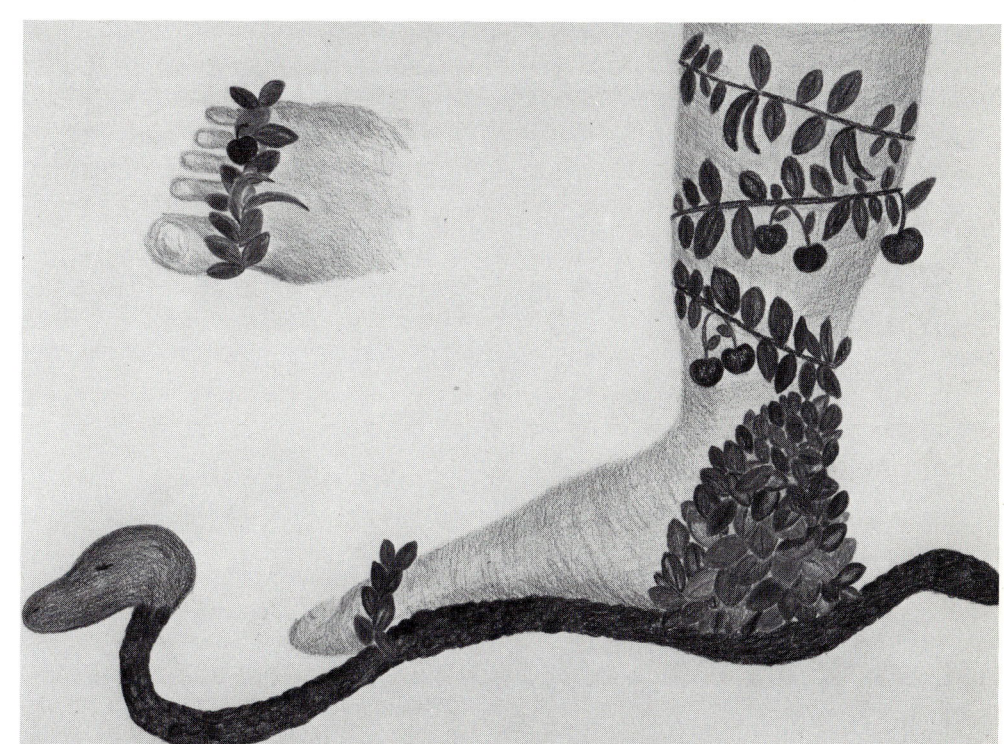

selbst verliebt, oder bleibt auch nur als kritikloser Mitläufer in der Gruppe geborgen: modische Anti-Mode als verzerrtes Spiegelbild.

SCHLANGENSANDALE
SABINE DAHLHOFF

Von Kindermärchen und verführerischen Träumen

AMPHIBIEN-SCHUH / BOOT-SCHUH / SCHWIMM-SCHUH / FLUG-SCHUH / FALLSCHIRM-SCHUH / SPRUNG-SCHUH / SAUGNAPF-SCHUH / TEMPO-SCHUH / RUDER-SCHUH / FREGATTEN-SCHUH / WASSERRAD-SCHUH / MOTORROLLEN-SCHUH / VERGRÖSSERUNGSSCHUH

Der geliebte Siebenmeilenstiefel unserer Kindheit taucht in neuer Version wieder auf. Was die Magier von damals zauberten, das schaffen jetzt die Alchimisten von heute. Der fliegende Teppich hat sich zum Flugzeug-Schuh modernisiert. Während der gestiefelte Kater unserer Märchen-

DER KILOMETERFRESSER ANJA FREITAG

träume immerhin noch seine Beine bewegen mußte, wird die Arbeit nun von der vollautomatischen Super-Hydraulik des Sprung-Schuhs erledigt. Kopfüber wird auch die Schwerkraft überwunden, denn mit dem Saugnapf-Schuh bewältigt jeder mühelos Wände und Decken. Mit dem düsengetriebenen Luftkissen-Schuh flitzt man rasant übers Wasser. So tauchen am Beispiel der Schuh-Utopien uralte, tief verankerte Wünsche der Menschen wieder auf. Wie Jesus über den See Genezareth wandelte, überwindet man jetzt gottähnlich —kraft der Wissenschaft— die hemmenden Naturgesetze. —

Und niemand spricht von den Folgen.

Von der verlorenen Fröhlichkeit

SPRUNGFEDER-SCHUH / ROLLEN-SCHUH / SPRING-SCHUH / DISCO-ROLLSCHUH / MUSIK-SPRUNG-SCHUH / MURMELSPIEL-SCHUH / MOTOR-ROLLSCHUH

Viel zu selten triumphiert noch unbeschwerte Fröhlichkeit. Heitere bunte Punkte, Streifen, Blumenmuster bleiben eher aufgesetzte Dekoration. Wenige haben sich den Spieltrieb bewahrt und sehen den nüchternen Gebrauchsgegenstand auch einmal als lustiges Spielzeug. Der Murmel-Schuh mit eingebauter Klickerbahn, deren Kugeln bei jedem Schritt munter rollen und scheppern, ist da eher die Ausnahme. Die Naivität kindlichen Erlebens ist verloren. Doch das Bedürfnis nach lustbetonter körperhafter Selbsterfahrung klingt wieder an bei den Sprungfeder-Stiefeln und Disco-Rollschuhen, deren eingebaute Musik zu rhythmischem Hüpfen und Tanzen animiert. Schon bald aber wird dieser gesunde spielerische Bewegungsdrang durch

eingebaute Motoren wieder korrumpiert. Ferngesteuert aus der Hosentasche ersetzt die Maschine die eigene Kraft.

DER MUSIKSPRUNGSCHUH
NICOLE NEUHAUS

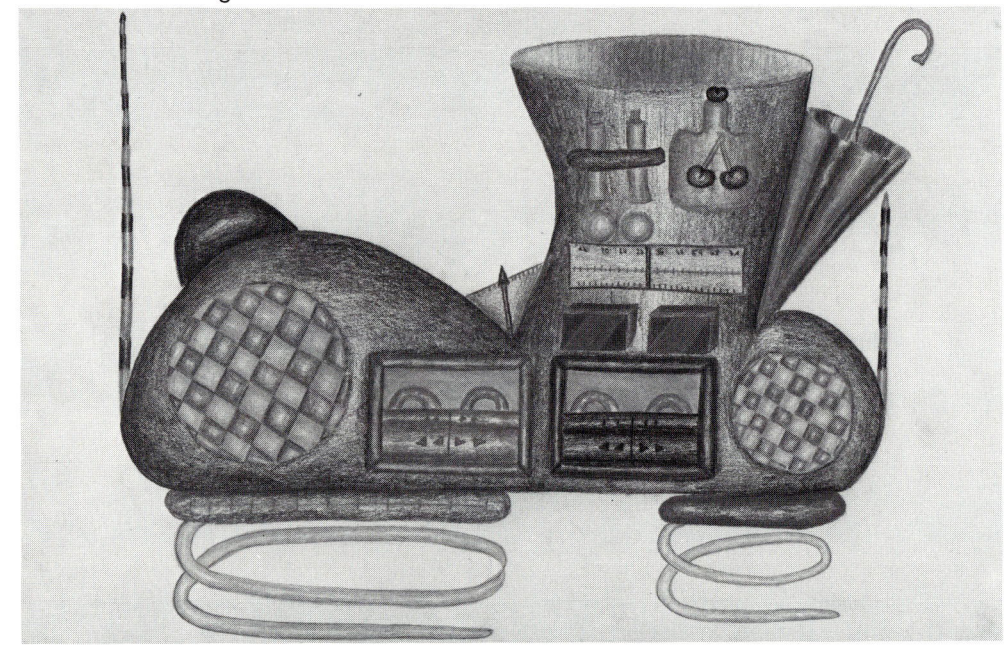

DER SCHUH ALS KONSUMSYMBOL

Von der Trägheit der Verbraucher

BAR-SCHUH / PARTY-SCHUH / MUSIKBOX-SCHUH / SOFA-SCHUH / ZIGARETTENMAGAZIN-SCHUH / GELD-SCHUH / FERNSEH-SCHUH / KOPFSTÜTZ-SCHUH / LAUTSPRECHER-SCHUH / FAUL-SCHUH / RADIO-SCHUH / FREIZEIT-SCHUH / LUXUS-SCHUH / PICKNICK-SCHUH / KETTENRAUCHER-SCHUH

Konsumdenken und Verbrauchergewohnheiten zeigen sich beizeiten, getreu dem elterlichen Vorbild. Die Produkte unserer Erziehung sind folgsame Konsumkinder dieser Wohlstandsgesellschaft. Sie handeln nicht nur, sie denken und träumen auch in den anerzogenen Kategorien.

Hineingeboren in diese spätkapitalistische Warenwelt können sie sich auch in der Fantasie ein anderes System nicht mehr vorstellen. Ihr Traumschuh der Zukunft enthält eine gut mit Alkoholika bestückte Minibar, hat Extra-Zigarettentaschen für den Kettenraucher und birgt allzeit verfügbar konzentrierte Picknick-Delikatessen. Der Konsument von morgen lustwandelt beschuht mit eingebauter Glotze und Musikberieselung. Und so entschwebt er auf den Klängen kommerzieller Produzenten beschwingten Fußes des

NICOLE BERGMANN

Realität, entfremdetes Produkt einer vorfabrizierten Traumwelt.

DER SCHUH ALS ABSURDITÄT

Von der ver-rückten Fantasie

TIERKÄFIG-SCHUH / AQUARIUM-SCHUH / KUKKUCKSUHR-SCHUH / AUFBLASBARER WOHN-SCHUH / SCHRANK-SCHUH / ZELT-SCHUH / FAKIR-SCHUH / HUNDEFÄNGER-SCHUH / BLUMENKASTEN-SCHUH / SONNEN-SCHUH / ÖKO-SCHUH / LIEBESPAAR-SCHUH

Nimmt man den Schuh als ›Teil fürs Ganze‹, so erscheint die Welt von morgen als ein lustiges oder sogar irres Kuriositätenkabinett. Aufblasbare Wohn-, Zelt- und Schrankschuhe wollen zukünftige technische Möglichkeiten nutzen und bleiben doch unrealistisch – oder sind es nur unsere kategorisierten Denkmuster, die sie so einordnen? Bleiben spaßige Ideen, wie ein Kuckucksuhr-Schuh im oberflächlichen Niveau der Blödeleien und Scherzartikel, so decken die miteinander verschmolzenen Liebespaar-Schuhe schon tiefere Schichten geheimer sexueller Wünsche auf und visualisieren die Sehnsucht ihrer Erfinder nach inniger Verbundenheit. Eingebaute Tierkäfige und Aquarien signalisieren nicht nur den allgemeinen Realitätsverlust, sondern auch die verlorene Beziehung zur Kreatur. Die vielen harmlos erscheinenden spleenigen Schrullen und lustigen Einfälle, die merkwürdigen Absonderlichkeiten und wunderlichen Hirngespinste zeigen eben nicht nur ungebrochene Kreativität, sondern sind auch Produkte einer ausgeflippten Fantasie auf Abwegen. Statt auf dem Boden der Realität zu bleiben, hebt man ab in die Unverbindlichkeit und erspart sich so die Mühen konkreter Stellungnahme.

DER FRUCHTSCHUH
GENE EDGERTON

Der Schuh als Gebrauchsgegenstand

Von realen Bedürfnissen und unrealistischen Lösungen

LÜFTUNGS-SCHUH / LEUCHT-SCHUH / BREMS-SCHUH / HEIZUNGS-SCHUH / ANTIPFÜTZEN-SCHUH / INSEKTENVERTILGUNGS-SCHUH / ANGLER-SCHUH / SUPER-SPORTSCHUH / GIESSKANNEN-SCHUH / HUNDEHALTER-SCHUH / ISOLIER-SCHUH / AUFBEWAHRUNGS-SCHUH / SICHERHEITS-SCHUH / MEHRZWECK-SCHUH / BLITZABLEITER-SCHUH / HANDWERKER-SCHUH / HINDERNIS-SCHUH / TELEFON-SCHUH / TAUCHER-SCHUH / FUSSCHWEISS-SCHUH

Der Schüler lebt im Schonraum von Familie und Schule. Weit entrückt der Welt der Produktion, konsumiert er tagtäglich die stets bereitete Nahrung, bedient sich allzeit vorhandener Kleidung: gedankenloser Verbrauch fertig servierter Endprodukte. Alle Kenntnis ihrer Herstellung verschwimmt im Nebel. Wir Lehrer versorgen ihn mit theoretischem Wissen, trainieren den Kopf und vernachlässigen den Körper. Handwerk und Maschinenarbeit bleiben unbekannt. So erziehen wir unsere Schüler, entfremden sie der Basis eigener Existenz. Kein Wunder also: ohne handfesten Bezug zum Gegenstand und ohne alle praktische Erfahrung bleiben dann auch die Entwürfe eines so alltäglichen Gebrauchsgegenstandes. Zwar spürt man noch die Bedürfnisse, doch die erdachten Lösungen geraten weltfremd und unrealistisch, ohne Maß für das Machbare. Und unter all den vielen Senk-, Spreiz-, Platt-,

STEFAN KIEFER, DER AUTO-SCHUH

Knick- und Schweißfuß geschädigten Schülern kommt nur einer, wirklich nur ein einziger, auf die Idee, einen Gesundheitsschuh zu entwerfen.

＊

Resumee: Die Entfremdung des Körpers

Wir erfahren – wie könnte es anders sein – wenig über Schuhe, aber desto mehr über die Schüler, über ihr Verhältnis zur Kleidung und den Dingen des Alltags, über ihre Beziehung zur Umwelt und zur Gesellschaft. Und diese Beziehung ist der Wirklichkeit entfremdet. Das heißt, es fehlt der direkte Bezug zum eigenen Körper, durch den und mit dem wir existieren, zur Erde, auf der wir stehen und gehen, zu den anderen Menschen, mit denen wir gemeinsam leben. Zudem sind Erlebnisse und Vorstellungen oft nicht mehr ursprünglich, sondern durch die sekundäre Realität der Medien geprägt.

Die Schuhentwürfe orientieren sich nicht am Körper, seiner Form, Beschaffenheit und Bewegung, seinen Sinnen und ihren Reaktionen, sie reagieren nicht auf die tatsächliche Bodenbeschaffenheit und das lokale Klima, sie sind nicht funktions- und materialgerecht. Der Schuh soll hier nicht vor Steinen und Stacheln, vor Kälte und Nässe schützen, er soll nicht die Fußbewegung erleichtern, die Hautatmung fördern, die Gehmuskeln trainieren oder gar die Reflexzonen massieren. Die Ursache liegt tief: der eigene, konkrete Körper, seine Teile und Gliedmaßen und somit auch die menschlichen Füße als seine Organe werden nicht mehr als solche sinnlich erfahren, gefühlsmäßig erlebt und bewußt erkannt. Füße sind nicht mehr – was sie durchaus auch sein könnten – Organe zur Ich-Erfahrung und sinnlichen Erkenntnis der Welt. So werden sie zu Gehwerkzeugen reduziert in technische Monster gezwängt oder zum Kleiderständer degradiert mit modischen Attributen herausgeputzt. Dann werden Schuhe zu Maschinen, Warenobjekten und Werbeträgern, statt einfach nur praktische, dienende Gegenstände zu sein.

Schuh-Utopie, das ist also mehr als nur das Erfinden einer Fußbekleidung, das ist gleich auch der Entwurf einer Welt, die Frage nach den menschlichen Möglichkeiten und der Zielrichtung humaner Zivilisation. Die Entwürfe für morgen aber spiegeln das Denken von heute.

Die bei unserer Aufgabe viel zu schnell ergriffene Flucht in wirklichkeitsfremde Verschrobenheit, technische Maßstablosigkeit und fantastisch skurrile oder auch nur modische Einfälle ist die bequeme Ersatzlösung für die anstrengende und zeitaufwendige Auseinandersetzung mit dem Problem, deckt aber gleichwohl ganz unmittelbar die Einstellung der Schüler auf und zeigt letztlich ein ver-rücktes Weltbild. Dieses aber ist schließlich das Ergebnis der Umwelt und der Erziehung – und damit unser aller Produkt.

POLAROIDS

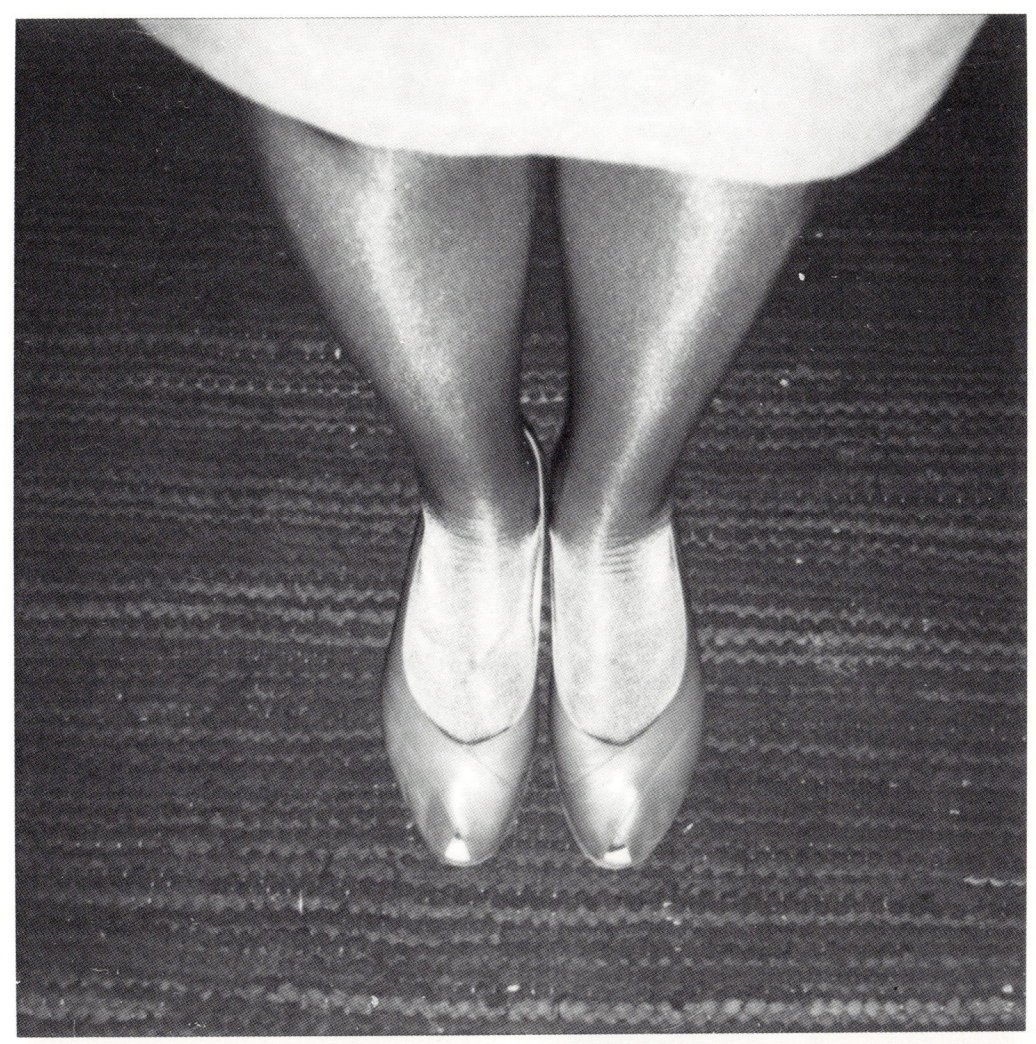

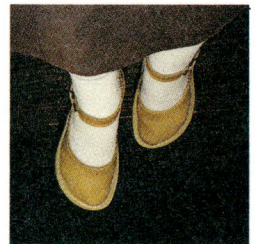

SCHUHE – SCHUHE – SCHUHE: ROTE, GELBE, GRÜNE, GESTREIFTE, SPITZE, RUNDE, GESTIEFELTE, FLACHE, HOCHHACKIGE ... AUS LEDER ODER STOFF, GUMMI ODER PLASTIK, HOLZ ODER STROH. ICH HABE DERBE UND FEINE, SOLCHE ZUM TANZEN, ANDERE FÜR DIE BAUSTELLE, FÜRS HAUS, FÜR REGEN UND SONNENSCHEIN ... ES BEGANN MIT EINEM ERSTEN POLAROIDFOTO, WEIL MICH DAS FARBENSPIEL VON KLEID UND SCHUH FASZINIERTE; DARAUS WURDE EINE SERIE MIT VIELEN HUNDERT AUFNAHMEN, IN STETS WECHSELNDER KOMBINATION, DOCH IMMER AM GLEICHEN FUSS, MAL MIT ROCK ODER KLEID, MAL MIT HOSE, IM SCHLAFANZUG, BESTRUMPFT ODER NACKT. SO WIRKEN DIE SCHUHE JEDESMAL ANDERS, VERRATEN, WAS ICH AM TAGE UNTERNOMMEN HABE ... DENN DIE FOTOS WURDEN ABENDS GEMACHT, WENN DER FUSS SEIN KLEID VERLIERT.

Filmszenen

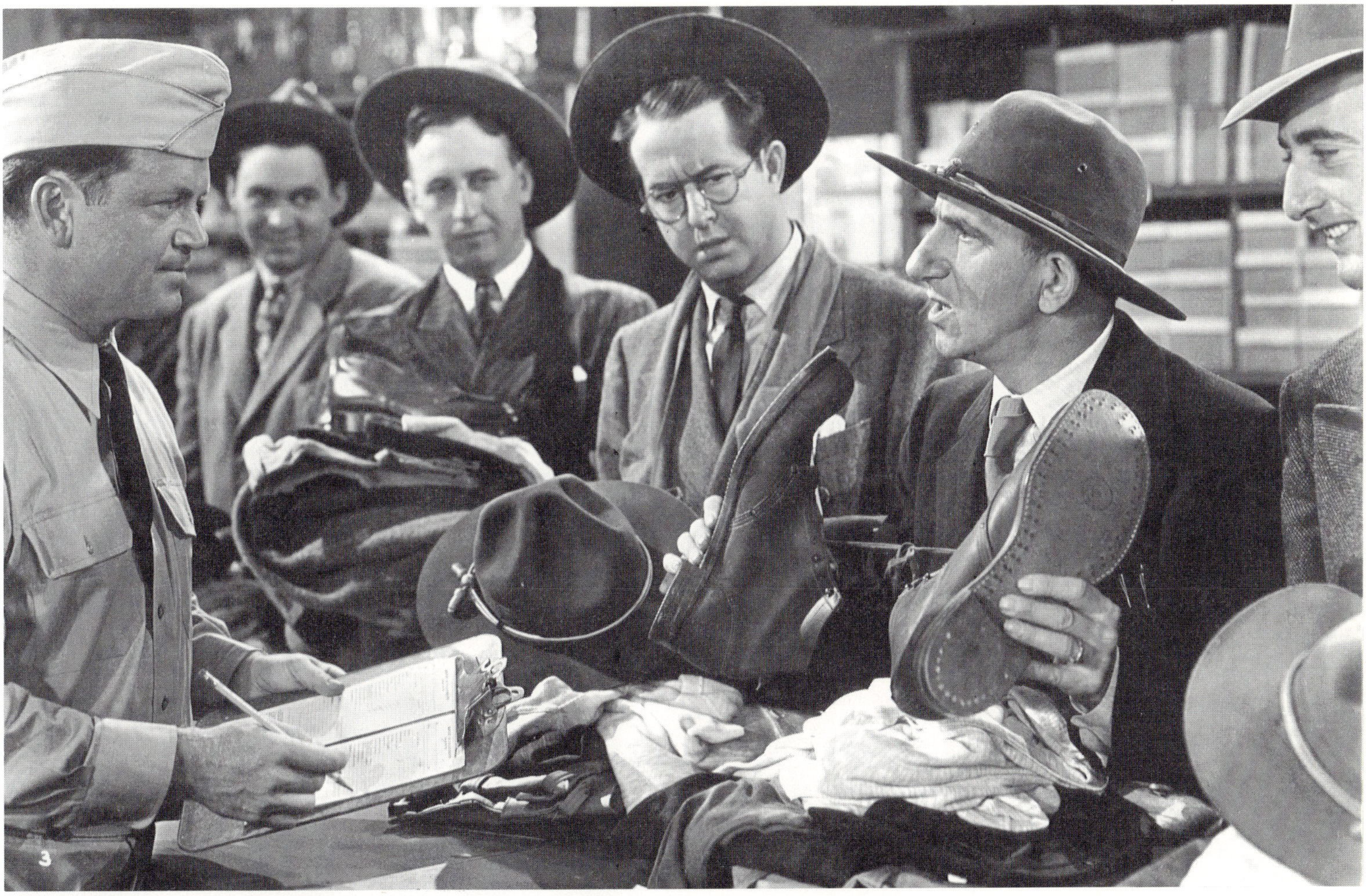

Jimmy Durante, Phyll Silvers, Jane Whyman in ›Schrecken der 2. Kompanie‹ (oben)

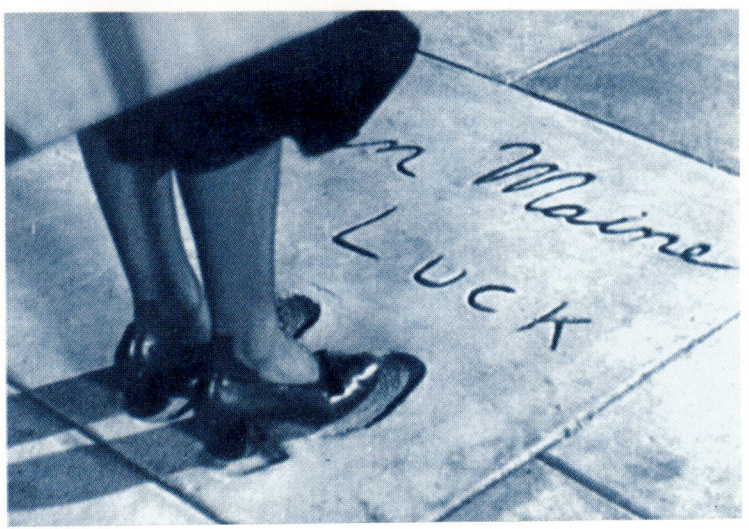

L. A., Hollywood

CHARLES CHAPLIN, ›GOLD-
RAUSCH‹

KOSTÜMABTEILUNG DER PARA-
MOUNT STUDIOS

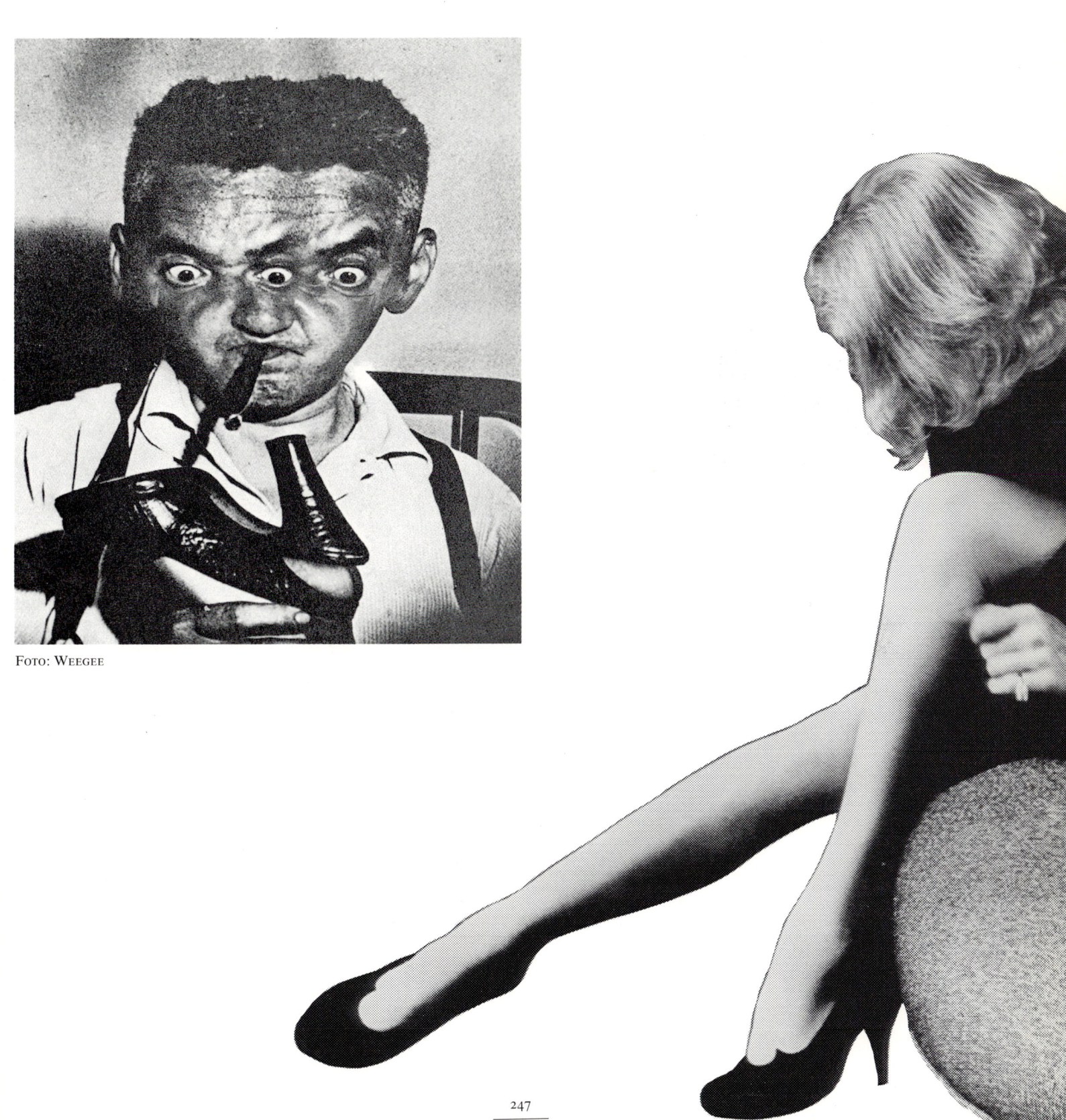

Foto: Weegee

247

Fotoserie (1975 – 1981)

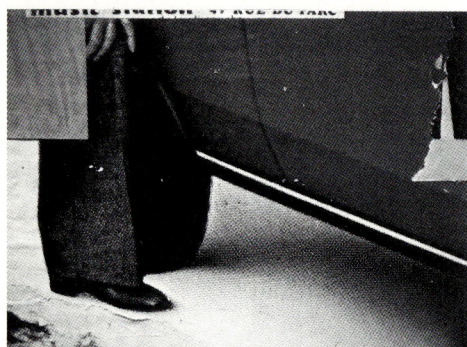

THE INITIAL RECORDING COMPANY
WE'VE GOT YOUR NUMBER
DISTRIBUTION EXCLUSIVE

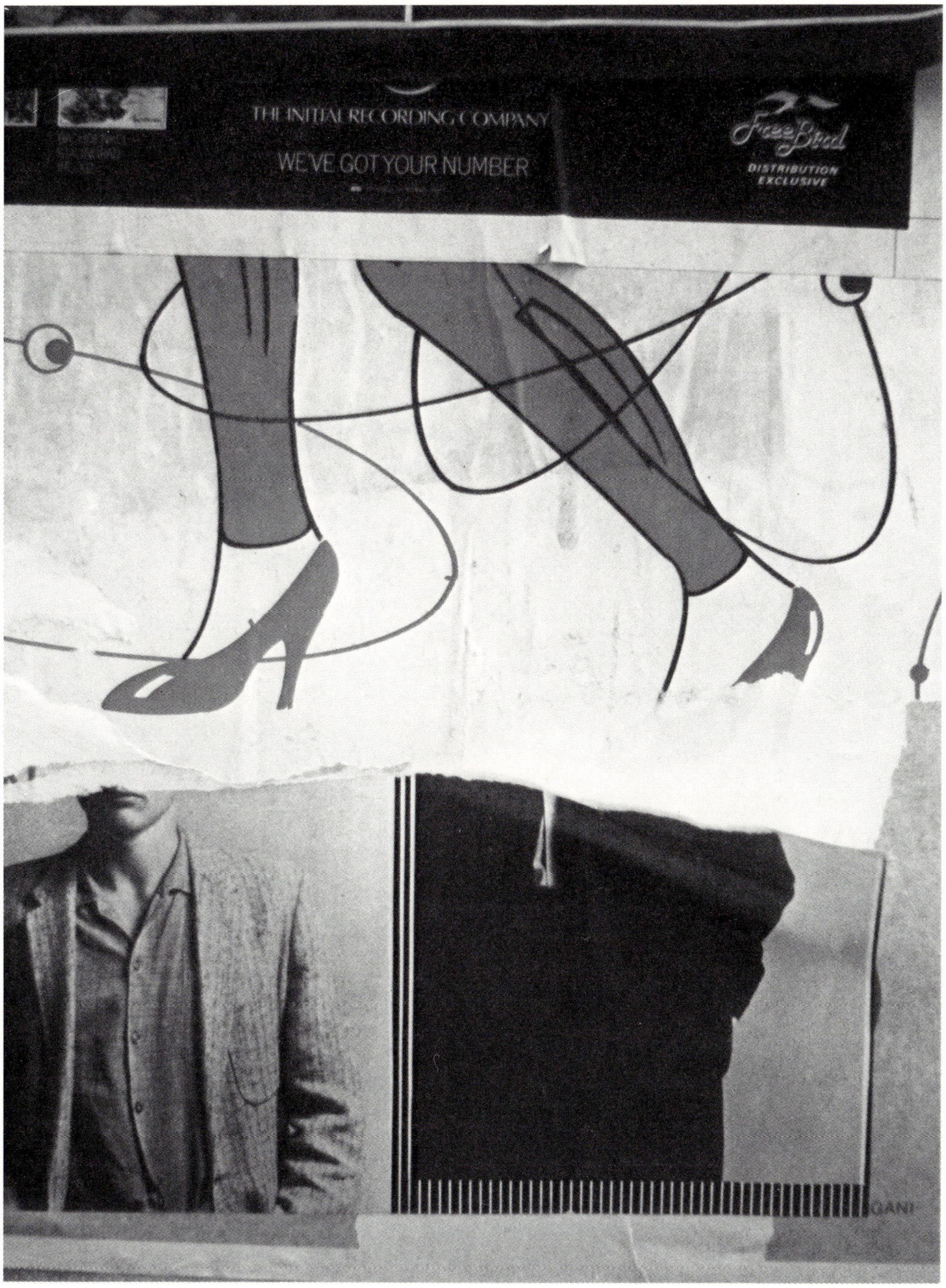

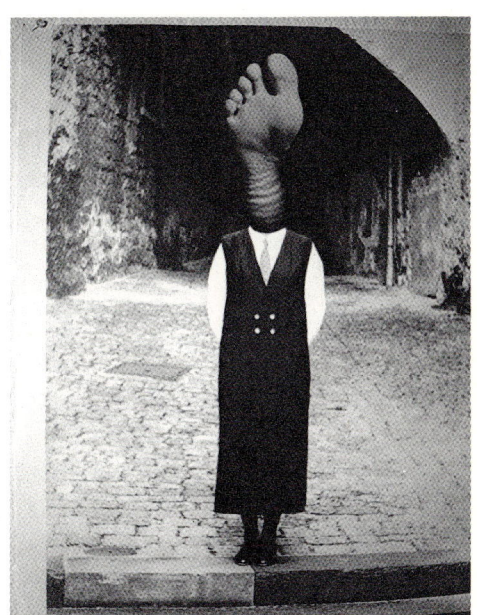

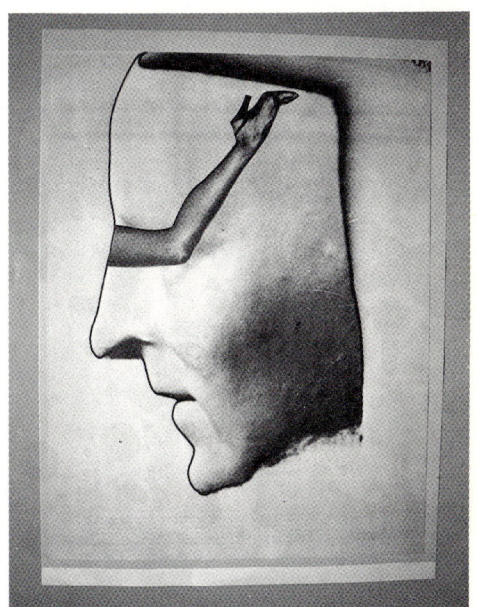

REMINISZENZEN, 1970

RAUMINSTALLATION,
MUSEUM BOCHUM
KARL FRIEDRICH JOHNSSON, ESSEN

SCHUHE AN DER WAND
KUNSTPROJEKT IN AMSTERDAM

FOTOS: BART RETERINK

DIE WÄNDE BEFANDEN SICH IN DER VAN LIMBURG-STIRIUMPLEIN IN AMSTERDAM. SIE WAREN MIT UNTERSTÜTZUNG DER STADT ENTSTANDEN, UM ›DIE UMGEBUNG EIN BISSCHEN HEITERER ZU MACHEN‹, WIE ES HIESS. MITTLERWEILE EXISTIEREN SIE NICHT MEHR, DA DIE WÄNDE IM ZUGE VON SANIERUNGSMASSNAHMEN ABGERISSEN WURDEN.

Foto-copy-rock & roll, 1983, Performance/Copy-art

You go, where you are.
Jürgen O. Olbrich

Jürgen O. Olbrich, geboren 1955, lebt in Kassel.
Projekte, Aktionen, Texte, Stempel, Archive, Collective Copy Magazin, Offene Arbeitssituationen, Baustellenskulpturen. Tischgalerie, Copy-Art, Mail-Art, Versuche, Performance etc.

PAULUS BÖHMER

WALTER ZIMBRICH

COLLAGE 1986

PAULUS BÖHMER, GEBOREN 1939,
LEBT ALS SCHRIFTSTELLER UND MA-
LER IN FRANKFURT.
ZAHLREICHE VERÖFFENTLICHUNGEN
IN ZEITSCHRIFTEN UND ANTHOLO-
GIEN SOWIE EINZELPUBLIKATIONEN.
KINDERBUCH-ILLUSTRATIONEN SO-
WIE EINZELAUSSTELLUNGEN UND
BETEILIGUNGEN U.A. IN BERLIN,
FRANKFURT UND GÖTTINGEN.

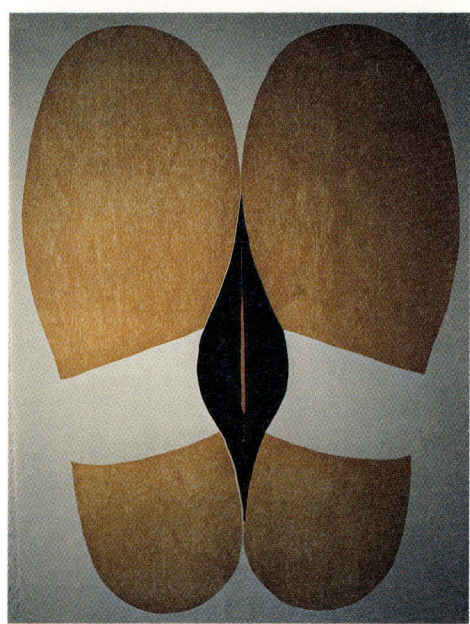

XYLOMONTAGEN IN 3 FARBEN, 1986

WALTER ZIMBRICH, GEB. 1933, IST
LEHRER IN DARMSTADT, ARBEITET ALS
MALER UND WAR MITGRÜNDER DER
GALERIE UND DES VERLAGS ›PATIO‹.

Der Malende Mund – Performance (1978)

Fotos: Horst Hahn, Köln
Die Performance wurde 1978 im Bonner Kunstverein durchgeführt. Darin gab es die hier gezeigte Passage mit Stiefeln, die der Künstler seit 1972 trägt.

»Die guten ins Töpfchen,
die schlechten ins
Kröpfchen!«

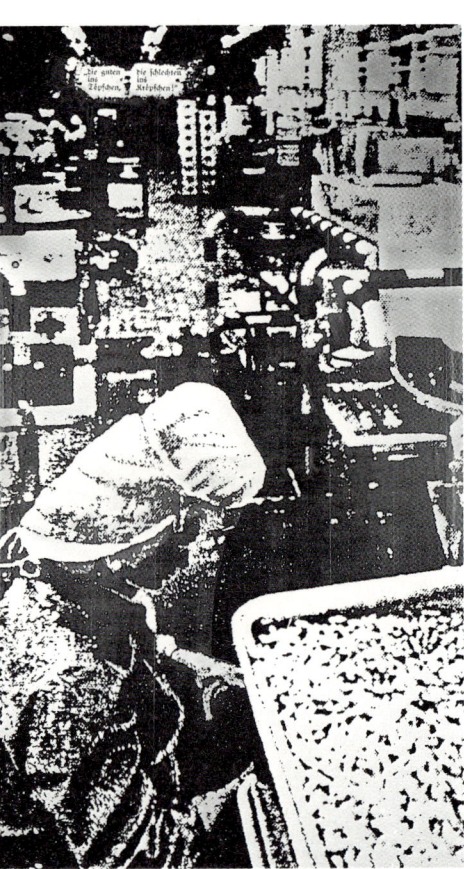

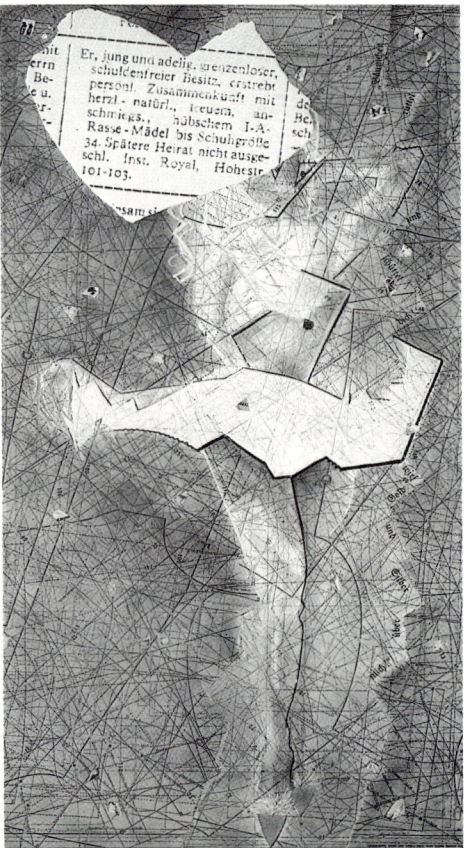

»...Bleib' fromm und gut...«

»Bäumchen rüttel und schüttel dich,
laß Gold und Silber über mich!«

UTE SEIFERT

DAS IST DIE RECHTE BRAUT

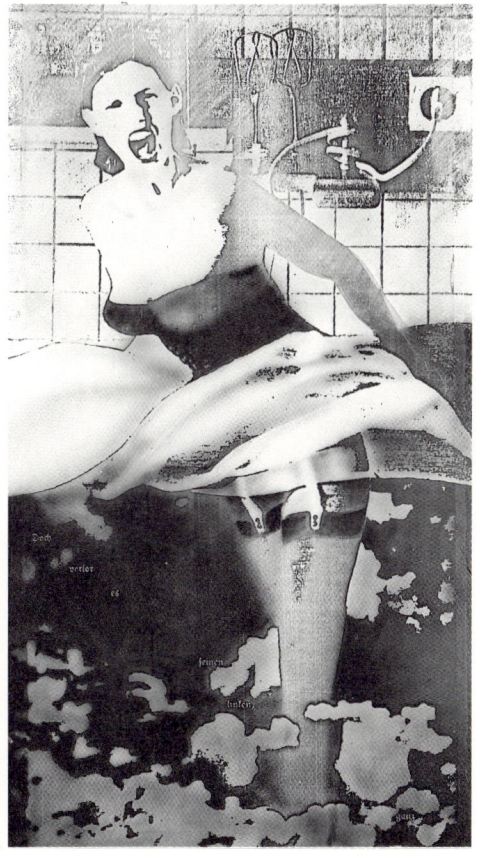

».... DOCH VERLOR ES SEINEN LINKEN GANZ GOLDENEN PANTOFFEL.«

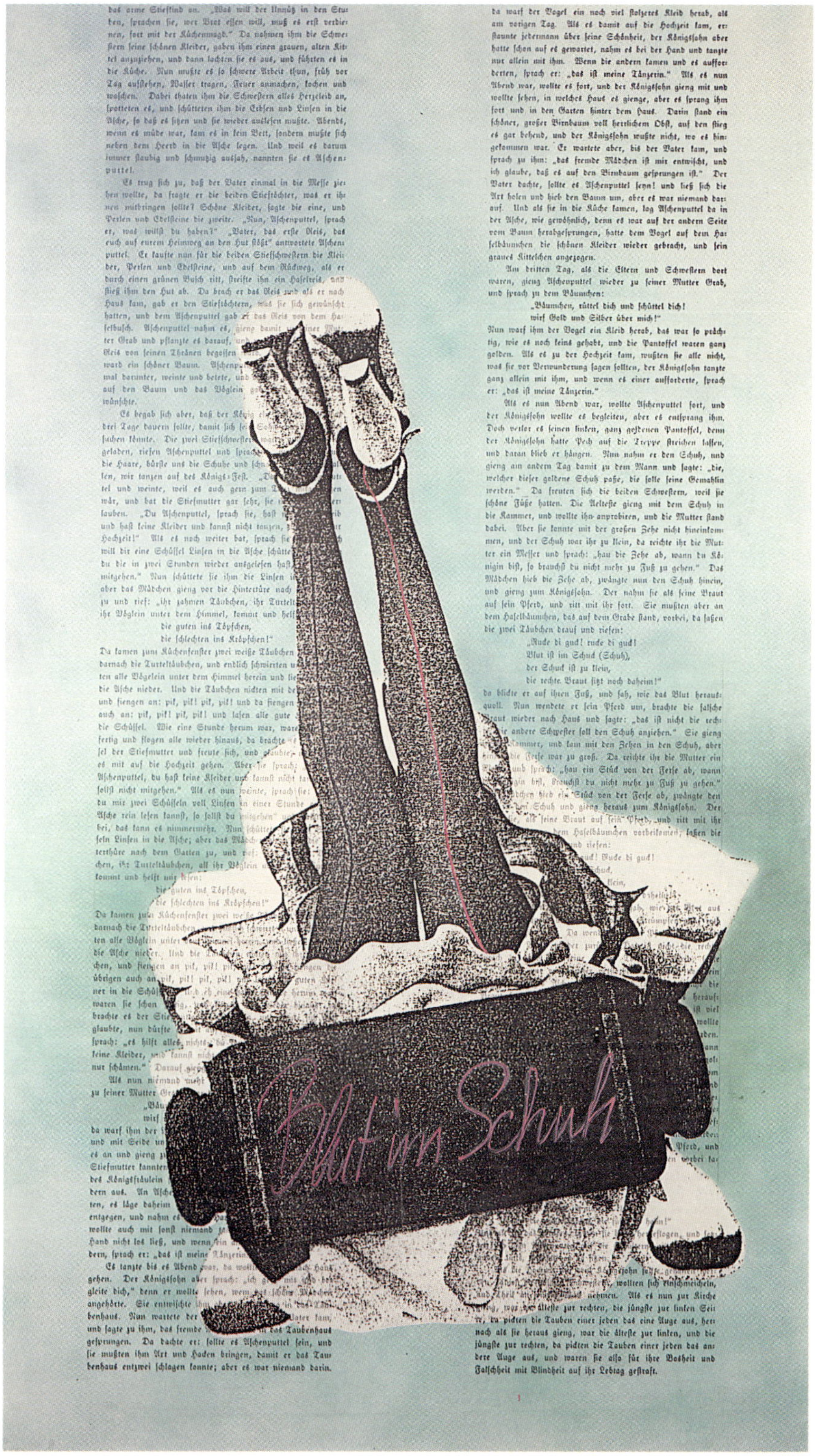

»... BLUT IM SCHUH«

»... UND WAREN SIE ALSO AUF IHR LEBTAG GESTRAFT ...«

»DAS IST DIE RECHTE BRAUT!«

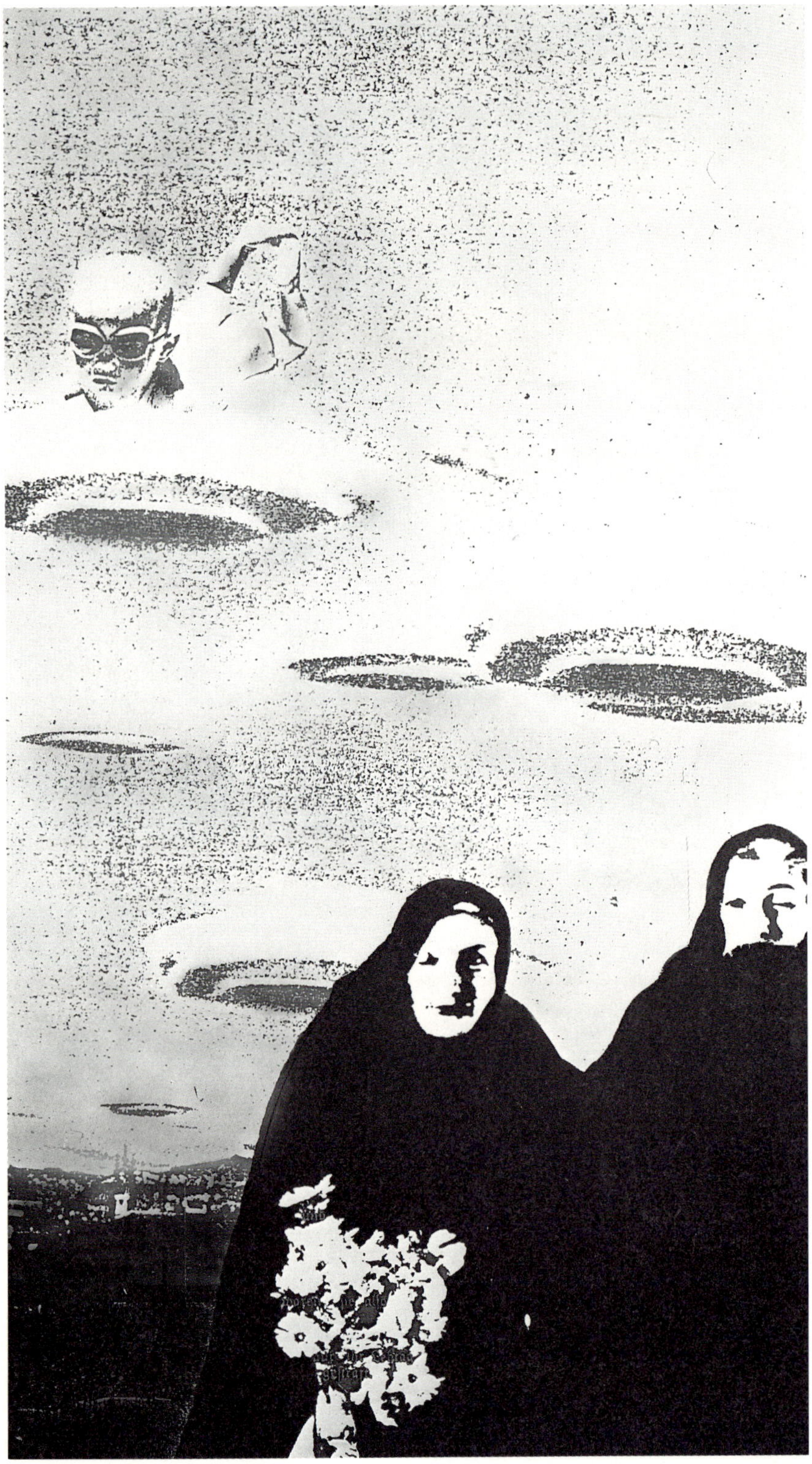

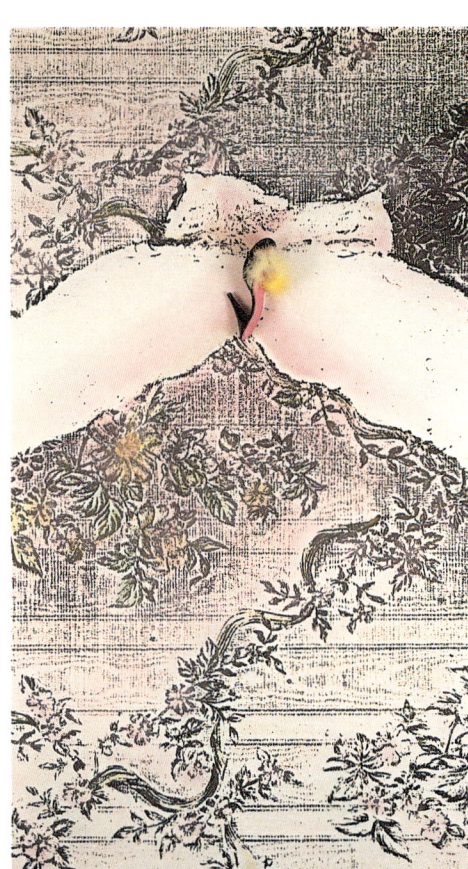

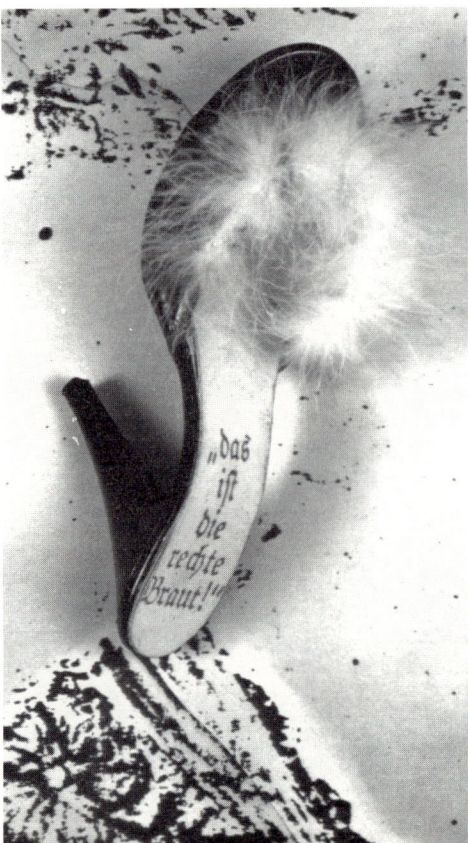

»Das ist meine Tänzerin!«

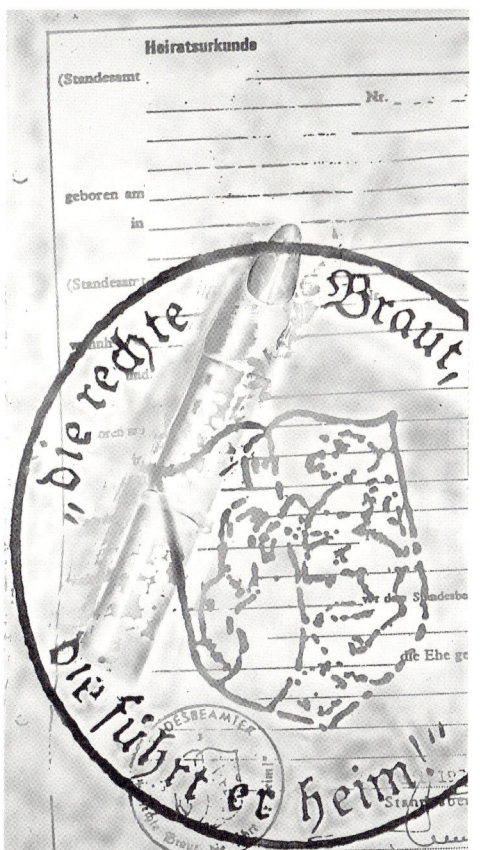

»... die rechte Braut,
die führt er heim!«

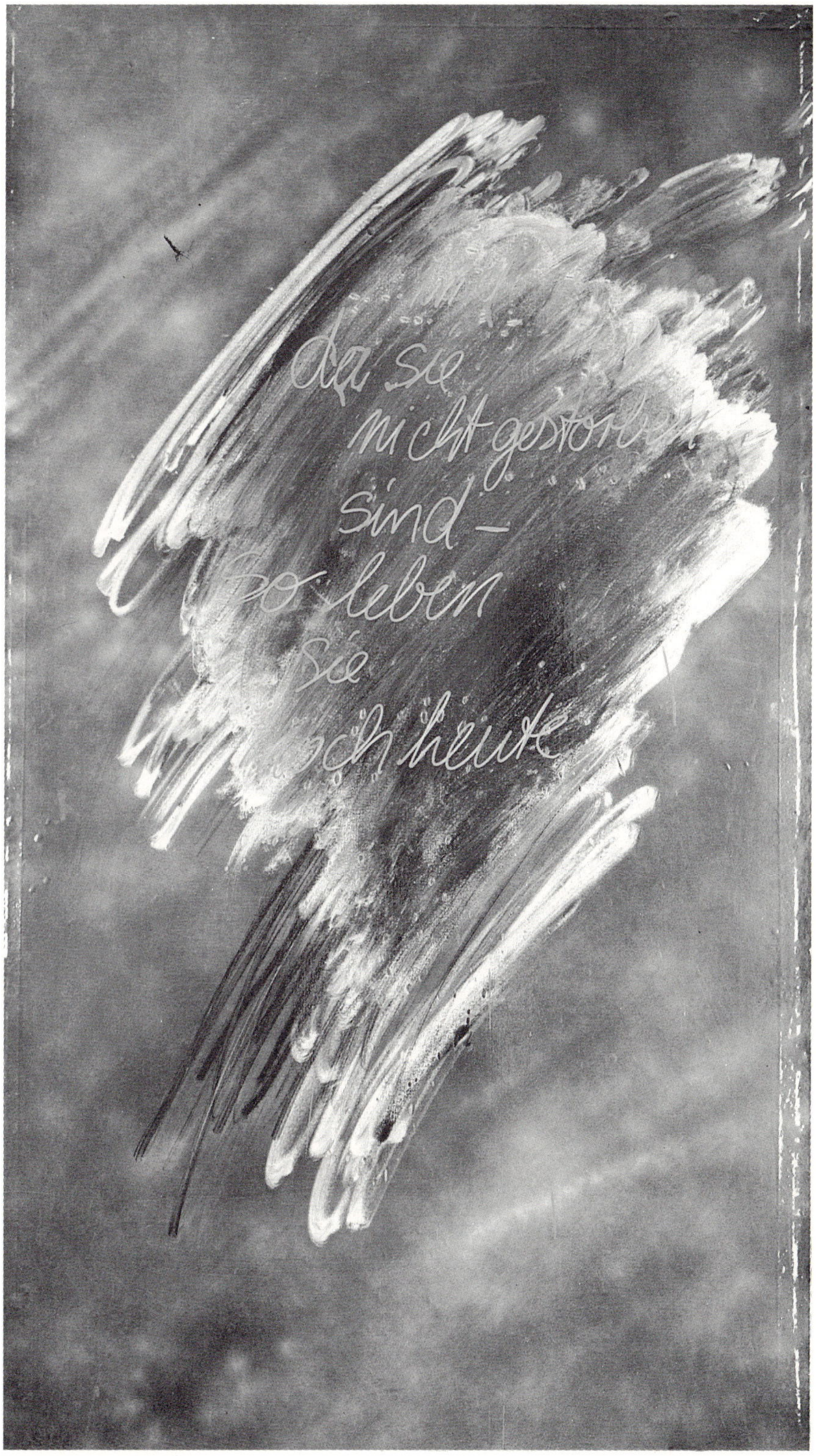

»... und da sie nicht gestorben sind,
so leben sie noch heute.«

IRENE ANDESSNER

DER SCHUH ALS KÜNSTLERISCHES OBJEKT

DIE MOTIVATION, EIN SCHUH-OBJEKT HERZUSTELLEN, ENTSPRINGT EINEM KÜNSTLERISCHEN AUSSAGEBEDÜRFNIS – MEIST ERST NACHTRÄGLICH WIRD VON DEN KÜNSTLERN DAS SCHUHMACHER-HANDWERK DAZU ERLERNT. WIE IM FALLE VON DIDIER LEGRAND, DER BIS VOR EINIGEN JAHREN NOCH ALS MUSIKER TÄTIG WAR. ER VERÄNDERT SEINE SCHUHE ZU TIEREN UND MASKEN, WELCHE ERST DURCH DIE BEWEGUNG ZU EIGENTLICHEN OBJEKTEN WERDEN. EBENSO WIE BEI MARGARITA P. AXIOTES, DEREN SANDALEN DIE FÜSSE ALS FRÖSCHE UMKLAMMERN. JAN JANSEN DAGEGEN, SEIT 25 JAHREN DESIGNER UND SCHUHOBJEKTKÜNSTLER, WILL DURCH SEINE OBJEKTE »OPTISCHE IRRITATIONEN« HERVORRUFEN, WIE Z. B. BEI EINEM MODELL VON 1979, BEI DEM ER DEN SCHUH DURCH DIE EINLAGE EINER KLEINEN MATRATZE ZU EINEM HELLBLAUEN BETT VERÄNDERT. JACQUIE MORGAN WIEDERUM LEGT IN QUÄLEND UNBEQUEME SCHUHE GEMALTE FRAUENKÖRPER EIN, AUF DIE MAN TRITT. RENATE PETRENKOS SCHUHE SCHMERZEN NICHT, KÖNNEN ABER VERLETZEN. SIE SIND AUS FESTEM LEDER ODER STAHLWOLLE, AGGRESSIV SPITZ UND KÖNNEN ZUR WAFFE WERDEN. EINE GERADEZU GEGENTEILIGE FUNKTION HABEN SCHUHE VON LOLA PAGOLA: SIE SIND AUS FEDERN ODER PAPIER ZUSAMMENGEKLEBT, LEICHT UND FRAGIL, SCHÜTZEN DEN FUSS KAUM UND WÜRDEN DURCH DAS TRAGEN SOFORT ZERSTÖRT WERDEN.

ES GIBT NOCH EINE REIHE VON KÜNSTLERN, DIE DAS THEMA ›SCHUH‹ ALS AUSDRUCKSMITTEL GEWÄHLT HABEN. MIT IHNEN UND DEN HIER VORGESTELLTEN IST 1988 EINE UMFANGREICHE AUSSTELLUNG »DER SCHUH ALS KUNSTOBJEKT« IN FORM EINER CHOREOGRAFIERTEN PRÄSENTATION IN EINEM MUSEUM GEPLANT. INTERESSENTEN KÖNNEN SICH WENDEN AN: IRENE ANDESSNER, HANSALGASSE, WIEN, TEL. 7 39 96 83.

1

2

3

1 Lola Pagola (Marijke Bruggink
  und Marlie Witteveen), Arnheim
  (Holland), Federschuhe, 1985
2 Jan Jansen, Amsterdam, Modell,
  1979
3 Yvette van der Linde, Paris,
  Modell, 1985
4 Renate Petrenko, Modell, 1987

1

2

1 Elise Bertier, Paris, Modell, 1987
2 Stefan Metzler, Wien, Schuh mit Tannenzapfen-Schuppen, 1985

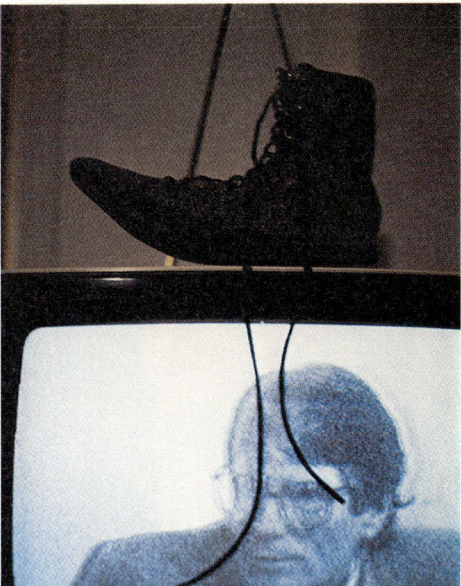

1 + 2 Margarita P. Axiotes,
   Chicago,
   Frosch-Schuh, 1987
3 Pierre Deltombe, Paris,
   »Dents de la Mer«, 1986
4 Renate Petrenko, Stiefel aus
   Stahlwolle, 1987

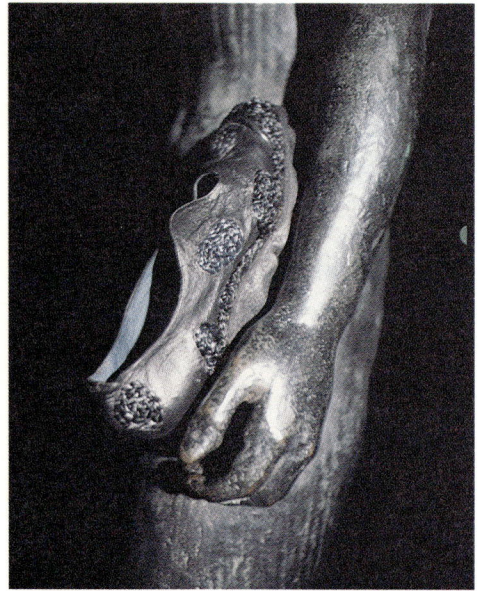

1

2

3

1 Renate Volleberg, Arnheim
  (Holland), Herrenschuh mit Hä-
  keleinsatz, 1987
2 Didier Legrand, Paris, Masken-
  schuh, 1982
3 Jacqui Morgan, New York,
  Schuh-Objekt, 1970

DOMINIQUE BORDENAVE, PARIS
»CHAUSSURES À VISAGES«
DIE »GESICHTER-SCHUHE« VON D.
BORDENAVE WERDEN AUS ABGETRA-
GENEN ODER WEGGEWORFENEN
SCHUHEN HERGESTELLT, DIE DER
KÜNSTLER AUF STRAßEN ODER
FLOHMÄRKTEN FINDET UND ZU IN-
ZWISCHEN HOCH DOTIERTEN SCHUH-
OBJEKTEN UMGESTALTET.

BALLY
Der Schritt zur Mode

WERBEAGENTUR DDB & WDW,
BALLY – DER SCHRITT ZUR MODE, 1980

KARL BICKEL,
CHAUSSURES SCHEURER, 1920

ALBERT BORER, BATA – SCHWEIZER FABRIKAT 3.50,
1939

CHARLES KUHN, »STRUB«, 1936

FOTO PARIS, LUFT LICHT SONNE
IN BALLY SANDALEN VON FR. 8.80 AN, 1933

KARL BICKEL,
BRÜTTISELLER FÜR JEDERMANN, 1925
BÄRTSCH, MURER + RUCKSTUHL,
BALLY, 1972
CARL MOOS, LÖW CHAUSSURES SUISSES, 1925

Erdal
Rotfrosch
zur Schuh u. Lederpflege
altbewährt
Erdal
für die Schuhpflege

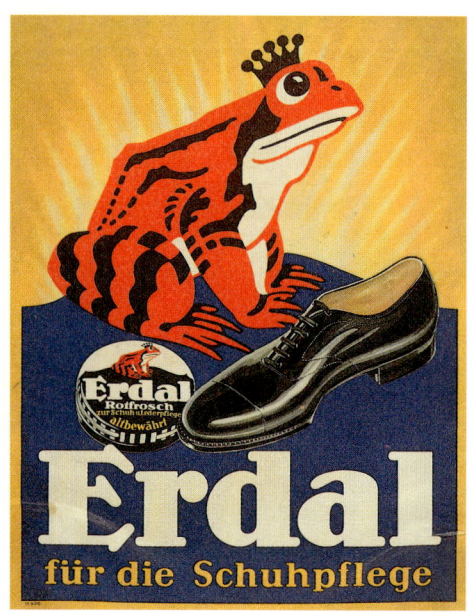

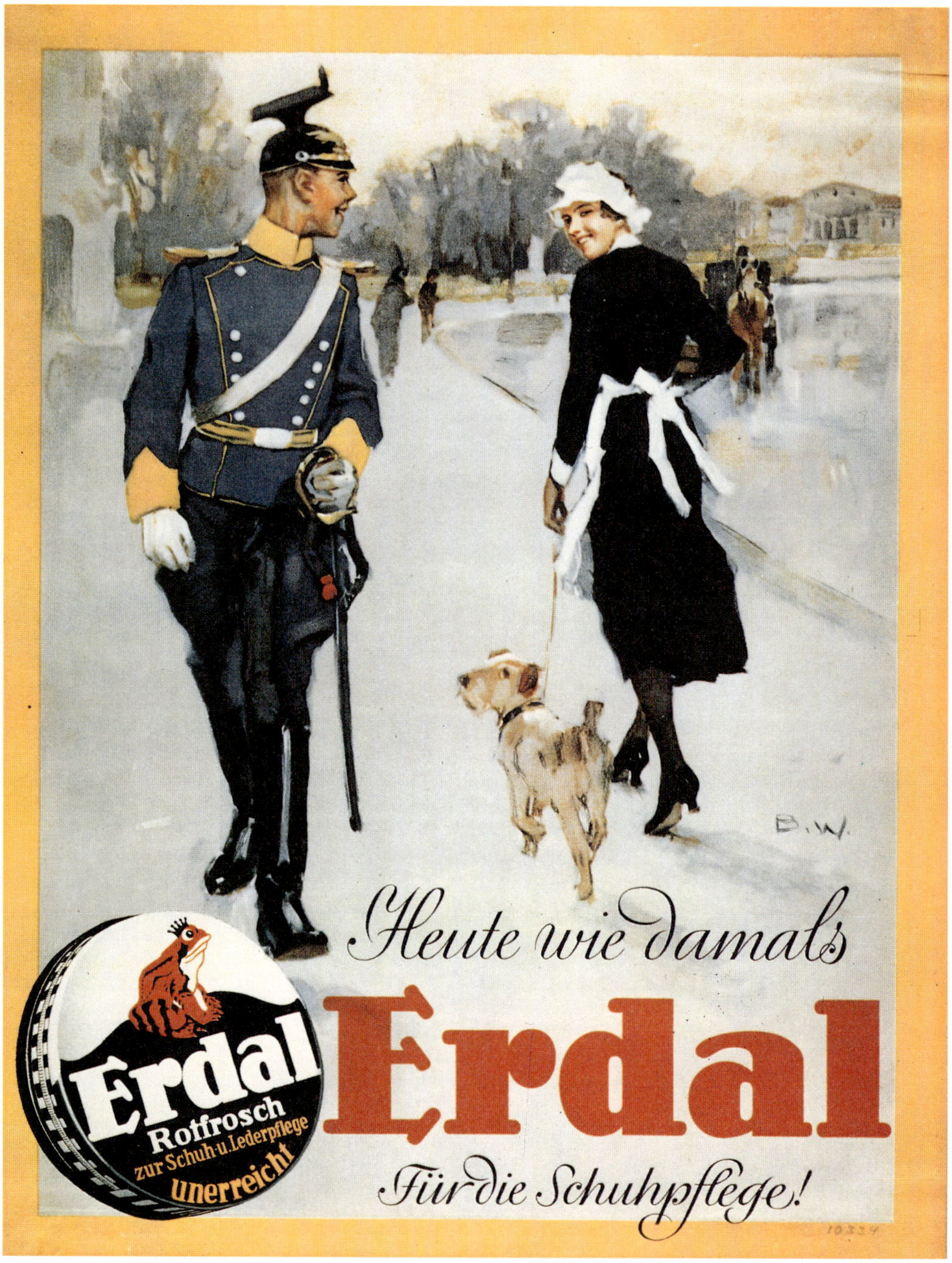
B.W.
Heute wie damals
Erdal
Erdal
Rotfrosch
zur Schuh u. Lederpflege
unerreicht
Für die Schuhpflege!

WERBEMOTIVE FÜR SCHUHPFLEGEMITTEL DER MARKE ERDAL AUS DEN ZWANZIGER UND DREISSIGER JAHREN. FIRMENARCHIV ERDAL REX GMBH, MAINZ.

SCHUH-RARITÄTEN

1

1 SCHUHE FÜR ARBEITEN IM STEINBRUCH ODER BERGBAU, AN DEN KAPPEN SELBSTGEFERTIGTE SCHUTZVORRICHTUNGEN. FUNDSTÜCK AUS DEM SIEGERLAND. LEIHGABE: CLEMENS RIHA

2 KURDAITJA-SCHUHE (1930)
AUSTRALIEN
ETHNOLOGISCHE RARITÄT:
ES HANDELT SICH UM GROSSE, GROB GEFORMTE SCHUHE, DIE VOLLSTÄNDIG AUS FEDERN BESTEHEN. SOWEIT BEKANNT, MUSS EIN MITGLIED EINES STAMMES AUSTRALISCHER UREINWOHNER SOLCHE SCHUHE ANZIEHEN, WENN ES GILT, EIN ANDERES STAMMESMITGLIED, DAS SICH EINES VERBRECHENS SCHULDIG GEMACHT HAT, ZU VERFOLGEN UND ZU TÖTEN. DER VERBRECHER ERHÄLT DREI TAGE VORSPRUNG UND DER VERFOLGER MUSS – FALLS ER IHN EINHOLT UND TÖTET – DABEI DIE SCHUHE ANHABEN. FALLS DIE ›HINRICHTUNG‹ MISSLINGT, DARF DER DELINQUENT WEITERLEBEN, BLEIBT ABER AUSGESTOSSEN.
LEIHGABE: KUNSTHANDLUNG KAJETAN GRILL, WIEN

3 FILZSCHUH VOM RUSSLANDFELDZUG, 2. WELTKRIEG. DIE RIESIGEN SCHUHE WURDEN ÜBER DIE EIGENTLICHEN STIEFEL GEZOGEN, UM DIE FÜSSE BEI –40 °C VOR DEM ERFRIEREN ZU BEWAHREN. LEIHGABE: KLAUS VORLÄNDER

3

2

BILDQUELLEN

Anziehungskräfte
Variété de la Mode 1786– 1986
Katalog zur Ausstellung im Münchener Stadtmuseum
25.7.86– 6.1.87: 55– 57, 148– 150, 154, 184.

Bardeleben, K.V., u. a.,
Die Anathomie des Menschen, Jena 1917: 95, 98

Boruttau, H.
Die Arbeitsleistungen des Menschen. Einführung in die
Arbeitsphysiologie, Leipzig und Berlin 1916: 97

Clarke, Kevin
Kaufhauswelt
Fotografien aus dem KaDeWe
München 1980: 131

Das Albrecht Dürer Hausbuch,
München 1975: 29

Der Schuh in der Karikatur
Salamander-Wandkalender 1981: 130

Deutsche Märchen
hrsg. vom Deutschen Cigaretten-Bilderdienst, Hamburg 1939: 215

Forrer, Robert
Archäologisches zur Geschichte des Schuhes aller Zeiten Schönenwerd 1942: 45, 48, 51– 53

Fuchs, Eduard
Sozialgeschichte der Frau
Frankfurt 1973: 174

Heil Hitler, Herr Lehrer
Volksschule 1933– 1945
Reinbek 1983: 155, 201

Jones, Allen
Sheer Magic, New York 1979: 177, 184– 186

Kerner, Charlotte/Scheerer, Anne Kathrin
Jadeperle und Großer Mut
Chinesinnen zwischen gestern und morgen
Ravensburg 1980: 213

Kertész, André
60 Jahre Fotografie 1912– 1972
Düsseldorf o. J.: 146

Maplethopre – Katalog
Kunstverein Frankfurt
München 1981: 38

Munkacsi
Style in Motion
Photographs of the 20s, 30s, 40s
New York 1979: 145, 152, 153

Nieberl, Franz
Das Gehen auf Eis und Schnee
München 1923: 71

The Shoe Show
British Shoes since 1790
The Crafts Council 1979: 21, 25, 29, 34, 67, 146, 147, 152, 153

Thiel, Erika
Geschichte des Kostüms
Die europäische Mode von den Anfängen bis zur Gegenwart
Berlin 1973: 48, 49, 51, 52, 54, 150, 151

Topor, Tod und Teufel
Katalog, Zürich 1985: 218

Trappmann, Klaus (Hrsg.)
Landstraße, Kunden, Vagabunden
Berlin 1980: 78

Weber, Paul
Schuhe. Drei Jahrtausende in Bildern
Aarau/Schweiz 1986: 101, 116– 118

Die übrigen Quellen sind am Schluß der Beiträge nachgewiesen.

Urlaubsregion Hauenstein – Perle des Wasgaus
Gastliches Wanderland im Naturpark Pfälzerwald

Wandern und Erholung finden im Felsen- und Burgenland des Wasgaus inmitten des Naturparks Pfälzerwald. Sie finden familienfreundliche Unterkünfte in Hotels, Gasthöfen, Ferienwohnungen und Privatzimmern, leistungsfähige Gastronomie auch mit Pfälzer Spezialitäten.
Zum Aktiv-Urlaub bieten wir Ihnen

- Wandern und Wanderführungen auf 200 km gut markierten Wanderwegen
- Klettern und Kletterführungen an Felsformationen des Buntsandsteins
- Mountainbike-Touren und -radverleih
- Tennis, Reiten, Kegeln, Minigolf, Angeln, Schießen, Grillplätze
- Modell-Spielpark für jung und alt
- Schwimmen (beh. Freibad, Hallenbad, mit med. Bäderabteilung)
- Jugendzeltplatz mit Grillhütte
- Skilifte, Rodelbahn, Langlaufloipen

Sehenswürdigkeiten:
- St. Katharinen-Kapelle mit »Pieta«
- »Hauensteiner Dom« Christkönigskirche (1931)
- Bartholomäuskirche mit klassizistischem Turm, Sinnbildstein (13 Jh.)
- mittelalterliche Fliehburg

Bahnstationen:
Hauenstein, Hinterweidenthal (RS) und Wilgartswiesen (RS)
Urlaubsregion mit Tradition in der Schuhproduktion. Einkauf von Schuhen ab Fabrik und im örtlichen Großhandel möglich.

Informationen: Verkehrsamt 6746 Hauenstein, Tel. Nr.: 06392/40210; Fax: 06392/40260

MUSEUM DER SCHUHPRODUKTIONSGESCHICHTE IN HAUENSTEIN

Die Gemeinde Hauenstein baut ein, für die Bundesrepublik einmaliges, Museum der Schuhproduktionsgeschichte. Auf einer Fläche von ca. 1800 qm entsteht ein originelles Museum der Industrie und Sozialkultur dieser von und mit der Schuhindustrie lebenden Region.

INDUSTRIE IN HAUENSTEIN

In Hauenstein werden 12 ha Industriefläche neu ausgewiesen. Als Unterzentrum im regionalen Raumordnungsplan Westpfalz ist Hauenstein weiterhin als Mittelpunktsort mit 15 % Investitionszusage anerkannt.

Das Industriegebiet Hauenstein liegt verkehrsgünstig direkt an der B 10, Autobahnanschluß Pirmasens – Landau, Eisenbahnlinie Landau – Saarbrücken.

Auskunft: Verbandsgemeindeverwaltung 6746 Hauenstein, Tel. Nr.: 06392/40240; Fax: 06392/40260

BALLY
SUISSE
prestige

Auf echten Werten stehen...

Auf echten Werten stehen – in Bally Rahmenschuhen

Ein Komfort für den Fuss, den Hände und weit über 200 Arbeitsgänge möglich machen.

1. ▶

Das Zuschneiden:
Mit sicherer Hand führt der erfahrene Zuschneider sein Werkzeug: er verarbeitet ausgesuchte, wertvolle Oberleder zu Schaftteilen.

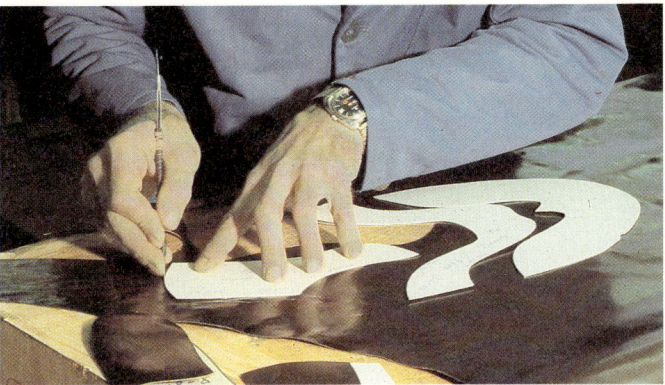

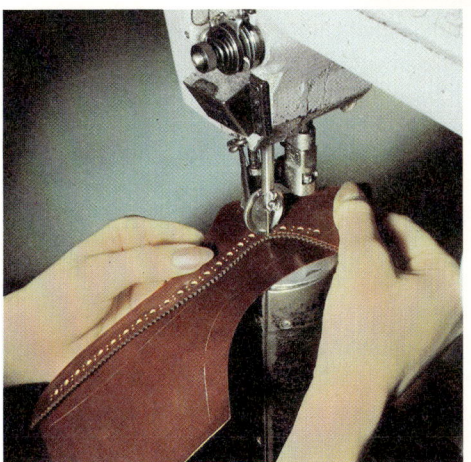

◀ 2.

Das Nähen:
Mit feinem Gefühl für Material und Verarbeitung steuert die Hand der geschulten Näherin die Schaftteile an der Maschine.

3. ▶

Das Zwicken:
Der genähte Schaft wird über den Leisten gespannt und an die Innensohle geheftet. Jeder rahmengenähte Schuh bleibt rund dreimal solange auf seinem Leisten wie ein konventioneller Schuh: überdurchschnittliche Passform und Formbeständigkeit sind das Ergebnis.

4. ▶

Das Einstechen:
Auf die weisse Rippe an der Innensohle wird der Rahmen aufgenäht. Deshalb entsteht beim Rahmenschuh ein Zwischenraum zur Aufnahme einer elastischen Masse.

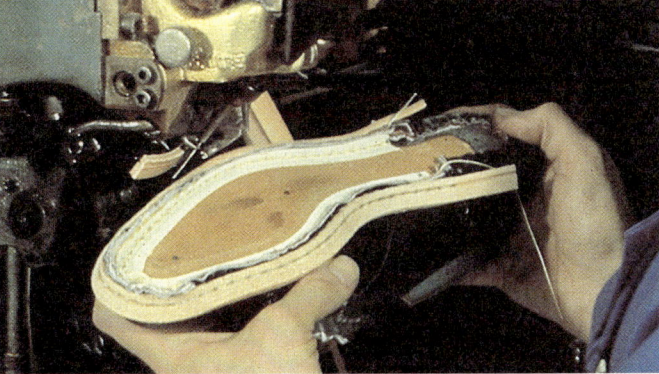

6.

Die Endkontrolle:
In sorgfältiger Arbeit ist ein rahmengenähter Schuh entstanden. Seine Herstellung hat zahlreiche Arbeitsgänge mehr erfordert als ein konventioneller Schuh: ein Plus, das der Träger nachhaltig spürt.

▼

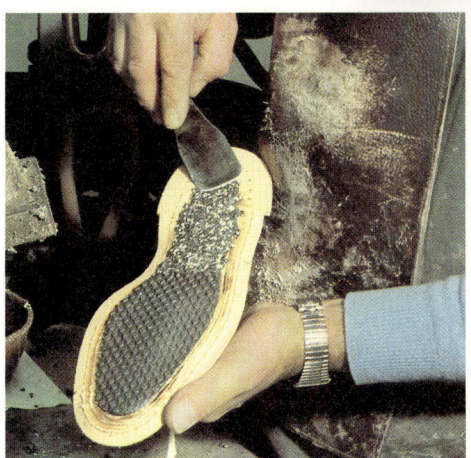

◀ 5.

Die Einballung:
Moosgummi (vorne) und Korkgummi (hinten) – gleichsam ein Polster zwischen Innensohle und Laufsohle. Diese sorgfältig abgestimmten Bauteile wirken als Stossdämpfer und garantieren einen weichen Auftritt. Beim Tragen bildet der Fuss «sein» individuelles, bequemes Fussbett. Eine eingebaute Gelenkstütze ergänzt den totalen Komfort.

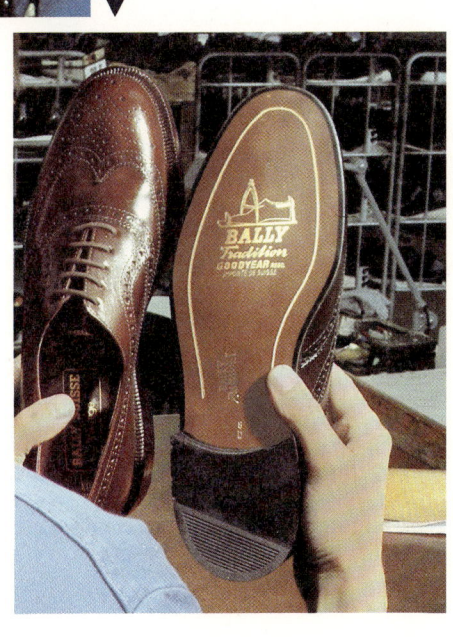

Der Bally Rahmenschuh – ein echter Wert.

Lieferbare Titel aus der Reihe Werkbund Archiv

BAND 4   ARCHITEKTUR, STADT UND POLITIK. EINE (ANGE-
MESSEN UNFESTLICHE) FESTSCHRIFT FÜR JULIUS
POSENER HERAUSGEGEBEN VON BURKHARD
BERGIUS, JANOS FRECOT UND DIETER RADICKE.
PB., 284 S., 96 ABB., DM 25,00

BAND 5   MONTAGEN INS BLAUE.
LASZLO MOHOLY-NAGY: FOTOMONTAGEN UND
-COLLAGEN 1922–1943.
VON IRENE CHARLOTTE LUSK.
PB., GROSSFORMAT, 240 S., 250 ABB., DM 48,00

BAND 10   DIE ZWANZIGER JAHRE DES DEUTSCHEN WERK-
BUNDS. GESPRÄCHE MIT HANS ECKSTEIN, HERMANN
HENSELMANN, FERDINAND KRAMER, JULIUS
POSENER, BODO RASCH, ALBERT SPEER, RUDOLF
STEIGER U.A.
PB., 360 S., 115 ABB., DM 29,80

BAND 11   SCHLUSS MIT DER ZERSTÖRUNG.
STADTERNEUERUNG UND STÄDTISCHE OPPOSITION
IN WEST-BERLIN, AMSTERDAM UND LONDON.
VON HARALD BODENSCHATZ U. A.
PB., 448 S., 166 ABB., DM 34,00

BAND 13   BATTERIEN DER LEBENSKRAFT.
ZUR GESCHICHTE DER DINGE UND IHRER WAHR-
NEHMUNG IM 19. JAHRHUNDERT.
VON CHRISTOPH ASENDORF
ENGL. BROSCHUR, GROSSFORMAT, 165 S.,
150 ABB., DM 48,00

BAND 15   ALCHIMIE DES ALLTAGS.
DAS WERKBUND-ARCHIV – MUSEUM DER ALLTAGS-
KULTUR DES 20. JAHRHUNDERTS.
VON ECKHARD SIEPMANN.
PB., GROSSFORMAT, 160 S., 208 ABB., DM 30,00

BAND 16   PACKEIS UND PRESSGLAS.
VON DER KUNSTGEWERBEBEWEGUNG ZUM
DEUTSCHEN WERKBUND. EINE WISSENSCHAFTLICHE
ILLUSTRIERTE. VON ANGELIKA THIEKÖTTER UND
ECKHARD SIEPMANN.
PB., GROSSFORMAT, 368 S., ÜBER 500 ABB.,
SONDERAUSGABE DM 29,80

BAND 18   STRÖME UND STRAHLEN.
DAS LANGSAME VERSCHWINDEN DER MATERIE UM
1900. VON CHRISTOPH ASENDORF.
PB., GROSSFORMAT, 175 S., 247 ABB., DM 48,00

BAND 19   DAS LACHEN DADAS.
DIE BERLINER DADAISTEN UND IHRE AKTIONEN.
VON HANNE BERGIUS.
GEBUNDEN, LEINEN MIT SCHUTZUMSCHLAG, IM
SCHUBER. GROSSFORMAT, 432 S., 559 ABB. U.
DOKUMENTE, Z. T. IM DUOTON, DURCHGÄNGIG
ZWEIFARBIGER DRUCK, DM 148,00

BAND 20   DESIGN IN DEUTSCHLAND 1933–1945
ÄSTHETIK UND ORGANISATION DES DEUTSCHEN
WERKBUNDES IM ›DRITTEN REICH‹.
HERAUSGEGEBEN VON SABINE WEISSLER.
PB., GROSSFORMAT, 160 S., 162 ABB., DM 48,00

BAND 21   KÜNSTLICHE KÄLTE.
S. S. 278

BAND 22   BENJAMINIANA. EINE BIOGRAFISCHE RECHERCHE
VON HANS PUTTNIES UND GARY SMITH.
GEB., LEINEN MIT SCHUTZUMSCHLAG, 224 S.,
107 ABB., DURCHGEHEND FARB. TYPOGRAFIE, DM
68,00

AUSFÜHRLICHE INFORMATIONEN ÜBER DIESE TITEL UND DAS ÜBRIGE VERLAGSPROGRAMM ERHALTEN SIE
VOM ANABAS-VERLAG, UNTERER HARDTHOF 25, D-6300 GIESSEN.

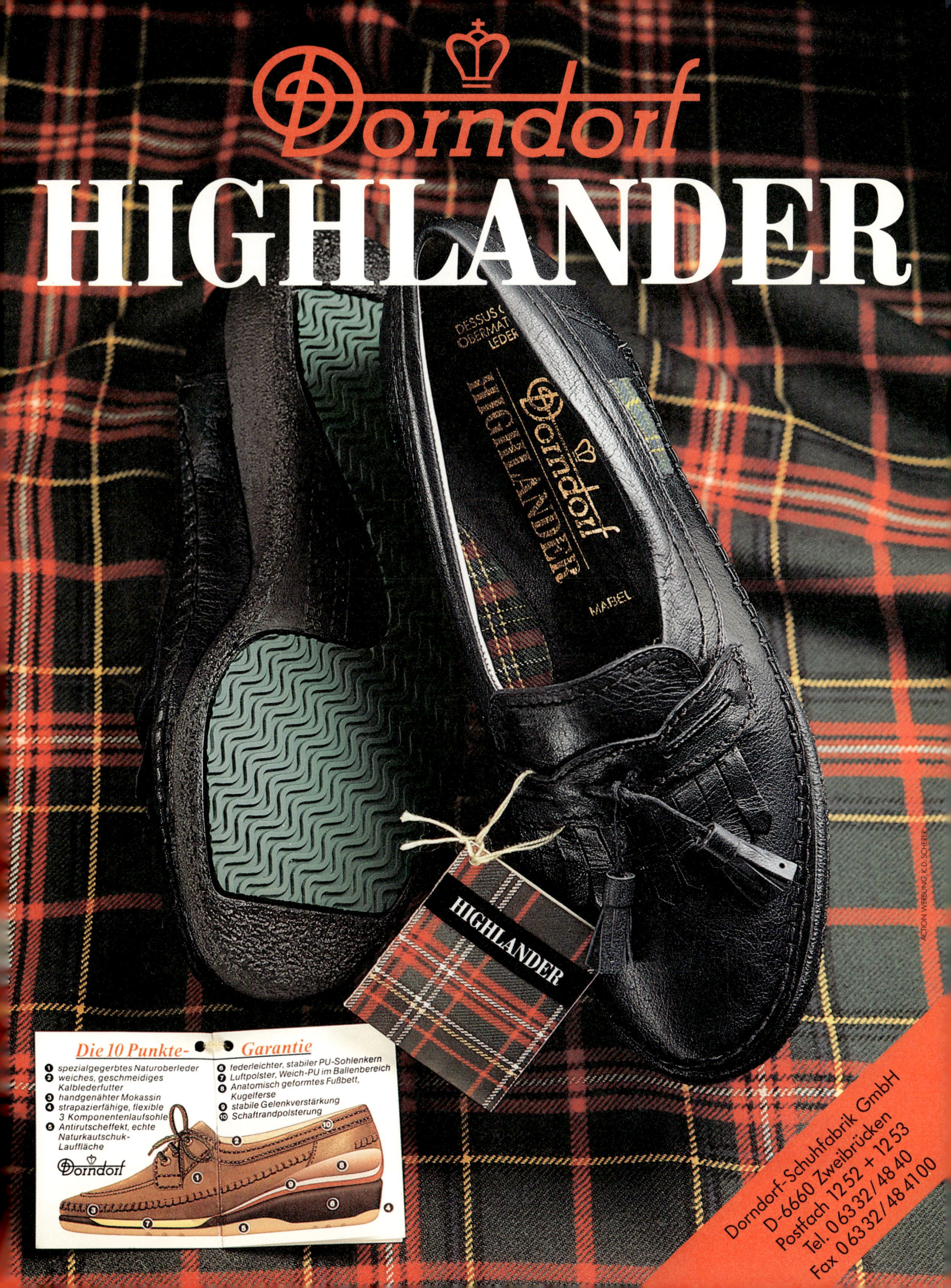

Ullrich Hellmann
Künstliche Kälte

Die Geschichte der Kühlung im Haushalt

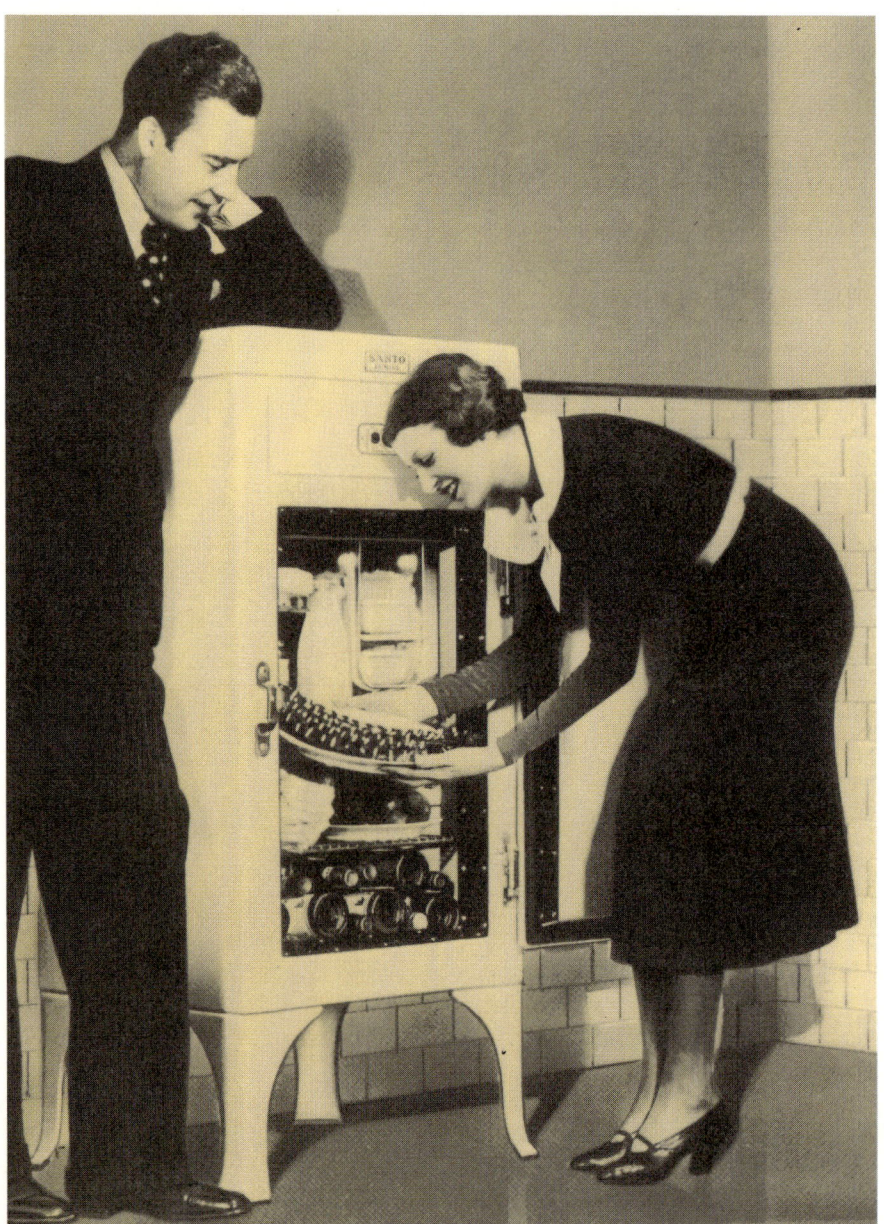

Ullrich Hellmann zeichnet in seinem Buch die Geschichte der Kühlung im Haushalt nach. Dabei wird die phantastisch anmutende Aufbewahrung des Eises und sein Gebrauch in früheren Jahrhunderten und unterschiedlichen Kulturen ebenso beschrieben wie der organisierte Eishandel im 19. Jahrhundert und die lange praktizierte Natureis-»Ernte«. Das Buch liefert zwar keine systematische Technikgeschichte, zeigt aber die Entwicklung verschiedenster Apparate und Gerätetypen bis hin zum heute in der Küchenzeile fast verschwindenden Kühlschrank. Ein anonymes Möbel war der Kühlschrank nicht immer. Noch vor relativ kurzer Zeit standen wuchtige Geräte mit hohem Sozialprestige in manchen Küchen. Ihre Türen fielen mit einem ähnlich satten Klang ins Schloß, wie die schwerer Limousinen. Solchen Spuren geht Ullrich Hellmann nach – ihn interessiert auch die ästhetische Dimension der Objekte, die Veränderung der Sinnlichkeit durch ihren Gebrauch. In diesem Sinne liefert sein Buch auch einen Beitrag zur Zivilisationsgeschichte.

Paperback, 272 Seiten, 377 Fotos u. Zeichnungen, Großformat 22 × 29 cm. Reihe Werkbund-Archiv Band 21 48 Mark ISBN 3-87038-152-3

anabas

Anabas-Verlag · Unterer Hardthof 25 · D-6300 Gießen

100 JAHRE SERVAS

SERVAS
PARIS MILAN NEW YORK

1891–1991

Wilhelm Servas GmbH, Schuhfabrik
Pirmasenser Straße 97, 6660 Zweibrücken
Tel. 06332-484261-263, Fax 06332-484100